海外汉学丛书

中国法制史

仁井田陞

〔日〕仁井田陞 著

牟发松 译

中国法制史

上海古籍出版社

图书在版编目(CIP)数据

中国法制史／(日)仁井田陞著;牟發松译. —上海:上海古籍出版社,2018.11(2023.9 重印)
(海外汉学丛书)
ISBN 978-7-5325-8806-0

Ⅰ.①中… Ⅱ.①仁… ②牟… Ⅲ.①法制史-中国-高等学校-教材 Ⅳ.①D929

中国版本图书馆 CIP 数据核字(2018)第 069853 号

海外汉学丛书

中 国 法 制 史

[日] 仁井田陞 著

牟发松 译

上海古籍出版社出版发行

(上海市闵行区号景路 159 弄 1–5 号 A 座 5F 邮政编码 201101)

(1)网址:www. guji. com. cn

(2)E-mail:guji1@guji. com. cn

(3)易文网网址:www. ewen. co

常熟市文化印刷有限公司印刷

开本 635×965 1/16 印张 23.5 插页 2 字数 335,000

2018 年 11 月第 1 版 2023 年 9 月第 3 次印刷

ISBN 978-7-5325-8806-0

K·2469 定价:78.00 元

如有质量问题,请与承印公司联系

出　版　说　明

　　上海古籍出版社一直关注海外中国传统文化研究，早在上世纪 80 年代初期，就出版了《海外红学论集》、《金瓶梅西方论文集》等著作，并与科学出版社合作出版英国著名学者李约瑟先生主编的巨著《中国科学技术史》。80 年代后期，在著名学者王元化先生和海外著名汉学家的支持下，上海古籍出版社推出了《海外汉学丛书》的出版计划，以集中展示海外汉学研究的成果。自 1989 年推出首批 4 种著作后，十年间这套丛书共推出20 余种海外汉学名著，深受海内外学术界的好评。

　　《海外汉学丛书》包括来自美国、日本、法国、英国、加拿大和俄罗斯等各国著名汉学家的研究著述，涉及中国哲学、历史、文学、宗教、民俗、经济、科技等诸多方面。提倡实事求是的治学方法和富于创见的研究精神，是其宗旨，也是这套丛书入选的标准。因此，丛书入选著作中既有不少已有定评的堪称经典之作，又有一些当时新出的汉学研究力作。前者如日本学者小尾郊一的《中国文学中所表现的自然与自然观》、法国学者谢和耐的《中国和基督教》，后者以美国学者斯蒂芬・欧文（宇文所安）的《追忆：中国古典文学中的往事再现》为代表，这些著作虽然研究的角度和方法各有不同，但都对研究对象作了深入细微的考察和分析，体现出材料翔实和观点新颖的特点，为海内外学术界和知识界所借鉴。同时，译者也多为专业研究者，对原著多有心得之论，因此译本受到了海内外汉学界和读者的欢迎。

　　近十几年来，在中国研究的各个领域，中外学者的交流、对话日趋频繁而密切，中国学者对海外汉学成果的借鉴也日益及时而深入，海外汉学既是中国高校的独立研究专业，又成为中国学人育成过程中不可或缺的取资对象。新生代的海外汉学家也从专为本国读者写作，自觉地扩展到以华语阅读界为更广大的受众,其著作与中文学界相关著作开始出现话题互生共进的关系,预示了更广阔的学术谱系建立的可能。本世纪以来,虽然由于出版计划调整,《海外汉学丛书》一直未有新品推出,但上海古籍出版社仍然持续出版了一批高质量的海外汉学专题译丛,或从海外知名出版社直接引进汉学丛书如《剑桥中华文史丛刊》,积累了更为丰富的出版经验及资源。鉴于《海外汉学丛书》在海内外学术界曾产生过积极影响,上海古籍出版社听取学术界的意见,决定重新启动这套丛书,在推出新译的海外汉学名著的同时,也将部分已出版的重要海外汉学著作纳入这套丛书,集中品牌,以飨读者。

上海古籍出版社

2013 年 3 月

目　　录

增 订 版 序

　　本书的构想形成于昭和二十三年（1948），三年之后初版问世。其后即使有些方面需要修订，也只作了部分的订补，其订补部分以"［补］"字作为标示。这个增订版仍然仿效以前的做法。只是鉴于今日研究的进展情况，仅仅作这样的订补已不能令人满足。因此，这次决定出增订版，首先要在以下两个方面进行增订。

　　第一个方面的增订是增加了有关村落法及占有保护的两个补章。对于我来说，这是准备提出的新问题。第二个方面是增加了有关土地改革法和新婚姻法的两个补章。历史不仅仅存在于过去的岁月里，现在和未来也都将融入历史的发展中。我对历史的观察，是与现在联系在一起的，毋宁说是以现在为出发点而面向未来。因此若将第二个方面的问题置之度外，就不能对中国历史，对中国独具特色的法的历史，作完整的把握。实际上，对中国的过去，是要联系新中国的变革也就是对过去的否定中，才能够理解的。

　　然而，即便是这样的修订增补，也还不够全面。比如在初版时的文章中，有"近来"、"近年"、"今日"之类的用语，时过境迁，今日已只能写作"革命前夜"了。类似这样的失于修订之处，特别恳求能得到宽容。另外，我一直在修订以往的研究成果，这些成果加上新稿，题名为《中国法制史研究》，最近已公开出版了三册。其第一册为"刑法编"（昭和三十四年三月出版），第二册为"土地法、交易法编"（昭和三十五年三月出版），第三册为"奴隶、农奴法及家族村落法编"（昭和三十七年三月出版）。预定收录于第四册的，以"法和习惯编"（律令格式及其他）、"法和道德编"（包括法意识、道德意识的变迁）等两编为主。敬请读者留意的是，为避烦杂,本书在参考文献中提及这些著作时,原则上只注记"参照增订版序、一、二、三或四",当出现这样的注记时,即指上记各册中相关的章。

　　在这个增订版中,作为增加的图版,有伯希和新近在敦煌发现的唐律残卷(则天武后时代,巴黎国民图书馆藏)及斯坦因在敦煌发现的唐代的解放奴隶文书(英国博物馆藏,东洋文库原版)。前者承蒙内藤教授惠允,依据其论文采入,后者则依据拙著。

仁井田陞

昭和三十七年(1962)十一月十五日

再 版 序

　　谈到中国历史上出现的革命思想,不能无视 17 世纪也就是明末清初的思想家黄宗羲。他没有致力于统治权力的正当化,也没有使自己的良心屈服于权力,而是远承孟子的思想,对现实的统治体制及支持这一体制的儒家流派持批判的态度。正是那个朱子学剔除了孟子革命思想的精髓,并为现实的统治体制提供了稳固的保障。但是读了他的著作,我感到他的法思想中具有《孟子》等书中未能见到的理论和实践问题,而对之在法史学视野下进行考察和处理,这在以往的研究中是做得很不充分的,有鉴于此,我想略说两句,权充再版序。黄宗羲认为,法之得以为法,首先就在于法是"为天下人民的法"这一点。对他来说,为当权者肆意统治服务的法,乃是"非法之法"——他否定这样的法。

　　他说:"三代以上有法,三代以下无法。何以言之?二帝、三王知天下之不可无养也,为之授田以耕之;知天下之不可无衣也,为之授地以桑麻之;知天下之不可无教也,为之学校以兴之,为之婚姻之礼以防其淫,为之卒乘之赋以防其乱。此三代以上之法也,因未尝为一己而立也。后之人主,既得天下,唯恐其祚命之不长也,子孙之不能保有也,思患于未然以为之法。然则其所谓法者,一家之法,而非天下之法也。……此其法何曾有一毫为天下之心哉!而亦可谓之法乎?"也就是说,他把法的价值标准明确地放在"为天下人民的法"这一点上。他还说:"三代之法,藏天下于天下者也。山泽之利不必其尽取,刑赏之权不疑其旁落,贵不在朝廷也,贱不在草莽也。在后世方议其法之疏,而天下之人不见上之可欲,不见下之可恶,法愈疏而乱愈不作,所谓无法之法也。后世之法,藏天下于筐箧者也。利不欲其遗于下,福必欲其敛于上;用一人焉则疑其自私,而又用一人以制其私；……故其法不得不密。法愈密而天下之乱即生于法之中，所谓非法之法也。"他又指出，即使是非法之法，那些迂腐的学者却因其为祖法之故，以为不应改变。不仅在法的理论方面，而且在法的实践问题上，他都清楚地表明了对非法之法进行抗争的态度。他的思想，可以说有复古的一面，但同时仍具有重要的历史意义。

尽管黄宗羲的思想在清末得到高度评价，但因其深刻批判当权者之故，在他死后即受到禁压。在专制主义制度下，"人民的自由反而是法的敌人"（中田博士），确实是如此。另外，他的思想与当时普遍的农奴解放运动（参照本书第八章）也是相对应的。在这种意义上，他的思想具有现实性。对法有最终决定权的通常是统治者，虽说如此，对于被统治者保卫并试图扩大自己的支配领域——这样一种现实的力量，却也不能评价过低。如果说力量的对抗在社会意义上是"权利"成长的原动力的话，那么它也是法的变动亦即法的历史的社会基础。

值此再版，就大学讲课时所补充的实例部分，对本书或多或少有所订补。凡订补之处，无论正文还是注释，原则上都以"［补］"作为标示。初版问世不久，就得到间野潜龙氏的指点和激励（《史林》第 35 卷第 3 号，昭和二十七年［1952］十月），后来又相继从多位先生那里得到同样的教益，使我的好几处疏误也因之得到纠正。谨记于此，以表感谢之意。

仁井田陞

昭和三十年（1955）六月二十七日

序

　　包括中国、朝鲜、蒙古、印度、伊斯兰以及日本在内的东方社会的课题，是我们首先必须提到的现实问题。本书中，我试图通过法的历史来分析，作为东方社会主体的中国社会，迄今有过什么样的课题，走过了什么样的道路，并正在什么样的道路上迈步前行。

　　昭和二十三年（1948）以来的最近数年间，我一直在东京大学法学部教授东方法制史课程。这期间形成了一个大致的构想，这就是本书的前身；而与权威主义相关的各种问题，也就成为了一个基本的框架。我并不想仅仅就东方的法作单一的考察，东方的法的独特地位通过与西方的法作比较，也是能够加以探究的（其例可见原田教授《罗马法的原理》，请参照）。此外，我还考虑，无论东、西方的法是同是异，我们都可以从东方发掘出有助于进行法的体系比较的资料，以便加深对法的本质的理解。中国社会还有很多混杂在一般谚语里的法律谚语，以之与德国、法国的法律谚语作对比研究，想必是有价值的吧。故本书收录了一定数量的法律谚语。

　　我最初的研究论文发表于昭和四年（1929），是有关中国古代土地私有制的。自那时以来笔者所发表的各种研究的要点，基本上都被本书吸收，放置在各章节之中。在本书的构成中占居主要位置的，则是笔者近来所写有关中国农村家族及行会（guild）的研究报告。本书是笔者以往研究的全面总结。这些研究中，有不少地方得益于中田博士的指教，对于博士长久以来所给予的热心指导，由衷感激之情难以抑制，因此我想将本书敬献给博士。

　　有关东方乃至中国的法制史研究，学界积累的成果不多，较之日本、西方法制史的研究相对滞后，今后可以开拓的领域还很宽广，有待研究的重要问题还很多。如今我答应撰写所谓概说性著作，有如要采摘青涩未熟的果实一样，对我来说是非常困难的任务。然而在我国，迄今为止，还只有浅井教授在距今约半个世纪之前出版过一本概说书，该书与其说是对法和社会进行分析，不如说是以制度框架作为主要内容的著作，它与各位中国学者的著作一样，与我所追求的目标还相距太远。我致力于消除这种差距，同时，拟通过在整体上展示有待今后解决的问题，为开始新的研究作准备，而不想使本书仅成为我以往研究的总结报告或一部单纯的概说书。

本书卷首载有斯坦因探险队在敦煌发现的唐永徽令（从今年算起，此令恰好在1300年前制定公布）残卷的插图。插图所依据的照片，乃有劳于白鸟清教授去年为我从英国博物馆弄到手的，当时还取得了博物馆当局的出版许可，值今日本书印行，谨向白鸟教授及博物馆当局致以谢意。

仁井田陞

昭和二十六年（1951）十二月二十八日

第一章 绪 言

东方的课题 当被问到什么是东方时,人们将准备怎样回答呢? 我可能以东方社会中长期居于统治地位的专制主义之家父长的权威主义作为答案之一。这与东方所处的落后于近代欧洲而被迫与西方对抗、不能不在痛苦中奋起的地位,不是没有关联的。不用说,作出这样一种回答,并不是要否定东方社会的历史发展,毋宁说这不过是包括当下仍处于激烈动荡中的东方的课题,在人们感受中的强烈反映而已。

从战后昭和二十三年(1948)开始,我一直有机会在东京大学法学部讲授东方法制史。在战争时期,只要涉及"东方",支配着讲坛的就是说教的、专断的讲说方式,正因为如此,课程的听讲者,较之于"东方法制史",更加关心的是究竟怎样看待"东方"——这个实际上悬而未决的有关他们自身所处的具体生活环境的问题。尽管在社会上,人们总是对"东方"这个切身的问题视而不见,但是在学校里却不一定如此。不过听说当时有学生劝说别人去上课,而某学生这样对劝诱的学生说:"东、洋、法、制、史呀! 要是听那样的课而且还要去参加课程考试的话,若去参加公司之类的录用考试时,别人就会怀疑你的脑子有毛病了,如果又得了'优',那就更糟糕了。"作出这样的评判,对于有关"东方"的旧观念来说是对的,然而认为"东方"这一概念仅仅如此而已,也仍然是一种旧观念。东方法制史课的讲授,尽管也要讲解东方法理、东方法史,但首先必须克服有关"东方"的这些旧观念。

法史和制度史 法史学的对象是法的变迁。就国家的成文法的层面而言,过去中国的法律是管理、统治人民的手段,然而这样一种手段也不是没有变化的。虽说中国到底没能出现罗马的《十二表法》,也不曾拥有英国的大宪章,但对统治的反抗(吁求)终究还是迫使统治的手段发生了变更,尽管是徐缓渐进的。古代奴隶制社会的法和中世农奴制社会的法具有本质的区别,即使在中世,前期和后期的法也体现出差异。尽管在中国,法的质变过程是缓慢的,对旧的东西即权威主义的清算也非常艰难,但这种质变过程却是实实在在①的。法史学也属于史学的组成部分。就内藤湖南博士的历史观(概括的唐宋时代观)而言,也不能不将法史作为历史问题对待,但我们不应停留在内藤博士业已达到的水准上,更不能还在他的基础上后退。法史学说到底是对那些发生过的法的现象进行历史分析,而法的原理也只有经过这种透彻的分析之后,才有可能加以探知。

我们还想将那些鲜活的现实规范,也作为法史学的主要目标。虽然以往中国的统治者并非总在制定无用的法,但他们更注重于建构法的理想形态,以致法往往没有实效性,成为脱离现实之物。于是,法规与其说是法,不如说是一具没有血肉的骨架,这样的情形屡见不鲜。这种缺乏乃至全然没有现实可能性的法,甚至屡屡使人怀疑它是否可以称之为法。此外,有如中华民国的各种法律一样,虽脱离立法者之手而施行于社会之中,但人们不一定是按立法者的意图来理解和接受,而往往出现法的接受者歪曲、违背甚至完全置法于不顾的情形。在普遍轻视法的旧中国,法的适应状况和法的实际效力不能不成为一个特别严重的问题。我们设定的法史学的主要对象,与其说是那种无血肉的骨架,不如说是依然活生生的法,即不断被扭曲的现实的法现象本身。所谓现实中活生生的规范,不一定是国家原有的成文法本身,或者不只限于国家的成文法。我们研究的问题,是那些约束人们社会行为的全部规范,以及社会中实际的规范意识。由此,我们的研究视角,就必须对准与道德意识或者宗教意识不可分离的现存全部社会规范,以明了它们所具有的深远而强大的现实规制力。然而规范意识,则不仅仅限于其本身,还要包括使这些意识得以成立的基础,而这正是问题之所在。不过这里所说的"道德",与儒家学者的古典意义上的"道德",不是同一含义。儒家学者的古典意义上的教条,有不

---

① 本书中着重号为原作者所加,脚注均为译者所出,主要就个别译文的处理进行说明。

少已成为标本,与现实相去甚远。

　　当然,我并不赞成从研究对象里除去制度和古典本身。特别是儒家学者的古典的东西,虽说是古典,只要它们还在现实的社会生活中真正发挥着规范作用,当然就应该将它们作为现实的规范及规范意识来看待。问题的关键还在于对制度和古典的处理方式和研究态度如何,而不在于制度和古典本身。对于儒家教条,如果将分析的目光投向它的出发点、它形成的基础、它对社会的意义,那当然也是我们的研究课题之一。但如果对制度和古典的意义内涵缺乏科学的理解,且撇开作为社会实际规范的法,那么,即使对骨架式的制度史(Gesetzesgeschichte)或对教条中一些无实际内容的东西作了描述,恐怕也称不上是一部完全意义上的法史(Rechtsgeschichte),特别是就中国而言,更是如此。在我国,说起东方法制史——这种说法毋宁是指有关东方学问的一般性东西,本来应该属于自家学问的,却被人们敬而远之,我认为,人们的这种态度,学者弄出的荒诞、空洞之作应负一半的责任。久保教授曾说:“法社会学……是一门调查法生活的实体、研究正在社会生活中发挥作用的法现象的学问,而法史学在这一点上,也是与法社会学完全相同的。”(《西方法史学界的展望》,《人文》第2卷第1号)我对此不禁感同身受。对于在东方法制史方面,以《支那法制史》及其他同类名称出版的几种著述所反映的那种严重背离现实的教条倾向来说,这是一种批评,并引起了很大的反响。

　　然而无论过去、现在还是未来,都是一个统一的发展过程,过去、现在、未来,并非是各自独立的,只有将问题放在全部历史的发展过程之中才能解决。从这样的观点出发,我想不仅仅对于过去,对于现在和未来,也只有通过对历史的把握,换言之,只有通过真正的历史学家,才有把握的可能。然而我国的现状是,谈到东方的学问,就认为只有在时间上已成过往的东西才值得研究。即使在所谓的年轻研究者中间,罔顾当今东方现实的人不在少数;而与之相反,谈到东方的学问,认为只有在时间上属于现在的问题才具有研究价值的研究者,也还不少。不过这种状况,多半还是与是否支持儒教古典的思想意识形态相关连。然而像这样看问题,都是错误的。就推动“现实中迄今仍处于质变过程中的东方”的学问来说,立足于现在的观点当然是必要的,但同时还必须立足于历史的观点——这是支撑着现在研究者的柱石。也就是说,在观点上不能出现时间性的割裂。东方法制史乃至于整个有关东方的学问,以往之所以一般都空洞无物、并使人们敬而远之,其理由之一,也还是缺乏上面所说的观点,或将观点从时间上割裂开来。

以往的研究著作　冠以《支那法制史》或《东方法制史》之类名称的著作,仅从日本来看,以往也只出版过几种。这些著作,我想它们已在各自所处的时代完成了各自的任务。但是,法史学仅停留在过去的很多著作中所看到的那些内容便够了吗?浅井虎夫教授所著《支那法制史》(明治三十七年[1904]三月出版),我认为是最充分反映从明治初年迄于当时即明治后期中国法制史研究水平及其取向的代表之作。作者将国家成文法的沿革作为研究的主要目标,并试图从中寻求我国的成文法的系谱。该书内容除官职以外,还并列着行政制度等。浅井教授还有力作《支那法典编纂之沿革》(明治四十四年[1911]七月出版),不过此书给人的深刻印象是单纯对历代法典加以解说。但两书在当时均获得高度评价,中国也有译本。特别是后者,与程树德氏的《九朝律考》(中华民国十六年[1927]十二月出版)等,共同形成了研究史上的一个顶峰。而作为辛勤搜求资料的集大成之作,此书就是在今天也未必失去它的价值。说到译本,还有别的问题,前一本书没有出现浅井氏的名字,只是装模作样地将原书部分内容略加改动,便以某人之名在中国出版。

从明治末年到大正年间(1912 – 1926),广池博士的《东方法制史序论·本论》及东川德治氏的《支那法制史研究》问世。这两部书的共同特点是制度骨架的罗列太多,记述中体现出很强的专断、说教倾向。东川氏的著作认为,中国法制乃为古圣先哲所造就,因此研究这样的中国法制,就要"与儒学研究相互配合,以发扬东方的固有文明",而且特别有必要究明其"王道治国之要义"。"近些年新鼓吹起来的外来思想,无论是善是恶,数千年以来东方学者都已说尽,丝毫不足为奇。所谓民本主义也就是王道的根本之义"。广池氏亦称,"圣人的命令"及圣人制定的法律,在中国"曾作为理想的法律被实行"。与东川氏相同,他也认为法权威的基础只是圣人的命令,而毫不考虑法被接受的基础问题。不用说,就连中国古代的法究竟是不是圣人的命令,都还是个问题。广池氏进而称,在中国古代,"民主主义兴盛,那种民主主义的根本思想,甚至可以看作是基于一种民约说的"。这样的专断、说教,绝不仅仅是这两位先生所独有。这种说教是必须彻底排除的,但实际上,在战后的今天,又有人在强调这种主张,就连那些号称新锐的学者中,也有公然宣扬这种主张的,这确是令人惊奇的现象。东方的学问之所以一直不受人欢迎,其主要原因就是那些为考证而考证的学者,以及上述专断、说教型的学者自己所造成的。如果认为仅仅是因为所谓"汉字"、"汉文"就把人和学问隔开了,那是很大的误解。那样一种学问的研究方法是否被采用,才是问题的关键所在。

已故桑原教授的《支那法制史论丛》(昭和十年[1935]十月出版),是一本以国家的成文法特别是以唐律和明律的变化轨迹为主轴的著作,其特点是从儒教的孝道中探求贯穿于法秩序之中的基本原理。我也认为不从儒教的孝道入手,就不能充分把握旧中国法的基本性质。然而,对于由奴隶制、家内奴隶制所支撑、并被当作正义的旧中国的孝道,像桑原教授那样,认为其具有超越时代制约即无时间限制的恒久价值,是很成问题的。特别是他评论英国诗人吉卜灵"东方就是东方,西方就是西方,两者终归不同"之语时,认为其中只有片面的真理,强调要破解"所谓西方文化困境"之道,必须求之于和基于儒教孝道的东方文化相结合,而且还论述了这种结合的可能性,这些恐怕就更成问题了。桑原教授还援引了伏尔泰等人对中国的赞美,如伏尔泰所说:"中华帝国的组织是世界上最优秀的,而且中国的全部组织都是以家父长权威为基础,这一点也是世界无双。"据说,服务于法国绝对王权的耶稣会教士投王权所好,写了赞美中国的报告,而伏尔泰却信以为真,并据以批判法国的绝对王权(岛恭彦氏)。因此,如果脱离伏尔泰发出上述议论的具体环境和历史条件,对之不加前提地予以引用,是有问题的。我也并不是要否定对法的本质的普遍性认识本身,但是,如果像桑原教授所论,以超出科学的构想内容来提出问题,恐怕是不妥的吧。

直至今日,日本的所谓东方法制史乃至中国法制史研究,较之日本法制史及西方法制史研究，多数是低水平的，真当得起法史之名的系统性著述——这样一种意义上的概说书，还不得不有待于明日。就今日的情况而言，真正支撑着东方法制史的，多是单篇论文，其中有中田博士对中国家族共产制、雇佣法、保证法等方面的历史研究（《法制史论集》第 3 卷，昭和十八年［1943］六月），还有笔者的《唐令拾遗》（昭和八年［1933］三月）、《唐宋法律文书研究》（昭和十二年［1937］三月）、《支那身分法史》（昭和十七年［1942］一月）、《东方的社会伦理的性质》（昭和二十三年［1948］十一月）等著作，这里仅列举书名而已。

另外，作为中国学者的著述，有陈顾远教授的《中国法制史》（中华民国二十五年［1936］十一月）等，这些著作和我的这本书不同，是致力于科举、狱讼等制度史方面的研究。再就是杨鸿烈教授的《中国法律发达史》（中华民国十九年［1930］十月），此书和沈家本《沈寄簃先生遗书》及前揭程树德氏著作一样，在资料方面值得参考之处不少。此外还有 J. Escarra, *Le Droit Chinois*, 1936（谷口教授译作《埃斯卡拉支那法》，河谷笃氏译作《支那法的基本问题》），尽管书中偶有严重的判断错误，资料的处理面也嫌狭窄，但其观点确有不见于其他论著的优秀之处。

文献

仁井田陞　《东方法史学的各种问题》（《人文》第 4 卷第 1 号，昭和二十五年［1950］三月），是对明治以后我国的东方法史学的回顾和展望。其中，列出了东方法制史研究各方面的各种相关文献：如官制方面，有和田［清］教授编《支那官制发达史（上）》（昭和十七年［1942］六月）；关于敦煌发现的唐令方面，有王国维《观堂集林》；以及花村［美树］教授《大明律直解》（昭和十一年［1936］三月），福井教授《安南人在婚姻方面的习惯》（《法学协会杂志》第 64 卷第 9、10 号，昭和二十一年［1946］十月）等，请读者一并参照。本书限于篇幅，对于文献的揭载多处从简，相关详情见于上述论著。

本章是在《为了学习法律学的新人》（《法律时报》第 22 卷第 4 号，昭和二十五年［1950］四月）中的拙稿《东方法制史》基础上，作了若干订补而成的。仁井田在《东方是什么》（《世界历史》Ⅲ《东方》，昭和二十四年［1949］十二月，每日新闻社）文中、饭冢［浩二］教授在《东方的文化》（《中学生历史文库》，昭和二十六年

〔1951〕七月）文中所阐述的关于"东方"的问题意识，今天还不为一般人所接受。而对于"东方"及"东方文化"的旧想法原封不动地加以沿袭、拥护，或只停留于作那么一点点否定，都还是有问题的。

另外，本书虽以中国法制史乃至以中国为中心的东亚法制史为主，但有时也使用"东方法制史"的名称。尽管这样一种用法未必适当，姑且循用日本旧来惯例而用之。

〔补〕 若要概观我国战后十余年间的中国法制史研究——截至昭和三十四年（1959）三月仁井田《中国法制史研究·刑法》出版之前这一时期的论著，可参照国际历史学会议日本国内委员会所编《日本的历史学的发展和现状》（昭和三十四年〔1959〕八月）第 2 部第 1 章之 7"法制史"。Le Japon au XI e Congrès International des Sciences Historiques à Stockholm, *L'état Actuel et 1es Tendances des Ètuàes Historiques au Japon*, Tokyo, 1960.

第二章　序说——东方的社会和规范意识

第一节　东方的社会和权威主义

第一款　权　威　主　义

问题的基本目标　中国的社会结构,其内部秩序的主要支柱是整体性的权威主义,因此,如果不从全部结构体系上来把握这种权威主义,便不能充分理解中国的社会结构。无论政治还是伦理,或者说无论公的关系还是私的关系,都以未曾分化的原始状态被组合到一个体系之中,不可分解,因而具有了通常所见的前近代社会结构的本质特征。被认为属于家族道德的观念,竟原封不动地贯穿到政治理念之中,从这种早期思维得到充分彰显来看,自古以来被说滥了的"孝",甚至于被说成是所谓百行之本或者所谓天地常道(《孝经》)的规范意识,可以说很少遇到来自各方面的批判、检讨。正是由于这一缘故,如果要把握家族内部的秩序,就必须看到它不仅仅是内部的权威秩序问题,而且是最终指向全部的权威秩序的问题;如果要说明东方伦理的外部性质,就必须探求蛰伏于整体性权威主义根部深处的问题。那么,所谓"封建"也罢,行会(guild)①也罢,都必须作为与全部的整体的权威主义也就是东方专制相联系的课题,来加以考虑;而中国的变革,也将在对全部的传统权威的批判中通过构筑新的

---

① 本书原著中"行会"一词均为片假名,大多本于英语"guild"(偶尔有本于德语"Zunft"者),为避烦琐,除了正文中第一次出现或者在标题中出现以外,迳译作"行会",不再括注"guild"(若本于德语"Zunft"者,首次出现亦注出)。其他类似词汇的翻译,亦同样处理。

规范体系来完成。如果这样看的话,首先就要将问题意识集中到东方的社会和权威主义亦即东方社会中的"自由"这一课题上(另外,近代的自由并不是问题的终点自不待言),而环绕着它的种种关系也不能置之度外。

理性的自我决定的能力亦即自由,是近代思想的核心,不用说,自由意识是近代伦理、近代法的根本要素。与之相对的所谓东方社会的思想、伦理、法意识,就这种意义上的自由及自由意识而言,不妨说是很不充分的。对传统一味地自我顺应(而且对自然也是一味地沉湎于其中),对覆盖在全社会之上的权威无条件地恭敬顺从,是这个社会所表现出来的一个侧面。而且,如果那里还有一种貌似"自由"的事物存在的话,那就是天命,就是统治者的命令,就是习惯,达到对所给与的条件心悦诚服地顺应这样一种状态,也就是甚至意识不到所应反对之物是作为对立物的,从而所给与的条件和自己的运动规律处于完全一致的状态,再不就从传统权威的统治领域里逃离出来,甚至还出现这样的情形:要么回避现实的政治生活,要么沉湎于庶民生活的文学之中。〔补〕当然,也不可轻视这种社会历史条件下现实的反抗。

孟德斯鸠及黑格尔的东方社会理论　黑格尔认为精神的本质就是自由,将世界历史理解为精神自觉地认识自己并逐步实现和完成自己的自由的过程,将东方世界定位于世界历史亦即自由发展的第一个直接的(无反省的)阶段。在那里只有君主一人是自由的,在这个君主一人的专制意志之下,其他所有人都仅仅处于从属地位。不过,尽管君主一人是自由的所有者,但那种自由,由于不存在限制其放纵恣肆的对立物——仅仅是一种任性而为的意志而已,因而并不是真正意义上的自由,所以即使就这一人来说,也终归不能称之为自由的人、自由意识的所有者。继东方世界之后,自由的第二个发展阶段是希腊、罗马世界,第三个发展阶段是日耳曼的基督教世界(Vorlesungen über die Philosophie der Weltgeschichte,《历史哲学讲演录》①)。不过世界历史是否在现实中一一经过了,或者

---

① 本书所引西文论著名及术语,且作者未译成日语者,译者皆试译为汉语,括注于后,供读者参考。

将——经过黑格尔所说的那样几个发展阶段,却还不能确定。特别是东方社会,黑格尔所见到的迄于19世纪初叶的东方世界,不能说到什么时候它都必定稳固不变、拒绝发展,也不能说到什么时候它都必定顺应西方人统治东方的希望、继续成为其追求利润的理想目标吧,不过这也不应妨碍我们将把握社会性质的方法之一的自由意识的形成发展,作为问题吧。可是,比黑格尔更早的孟德斯鸠,也在他的《法的精神》中论述了奴隶制的东方形态。他说:"奴隶制精神统治着亚洲,绝没有被消灭过。而且在那个地方的全部历史中,哪怕是唯一一点可以显示自由精神的痕迹都不可能出现。在那里,大概通常只能看到奴隶制的英雄主义吧。"他甚至说:"专制主义的并以之作为其地方特色的地域,就是亚洲。"东方社会被打上了专制主义=奴隶制的烙印。不用说,孟德斯鸠的看法也是以18世纪时有关东方的知识为基础而形成的,今日看来已是非常不妥当的意见。他关于奴隶制在东方永久存在的这样一种东方社会停滞论,当然必须拒绝,但他对东方特别是中国社会的支配从属关系的分析,其透彻的观察在大体上应该说还是可取的(关于魏特夫教授的东方社会理论,参照本章第三节)。

政治的主体和客体 若据《论语》或其他文献,中国古代社会中有这样两种社会集团的区分:统治者的身份性社会集团称为君子(士君子),被统治者则称为小人或庶民。《孟子》(《滕文公上》)有云:百工,也就是工匠,做工匠的事;君子则做君子的事,也就是说只要专心致志地治理天下,就可以了。"劳心者治人,劳力者治于人;治于人者食人,治人者食于人:天下之通义也。"从中可见君子的理想,犹如具有职业伦理的专家那样,就是成为最卑下的人(马克斯·韦伯)。上引孟子的这句话,露骨地显示出了孟子思想的阶级性、儒家思想的阶级意识(另请参见《论语·子张》),然而东方的政治学,也正如公元前4世纪的孟子等人的著作中所见到的那样,政治的主体和客体自古以来就是分离的,作为政治主体的士君子,是作为政治客体的庶人的寄生物。不过,尽管也有像南北朝也就是5、6世纪的士庶那样,被固定在种姓制度似的身份结构中,二者之间的区分极其严格,但两个集团之间的交流还不是完全没有,士的意义也在随着时代发生变迁。孟德斯鸠提出了希腊、罗马的市民奴隶和东方的政治奴隶的区别，同样根据孟德斯鸠对奴隶的理解，希腊、罗马的市民奴隶等同牛马，是市民的所有物，别说是政治的主体，就连客体也谈不上，被完全排除在政治学的对象之外。在希腊，政治的主体是市民，市民同时还是政治的客体。与之相对的孟德斯鸠所谓东方的政治性奴隶（孟德斯鸠对之怎样看暂且不论），是政治学的对象，虽有奴隶的倾向，但大体上是人。孟德斯鸠所认可的人格价值，仅仅限于市民的范围以内，而未曾涉及到全部的人。也就是说，一旦作为市民，其人格价值即因之得到承认，其在市民中的自由平等地位亦得到承认，若超出市民的界限，其自由平等地位即得不到承认。而在中国，自古以来，并非因为作为人，其价值就能得到所有人的承认。在中国社会，庶民之外，也还有身份更低的奴隶。另外在《论语》中，中华和夷狄也是区别开来的。根据唐代韩退之的观点，由于人是最优秀的，所以是夷狄、禽兽的主人（韩退之《原人》篇）。这样的华夷思想在宋学中也有表现，并作为传统在其后继续流传下来。不仅如此，甚至在《论语》中，也到处可见庶民即小人在身份上有异于士君子，在价值上也被区别开来。实际上《论语·颜渊》还这样说："君子之德风，小人之德草。"小人随着君子的德风而倒伏。《论语·泰伯》说："民可使由之，不可使知之。"儒教中甚至还有这样的说法："孟子曰：人之所以异于禽兽者几希，庶民去之，君子存之。"（《孟子·离娄》）一方面将庶民视同禽兽，另一方面又认为，仅仅只有君子即士大夫以上的拥有政治地位者，才具有可以被当作人看待的地位。被视为愚民的一般庶民，按照政治权力的传统，他们自己大多不会想要得到作为政治主体的地位，就是想要，在政治权力之下，也是"没法子"得到的。老子的思想，虽然描绘的是以农村共同体为基础的理想，然而就其政治主体而言，仍然不是民众——农民，据推测可能是与农民有别的其他统治阶级。

权威主义之一　不仅仅如上所述，据板野教授的研究，老子的无为自然，就是要全体人民放弃人为而回归自然，完全放弃其主体性而跪倒在圣人的绝对权威面前。老子的自然无为非但不是倾向于否定权威主义，反而是最强烈地支持了权威主义。法家，还有荀子，都受到老子的这种思想的强烈影响。荀子、韩非子所主张的性恶说,进一步高扬君主的权威和价值,对君主所定的礼和良法等成文规范——其因"人为"而"伪"(矫饰做作意),也就是依靠来自外面的或者上面的权力进行强制,加以肯定,完全成为专制主义亦即终极意义上的"一人"的绝对政治统治的思想基础。然而孟子的性善说,以及以此说为基础、以孝为核心的五种人伦,却也成为专制主义(无论观念上还是制度上,均为终极意义上的一人的绝对性的政治统治)的渊源,可以肯定,专制主义就是从中推导出来的。而人的自由和自发的协作,也可以从对性善说的理解中推导出来,这是不错的,在儒教中,仅仅限于所谓士君子的身份性社会集团内部,自由和自律是被承认的,这样的假设也许能成立。然而五伦的秩序是天命(同时也是人的本性),加入这个秩序却不是基于自己的选择,而是被给与的,因而作为五伦基础的性善说,也有可能成为专制主义、权威主义的理论根据,对之恐怕不能否定吧。继承孔子、孟子学说流派的儒学,在汉代思想界居于主导地位,特别是孟子、子思学派的董仲舒(公元前 2 世纪、武帝时人),确立了汉代专制体制的基础,犹如尊重尧舜孔孟以来的学术传统、从宇宙原理中发现人类道德的宋代儒学即所谓宋学一样,均为现实的权威主义奠定了基础。中国古代政治思想中的性善说、性恶说,同是权威主义的基础,尽管两者支持权威的程度有强弱,或者说作为权威的基础在方式上有差异,但在本质上都是同一性质的社会土壤中所可能产生的现象。

权威主义之二——特别是朱子学　如果说中国史上专制主义基础之奠立有两个最高潮的话,一个是周末战国时代公元前 3 世纪的荀子、老子及法家学说,乃至汉代的儒学,一个是 11 世纪以后宋代的所谓儒学,亦即"宋学"。汉以后的大多数儒家学者对于荀子的学说至少在表面上是敬而远之的,直到后世很久也还是很疏远,甚至有关荀子的注释书也不太流行,所谓孟子、子思学派系统的学说则几乎是压倒性地独享尊荣(尤其是与荀子的学说具有同一渊源的法家的法实证主义的思想倾向,一如后世之立法史所显示的,其实质上的强大力量始终存在,它已成为历朝法典得以反复编定的根基)。南宋的朱子(1130 – 1200),将号称继承孟子学统的韩退之以及堪称退之思想后继者的宋代周子、程子的学说,与志在彰明君臣之义的欧阳修及司马光的史学合为一流，从而成为哲学以及政治学的集大成者。在支持专制体制的意义上，朱子学亦是哲学、政治学的最高点。值得注意的是宋学在自然的宇宙原理层面上确立了人伦的理论架构。而且在这个理论架构日趋稳固、僵化的过程中，唐中叶以降下至宋代的中央集权体制的成立、发展实为其先导。

　　姑且依据朱子原话尝试记载其学说如下。盈于天地间者皆物。既有物即有当然之则亦即法则。则即理，所谓当然之则即为当然之理。自然界有当然之理，鸢飞戾天，鱼跃于渊，此为鸢、鱼当然之理。山耸川流，则为山川当然之理。说到人，耳聪目明，则耳目有当然之理。君仁、臣敬、父慈、子孝，亦为当然之理。不过朱子在这里所谈到的人，不是指的所有的人。有如孟子，不，甚至包括孔子也不把人全部都看作人对待，朱子也认为夷狄不是人。与韩退之相同，朱子也将人和夷狄区别开来。据朱子所云，天地间万物，凡有五种，均禀五行即火木土金水之气于天，受五行之质于地，而赋成其形。万物之内第一种类为人，乃因人所禀受之气纯粹。然而因其受气之方，人又分为四种类，遂有身份、地位、富贵、贫贱之别，因之而出现的阶级秩序、身份地位的固定化，则被视为正当，得到肯定。万物之内第二种类为夷狄，其介于人和动物之间，他们没有禀受像人那样的纯粹之气，而且那也不能改动。第三、第四、第五分别为动物、植物、矿物。天下事物中有当然之理，同时也必有所以然之理。若问天地何故生成万物？鸢鱼何故飞跃？山川何故耸流？人之耳目何故聪明？那是其自身如此，不期然而然，并非人为之物。而君臣何故仁敬？父子又何故慈孝？这还是自然，而绝非人为之物。此即所以然之理。而且那些物都不外是其所禀受的性自身。这性，即是存在于天地间、被称之为太极的浑然一理。而当然之理亦谓之道。还有，存在于自然界的事物中的道谓之天道，人伦中的道谓之人道，大凡人与人之间的关系，其中君臣之义、父子之亲、夫妇之别、长幼之序、朋友之信等五种，为人伦之大纲，如将这五伦扩大，全部人道便被纳入于其中了（参照第八章第二节）。

　　于是人伦＝人道框架以及使这一框架得以成立的权威秩序的基础，遂由朱子或曰宋学所确立，这一基础即为天理亦即宇宙原理。君仁、臣义、亲慈、子孝，所有这类上下关系和以之为枢轴而推广、扩大的人伦框架，同样不是人的作为，而是无可争议的自然，作为天理的权威秩序也就无条件地构筑起来了，那就是东方的自然法的典型。朱子学对于东方的权力确实是恰当的理论。朱子学派对经典的理解亦即新注，历经元、明、清各代均被奉为科举的金科玉律，明代官方根据朱子学说编纂的注释书——《五经大全》、《四书大全》，使朱子学派愈益成为正统的权威。于是在宋学中，朱子学也在为权威主义奠立不可动摇的基础上作出了贡献，与此同时，权威主义也拥护朱子学。

对权威主义的规避　中国近代的情况当作别论，在此前的中国，对于像这样覆盖在人们头上的权威主义本身，都倾向于避免与之作正面斗争（后述李卓吾等当别论），总之，人们巧妙地躲避着权威主义。什么时代都有人从公权力的统治领域里逃避出来，然后艰难地保卫其主体性，以免沦为奴隶。晋人编辑的《高士传》，包括洗耳于颍川的许由，连许由洗过耳的水也避而不用的巢父在内，有 72 人（今本有 96 人），清人续辑的《续高士传》，列举高士 143 人及其事迹，所谓高士的同类，是不可能用那么限定的数字来表示的。而"野无遗贤"之类，实际上不过是夸饰之辞。老庄还有后世道教的世界——这正是人民精神生活的地盘。特别是说到道教，虽然很早就已经有了《抱朴子》那样的思想，亦不能免于与儒教伦理的结合，然而在道教的广阔世界中，人们发现了轻松的场所亦即所谓"自由"的世界。杨朱的快乐主义作为逃避的哲学与希腊哲学中伊壁鸠鲁的快乐主义，在逃避上有着共同的倾向吧。元代 14 世纪时杂剧的盛行，也明显具有逃避的意味。明代的所谓人情小说——其代表作《金瓶梅》中，如果说也显示出了自由的话，那恐怕是官能的自由吧。而且应该怎样来考虑超越官能之上的人的解放的动机，也是一个问题。而就《金瓶梅》也存在放纵人欲这一点，与《十日谈》也有可比之处吧？然而《十日谈》旨在打破中世教会令人压抑的权威及世界观，尊重人的自然需求，放任人们自由活动的欲求，总之洋溢着人文主义的热情。与之相对，《金瓶梅》中人们的生活则依然笼罩在阴郁的氛围中，人们生活的自然欲望似乎总是受到阻碍，仍然被传统的权威压得喘不过气来。不过如鲁迅所说，此书对于当时的统治者具有批判的意义,这一点作为这部小说的积极面,似应给予高度的评价。《水浒传》对于政治权力也有卑屈恭顺的一面,对于权威有表面上协力、盲目顺应的倾向。这仍然是没能完全从东方专制的制约中摆脱出来的表现。《水浒传》中的各位英雄虽然反抗政治权力,但最终还是在东方专制面前屈膝,甚至被招安做了官。当然,诸雄之中确实有人决心同当时的朝廷和官府作斗争,也有人具有清除君侧奸臣、"替天行道"的气概,不能不说他们是无愧于这种决心和气概的。而且正是由于这种缘故,民众才为之喝彩、欢迎,也同样由于这种缘故,民众才感到痛快淋漓,对这种积极意义,我也绝没有打算给予低评。尽管如此,那种气概最终还是半途而废,他们并不一定有这么高的政治觉悟——即要用自己的手来实行自己理想中的政治。对于民众来说,无论谁是君主都没有关系,他们只是有这样的倾向,即期望着所谓"真明天子"的出现和"弥勒降生"。还有一种逃避,即假借自古以来就有的"滑稽"或笑话之类,以寄托对现实政治的批判。

　　旧中国人们的生活,纵然在表面上披着儒教严肃主义的庄严外衣,但其内心世界深处却并不那么庄严。《金瓶梅》(16世纪末期著作)中的生活也决不仅仅是一般庶民的生活。与其说是庶民,还不如说是官吏的、缙绅的生活。尽管他们首先应属权威主义的骨干成员,但是他们仍与庶民一样躲避权威主义。与外表的庄严肃穆相反,其内心里想望的是轻松的场所。这与在压抑的家庭生活中,妻子拥有不能为外人所侵犯的私人房间的情形,实出于同样的道理。朱子学成功构筑了权威,权威主义也无疑会拥护这一学说,但这并不意味着官人或者儒教徒自身生活的内部,就会对权威主义照单全收。如果说朱子学在权威构筑上发挥了强大作用的话,不能不承认,在科举方面或者表面上的学问——特别是以学问作为手段的场合的确是如此,但与之相反,即使在官吏或者儒教徒自身生活的内部,也有脱离、偏移朱子学严肃主义的倾向,而不免为老庄、道佛的魅力所感动,所吸引。特别是到了明代王阳明(1472－1529)的弟子王畿及王艮时,这种倾向已是显而易见。

　　权威主义和阳明学的立场　　阳明的良知说,是把权威构筑在自己内心的学说。对于阳明来说,学问是不是构筑在自己的内心之中,乃是问题之所在,至于这种学问究竟是谁提出来的,则是另外的问题。他一方面批判朱子改订《大学》古本这一点,一方面又如是说:"夫学贵得之心,求之于心而非也,虽其言之出于孔子,不敢以为是也,而况其未及孔子者乎?求之于心而是也,虽其言之出于庸常,不敢以为非也,而况其出于孔子者乎?"(《传习录》)而且"良知之在人心,不但圣贤,虽常人亦无不如此"(《传习录》)。因而在自我完善即去人欲从天理上,"虽卖柴人亦是做得,虽公卿大夫以至天子,皆是如此做"(《传习录》)。"故虽凡人。而肯为学,使此心纯乎天理,则亦可为圣人"(《传习录》)。"吾心之良知,即所谓天理也"(《全书》卷二)。"心之本体即天理也"(《全书》卷五)。"心即理也。此心无私欲之蔽,即是天理。以此纯乎天理之心,发之事父便是孝,发之事君便是忠"(《传习录》)。于是阳明通过宣扬平等论以鼓舞激励诸生:"立志而圣则圣矣,立志而贤则贤矣"(《全书》卷二十六《教条示龙场诸生》);"志定矣,而后学可得而论","志立而学半"(《全书》卷七《赠林以吉归省①序》)。果然,阳明的高弟王畿(山阴人)和王艮(泰州人,被称为"心斋先生")便在现实中超越了老师的学说。而他们与朱子学的严格主义在立场上的不同,不用说是更加明显了。于是难以接近朱子学权威主义的农民、手工业者及商人,反而被吸引到他们跟前。与此同时,泰州学派中的一支终于发现人欲也就是自然,其思想最终发展到非但不否定人欲,乃至于肯定人欲。而这也是中国近代思想革命以前人的解放思想的最高峰,并成为李卓吾(李贽)出现的前奏。

反权威主义,特别是李卓吾的学说　这实际上是从儒学内部的阵营中,射出了所谓的反权威主义之箭。远者有老庄的虚无,又有杨朱的快乐,所有这些都是从儒学外部反儒的,是那样一种意义上的反权威主义立场。但今天居于支配地位的,则是一种过分乐观的观点,即借助御用学术的官学,致使传统的权威日益提高,其坚实的基础亦愈加强化。与这样一种观点适成对照的,便是连儒学内部甚至也开创出了反权威的一派。李

---

① "省"原误作"卷",迳改。

卓吾的学说较之以前的泰州学派,解放的程度更高。他在其著作《道古录》中讨论格物时倡说万物平等,称"上至天子,下至庶人,通为一身矣"——作为人这一点谁都没有什么不同。他还在《焚书》中论述了妇人的见识,驳斥了所谓男子见识全都优于妇女的专断之说,主张男女在见识上是平等的。容元胎(容肇祖)氏在其《李卓吾评传》中也认为这些见解非常了不起,这样的评价是非常正确的,我也深有同感。李氏的势力说、童心说,都是对阳明学说、泰州派学说的发扬和推进。也是他,将《西厢记》、《水浒传》之类的文学作品从道德中解放出来,并使文学和道德彻底分开。然而李卓吾不得不成为权威主义的牺牲品,对于他来说,传统的权威也是要大加否定的。这样的见解,虽在那部 68 卷李氏《藏书》的评论中出现得不多,却是贯穿于全书的观点(岛田虔次氏)。他被判惑世欺民之罪,在明朝万历三十年(1602)自杀于狱中,时年 80 岁。然而,他死后仍被视为言行奇矫、猖狂放肆之徒,成为反对学派的众矢之的,遭到严厉批判。

　　不用说,虽然李贽去世了,却还有像明末清初的黄宗羲(1610－1695)那样,在其著作《明夷待访录》中论述道:当为了一人一姓的利益而敢于以兆民万姓作牺牲的无道君主出现时,革命是允许的。他反对像朱子学那样的否定革命论。臣下虽服务于君主,但为了天下万民的利益,却没有必要服从无道君主的命令。更有甚者,到了清朝的俞理初(俞正燮)(1775－1840①),以至于周作人氏说他是"近代中国的思想家中恐怕确无与之比肩"(周氏《结缘豆》)的思想家了。而他对女性的同情尤为深切。据所著《癸巳类稿》,他主张女子应该从缠足及其他束缚中解放出来,他还主张在再婚方面应男女平等。他说:不能够仅仅认可男子的再婚,而又单单否认女子的再婚;在再婚上既不能做到男女平等而又深文巧诋以欺侮妇人,此乃无耻之论(周氏《结缘豆》及《瓜豆集》)。即使在中国,寡妇再婚本来就不一定那么严格(如宋代范氏《义田规约》所见),特别是在食不果腹的农民间,原来就没有阻止寡妇再婚的意识,甚至认为是完全可

---

① 按俞正燮卒年,原文作"1842",实为"1840",今改正。

以的(参照第十三章第二节)。诸如宋朝的程伊川以及清朝的蓝鼎元、钱大昕等人的妇女观,至少在表面上风行之时,俞氏提倡男女平等,对女性寄予深切的同情,特别是他还公开表明这些观点,仅仅这一点就值得大书特书了。不过据说他受到了李汝珍(1763 – 1830)的小说《镜花缘》的影响。而就现实的实践层面而言,还应该特别提到《浮生六记》——清朝乾隆年间人沈复夫妇二十三年间相敬相爱的记录。对沈复来说,他不过是在权威主义之下,始终不渝地极力维护夫妇二人生活范围内的小世界而已,可见沈复的思想意识虽然还是应该属于东方人文主义范畴,但他仅仅是躲进自己的世界里,而不可能突破这一世界,将自己推进到更广阔的世界中去。在中国古代社会中,如果说在逃避的世界之外仍然还有站在人文主义立场上的思想家,那大概就是李卓吾、俞理初一类吧。

中国历史上中世和近世(近代)之间具有质变意义的分界线,在鸦片战争(1840 – 1842)、太平天国战争(1851 – 1864),以及辛亥革命(1911)、五四运动(1919)、北伐时期(1926 – 1928),乃至其他的任何时期中,究竟应该选用哪一个,还是一个问题。近世(近代)不是一蹴而就的,必须经过从中世内部来克服中世的纠结过程。无论李卓吾、黄宗羲,还是俞理初,都是鸦片战争、太平天国以前的思想家。不能认为依靠王阳明学派的思想就足以构建通向近代的桥梁,即使是出了李卓吾的明末,也不能认为那时的学者就跨入了近代。王阳明的确是在自己的内心构建权威,但他内心的构建却并没有脱离时代所给与的前提条件——如所谓圣贤之类的权威或者臣子对于君父的恭顺,同时也不能说他自己就是无前提的,他自己背后是没有任何规范性约束的。因此,与其说他通过自己的思想观念使前提条件内心化即服务于他内心的权威构建,还不如说起到了强化权威主义的作用。于是在阳明学派中打开了两条通路。其右派倾向于积极地构建权威主义,这并非没有缘故,而就所谓的阳明左派的李卓吾而言,确实可以发现对于权威主义进行批判的新倾向,但直接将其称为"近代思维"(岛田虔次氏之说),在我看来,是存在问题的。李卓吾认为:所谓幸福就是身与首尚相连,能够饱食安眠。那样的话,圣人政治就是必要的,取秦朝而代之堪与周文王、武王相比的汉武帝、文帝的政治,即是所希望的。这与期盼"真明天子"、相信"弥勒降生"的意识大概不无关联吧。即使是李卓吾，最终也大抵是在排除一种权威秩序的同时，又带来另一种权威秩序，而他自身的思想中，也并不具有作为主体的人的契约性转机。尽管这样，也丝毫没有必要降低对李卓吾、黄宗羲观点的评价。而且，从中也能感觉得到他们的观点与中世后半期农民的奋起之间不无关联。

对奴隶性的自觉——关于鲁迅的苦恼　然而无论如何，尽管出现了李卓吾那样的思想家，却落得被围攻的命运；尽管有黄宗羲、俞理初那样的思想家，但在强大的权威主义面前，他们显得太无力；尽管清朝被推翻，权威主义本身却并没有被完全打倒。代表中国旧体制的儒教、道教的伦理基础也没有轻易地崩溃。近代文学的创始者鲁迅（1881－1936）的深刻苦恼，就是为了推翻这个东方旧体制的基础而产生的苦恼。鲁迅是如何看待农民的或者不如说如何看待一般人们的革命意识的呢？是如何看待辛亥革命的接受者的呢？请看他记述农村打短工的雇农阿Q相关事迹的《阿Q正传》吧。阿Q有欺负弱者的倾向，而在被比自己强的人殴打时总是说"儿子打老子"，通过自虐性思维转换来安慰自己。革命的波涛，也一天一天地涌向他所在的村庄。见到"百里闻名的举人老爷有这样怕"，阿Q对那些所谓的革命党"未免也有些'神往'了，况且未庄（村名）的一群鸟男女的慌张的神情"，使阿Q对那些所谓的革命党也愈益喜欢起来了。"'革命也好罢'，阿Q想。……忽而似乎革命党便是自己……'造反了！造反了！'未庄人都用了惊惧的眼光对着他看。这一种可怜的眼光，是阿Q从来没有见过的，一见之下，又使他舒服得如六月里喝了雪水。他更加高兴的走而且喊道……"（《大鲁迅全集》）然而这个属于革命党的阿Q，却因革命军的队长需要取得逮捕强盗的实绩，遂被逮捕、枪毙，而村里竟无一人有异议，都将阿Q当作坏人，被枪杀便是其作恶的证明。有关"《阿Q正传》的成因"，鲁迅曾这样说："我也很愿意如人们所说，我只写出了现在以前的或一时期，但我还恐怕我所看见的并非现代的前身，而是其后，或者竟是二三十年之后。"对于东方社会的结构，他紧紧抓住阿Q这一性格，并对其强烈的顽固性洞悉无遗。他甚至对二三十年后的事亦不抱乐观，因为他对于阿Q性格的顽固性，比谁都知道得更清楚。"他所反抗的实际上并不是对手,而是存在于他自身中的无论如何都难以解除的痛苦。他将那些痛苦从自己身上取出,放在对手身上,然后对这种被对象化了的痛苦加以打击。他的论争也是这样进行的。他是在同他自己所生的阿Q作斗争。"(竹内好氏《鲁迅》)

他在东方社会的悠久历史中发现了东方的奴隶性。他断言:"中国人向来就没有争到过'人'的价格,至多不过是奴隶,到现在还如此。"这一断言并不是为了否定近代意识的生长,而是为了近代意识的生长而作的彻底、深刻的批判。不用说,对于中国历史上的黄巾起事(184)、黄巢起事(875)乃至于太平天国战争(1851-1864),我以为他都不打算否定,然而他也指出了历史上人民地位甚至低于奴隶的时期仍不在少数。无论是强盗来了,还是官兵来了,被杀戮被掠夺的反正都是百姓。百姓唯一的愿望是"有一个一定的君主,拿他们去做百姓,——不敢,是拿他们去做牛马,情愿自己寻草吃,只求他决定他们怎样跑"。于是,他对中国史的时代作了性质上的区分:"一,想做奴隶而不得的时代;二,暂时做稳了奴隶的时代。"而"这种循环,也就是'先儒'之所谓'一治一乱'"(如果从切断这种恶性循环、面向新的创造的立场出发,他即使作为历史学家也是非常称职的。)。

鲁迅曾反复申说如下的意思。"暴君治下的臣民,大抵比暴君更暴;暴君的暴政,时常还不能餍足暴君治下的臣民(暴)的欲望。"(中华民国七年,1918)"专制者的反面就是奴才,有权时无所不为,失势时即奴性十足。做主子时以一切别人为奴才,则有了主子,一定以奴才自命。"(中华民国二十二年,1933)(据竹内好氏《鲁迅》)不可错误地以为《阿Q正传》里只是说了阿Q是奴隶。无论旁观阿Q死刑的民众,还是村里的头面人物,乃至革命党,都是奴隶。暴政之下的施暴者也全部是奴隶。如果换一个立场,那就是一会儿成为专制者,另一会儿又成为奴隶。暴行只要能够施向自己的外部,那就什么时候都是向外的。然而如果没有地方施暴,就会自虐性地施向自己的内部,而这特别是专制性奴隶的以及没有"自由"的人的特征。关于小孩,鲁迅也指出在这里看不到"人"。孩子们岂止在小时候不被当人对待,就是长大了也还是不能成之为人。所有的小孩子,只不过被看作是他们父母的福运的资材,绝不是人的萌芽。父亲是制造孩子的工具,而不是"人"的父亲。然而在每一个民族中,人类所追求的东西还是"人"。于是他呼喊道:"可是魔鬼手上,终有漏光的处所,掩不住光明。人之子醒了。他知道了人类间应有爱情,知道了从前一班少的老的所犯的罪恶。于是起了苦闷,张口发出这叫声。旧账如何勾销?我说:'完全解放了我们的孩子!'"新的中国革命,也就是所谓"创造这中国历史上未曾有过的第三样时代",历经鲁迅这样的苦恼之后,正在开始实现。[补]对于阿 Q 来说,有远大的未来。那就是福贵和铁锁(赵树理文学)。

为了理解传统的权威　为了理解传统的权威,我在这里暂且回到原来的讨论,对京大教授重泽俊郎氏的著作《中国四大思想》(昭和二十二年[1947]十月出版)中的高见试作探讨,其中也论及了与我不同的观点。作者在前揭书第 10 页及其以下称:"孔子的仁,在根本上是普遍的人类之爱这种素朴的感情,而不是其他的什么东西。孔子着眼于仁的普遍性和绝对性,以之作为全部道德的基础,他正是在此基础上展开自己独特的伦理观。"他看到孔子的仁在根本上是普遍的人类之爱,一方面引用了有若的话——"孝弟也者,其为仁之本与",一方面又说:"凡人类,莫不具有这种自然的感情,所以就以之作为全部道德的基础,并在这种道德基础上建立社会秩序。这样的道德秩序既然是有关人类社会的,那么原则上它就是超越时间和空间的,就应该是妥当的。从血缘亲情中推导出来的仁的道德,正是因其自然性、普遍性之故,所以它作为社会秩序原理,堪称最根本同时又最强有力的权威,而且是超越时间、空间的制约永远不会消失的权威。不得不说正是这样的权威所支持的社会才是最理想的社会。孔子提倡尊重仁的伦理和家族道德,与他的社会思想的要求,始终有着不可分割的关系。我认为如果忽略了这种关系,就不可能指望对前者有一个正确的理解。"作者对孔子的仁(孝弟)中所见到的自然性、普遍性作了强调,又说"孟子的道德、思想与孔子的基本上没有差异"(同上书第 45 页)。然而仁果然是普遍的人类之爱吗? 如果说因为孔子或者儒家方面肯定了自然性,那么那果然就是自然的东西吗? 重泽教授所说的自然性,甚至给人留下这样的印象:它与儒家学者称之为"人伦"的天理亦即宇宙、自然中所见的带有权威的东西，是同类的。特别是重泽教授所说，"本来所谓仁、所谓孝弟，最终不过是平等的个人相互之间自然发生的东西"（同上第 17 页），然而仁或者孝弟都是属于平等的个人的东西吗？这些难道不是身份性统治的权威主义秩序所赖以构成的精神支柱吗？实际上如《仪礼》、《春秋左氏传》中所见，也是父为子天，夫为妇天。父和夫的权威，就是宇宙的权威。对父母的"罔极之恩"进行解说的，不仅仅是朱子，甚至于还有人认为要绝对无条件地信从父母的权威："古称父母即使非理杀死子女，子女也不得怨恨，因为子女的生命本来就是因为父母而始得拥有，所以即使为父母所杀，也可以认为不过回到最初而已。"上文谈到的宇宙的权威地位，直到后世也永无变动。不仅如此，还通过国家立法加以保障，若被侵犯即是不孝不义，将受到被认为是最严厉的制裁（后世的例子，请参照周作人氏《瓜豆集》所引《阅世编》）。关于这种制裁，或许与儒家学者无关，然而这难道不是从仁的道德中推导出来的最终结果吗？重泽教授还发现，对祖先的祭祀使孝在空间上从家庭推广到社会，而且在时间上也几乎是无限地扩张其领域。他还论述指出："如果子孙为了得到道德荣誉，那是可以直接通过祭祀之礼以抬高祖先名誉来实现的。这应该是孝的范围得到最大程度的扩张这样一种观念上的孝，它在空间上从家庭被扩大到社会。"但是祖先祭祀的对象绝不是泛泛不定的一般的人，要么是父母，要么是祖先，要么是父系血缘的；祭祀者同样也不是一般的人，终归是特定人的子孙，在那里是不可能出现普遍性的，难道不是这样吗？毋宁说不管什么地方，所有事物都是被封闭在家族或者血缘的范围之内的，有其固定的身份，仅此而已，难道不是这样的吗？那所谓的孝尽管得到最大程度的扩张，但原则上仍然只不过是仅仅以祖先（血缘）为对象的。从重泽教授大著中的材料出发，反而能得出相反的结论。那种孝弟，祭祀，以及其他所有的场合，都体现了中国中世社会，乃至于整个古代社会本身的性质。当然，后世出于某种打算而进行非血缘的同姓祭祀的场合也是有的，但这是与儒教道德相矛盾的。"非其鬼而祭之，谄也"，这是《论语》里的话。儒教连同道教，应该是中国旧体制的精神代表，人们大多相信，中国近代的思想革命必须通过对它们的批判来完成，然而如果按照我所理解的重泽教授的高见,则令人感到偏离了这种批判,批判对象中应该成为众矢之的的焦点问题,也被弄得模糊不清了。况且鲁迅那发自深刻苦恼中的呼喊,"人之子醒了,他知道了人类间应有爱情",总不能作为没有意义的惊叫来对待吧。重泽教授的大著为民主主义科学家协会所编辑,而且列入其"学生丛书",因为是出于拓宽对中国思想的理解的考虑,所以我想将私见与重泽教授不同之处作一叙述,以资参考而已。当然,至于孔子对庶民寄予同情,以至拥有天禀主义的政治理想(参照本章第二节),对之我也并不否定。

　　不过这里虽说是私见,实际上也不是我一个人的意见。津田博士的著作如《儒教的实践道德》中,已有如下论述。"说儒家的孝是基于子女对父母的自然的爱慕之情而成立的,好像不是这样一回事。"无论是根据孟子、还是荀子的观点,都是同样的。"孝被当作艰难的东西,受拘束的东西。再则,那样一种解说方式也是压抑的,尽管子女为了完成孝道而尽力尽心,但说起来还是要像没做好、有缺憾似的,人的生存仅仅就是为了尽到孝的责任和义务而已,而人们所受的这样一种教育,同样也是为了这一目的。"特别是津田博士以《孟子》及《礼记》为根据,指出:"如果不是天子是不能够行至极之孝的。这样的说法表明,基于政治地位的阶级差别所导致的孝的差异,并不是在孝的方式上,而是在孝本身的价值上。那么,按照这样的思路,庶人的孝就不能不是级别最低的孝了。如果站在我们的立场上来看,这与将孝作为人的道德来理解是根本矛盾的,儒家似乎也不是这样考虑的。"然而这也不仅仅是津田博士的看法。马克斯·韦伯也本于《孟子·滕文公》,指出:"如果基于普遍的人类之爱,虔敬心(Pietät)和正义就被抹煞了,也就是如果没有父子兄弟(仁井田按:不孝不悌之意)的话,那就是禽兽之类,故孟子不认可普遍的人类之爱。"孟子之所谓孝也是有别于普遍的人类之爱的。是否妥当姑当别论,韦伯认为,还不如将上引孟子之语所出自的墨子思想,作为普遍的人类之爱来看待。不用说,墨子的兼爱具有功利的手段的倾向,而且它也和儒教中的情形一样,不能从君臣父子的身份权威结构的束缚中解放出来。当然,我也不是要说子女对父母不孝是可以的,但是孝的内容本身是有问题的。桑原教授为了从儒教的孝道中探求贯穿于法秩序中的基本原理,曾经发表多篇力作(参照《支那法制史论丛》),而且他在批判吉卜林的诗同时,也还是在儒教的孝道中觅求突破"所谓的西方文化僵局"的途径,将孝道作为超时间的价值来看待,这一点也同样是有问题的(参照第一章绪言)。

文献

仁井田陞 《东方社会伦理的性质》("东洋文化讲座"三,昭和二十三年[1948]十一月),《中国的法思想史》(《法律学体系》第 2 部《法学理论篇七》,昭和二十六年[1951]八月)。[补]《中国社会的法和伦理》(昭和二十九年[1954])。

丸山[真男]教授① 《近世日本政治思想中的自然和作为》(《国家学会杂志》第 55 卷第 7 号,昭和十六年[1941]七月)。

郭沫若氏 《十批判书》。郭氏看到孔子对人民的解放是同情的,在视角上与以往的汉学家有异。

第二款 规范意识的前近代性

道德意识的表面性 若就儒教的立场而言,以为"人世间是世界之内最善之物,人的本性如果从其素质禀赋来看,也是善的",这本来是占支配地位的思想方法。而且只有所谓人类——其中要除去夷狄和奴隶(与禽兽同类),才在"理论上具有逐步地实现自我完善的能力,并且才具备最终实现道德性律法的可能性",这一点也被认为与上述思想方法是大体同性质的。马克斯·韦伯曾在所著《宗教社会学》(*Religionssoziologie*)中,对儒教和封建主义(feudalism)中的合理主义②作了比较。据韦伯的观点,对于儒教徒来说,对道的顺应是最重要的要求,而这种顺应,最重要的就是要怀着虔敬的顺从之心,逐步进入到人世间各种权力的坚固秩序比如君臣、父子、兄弟等各种关系的框架之中,然后在这样的小宇宙内养成一种和谐、协调的人格,这就是儒教徒的理想。也就是说,儒教中理

---

① 原书出于尊敬,注释中部分论著的作者但称姓氏、职衔,而省去名字。为便读者检索,今将注释开首所列作者的名字括补于其姓氏之后(个别未能确认者阙如)。此系本书责任编辑王珺女史建议,并承她查补了相当一部分作者名字,特此说明,并致谢意。

② 按:这里所谓"封建主义的合理主义",据韦伯原著,即指新教伦理之理性主义精神。

想的人格即士君子的人生态度,要完全地履行传统的义务。而在与之相对的封建主义社会,作为神和人类社会二者关系演变发展的最后归宿,是对传统的批判和世界伦理的合理化,也就是超现实的神和因被造物的堕落而在伦理上陷于不合理的现实世界二者间的关系,最终发展归结到不再将传统视为绝对的神圣之物,在克服和支配现实世界的同时,使现实世界在伦理上合理化的使命感也最终被建立起来。因此人类在伦理上是绝对不完善的,现实世界的习俗应该被称为罪恶的渊薮,诸如对这种习俗的顺应,就是堕落的象征,儒教意义上的那种世俗性的自我完善,则被视为对神的亵渎。这样一种儒教伦理,是建立在肯定现实的基础之上的,儒教伦理中虽说也要自我抑制,但它的目标指向是维持表面上的容仪、礼节上的尊严,亦即维持面子(Gesicht),最终仅仅是顾及外表,而不是获得内心的尊严,其至对自己本身一般都不抱信赖,这就导致了不守信用——尽管出于"实际利害的考虑"在交易上的信用确实是很发达的,但那不过是从外部形成的东西而已;信赖乃至信用一般都被局限在血缘之类的特定人际关系的范围之内,形成了诸如此类的种种界限,以至于超过界限就不再是通行的了,从而阻碍了商业活动的发展。总之,我们从中看到了对内的道德(Binnenmoral)和对外的道德(Aussenmoral)之间的对立和分裂。〔补〕尽管儒教思想是那样的,却也不能说中国社会中就没有创造新社会的因子了。

　　不过这种伦理的表面性和道德的内外分裂,也并不限于儒教,而是以往中国道德意识中的一般性问题。明恩溥(Arthru H. Smith)在其著作《中国人的素质》(*Chinese Characteristics*)中,开卷第一章就论及脸面(face)也就是面子,他又把中国人的生活态度比作戏剧,对谎话的道德性(morality of lying for the sake of convenience)作了解说。若说到戏剧,说到谎话的道德性,早自《论语》以来就是那样的(其例请见《论语·阳货》),下则至于近年来,令人感到其来历之久远。然而,只要仅仅从表面上来追求自己的尊严,在表面上终究也是恭敬的,但归根到底不过是表面上的礼貌仪节,临场作戏而已,很可能会造就出一个哪怕是简单的一举手一投足也"从心所欲而不逾矩"的演员。而表面上的强调最终便形成面子意识。人们受到与各自地位、能力及立场相对应的社会信赖(或相信被信赖），无论面子还是名誉，都是各自所受社会信赖的状态，面子是对于社会信赖给予相对应的回答的这样一种情绪状态，在那里，面子似乎有着特有的格调。所谓面子是对社会信赖的对应状态，也就是像鲁迅所说的"每一种身份就有一种面子"的意思，"车夫坐在路边赤膊捉虱子，并不算什么，富家姑爷坐在路边赤膊捉虱子，才成为丢脸"。此外，即使同一个人，也因为对社会信赖的实际回应中其对应状态或大或小，他的面子也相应地或者变大，或者变小，或者变得完全没有。其对应方式，同外界的关系的把握方式，越是表面性的，越是形式化的，面子的表面化、形式化性质就越强。例如同一个人，身着绅士似的服装时或身着所谓苦力似的服装时，人们对这个人的评价是不同的。又如，即使是访问同一个人，徒步走过去的场合，坐人力车去的场合，乘汽车去的场合，会受到与各自场合相应的评价，而在过去的中国，门卫的接待则是完全不同的。若因袭这样一种思考方式，那么大学教授在上课之后，若自己擦掉黑板上的字，对他来说就只能给予作为勤杂工的评价了。

中国人相互之间会尽力尊重对方的面子。你不损伤他人的面子，别人也同样会倍加小心，不伤害你的面子。在中国社会中进行交易或交涉时，处于中介者地位的中人乃至媒人具有很大的意义，那是因为他扮演了面子与面子之间的缓冲地带的角色，起到了缓和、弹性——cushion 的作用。因此明恩溥说："村民中争吵的调停人，有如欧洲政治家考虑势力均衡一样，有必要注意和深入考量各方面子的平衡问题。"尽管面子的成立首先取决于与人们各自地位、能力及所处场合相应的客观评价，但其中又交错着主观的评价。故而因人（因场合）而异，而不单单是那个人有着很高的社会客观评价——叫得响、有面子，还有强迫对方接受超越社会客观评价的评价——强迫他人给面子的事，甚至还有盛气凌人、蛮不讲理地硬卖面子的。面子的硬卖，通常是在对方弱小时，或者是在轻视对方的情况下进行的。然而当对方很强大时，就不是强人所难地对外硬卖面子，而是相反，即打肿脸充胖子地对内硬卖面子。所谓尊大和卑屈都是出于同一根源，即出于同样的奴隶意识。

前已谈及，过去的中国人，平常在尽量避免自己丢面子的同时，也同样想极力尊重他人的面子。不过虽说是尊重,也是表面上的尊重,装模作样地装门面而已。而在一些特定场合如果想放下自己的面子,也是可以放下的,当人们越出所属社会的范围,特别是所谓贱民阶层在追求利益时,往往这样做。另外,在感情冲动的场合,掩饰的面具被拆卸,以往恭顺畏敬的态度便突然为之一变,以致走向极端,践踏对方的面子,然而因此之故,也不免丧失自己的面子。如印度的古代法典之一《耶遮尼雅瓦勒基雅法典》①中所见,如果说了"我强暴你的姊妹或母亲吧"以侮辱人,那么将被处以 25 帕那的罚款。中国过去的法律中,关于骂詈的一般规定也是有的,但像这种仅仅因骂詈人就特别加以处罚的规定似乎还没有。但是在中国,实际上朝鲜、土耳其也是同样的,骂詈行为,正因为它主要是针对性、贞节特别是母亲品行的恶骂,所以常常还构成非常严重的事件,这不仅仅在于内容的恶毒,还在于开口骂詈的行为本身。然而骂詈之所及,上溯祖宗,旁连姊妹,下逮子孙,普及同姓(父系血族),真是"犹河汉(河流)而无极也"(鲁迅)。中国的骂詈结构是全血缘型的结构。正因为中国人在人伦方面特别严格,所以若对血缘亲属特别是其直系亲属的品行说三道四,就会形成很大的冲击。堤防的高度和强度,一般而言,也可以说是与水位的高度和水流的强度成正比例的。如果能冲破以往中国在表面上所装饰的高大而强固的礼节堤防,那以前被压抑的骂詈谗谤,就会顺着这决口高强度、无拘束地一下子奔流而出,这是势所必至的。然而这样一种东方社会的骂詈,以及由东方社会传统的廉耻所支撑的面子,今后的命运也势必同归于一。这样的面子被抛开以后,因之而增加光辉的,应当是真实的人格尊重这种名誉吧。鲁迅在东方人、中国人中,不,是在他自己的内心中,看到了奴隶。由之可见,他是抛弃以前装饰于外部的面子并加以彻底批判的第一人。中国当下思想意识的变革,也就是主体条件的革命性变化,将伴随着客体条件的变化,成为新时代的根本要求。

道德意识的封闭性 乍看起来被认为毫无关系的面子和骂詈,如从道德的表面性这一点来看,则有如上所述的相互关联的可能,而对道德即

---

① 一译《述祀氏法典》(Yagavalkya)。

五伦框架的遵循，又造就了极端的任人唯亲。甚至于常常被翻译为benevolence（慈善）的儒教的"仁"，其根本也还是孝悌或者奉侍父母（《论语·学而》、《中庸》、《孟子·离娄》）之类，从而具有身份性、封闭性的倾向，可见将"仁"译为 benevolence 是错误的。在以往的中国，那些超出了自己所属的血缘或者伙伴之类的狭窄集团范围，从而被认为是不对等不等质的对方，可以说其所到之处受到的待遇也存在着道德上的区别。道德关系在血缘关系终结之处终结，这也与未开化社会的集团相似。直到最近，在华中华南的同族部落中，只要与血缘有异的其他部落发生械斗——拿起武器争斗，不问理由如何，其部落成员都一定不会拒绝参加（这与科西嘉人同族对抗的血亲复仇属于同一类型）。对朋友——老朋友的信任，也是局限于其伙伴圈子之内的。《论语》开卷第一章即说"有朋自远方来，不亦乐乎"，同一个老师的弟子伙伴之间的关系，早自两千年前学者就有论述。这样的封闭性意识，不仅仅基于血缘地缘之类的差别，而且基于官吏庶民（亦即《论语》中所谓君子、小人）、中华夷狄禽兽（这里首先就包括奴隶）之类的阶层差异，职业或宗教（如回教、非回教）之类的差别，对于被视为不对等不等质者的对方，总是抱着这样的意识，而这种封闭性意识在社会结构中阶层集团间的连带关系得不到肯定的情况下，是带普遍性的法现象。因此在这样的社会中，即使存在着近代的股份公司法，但法律能否不走样地深入人心，仍是个问题。因此之故，来自于范围广泛的未知第三方的投资就很难行得通。成为股东的，往往都是有着血缘地缘之类关系的，于是股份公司也就常常在本质上不得不类似于过去的合股（合伙）。中国人那样一种社会结合关系、连带关系的疏松状态，常常被比拟为"散沙"。例如孙文在《三民主义》中，就说中国人为"一片散沙"。然而人与人之间在以利益相结合的场合，就会竭力维持结合关系。在一个不通过一定的体制框架通常就不能充分保护自己的生命、身体和财产，更不用说扩展自己的利益的社会中，在这个体制框架的不方便早已无人不知、经济也没有发展、近代意识也没能形成的社会中，依赖于狭窄的人际结合的社会关系就会永远存续下去。即使在被称为近代中国的当今中国社会中，要终结这样一种关系并构筑新的人伦秩序，也仍然有必要付出艰苦的努力,而且现在就要不间断地努力。仅仅诉诸孙文的三民主义中的民族主义(范围虽然宽阔,但仍是一种血缘主义),应该还是不够的。

道德意识的算计性　然而就是在这样一种旧的道德意识的社会中,也仍然有超越狭窄的集团而坚守道德的情形,例如交易关系中的信用,就有很多超越了集团的范围仍然得以维持的事例,不过那是因为不守信用最终自己也会遭受损失从而不合算之故。因此,守约并不是出于"契约既然称为契约所以就必须遵守"(pacta sunt servanda)这样一种意识,而是出于外在的算计。行会不允许其同行的手工业者生产粗滥的制品,还对商品价格进行统一管制以禁止牟取暴利,这一方面是对同行中的某一个人独占利益加以控制,同时也是为了防止因同行伙伴破坏信用而给本行业造成损失。在这样一种社会中,定金和抵押品之类的约束手段在有关契约的遵守中发挥了极大的作用。

而在提供保证金或担保之类的同时,与之相关的宗教性制裁却没能见到。就道德意识中所谓外在的规制这一点来说,德的报偿总是一个问题。即使在儒教道德中,对于作为德的报偿的幸福(诸如长寿、富贵之类),亦不无期待。有名的"积善之家,必有余庆;积不善之家,必有余殃",即是《易经》(《文言传》)中的文句。即使站在儒家的立场上,行善也是有偿的,一定量的给予——无论是正的还是负的,都有与之相应的一定量的返还。即使根据《朱子家训》的传教,也说如果有违背五伦五常的行为,就要遭受天罚,灾祸立即就会来临。至于这一点,人们认为道教道德堪称有过之而无不及,其善果恶报,有如用秤称一样的平衡,实行的是等价交换,而这一点最显著的表现,便是所谓《功过格》的通俗性道教经典。道教被称为功利算计性的宗教,而如明恩溥所说的"中国人的恩惠行为全都基于利己的动机",其根据也正存在于道教的这一特征中。若还未支付债务便死了的人,不得不通过化生为债权人的家畜来予以偿还,这一类的演义故事,在诸如《法苑珠林》、《太平广记》、《夷坚志》等书中连篇累牍,多有载录。在这样一种意义上,对约定的遵守是带有强制性的。另外,父亲债务由儿子偿还的习惯——这在"父债子还,子债父不知"的法律谚语中亦得以显示,如果仅仅是在这种意义上——父亲的行为因代表家族共同团体而产生了效力,故对于第三者的责任也应由家族共同体来负担,那也是不成立的。凡是父亲所负债务都不能及身而止,应全部由儿子偿还,对于带着现世中尚未偿还的债务死去而正在另一个世界里备受痛苦的亡父,将他从那样的痛苦中解救出来,是为人之子理当应尽的义务,这也是尽孝。而且置陷于痛苦中的亡父而不顾,儿子自身的幸福也将受到亡父灵魂的妨害,也就不可能期待得到幸福。儿子要想得到幸福,就不能不解救痛苦之中的亡父,于是孝也往往是算计的,不过债权者的利益也因为那样的算计而得到保障。明恩溥说中国人天性守法,赞赏了那样一种守法精神。可是在别的场所,他又说中国人不诚实,缺乏公共心。明恩溥所说的那种守法意识,如果抛开大抵属于外在条件的算计、权力之类,而是将之作为无条件的东西的话,那么就不能不说他犯了一个很大的估计错误。新的一代人将意识上的变革作为目标,也正是以这样一种旧意识的存在作为前提的。

公私的无差别　在个人——私没有确立时,公当然也就没有确立,两者是互为因果的。公私领域的分化在前近代的思维中是难以找到的。太平天国战争时的湖南农民,如果不是声称为了他们的家乡而战,是不可能被动员起来的(《王壮武公遗书》)。在社会结构中公私分化还很暧昧的社会里,私的经济和公的经济之间领域不分且相互流通,不是不可思议的事。官吏将官府的经费预先扣除一定数量据为己有,这在社会上并不会受到特别的责难,但是超出这一定数量的中饱私囊,就值得非难了。甚至于连陋规也就是贿赂也成了常识,只是在陋规的采用上也是有规矩的。上司、下级、门卫、勤杂工,在陋规的采用上各有其限度,下级如果像上司那样地采用陋规,就仍值得非难。有关陋规的采用上也存在规范意识。就像这次战争中一样,因那些不知道这种规矩的外国人胡乱采用陋规从而身受其害的中国人,感到难以忍受。公私无差别在东方社会的任何地方都可以见到。据说在战争时期,日本邮电局的宣传标语中有这样的话:"想到是公物,心中即已有贼。"(森田草平氏《近来饭田乡间的风景》,《改造》28 之 7)森田氏从评论此事说起,还论及了官立学校的火灾和作为村民共有的入会山的秃山。

文献

仁井田陞　《中国人的语言表达中所见伦理之性质》(《新中国》第 18 号,昭和二十三
　　年[1948]十一月),《东方的社会伦理的性质》("东洋文化讲座"三,昭和二十三年
　　[1948]十一月)。[补] 请参照"增订版序"四。

筑岛谦三氏　《家族主义社会的道德》(《东洋文化》第 5 号,昭和二十六年[1951]四
　　月)。

川岛[武宜]教授　《遵法精神的精神性及社会性结构》(《法学协会杂志》第 64 卷第
　　7、9、10 号,昭和二十一年[1946])。

第二节　东方的自然法主义和实定法主义

权利产生之前　如果说中国和波斯是东方的优胜者,那么,西方古
典古代的希腊和罗马就是西方的优胜者。古代的希腊最靠近东方,一
直被专制主义的东方当作最残酷的对手,波斯战争,是希腊和波斯、换
言之是古代的西方和东方之间命运攸关的战争。埃斯库罗斯在取材于
那场战争的悲剧《波斯人》(前 472)中,记录了为参加萨拉米斯海战
(前 480)的雅典将士们所唱的歌词,其词如下(据田中美知太郎氏
译文):

> 啊,前进吧,希腊的男儿们,去捍卫祖国的自由!
> 为了我们的孩子、我们的妻子,去捍卫自由!
> 为了我们祖先传下来的神殿,
> 和我们祖先的坟墓,去捍卫自由!
> 现在你们正是为了这一切,在这里决死一战!

在公元前 5 世纪,希腊人就用如此清晰的语言对自由作了表述,而且
是为了我们的孩子、我们的妻子,去捍卫这样一种自由的。这就是在西方
很容易发现的以希腊为代表的自由。不过希腊的自由仅限于市民之间,
而支撑这样一种自由的,则是古代奴隶制。因而在考虑古代的西方和东

方的相关问题时,是必须要考虑西方的奴隶制和东方的奴隶制的问题的。可是在与之相对的东方,很容易发现的是专制统治。如果传说真实的话,由孔子编纂的《书经》,恰恰是在与波斯战争同时代的公元前 5 世纪成书。据《书经》所载,在殷朝的汤王讨伐夏朝的暴君桀时,对人民讲了这样一番话:"尔尚辅予一人,致天之罚。予其大赉汝。尔无不信,朕不食言。尔不从誓言,予则孥戮汝,罔有攸赦。"而且在讨平暴君之后,又再次昭告天下,史载其辞有云:"上天孚佑下民,罪人黜伏。天命弗僭,兆民允殖。"(《商书》)又据同书,周朝武王在讨伐殷朝暴君纣时,也对人民讲了这样一番话:"天矜于民,民之所欲,天必从之。尔尚弼予一人,永清四海。时哉弗可失。""尔(其孜孜)奉予一人,恭行天罚。古人有言曰:抚我则后,虐我则雠。""诞以尔众士,殄歼乃雠,以登乃辟。功多有厚赏,不迪有显戮。"(《周书》)这些内容,较之埃斯库罗斯的悲剧《波斯人》,不正是完全相反吗?对于希腊人来说,城市的独立是自由的基本条件。希腊人是用"我们"自己的手、自己的生命来支撑城市的自由。然而在东方,自由的人——沿用黑格尔的话,只有君主一人。犹如要给黑格尔的说法提供证据似的,《书经》里写着"辅予一人",表明战争的主角就是君主一人。《书经》中被称为"尔"或"尔众士"之类的人民,仅仅成为政治的客体。他们总是被逼着为君主服务,或被诱以恩赏,或被迫以刑罚,为君主所驱使。恩赏不起作用时就一定用刑罚,人民甚至于被绳索套住脖子,随时可能被拽来拉去。为了更有效地驱使人民,君主在给予恩赏时还反复强调不会食言。对于自己支撑着城市的希腊人,自然不需要刑赏的约束。而如中国的情形,首先是因为对君主——他人服务,所以恩赏才成为必要。在希腊,为了我们的孩子、我们的妻子而捍卫自由,在中国则是稍有差错,妻子和孩子就要被杀掉。尽管另一说认为仅仅不服从命令者被沦为奴隶,其妻、子还不至于被杀,但人民还没有沦为奴隶的时候,其境遇就已经是十足的奴隶,像希腊市民所拥有的那种市民的自由,是他们做梦都想不出来的。这在儒教的所谓经典著作中是有记载的。尽管那是被当作圣人(殷汤、周武)的行径,但其他人的情况可以据此推知。经典的思想内容完全是对权利的否定,不,是权利产生之前的东西。

　　然而所谓对民意的尊重，据说在古代儒家的思想中也是常常可以见到的。而上引所谓"上天孚佑下民"、"天矜于民"云云，即被援以为例。孟子曾说过"天视自我民视，天听自我民听"（同样的话又见于《虞书·皋陶谟》），而老子也曾说过"圣人无常心，以百姓心为心"之类的话。然而像一部分学者所说的那样，这些未必就是中国古代的民主思想。违背了君主的命令就要滥遭诛戮，丈夫和父母被杀，妻子和儿女也要因之而株连被杀（《书经》中的《商书》、《周书》），诸如此类，显然是无民主可言的。这些古典文献中，尽管有这样一些反映民意的文句——它们可能被假借民意之名的暴力政治反其意而用之，但对于统治阶级来说，他们不能不感受到民众情绪高涨的无言的反抗，因而要预先保持警惕，避免对民众的压迫超过限度，在这种意义上，还不如将这些文句看作是统治阶级作为预警的用语——警戒警报，恐怕更为适当吧。所谓"愚夫愚妇，一能胜予"（《夏书》的"五子之歌"），也属于这种警报。对这种情况，我宁愿这样解释——这其中体现了一种理想的政治理念，它基于东方政治学中的人格主义（天禀主义，Personalismus），亦即专门倚重统治者的天生素质。东方政治学的理想，就是对被统治者施行最善的政治，也就是圣人施行的政治统治。据说尧时曾听到老农夫击壤而歌曰："日出而作，日入而息，凿井而饮，耕田而食，帝力何有于我哉！"（《帝王世纪》，又见于《高士传》）又据说，帝尧统治天下达五十年，曾听到儿童歌唱道："不识不知，顺帝之则。"（《列子》）正如上引中所见，统治者必须常常倾听民众的声音。统治者不合道理、缺乏理性的任性随意行为，必须经常受到劝诫。墨子也说："选天下之贤以为天子，天子的任务就是取则于天，以爱为中心。"（《尚贤》）①这样的政治，正是基于圣人乃至明君、贤相的人格性权威（天禀性权威），而不是基于组织机构或者优秀治国人才的优秀素质的政治，它非但不是民主的，恐怕也是被排除在权威主义政治范畴之外的。重泽教授在《中国四大思想》中，认为国民对于君主拥有绝对自由的立场，而且是

---

① 　上引《墨子·尚贤》，虽加引号，却非原文，系原书作者根据《尚贤》篇相关内容综括而成，今照译之。下文中引用古代文献，偶亦有类似情况，翻译时仍同样处理。

有尊严的(第23页)。不仅仅如此,他还指出,孟子之"认可武力革命,明确地宣言要保障人民随时驱逐他们不喜欢的统治者并迎立他们所喜欢的统治者的权力,这一点在中国思想史上具有划时代的意义"(第68页及以下)。但是人民既没有绝对自由的立场,其人格尊严之得到保障也没有先例。另外,孟子所论武力抵抗的合理化,在中国革命史上为革命提供了一个理论根据,尽管这一点也决不容忽视,但这个"人民权力的保障宣言"似乎并没有实行之例。[补]如果以"人民的权利"作为问题的话,就必须对人民所支配的一定领域之得到社会承认的过程,加以历史的把握(参照"再版序"中关于黄宗羲思想的论述)。

东方的自然法主义和实定法主义　一般认为,近代政治学的主要对象是关于组织本身的学问,而不是关于统治者的明君、贤相之学。儒家、道家(老子)以及法家的政治学,尽管都是统治者之学,但相对于前两家的明君、贤相之学,后一家的法家毋宁说带有组织之学的倾向。时当先秦时代,儒家和法家曾围绕着法典的编撰相互间出现过抗争,从中可见二者之间的立场是对立的。在儒家方面,认为在审判中若依照所谓法之类的规则,是可以据以办案的,但并不认为那样做就是很好的,也就是主张每一次审判时都应该视案情审议(如果从不好的方面说,就是临场应对)作出判决(此事与公元前6世纪亦即春秋时代郑国的名叫子产的人有关,《左传》昭公六年[前536]条载有其事)。但明君、贤相照例稀少,并不是那么容易就出现的。对于法家来说,即使是普通的执政者和审判官,能够使他们在施政审判中不出错误的基准,就是求之于法,在他们看来,国家制定的法是最重要的法源。《韩非子》中还曾引用慎子的话"上法而不上贤"(《忠孝》)。法家排斥儒家那样的人格主义(Personalismus),而以维持法的稳定性为目标。于是,《韩非子》称"赏不加于无功,罚不加于无罪"(《难一》),不管是什么样的行为,只要法律不把它当作犯罪行为,就不能加以惩罚。又《商子》说"有过必以其数断"(《赏刑》),也就是作为犯人,不管他犯下了什么样的罪行,法律只针对其所犯罪行判处相应的刑罚,而不得处以所犯罪行之外的任何刑罚。特别是《商子》所云:"刑无等级,自卿相将军以至大夫庶人,有不从王令、犯国禁、乱上制者,罪死不赦。

有功于前,有败于后,不为损刑;有善于前,有过于后,不为亏法;忠臣孝子有过,必以其数断;守法守职之吏,有不行王法者,罪死不赦,刑及三族。"(《赏刑》)这是与公元3、4世纪法家的信赏主义相并行的必罚主义,也就是无论如何,哪怕是通过国家的制裁,都要确保实定法的秩序,不管什么地方都力求严格遵守法。从这些方面来看,较之从法律上约束君主和法官任意发布命令、禁令,并对其擅断滥罚在法律上加以抑制的欧洲近代的法治主义,而且是作为法治主义的一个根本要素的罪刑法定主义的理论构想,有着在表面上相等同的原则。然而在中国,这些原则早在西历纪元前4世纪、3世纪时就业已建立。不过欧洲近世的法治主义,以及从属于法治主义的罪刑法定主义,都是以保障人民的自由权、强调个人无限制的权力为基础的,这种无限制的个人权力产生于打破封建主义的自然法思想的内部。而与之相对的中国,从性善说中推导出的伦理法则,就是自然法则本身,两者浑然构成一体。从伦理法则即是自然法则本身这一点,又从这种伦理法则乃根基于人的自然本性、是人为的实定法以外的东西这一点,可以看出,这是一种所谓的自然法思想。这样一种自然法思想,将天和地这样的自然关系直接置换为真实的父、子或者主人、奴隶之间的关系,置换为君臣关系,也就是像所谓"父为子天、夫为妻天"那样,从自然关系、宇宙秩序中看到了真实的人伦关系。正是这种自然法思想,才是权威主义的支柱,才使得对权威主义进行革命的思想成为不可能。如果要对中国的这种自然法思想试作对比的话,印度阿育王的思想,尽管可以说同属东方的自然法思想,但似乎仍有自己的特色(关于阿育王,请参照后注)。可是打破中国传统权威主义的,却是以性恶说为基础的人为的实定法思想,是统治者自己对自己的规定。不过这种实定法思想将传统的权威主义打破是打破了,但它本身却又成为了另外一种权威主义的支柱。欧洲近代的自然法,是以社会契约说为其根柢的。人,不是埋没在自然秩序中的人,也不是为环境所支配并且倚赖环境的人,而是被当作无前提的人来把握的,那样的人是一切的出发点,这其中有着社会契约说的根据。欧洲所争取到的法治主义,从而其罪刑法定主义,也都是 von unten（来自下面）的东西,中国的这些东西,对于作为新兴势力的法家本身而言,虽然一度也是 von unten（来自下面）的东西，但仅仅是一度，特别是对于人民来说，最终还是 von oben（来自上面）的东西，相对于欧洲的法治主义，其结构乃至其思想支柱，都有着显著的差异。若沿用韩非子的说法，对法的守卫，就是对权威秩序的守卫，也就是说国之强弱，取决于守法与否。他说："刑重则不敢以贵易贱，法审则上尊而不侵，上尊而不侵则主强而守要。"（《有度》）甚至于说：君主是虎，臣下是狗，刑德有如虎之有爪牙，是制御臣下的武器（《二柄》）。

尽管中国在其后的很长时间里曾反复多次地制订法典，但这些法典无一不是出自上层统治者之手。儒教掌握着汉代政治思想的主导权，其后的很长时间里也一直是政治权力的支柱。儒教的自然法思想也因其具体化而向实定法靠拢。另外，基于法家思想的实定法主义也不可能被全部否定，就其实质而言还依然保持着生命力。中国的法典编纂时代之古老，在世界上屈指可数。而且在那之后法典的编纂也在反复进行，规模极大，甚至一部法典达数十卷、数千条之多。然而尽管那样，法典的内容依然属于公权力的产物，这与政治上庶民之被排除在外，如出一辙。即使不算传说时代的法典和应该称之为后世思想之产物的战国魏文侯时代（前403～前387）李悝的《法经》六篇，认为公元前4世纪之际法典业已成立，应该是妥当的。汉代的律九章（《九章律》）也是成立于公元前2世纪初期。而法典成立时代如此之古老这一点，同时还最终成为公权力体制形成之古老的象征。不用说，作为近代法，保障人民的权利是它最根本、最核心的要素，但是，在那个从未考虑过权利保障的时代，人民的生命、身体、财产完全依存于统治阶级的意志的时代，无论制定了多少部法典，要使人民的利益成为法典内容中确定而且稳定的部分，那是困难的。而对于人民来说，非但没有反映自己的利益，反而违背自己的利益，因而他们蔑视这样的法，毋宁说是理所当然的。不仅仅如此，专断的官吏们也常常违反他们自己所制定的法律原则。由此可知，在中国的国情下，人们通常所说的民主主义或者法治主义之类，或许都具有意想不到的性质。

社会生活中现实规范的探求　另外，在社会生活具有不统一性和暧昧性而又觉察不到这种自身矛盾的时代里，制定统一而确定的社会生活的法,不用说,在某种程度上并没有必要。即使在中国今天的谚语(法律谚语)中,还有福建的所谓"入乡随俗,入港随湾",以及河北的所谓"五里异风,十里改俗"。古老的《礼记》中有"入竟(境)而问禁,入国而问俗"之语,《淮南子》中有"入其国者从其俗"之语。这样一些谚语全都简明扼要,无论是乡村也罢,还是港湾也罢,或者是行会也罢,那些活生生的正在它们内部起着规范作用的有效的法(lebendes Recht),较之国家的规范,毋宁说是由乡村、港湾或者行会之类的各种集团中的同伙成员集体决定下来的,其中的某个规范又曾经被确定为实定性规范。中国社会中多元的规范之间缺乏统一性。而且如谚语"入竟(境)而问禁,入国而问俗"所显示出的那样,作为共同体外部的人对于共同体内部的规范是无法预先知道的,如果要知道的话,就必须到内部去,一个一个地打听清楚。正在起作用的规范仅仅为共同体的内部所知悉,但对于别的地方的人来说,即便没有费心费力,只要到那里去看一看、听一听,所见所闻的状态就难以忘怀。社会生活中所谓法的统一性、稳定性、公开性,主要是应资本主义经济、社会的要求,在其内部并不具有这种要求的社会中,也就缺乏对法的统一性、稳定性、公开性的诉求。又,清末以降虽然编纂、公布了所谓的新式法典,但只要是没有这种法律需求的社会,尽管拥有了近代市民社会的法,也不一定能深入人心。例如在《中华民国民法》中,确定了符合近代法潮流的物权法定主义,企图藉以确立所谓自由的所有权(freies Eigentum)。然而据《物权编施行法》,迄今一直存在的在社会上受到保护、具有浓厚地方色彩的物权关系,几乎原封不动地遗留下来。这其中并无民法规定的意味。虽然也新制定了股份公司法,但股东多是所谓中世纪型的有血缘、地缘关系者,不可能具有广泛的普遍性。就像股份公司法、破产法一样,前期的投机商们一方面藉以保护自己资产的安全,一方面藉以从事投机交易。虽然也制定了以交易简便迅速为目标的近代票据法,但对于商人来说,是很难超越所谓中世纪型的票据习惯的框架的。这样的例子多不胜举。不用说,在号称"每换一次驿马也就换一次法"的欧洲中世纪,虽然松散,却仍拥有贯穿于地方特色之中的共同色调。与之相同,中国社会各地之间的规范也都显示出了微妙的差异,但是其间的同一性、共通性也是不能否定的。另外，一如饭冢教授所说的以五里十里为单位、各自拥有独特规范这一点，可据以确认共同体的均质性，对这一点我也是不拟否定的。但是关于社会生活的规范，最重要的是各种各样的乡俗中都存在具体的规范、有效的规范，对之有着很强的需求倾向，与之相反，对统一的、公开的法的需求则很缺乏。作为被需求的法典，仅仅是来自公权力方面的具有公权力性质的法典，其范围仅限于在公权力方面看来是必要的领域，法典的重点也仅仅定位在规范人民的社会生活上。即使就规范人民的社会生活这一重点而言，也是以发挥家族性权威的支柱作用作为其主要目标，而财产关系法规、交易关系法规，只不过是多多少少作了一点补充附加而已。至于人民在这方面利益的保全之道，多数情况下都不得不依靠他们自己的力量而另辟蹊径，诸如凭借商人间的商业习惯，如票据制度那样，又如定金制度那样，而且说到底，也还是外于国家审判机构的那样一种调停制度而已。

于是中国的法典不管成立得有多早，在社会生活方面也就是私法方面的内容却很少，关于这一点不可不知，这是由于权威主义的社会结构和社会内部实质性需要的缺乏所造成的（耶利内克关于罗马法的论述，则与之相反）。因而在中国法制史的研究中，要想把握与社会生活相关的法，就不得不克服更多的困难。即使是有关国家生活的法乃至于由公权力方面所制定的法，只要在实效性方面还存在问题，就不可能简单地以全部法律条文作为研究的线索。政治现实层面变化无常，如果考虑到到处都有政治被弃置不顾的情形，单纯的法律条文本身就不一定能够作为可以凭赖的资料。从实定法的内部分辨出现实中有效的法，捕捉诸如生活习俗中所见的规范意识，进而对其历史发展进行追溯、探求，这不是容易的工作。过去通过单单罗列国家法规，对法史作教条的理解，这在从来以东方法制史或者中国法制史之类为名的著作中是最为常见的，今天我研究法制史，不想再作这样的尝试。

东方社会中轻蔑法的意识　那么，在中国，尽管如上所述从很早就制定法典，但法总是严重脱离现实，而且没有一个地方像中国那样长久以来轻蔑法的。法是管理、统治人民的手段，对于人民来说，施加给他们的法不过是从上面来的,并且是从别的地方来的,因而人民不把它当作是保卫自己的东西,而且只要统治者也视自己需要而逾越法的界限,人民对法的轻蔑自然就会永远持续下去。况且把法弄得模糊不清,对于专制统治来说反而还更加方便。不过即使在中国,也不是任何时候任何朝代法都必定遭到轻蔑的。法家兴起的战国时代就是这方面的佳例。那时,法家作为新兴的社会力量,一面排除旧的秩序,一面着手建立新的秩序,使自己成为立法的中坚。只要把法当作保卫自己的东西,自己又是法的所有者,那么对于这个所有者来说,自然是不会轻蔑法的。这和作为礼的所有者的士大夫不会轻蔑礼是同样的道理。但是作为新兴统治者的法家的法治主义,对于旧势力来说虽然是"来自下面的"东西,但另一方面,若站在被统治者立场的人民来看,终究是"来自上面的"东西,是权力者的法治主义。于是这样的法,虽然也是以适用于人民作为其目的的,但它并不是属于人民所有的法,也不是人民自己制定的法。不用说,只要不是为了保卫人民的利益,对于长久处于法家精神(在后世完成了与儒家精神的结合)支配之下的人民来说,无论到什么时候什么朝代,法都不得不成为被轻视被侮蔑的对象,或者说在法的面前,人民不得不徒有畏怖而已。罗马的《十二表法》,据说是通过贵族和平民之间的阶级斗争,平民所赢得的成果,同样拥有古老法律的中国,却从来没有过像罗马那样的法。中国的刑法在历史上的发达程度在世界上屈指可数,尽管如此,却从来没有过英国的大宪章那样的法典。归根到底是东方没有希腊的自由思想。法的使命在于保护人的自由——这样的思想在东方也没有可能产生。埃斯卡拉也曾表述过这样的意见:"在没有希腊的自由的东方,也就没有以这样一种自由为基础的法律。地中海的精神,注入到了盎格鲁撒克逊、日耳曼、斯拉夫诸国的大部分法之中。在那里,法作为神圣的东西受到尊敬,与之相对的东方,法律被公认为处于低劣的地位。"如果像这样的话,中国乃至东方社会,相对于拥有希腊、罗马的自由的希腊、罗马社会,是截然相反的,因而前者对于法以及法官有强烈的轻蔑意识。如果将原田教授所阐释的"罗马法的原理"颠倒过来,那么完全可以将其视为东方法亦即中国法的基本原理。人民对法只有畏怖,法并不是站在人民一方的。苏东坡以不读法律书自傲,而遵从法律的官吏则只能被认为是没有慈悲心的。

　　然而在这里还必须引起注意的是,尽管中国处在压倒一切的权威主义的统治之下,但法也并非总是固定不变的,作为管理人民手段的法也不得不改订重编。古代(奴隶制)的法和中世(农奴制)的法之间的质变,特别是中世,仍有前半期和后半期之间的差异,这些都应在考虑之列(参照第八章第一节)。另外,自孙文的革命以来,又经过了近半个世纪之长的革命时期,中国新兴的社会力量将法真正掌握在了自己的手里,为了使之服务于自己的利益,正在慢慢地构建这一新的规范体系。即使在中国,法恐怕也不会永远像过去一样一直作为被侮蔑乃至被畏怖的对象。当然,前面的途程还存在诸多问题,今后大概会沿着这一条艰难路线持续不断地向前探索吧。

文献

J. Escarra, *Le Droit Chinois*(《中国法》), 1936(有谷口教授的日译本)。

木村英一氏　《法家思想研究》(昭和十九年[1944]三月)。

田中[耕太郎]博士　《法家的法实证主义》(昭和二十二年[1947]十月)。

仁井田陞　《东方的社会伦理的性质》("东洋文化讲座"三,昭和二十三年[1948]十一月),《东方是什么》(《世界历史Ⅲ东方》,昭和二十四年[1949]十二月),《中国的法思想史》(《法律学体系》第2部《法学理论篇七》,昭和二十六年[1951]八月)。[补]《中国社会的法和伦理》(昭和二十九年[1954]二月)。参照"增订版序"一、四。

　　"印度的阿育王和自然法思想"　在公元前3世纪领有全印度的莫里亚(孔雀)王国,有一个名叫阿输迦的王(阿育王)。虽然他没有自称"大王",实际上是一个应该称之为王中之王的人物。他确信世界上存在着能够保护人类的法则,那就是所谓"法"(达磨)。而且他把法当作无论什么时候——只要日月还存在就应该要守卫的东西。他的政治被认为是确确实实基于这种"法"之上的,是"为了人民的利益",并"致力于法的实践"的(中村元氏)。其中可以见到"自然法"思想和"法的统治"。如果这些不单是阿育王的理念,而是被有效地运用于现实之中,那么,对于长期以来一直都在东方专制主义统治之下挣扎的东方人来说,一定会为之一惊吧。阿育王的政治理想被当作现代印度联邦的指标,也是理所当然的。只

是对于阿育王来说,那种政治理想的实践如果有可能的话,我倒想进一步知道使
其成为可能的具体条件。

[补]　仁井田陞《关于旧中国社会中法的动力》。参照"增订版序"一。仁井田陞《中
国的法意识的变革》(仓石教授编《变革期中国的研究》,昭和三十年[1955]四
月)。参照"增订版序"四。

第三节　东方专制主义成立的基础

村落理论　东方之所以能够被称为东方,原因之一就是专制主义的
统治在那里长期维持下来;原因之二是相对于近代西方的被动挨打地位,
而且东方这样一种落后的状态也与专制统治有着很深的关联。那么,这
种专制是在什么样的条件下成立的呢? 有关这一点虽然存在着种种看
法,但都还没有完全解决问题。然而在这些看法中,看来最有影响力的是
将以下两点分别作为成立的基础条件的看法。其一是东方村落的特殊
性,也就是东方村落的孤立封闭性;其二是东方农业的特殊性,也就是需
要大规模治水事业的东方的灌溉农耕。

一部分学者认为,村落的孤立封闭形态是东方村落的特殊性,而这是
专制主义成立的基础条件。东方的村落在经济上也具有自足性,和其他
村落处在没有依存关系的相互对立之中,村落和村落之间,也很少有聚集
行为,非徒如此,毋宁说是相互排斥的。如果说社会就是由这样一些无数
的细胞集团组成的,那么,对于专制主义来说,这难道不是很合适的基础
吗? 实际上不限于村落,一般来说只要是处在分裂状态中,专制主义也都
能安于其位,乐得其所。但是关于中国的村落,这种孤立封闭的性质有一
个程度的问题,对之过分地强调,无论是从历史上的现实情况,还是从社
会的实际状态来看,恐怕都会与之背离吧。甚至公元前 2 世纪的《史记》
中,早就把这种过度的强调当作问题。不过英国在统治印度之后,面对那
些村落的自足性和孤立性时才为之而吃惊。如果不打破村落的自足性和
孤立性,英国也就不能把印度作为商品市场,也就不能使那里的村民栽培
商品作物。19 世纪后半叶,当时身在印度的梅因,就他亲眼所见,指出:

印度之无统一比起封建主义的中世纪欧洲都不如。然而就是这样落后的村落状态——姑且不论它曾历时久远地持续存在下来，却也没有妨碍印度历史上曾经形成堪与政治权力高度集中的中国的集权比肩的强大集权，如存在时间不长的孔雀王朝（从公元前4世纪到2世纪）和笈多王朝（公元4至5世纪）等。由之可见，使集权得以成立抑或使分权得以成立的决定性条件，不一定就是村落的孤立性、封闭性。不过如果看一下最为分裂的印度的各个国家，也许就可以发现，它们虽然在那一地域内是小型国家，却是集权型的，虽然小，但仍能从中看到东方的专制。不过仍然成为问题的，是村落相互间不具备结合力，村落是相互间没有依存关系的细胞集团，以及村落在经济上有强烈的自给自足性等等，这任何一点都不仅仅是东方村落的特色。即使西方也曾经有过这样的村落，只是它们很早就解体了。可以说，关于从东方村落的孤立封闭性中探求东方专制的基础的看法，即使从这一点来看，也留下了很大的疑问。

治水灌溉理论　学者中间，也有拟从东方农业的特殊性，也就是需要大规模治水事业的东方灌溉农耕中探求东方专制的基础，这样一种看法，直到今天还有影响力。世界的农业从其农耕类型来看，可分为两大类别：其一是仅仅依靠降雨的雨水农耕，其二是通过人工进行灌溉排水的灌溉农耕。而东方属于灌溉农耕地区，西方则属于雨水农耕地带。这在东方，一般都需要跨地域的人工灌溉、排水，也就是大规模的治水事业，如果不依靠统治着广大地域范围的政治权力，也就不可能成就那样的事业。因此这种巨大的公共事业，就可以被用来说明将政治权力集中为一的集权性结构的建立、完成过程。根据最近被重新谈及的"亚细亚生产方式"论，国家权威在其形成的初期过程，也就是社会尚未立足于共同体的经济制度之上、奴隶制也尚未发达的时期，就已经拥有了行使人工灌溉排水等社会职务的功能，并逐步地掌握了政治上的统治权。在这里，所谓"亚细亚的"，有一种说法是奴隶社会，也就是被包括在"社会发展的各个阶段"中的某一种形态，这与下面引述的魏特夫教授的"亚细亚的"含义不同。魏特夫教授所谓的"亚细亚的"，不是这样的某一阶段，而是看不到发展的停滞的农业社会，是用以表示具有灌溉农耕的东方社会类型的词语。

建立人工灌溉排水理论、为研究东方社会推荐了优秀的分析手段的，正是魏特夫教授（K. A. Wittfogel, *Theorie der Orientalischen Gesellschaft*，《东方专制主义》,1938）。魏特夫教授的见解在今天仍有非常大的影响，为了重新认识、重新思考东方社会，有必要对教授的观点进行商讨。问题只是从哪里切入更好一些。据魏特夫教授的看法，在东方的灌溉农耕中，农耕的方法自然是园艺式的集约化劳动。生产的成功与否，与劳动者的注意力和勤奋有着极大的关系，因此之故，与其说是工作中漫不经心又好偷懒的奴隶劳动，还不如说是农民的家族劳动在生产过程中更被看重，所以生产方式上的"亚细亚的"类型也就从此与"古代＝奴隶的"类型分道扬镳。另外在东方，与灌溉同时的治水也被视为必需。无论是中国，还是印度，还是古代东方诸国的埃及和巴比伦尼亚，它们都同属于灌溉农耕地区，与之相应，跨地域的大规模的治水也就成为必需，而这也就使东方独特的集权制——东方的专制（Orientalische Despotie）得以成立。这些都显示出一个倾向，即阻止分权组织的封建国家的成立。而这种东方专制之下被定位于农民型的生产者，既不是西方古代的奴隶，也不是中世纪封建领主的农奴。不用说，在东方也是有奴隶的，不过他们主要限于家内奴隶而已。于是"亚细亚的"社会，据说就与"古代＝奴隶的"社会、同时还与"中世＝封建的"社会断绝了关系。那么，西方的情况又如何呢？西方属于雨水农耕地带，包括亚平宁半岛在内的西罗马，即为其典型。在那里主要是单方面仰赖雨水，而不是人工灌溉，因而农耕也是粗放型的而不是集约化的，大量的奴隶劳动的可能性也就因之而产生。特别是，只要奴隶市场能够持续不断地供给奴隶，以奴隶作为农业生产的支柱性要素也就不是不可能的。而在山地尤多的希腊，奴隶的主要劳动岗位是工业，不怎么看得到像亚平宁半岛那样发达的奴隶农耕。另外在西方，很少有东方那样的巨大河流，治水的必要性也就不会发生；即使发生了，其规模也不会构成问题。因此，那里的国家秩序，据说就能出现分权倾向，产生封建主义的道路也就不会被堵塞。另外，根据魏特夫教授的看法，虽然同是罗马，东罗马亦即拜占庭帝国，在其主要的领域内，诸如埃及、叙利亚以及小亚细亚，都因为地处灌溉农耕地带，故在此基础之上实现了东方专制的再构成。因此东方社会也不单单出现在东方。而且之所以将它们称之为"东方的"，据说是因为他们采用了东方最优势的形态。魏特夫教授还谈到了日本的情况。如果就日本属于灌溉农耕地带这一点而言，确实是"亚细亚的"。但是日本不具备大规模排水灌溉的公共事业，使得集权诸关系未能成立，只是仍以地方的灌溉经济为基础，因而还是绝无仅有地带一点"亚细亚的"色彩。这些就决定了日本向封建的国家组织发展的可能。总之，如果从西方的封建主义来看，日本虽然被说成是东方的，却又是东方的变异。

对魏特夫教授的批评　魏特夫教授的看法，总的来说不乏深刻的分析，但同时也带来诸多疑问。日本以及中国等东方古代的农业生产中所存在着的奴隶的作用，即使较之西罗马的典型奴隶的作用有不同，但给予那样过低的评价合适吗？也就是说，认为东方的农业社会与"古代＝奴隶的"社会毫无关系，这样合适吗？另外，魏特夫教授对日本具有走上封建主义道路的可能也是承认的，其理由是在治水规模上较之其他东方各国要小一些。关于日本的治水规模问题，与教授不同的意见也不是没有，不过这一点姑且不谈。甚至在治水规模巨大的中国，如宋代以后的中国，即打开了一条通往封建主义的道路，松本善海氏谓之为具有"向封建主义的倾斜"倾向，它导致了农奴型生产者的产生，在这种意义上也不妨说导致了中世社会的成立（参照第七章及第八章）。而关于这一问题，依照魏特夫教授的观点，恐怕不能作出圆满的解释。特别是关于东方社会中分权的成立，魏特夫教授尚未引起足够的重视，实际上，甚至大规模的公共事业也不一定就成为集权型体制得以成立的条件。甚至在中国历史上，反倒是地方独立性的增强，对统一起着破坏作用并成为分权的基础条件。也有这样的说法，即为了防御外敌，有必要加强军事力量，从而成为集权制成立的条件，对于此说的批判，当然也是可以同样加之于水利集权说的。印度虽然治水和防御外敌这两个条件都是具备的，但相对于中国，却形成了更加严重的分裂状态。因此，无论是像人工灌溉排水之类的公共事业，还是为了抵御外力须加强军事力量，都仅仅不过为集权之得以成立提供了可能性而已，对于这样的说法（松本善海氏），我们没有理由听而不闻吧。总之,据魏特夫教授所论"亚细亚的"类型的成立,可知这一类型始终被置于与"古代＝奴隶的"、"中世＝封建的"类型相对立、并行的状态,二者之间的联系被切割开来,这样一种观点存在着很大的问题。如果进一步追究的话,关于西方,教授提供的是从古代＝奴隶社会向中世＝封建社会、又从中世＝封建社会向近代＝资本主义社会"发展"的理论;而关于东方,却提供的是"东方的停滞"也就是向中世的发展也被否定的"停滞"的理论。东方和西方被区别开来才是根本问题所在。退一步说,即使所指出的东方之所以落后的条件没有错误,却因此而否定与东方有关的发展,则是严重的估计错误。这样说也不仅仅是针对魏特夫教授的意见的,认为"东方的水永久地决定东方"的这样一些学者们的地理环境决定论,不仅与东方的过去不适合,不用说也不适合于东方的现实状态。东方的水不会永久地决定东方,东方的水尽管是理解东方的"一把钥匙",却不是一把"万能的钥匙"。

文献

饭冢[浩二]教授　《世界史中的东方社会》(昭和二十三年[1948]六月)。

岛[恭彦]教授　《东方社会和西欧思想》(昭和十六年[1941]八月)。

松本善海氏　《对旧中国国家特质论的反省》(《东洋文化研究》第9、10号,昭和二十二年[1947]九月、二十四年[1949]二月)。

仁井田陞　《东方是什么》(《世界历史Ⅲ东方》,昭和二十四年[1949]十二月)。

第三章　法典编纂

先秦及汉魏六朝的法典　中国最早的法典,相传为战国李悝的《法经》六篇,如果真像传说那样,则成书于公元前 4 世纪。但据近年的研究,其传说的真实性还有值得怀疑的余地(仁井田《唐令拾遗》,贝冢教授《李悝〈法经〉考》)。另外,《左传》谈到郑国和晋国的刑鼎、郑国的竹刑之类,而这些恐怕也不一定全部属实。但在政治权力高涨的春秋战国时代,这一类的刑法典应该有了吧(参照第二章第二节)。汉代萧何的《九章律》,其中有盗律、贼律、囚律、捕律、杂律、具律,其外还有户律、兴律、厩律,传说共有九篇,而此律也是公元前 200 年前后编成,其前身恐怕也是秦律一类。总之,法典的编撰,至迟也可以上溯到公元前 3、4 世纪吧。查士丁尼一世的立法也可以说是以私法关系的法律为重心,而且在欧洲,独立的公刑罚法典的成立已是近世的事,在刑法史上具有划时代意义的加洛林纳法典,也是在 1532 年颁行。然而在中国,以国家权力为中心的所谓公法方面,主要表现为组织体系化,而公法典特别是刑法典自古以来就已然如此。

关于汉律,根据斯坦因探险队在敦煌发现的公元前 1 世纪及其前后的汉代木简亦即汉简,得以知道一部分情况(《唐令拾遗》)。斯坦因氏之后,西北科学考查团在居延发现了大量的汉简,其中还发现了带有汉律篇名——例如捕律的法律条文。另外,汉代也还有被称之为"令"的文书。但汉代律、令的分类标准是否达到了像唐代律、令那样的程度,恐怕还是一个问题。汉以后,历朝编纂律时大抵也同时编纂令。3 世纪时的法典编纂,有三国时期魏国的《新律》18 篇、晋朝《泰始律》20 篇 620 条、《泰始令》40 篇 2300 余条(泰始三年[267]编成,翌年即公元 268 年公布),其编纂情况及条文内容,均见载于《晋书·刑法志》和《唐六典》,从中可以窥见这些法典较之汉律的显著进步之迹。5、6世纪也就是到了南北朝时期,在北朝,有诸如北魏孝文帝太和十六年(492)公布的律令、北齐河清三年(564)纂成的律令等。而在南朝,梁武帝天监二年(503)所编纂的律令,若从其年代来看,较之于作为查士丁尼法典中枢的《法学汇纂》(Digesta)的编成,还要领先30年。另外,日耳曼最早的法典(部族法,Volksrecht),也终于在这一期间完成。然而唐以前的律令,今日已全部亡佚,浅井虎夫、沈家本以及程树德等各位学者,对残存于古书中的法律条文进行了搜集。

　　隋唐的法典　可以说,自汉律完成之后,在魏晋南北朝期间,历朝一直都在对律令的形式、内容加以改订,直到被誉为"东方法制史的枢轴"(中田博士)的唐朝律令格式的形式、内容之臻于完备,其间仍有很大的间隙。作为连接这个间隙的桥梁而存在的是隋朝的律令格式,不,与其说是中介的桥梁,还不如说唐朝律令格式的形式、内容,业已在隋朝的律令格式中大体完成。

　　唐朝律令曾屡经编纂,即使只说其中著名的,也有:唐高祖武德七年(624)公布的作为唐朝最早的律令,其内容以武德律令及式为主;贞观十一年(637)的贞观律令格式;永徽二年(651)公布的永徽律令格式;完成于垂拱元年(685)的垂拱律令格式;神龙元年(705)的神龙律令格式;开元七年(719,一说四年)的律令格式;开元二十五年(737)的律令格式等。仅仅限于有明确记录的,律有七次之多,令则删定颁行达十余次。今日被称之为《唐律疏议》的,是开元二十五年律的官撰注释书,与律令同时制定公布,本来被称之为"律疏"。直至近日,人们长期以来都认为《唐律疏议》就是"永徽律疏",但这是很大的错误。开元二十六年(738)成书的《唐六典》,是依官署、官吏之别对其职掌及相关法规进行分类汇编的政书,而这些法规等,并非开元二十五年的,而被认为是以开元七年的律令格式为基准的。今日唐令虽已散逸,但《唐六典》可代替唐令,在某种程度上可以作为核查唐令的资料。唐律,一同隋开皇律(583)旧规,由12篇500条组成。其篇名为:(一)名例,(二)卫禁,(三)职制,(四)户婚,

（五）厩库，（六）擅兴，（七）贼盗，（八）斗讼，（九）诈伪，（十）杂律，（十一）捕亡，（十二）断狱。无论永徽律，还是开元七年律，都被认为是同样的12篇500条。今日所传的唐律即开元二十五年律，为502条。唐令也是这样，其依据30卷隋开皇令（582）的地方很多，武德令31卷（其中目录1卷），据说其篇目亦仍开皇之旧。但是不同年度的令之间，无论在篇目上，还是在条文的内容上，都产生了不同程度的差异。据说贞观令是30卷1590条，而开元七年令以官品令开始，包含户令、军防令、仪制令、公式令、田令、赋役令、关市令、医疾令、狱官令、营缮令等，以杂令结束，据称共27篇30卷1546条。此外唐代还编纂了作为仪式典礼规定的《开元礼》之类，对后世这类礼典的编纂产生了很大影响。

律令格式　而在隋唐，律是刑罚法典，令是非刑罚法典，若律为阴的话，令则为阳。律是禁止之法，令是命令之法。律是对犯人的惩戒之法，令一般是行政法规。在这些律令中，也包含了一些与家族、财产有关的法规。而且如果违反了令，就按违令之罪论处。

可以说律令是唐代的两大根本法，但也不一定是永久不变动的法，对其原文进行修订的情形也是有的。而且随时依据敕，或者依据格，对其内容加以修改。格是对随时的命令加以集成的法规，开元格之后，又完成了开成格之类；式是与律令的施行有关的细则规定，这种式在律令格式体系之内与格一样也是具有很大作用的法典。

西域发现的唐律令格式　唐律虽流传到了今日，但与律相对的令、格、式几乎都已亡佚而不传。仁井田的《唐令拾遗》，是通过搜集和、汉典籍中所引用的唐令遗文，并试图恢复其原典体系及条文的著作。

不过自19世纪末年以来，匈牙利人斯坦因（Aurel Stein）、法国的伯希和（Paul Pelliot）、德国的勒柯克（A. von Le Coq）、日本的探险队及大谷等各位学者，在甘肃省敦煌的千佛洞（鸣沙石室）、新疆省的吐鲁番、和阗等亚细亚大陆的正中心地区即所谓西域，竞相进行学术探险，埋没于此地已达千年甚至更久、却因特殊的地理环境而得以保存下来的古文献，被相继发现。这其中有5世纪西凉的户籍，7、8世纪以降至11世纪初的户籍、买卖文书、借钱文书、雇佣文书、保证文书、人质文书、家产分割文书、离婚状、养子文书等，此外还有则天武后时代的职制律、户婚律、厩库律，神龙年间的刑部格，开元年间的名例以及杂律疏、公式令和水部式等唐代的律令格式以及律疏的断简（参照图版插页二）。斯坦因、伯希和两探险队各自发现了一部分唐令残卷（职员令），已被那波博士考证清楚，系唐永徽二年（651）九月公布施行的永徽令。如果说是永徽二年的话，那么从今年（1951）算起，正好相当于1300年之前（参照图版插页一）。

五代及宋的法典　五代及宋初的法典虽然在作为基本法典的格、编敕方面显示出了特色，但其律令方面较之唐代并没有大的变化。好不容易传到今天的宋初即建隆四年（963）的《宋刑统》30卷，在组织内容方面，相对于开元二十五年律和开元二十五年律疏所达到的水平，也没有什么大的突破。但它收入了今天业已亡佚的一部分唐令及格式，因而也成为唐代法律研究方面的贵重资料。宋初的淳化令和天圣令，也都是在深受唐开元二十五年令的基础上编成的。面对宋代国家财政、经济诸方面的变化，如官吏统治、土地所有制的变革、唐代以来显著发展的商业，以及因为佣兵等原因导致军费等开支的膨胀等等，如果一依唐代法规旧貌，则将无法处理。法典反映了这样一种情势，包含了新的官吏以及地主农民间关系方面的制度、专卖制下财务关系方面的制度，以致内容繁杂。宋代形成了所谓敕令格式的法典体系，其中有元丰、元祐、政和、绍兴、乾道、淳熙、庆元、淳祐等时期的，编敕则有建隆、淳化、天圣、庆历、嘉祐、熙宁、元丰等时期的，这些法典今天几乎都已亡佚。南宋庆元年间（1195－1200）着手编纂、嘉泰二年（1202）完成的《庆元条法事类》80卷，除一部分亡佚外，都传到了今天（在日本，静嘉堂文库藏有一部，战后有新刊本）。因为这是将当时所施行的敕令格式条文按部门类别改编而成，因而与《吏部条法总类》、《宋会要》、作为判决集的《清明集》等，一同成为今天研究宋代法律的基本资料。根据《庆元条法事类》，得以知道南宋的法，也有不少地方是继承北宋以来的规定，而在财政经济法规、农奴制度以及其他一些方面，较之唐代的律令和宋初的刑统则有了显著的差异。当然，法典虽然处在不断的改废过程中，却也不能说《宋刑统》就完全废而不用了。另外，进入宋代，代之以从来的写本法典，法典的印刷出版在频繁进行，《宋刑统》(963)、徽宗皇帝的《政和敕令格式》903 卷(1116),也都是镂版刊行的。[补]敕令格式的敕为刑法,格为赏格等,式为书式(牧野教授)。

辽金元的法典　在宋朝的北方,已形成国家的辽有《重熙新定条例》、《咸雍重修条例》,金有《皇统新制》、《大定制条》之类,但金还是在唐代律令的影响下于泰和元年(1201)编纂了律令敕条格式。这些辽、金的各种法典都已亡佚,不传于今。金律有 12 篇(篇名与唐律同)563 条。金律中加上注释的所谓《泰和律义》(官撰),被认为与《唐律疏议》的样式相同。金令的形式、内容,除了参考唐令之外,还有参考宋令的迹象。

灭亡金、宋并统一大江南北的元朝,曾企图编纂像唐代律令那样的组织体系性法典,但始终未达到制定颁行的地步,只不过有这样一些法律的编纂:应该称之为格例类聚乃至处分断例集的《元典章》和《通制条格》,以及其他一些诸如《至元新格》、《至正条格》之类的。《元史·刑法志》是根据元律的说法,是错误的(安部教授)。而在上述这些情况的背后,可以看到元朝不得不援引唐朝和金朝的律令,以弥补法律之不足,这是元朝的苦恼之一。传至今日的《元典章》,由前集 60 卷和《新集至治条例》组成。《通制条格》据说编纂于至治三年(1323),但今日除了其中的户令、学令、田令、赋役、仓库、关市、僧道等十数篇外,其余的已亡佚不传。元的《经世大典》内的宪典,以及本于宪典的《元史·刑法志》,尽管其外形与唐、明律相似,却对条目的内容没有总结性的概括,这是非常特别的,其所以成为了这样一种具有判例法(指只通过列举具体判例来显示对于该判例的适用原则的一个方面的规定)形式的法律,是因为分类汇聚格例乃至处分断例的《元典章》和《通制条格》等法典,在条文上作了整理、精炼,但仍以条目作为其重点。

明清的法典　有元一代未能完成的律令编纂,在明代得以实现。明太祖崇尚的是唐代的律令,因而在明代的律令中,也包含有追随唐代律令系统的规定,只是单方面地复古是不可能满足时代的要求的。明代律令是在元代丰富的法律实践基础上编纂、并通过元代的法律生活而成就的法典。明律虽经多次编纂,但今日一般作为明律流布于世的,是明朝洪武三十年(1397)所编纂的法典,其编目包括名例、吏、户、礼、兵、刑、工等七律,由30卷460条组成。其注释书中,有《律解辨疑》、《律条疏议》(在日本,前田氏《尊经阁文库》藏有一部)、《明律集解附例》等。在我国,有获生茂卿的《明律国字解》等注释书。太祖时的明令,在中国是最后的令,由吏、户、礼、兵、刑、工等6篇145条组成。条文的数量也较之唐令等少了很多。而且行政性法规,在《明会典》即《正德会典》180卷(正德四年,1509)、《万历会典》228卷(万历十五年,1587)之类的综合法典之中作出了规定。明律为清朝所继承,仅仅有一部分被修改,大体上被原封不动搬到了清律中。来源于唐律的刑法中的各种原则性规定,仍残留于清律中。清律中还有《清律集解附例》(顺治三年,1646)、《清律集解》30卷(雍正三年,1725)及《律例》47卷(乾隆五年,1746年重修)等。清代所举办的会典编纂事业,自《康熙会典》162卷(康熙二十九年,1690)以降,有雍正、乾隆、嘉庆朝的各种会典,下至于《光绪会典》100卷(光绪二十五年,1899)。如果再加上附有则例或者事例的《乾隆会典则例》180卷、《嘉庆会典事例》920卷、《光绪会典事例》1220卷,以及《户部则例》,再加上其他的《蒙古律例》、《理藩院则例》、《回疆则例》、《湖南省例》、《福建省例》之类,则清代法典(而且几乎都是行政关系方面的,也包含了刑事法关系方面的)的分量就极其庞大了。

清末以来的法典改革　然而,尽管有王朝的更替,却仍长时期维系着固定不变的法律纽带,松动的时刻还是到来了。欧美近代思想的入侵、欧美资本主义的冲击等各种条件,使得中国终于抛弃了古风依旧的法律(变法自强运动)。清末虽然改订了律,制定了《大清现行刑律》,但仅仅这样是不能最终解决问题的。在新旧两派围绕着法律的抗争中,宪法、刑法、民法等新式法典,一步一步地得到制定,而历史也急速转向,爆发了宣统辛亥革命。中国最近数十年,是一个以《中华民国民法》(其总则于1929年施行,亲族编、继承编1931年施行)和《中华民国刑法》(1928)为首的法典制定的时代。[补]《中华人民共和国婚姻法》、《土地改革法》(1950)、《宪法》、《劳动改造条例》(1954)。

东亚的古法典　"罗马曾三次征服世界。三次使各个民族结合成统一形态。第一次是罗马民族尚处于充满活力的状态之时,结合成统一的国家。第二次是罗马民族业已没落之后,结合成统一的教会。第三次是作为继承罗马法的结果,在中世纪结合成统一的法。第一次是通过武力,取得了表面上的强权统治。其他的两次,都是通过精神的力量取得的。"耶林(Rudolf Von Jhering)在其著作(*Geist des Römischen Rechts*,《罗马法的精神》,原田教授监修翻译)中曾如是说。中国也曾经有过像唐朝、明朝那样,将自己的领土向四邻扩展,通过它的儒教文化,此外也通过它的法,给东亚带来了极为深刻的影响。

　　不用说,我国的大宝、养老律令,就是在唐律令格式等法典的影响下完成的。高丽在唐朝灭亡十年之后建国,在宋、元、明诸朝相继兴亡期间,一直存续下来,因此在法律上所受到的影响不限于唐代,然而据高丽史,就高丽所施行过的律(律令)的篇名和条文来看,很多与唐代律令相符合,其户令、赋役令、公式令、假宁令、狱官令等,今日也已成为复原已佚唐令的资料。黎氏安南的刑律(洪德律),在现存越南的法典中是最古老的,黎氏在明代从明皇朝中独立出来,其法典因为是在距唐很远的后世(15世纪)完成的,因之与唐代法典进行比较不一定很适宜,但唐代法律对黎律的影响仍依稀可见。不仅是唐代法,以明清律为首的唐代以后的法律,也对日本、朝鲜以及越南的法产生了不小的影响。在日本,诸藩法及明治初期的《新律纲领》(明治三年,1870)、《改定律例》(明治六年,1873),亦曾受其影响。当然,日本的神祇令虽参考了唐代的祠令,但其内容则有异,安南的遗言继承法较之于中国法也显示出特色,这一类情况还不少。

文献

西北科学考查团在居延发现的汉简中关于汉律的一个例子:"捕律:禁吏毋或入人庐舍捕人犯者,其室殴伤之,以无故入人室律从事。"(《居延汉简考释》)据之还可以知道有"无故入人室律"的条文。而且这些条文与《周礼注疏》中所引汉代贼律是符合的。

浅井[虎夫]教授　《支那的法典编纂的沿革》(明治四十四年[1911]七月)。

沈家本　《沈寄簃先生遗书》。

程树德氏　《九朝律考》(中华民国十六年[1927]十二月)。

杨鸿烈氏　《中国法律发达史》(中华民国十九年,1930)、《中国法律在东亚诸国之影响》(中华民国二十六年,1937)。

陈顾远氏　《中国法制史》(中华民国二十五年[1936]十一月)。

村上贞吉氏　《支那历代的刑制沿革和现行刑法》(昭和七年[1932]六月序)。本书在古资料的处理上存在问题。

贝冢[茂树]教授　《李悝法经考》(《东方学报》[京都]第4册,昭和八年[1933]十二月);《汉律略考》(《桑原博士记念论丛》)。

董康博士　《书舶庸谭》。该博士关于敦煌发现的唐代散颁刑部格的研究,见仁井田《关于唐令的复原》(《法学协会杂志》第5卷①第2号,昭和九年[1934]二月)。其后,大谷教授也发表了关于此格的研究。

中田[薰]博士　《唐令和日本令的比较研究》(《法制史论集》第1卷,大正十五年[1926]三月)。

仁井田陞　《唐令拾遗》(昭和八年[1935]三月),《斯坦因探险队在敦煌发现的法律史料数种》(《国家学会杂志》第50卷第6号,昭和十一年[1936]六月),《敦煌发现的唐水部式研究》(《服部先生古稀祝贺记念论文集》,昭和十一年[1936]四月),《最近公布的敦煌发现的唐律令断简》(《历史学研究》第8卷第4号,昭和十三年[1938]四月),《清明集户婚门研究》(《东方学报》[东京]第4册,昭和八年[1935]十一月),《宋代法典刻板考》(《加藤博士还历记念·东洋史集说》,昭和十六年[1941]十二月),《金代刑法考》(《东洋史研究》新1卷第1、2号,昭和十九年[1944]八月、十月),《元代刑法考》(《蒙古学报》第2号,昭和十六年[1941]四月),《元典章的成立和大德典章》(《史学杂志》第51编第9号,昭和十五年[1940]九月),《永乐大典本大德典章续考》(《史学杂志》第52编第4号,昭和十六年[1941]四月),牧野巽教授和仁井田的共同研究《故唐律疏议制作年代考》(《东方学报》〈东京〉第1、2册,昭和六年[1931]三月、十一月)。另外仁井田还有《以唐为中心看东亚法律》(《东亚研究讲座》第71辑,昭和十一年[1936]十月),《唐律令及其历史意义》(《历史教育》第12卷第7号,昭和十二年[1937]十月),《东洋法制史论》(《国家科学大系》第5卷,昭和十八年[1943]十月)。

内藤乾吉教授　《唐的三省》(《史林》第15卷第4号,昭和五年[1930]十月)。这是关于敦煌发现的唐开元公式令的研究。

---

① 按:"第5卷"应作"第52卷"。

那波［利贞］教授　《唐钞本唐令的一条遗文》（《史林》第 20 卷第 3、4 号，第 21 卷第 3、4 号，昭和十年［1935］七月、十月，昭和十一年［1936］七月、十月）。

玉井［是博］教授　《支那社会经济史研究》（昭和十七年［1942］四月）。特别是关于《唐六典》，有必要参考该教授对《唐六典》的校订。

辽代法的研究：由于资料贫乏，设立假说也就成为必要，只是对于假说的设立方法，我希望能予以特别的慎重。关于这方面的研究：津田［左右吉］博士《辽的制度的双重体系》（《满鲜地理历史研究报告》第 5 卷，大正七年［1918］十二月）；若城久治郎氏《关于辽代的汉人和刑法的一个考察》（《满蒙史论丛一》，昭和十三年［1938］八月）；泷川政次郎、岛田正郎两氏《辽律的研究》（昭和十九年［1944］一月）。

安部［健夫］教授　《大元通制解说》（《东方学报》〈京都〉第 1 册，昭和六年［1931］三月），《关于〈元史·刑法志〉和〈元律〉的关系》（《东方学报》［京都］第 2 册，昭和六年［1931］十一月）。

关于明代律令：薛允升《唐明律合编》；有高［岩］博士《关于元代婚姻方面的法律之研究》（《东京文理科大学纪要》第 10 册，昭和十年［1935］十二月）；内藤乾吉教授《大明令解说》（《东洋史研究》第 2 卷第 5 号，昭和十二年［1937］六月）等。［补］花村［美树］教授《大明律直解》附录解说（昭和十一年［1936］三月）。

杨幼炯氏　《近代中国立法史》（中华民国二十五年［1936］）。

关于朝鲜法史：浅见博士《朝鲜法制史考》（大正十一年［1922］十一月）；花村［美树］教授《高丽律》（《朝鲜社会法制史研究》，昭和十二年［1937］五月）；麻生武龟氏《李朝法典考》（昭和十一年［1936］二月）等。

佐藤［诚实］博士　《律令考》（《国学院杂志》第 5 卷第 13、14 号，明治三十二年［1899］十一月、十二月）。

三浦［周行］博士　《法制史研究》（大正八年［1919］二月）。

泷川［政次郎］博士　《律令研究》（昭和六年［1931］），《支那法制史研究》（昭和十五年［1940］）。

牧［健二］博士　《肥后藩刑法草书的成立——特别是关于它对明律的参考》（《法学论丛》第 48 卷第 5 号）。金田教授也有关于熊本藩《刑法草书》的研究。

M. R. Deloustal, *La Justice dans L'ancien Annam. Traduction et Commentaire de Code des Lê*（《黎律译注》）（BEFEO. 1908 – 1922）.

　　"约法三章"　据《史记》所载，汉高祖进入关中，与父老约法三章，这就是所谓"杀人者死，伤人及盗抵罪"。其余的秦朝苛法则被废除。但在此后，他自己也认为有必要制定律。

［补］　小早川［欣吾］教授《明朝律令对我国近世法的影响》（《东亚人文学报》第 4 卷第 2 号,昭和二十年［1945］三月）。

中田［薰］博士　《古法杂观》（《法制史研究》第 1 卷,昭和二十七年［1952］七月）,《关于律令法系的发达之补考》（《法制史研究》第 3 卷）。

内藤［乾吉］教授　《敦煌发现的唐职制、户婚、厩库律断简》（《石滨先生古稀记念·东洋学论丛》,昭和三十三年［1958］十一月）。

仁井田陞　《唐律令及格的新资料——斯坦因敦煌文献》（《东洋文化研究所纪要》第 13 册,昭和三十二年［1957］十一月）。此格为开元户部格,是特别贵重的文献。参照"增订版序"四。

内田［智雄］教授译注　《汉书·刑法志》（《东方文化讲座》,昭和三十三年［1958］六月）。相关介绍,见《法制史研究》第 10 号。

A. F. P. Hulsewé, *Remnants of Han Law*,（《汉律辑存》）Vol. I, Leiden, 1955.

É. Balaze, *Le Traité Juridique de "Souei-chou"*（《〈隋书·刑法志〉译注》）, Leiden, 1954.

第四章　刑　　法

第一节　有关刑法的各种原则

中国的刑法的发达程度　在中国,提到所谓"法"或者"法制"时,自古以来大多是在刑法的意义上使用的。因此在中国,刑法自古以来就在法律中居有重要的地位。而就唐律的发达程度而言,当时在世界上无有与之比肩者。在欧洲,即如号称划时代的加洛林纳法典,不仅在时间上比唐律要晚900年以上,而且在发达程度上也不及唐律。甚至与19世纪欧洲的刑法典相比,唐律也并不逊色(中田博士)。无论是汉晋的刑法,还是上溯至秦代的刑法,恐怕同样也有许多值得给予高度评价的地方。当然,以唐律为首,这些法律中都包含着具有浓厚古代法色彩的部分,也是不能否定的。

法定主义和擅断主义　在中国古代,围绕着刑法的渊源,存在着两种主义的对立和抗争。这两种主义中的一种,是不以成文法规作为刑法渊源的非法定主义,这种主义是追随先王不制定刑法、每当有事时即审议处理(如果从好的方面说是据理判处、从不好的方面说就是临场擅断)的这样一种保守的立场。被这种立场所非难的另外一种主义可以说是法定主义,它以成文法规作为刑法的渊源。在欧洲,犯罪及刑罚多不根据成文法律判定,怎样的行为是犯罪,对犯罪应该处于怎样的刑罚,乃由君主和审判官任意决定,这样的时代曾延续很久。正是针对这种中世纪以来的擅断主义,旨在保障个人自由的个人主义的、自由主义的主张发展起来,要求以法律来规定犯罪和刑罚之间的关系,最终形成了"法律上若无规定便不是犯罪、不受处罚"的这样一种罪刑法定主义的制度。但是,如前文所述(见第二章第二节),中国古代的法定主义,当然不是这种个人主义、自由主义的产物。不过中国古代的法定主义,可以认为具有两个基调:一方面具有旨在威吓民众的一般预防主义思想,另一方面则具有旨在防止官吏擅断的思想。秦汉以后,在理论上一直支持着法定主义思想的,主要是上面谈到的这两种思想,相关的资料很是丰富。那种欧洲近世的罪刑法定主义得以最终形成的思想资源之一,是一种政治学的思想,即法律必须由立法机构准确而完备地加以制订,法官甚至只要起到机械地宣布这一法律的作用就可以了,为了保障人民的自由,超越法律范围的擅断应该被拒绝。支持罪刑法定主义的另一种思想是刑法学的思想,即旨在收到抑制犯罪动机、预防犯罪的效果。虽然与这样一些立场不同,但要否定中国古代的法定主义思想与欧洲近世的这种思想有相通之处,这样的看法恐怕也难以成立。如上所述,中国的法定主义思想,在公元前4世纪乃至前2世纪的周末秦汉时代就已成立,不难看出,这就是唐断狱律中所谓"断罪皆须具引律令格式正文,违者笞三十"的思想来源。而且在唐律之前,像上引唐律律文一类的法律业已出现。3世纪末叶晋人刘颂在引用晋律时,有如下议论:"律法断罪,皆当以法律令正文,若无正文,依附名例(名例是所规定的类推解释的基准,即可以作一种类推解释者)断之,其正文名例所不及,皆勿论。(在法律正文中没有规定应科以刑罚的,并且依照名例也不能类推为犯罪的行为,便属无罪,从而不在科刑的范围之内。)①法吏以上,所执不同,得为异议。"关于这一点,刘颂还谈到,"如律之文,守法之官,唯当奉用律令。(而今法官有从法律的正文名例之外,寻求科刑的根据的倾向,今后有必要对这种倾向加以纠正)"(《晋书·刑法志》)。他的强力主张为执政者所认可、采纳。刘颂的论述是非常精彩的。与欧洲近世刑法理论相类似的理论,中国早在一千多年以前的3世纪就已在原则上加以采用,而且这是作为被制定颁行的成文法规的,这一

---

① 按:仁井田氏此处所引《晋书·刑法志》,多本于原文,亦有据原文发挥、演绎者,中译时于后一种情况,或加括号以区别之。

点应该值得特别注意。

以上我们就中国刑法典成立的古老和这种罪刑法定主义的由来进行了考察,那么,中国自古以来的民众是不是就可以幸免于君主和法官的擅断放恣了呢,也不是那样的。君主和官府的擅断放恣、舞文弄法,自古以来就屡屡见之于文献。因而,仅仅在法律文本、法律理论上具有完善性,并不能掩盖君主和法官擅断放恣的事实,而对于法的蔑视,不仅仅人民方面如此,君主和官吏方面也是如此。从反面看,也许正是由于这种擅断放恣的存在,才使法律文本、法律规范的完善性成为必要。在谈到中国这样一种罪刑法定主义很早以来就已成立时,如果没有看清它的性质与具体实行之间的关系,而对之一味地讴歌赞美,则是很偏颇的思想方法。

中国自古以来的法定主义本身也不一定是那种严格意义上的法定主义。晋朝刘颂的主张也是容许类推解释的,汉代也有所谓"决事比",在审判中可遵从前例。并且在没有相应的法律正文时,就要采用类例(比类)来审判(另外,关于春秋决狱,请参照后注)。唐律中也有在法律的适用范围内允许某种程度的类推的规定,即"诸断罪而无正条,其应出罪者,则举重以明轻;其应入罪者,则举轻以明重"(名例律)。如唐律里没有关于谋杀父母的规定,然而如谋杀伯叔业已判处斩首的话,谋杀父母不用说是要判处斩首的(薛允升和桑原教授对这一点有不同的理解,然而这种理解是有问题的)。另外,父母出于惩戒教育即使打伤了子女也不构成实质性的违法,何况是一般的殴打呢,所以即使没有关于殴打子女的规定,也不构成犯罪。唐律中还有对于杂犯轻罪也不应放任不管的规定:"诸不应得为而为之者,笞四十(疏议曰:谓律、令无条,理不可为者)。事理重者,杖八十。"(杂律)如果能排除这样的各种各样的规定并严格地考虑唐断狱律的原则(见上引)的话,就有可能形成一种通过完备的法律条文对法官的擅断放恣进行有效控制的态势吧。但像这样的话,对法规的执行就可能仅仅限于形式化、机械性,而且对审判的这种制约恐怕还会带来一些其他意义上的弊害。既然有了如上文中所引的名例律、杂律条文,那么就可以明了,唐律绝不是要在严格意义上贯彻法定主义的法律。从好的方面说,这样就预留了回旋余地,从而使审判不致产生局限性;但从不好的方面说,唯其如此,便留下了通往擅断主义的入口。像这类留余地的各种原则,不仅见之于唐律,而且也见之于宋代的《庆元条法事类》、金律以及其他如明清律等,基本上为这些后世的法律所沿袭,而且在明清律中,特别在卷首设置了比引律条。这种所谓的比引律条,就是"奴婢放火烧主房屋,比依奴婢骂家长律,绞;发卖猪羊肉灌水及米麦等搀和沙土货卖者,比依客商将官盐搀和沙土货卖律,杖八十"之类。这样的各种原则,对诸如日本、安南(越南)等中国周边政权的法律也产生了影响。日本法律方面就不用说了,安南黎律中"诸断罪皆须具引律令格式正文",而在"断罪无正条时",也有跟唐律意旨相同的容许类推解释的规定。但在元代,由于没有完成像唐代律令那样具有抽象的、成文的内容的基本法典,因而像唐代和明代法律中所见到的那种传统,也就遭到了破坏。

犯罪的成立　唐律和其后的各种法律诸如金律和明清律中,都有关于犯罪的成立以及刑事责任方面的通则性规定,不过其由来甚为久远。例如唐以前各王朝的法律中,都有因年龄、健康原因而对其责任能力作出限制的规定。即如唐律,90 岁以上及 7 岁以下,是绝对无责任能力者;80 岁以上和 10 岁以下,则为限定责任能力者。汉晋的法律中也有同类的规定,虽然在年龄上有多少的差别。另外,故意、过失的观念在《书经》里就有那样的意思,汉律里也有"过失杀人,不坐死"的规定。在中国,公元前 1 世纪、2 世纪就已对有意犯罪和无意犯罪作了区别,而不是采取纯粹的客观责任主义。根据 3 世纪的晋律的注释书,所谓故意,和唐律相同,就是"知而犯之",也就是说已认识到这是犯罪的事实;所谓过失,就是"不意误犯",也就是说因为缺乏注意而没有认识到这是犯罪的事实。不过对于缘坐或连坐,即使没有责任条件也要受处罚(谚云:家人犯法,罪及家主)。反坐和结果加重犯在唐律以前的规定中就能找到,因伤害而致死(保辜)自古以来就是加重刑罚的原因。错误的规定也是有的,如在今天属于"不能犯未遂"范畴的诅咒,也是犯罪。此外,犯罪行为的发展阶段和其责任的差别,也就是诸如预谋、未遂、既遂的观念,或者诸如不作为犯和紧急行为等,不仅仅在唐、明律中,而且在几乎所有的汉魏六朝的刑法规定中,都可以见得到的。

犯罪的形态　作为犯罪形态的共犯（有造意和随从之别，即以教唆者作为首犯，随从首犯仅仅实施犯罪者作为从犯。）、累犯（加重刑罚的原因）、并合罪等概念，也都是来历久远。犯罪竞合（二罪以上俱发）的情形，唐明律等不采取并科主义或加重主义，而是采取吸收主义，而汉律中就已有"一人有数罪，以重者论之"（《公羊传》何注）的规定。无论是处理共犯的原则，还是犯罪竞合时采取吸收主义，在日本律和安南黎律中也都能见到。唐律以及其后各种法律中的十恶，即道义上最应该受到谴责的恶性犯罪，其名称的起源姑置勿论，仅就与十恶相当的罪行内容而言，也还是可以上溯至汉晋之时的，它对日本和安南黎朝的法律也都产生了影响。

刑罚的种类和减免　说到刑法的种类，唐、明律中有适用于一般人的正刑和只适用于特定身份者（如官吏的免官等之外，还有被革除官职而作为庶民的除名，关于僧侣道士则有还俗等特别规定。）的闰刑之别，汉、晋律中也有相同类型的区别。正刑在汉魏六朝期间发生了相当大的变化，即汉代以降，作为一种身体刑的肉刑在后退，自由刑和另一种身体刑的笞杖刑之类在显著扩张，这一态势在魏晋南北朝期间得到整顿，在南北朝时代特别是在北朝，笞杖徒流死的刑罚体系逐渐形成。隋唐律的正刑大体上是对这一体系的承袭（参照本章下节）。与刑罚减免有关的八议和自首的规定（自首者则宥恕其罪），其由来亦称久远。

法律的适用　中国古来的法律，在法律的适用范围内并不能贯彻绝对的法定主义，已如前述，除此之外，关于刑罚法规的适用方面值得注意的是，不仅在唐代，似乎在汉代就已采取"犯罪时法主义"。早在公元前1、2 世纪的汉代法即称"犯法者各以法时律令论之（颜注：法时，谓始犯法之时也）"（《汉书·孔光传》及颜师古注）。只是在唐律中，若新法轻时则从轻（不过在明清律中，则是"审判时法主义"）。又对于各种犯罪，与其说唐律能够抽象概括地观察，或者说能够具体个别地处理，都不如说唐律能够客观地进行处理，这一点是很突出的。比如虽然同是杀人犯罪，却有谋杀、斗杀、故杀、戏杀、误杀、过失杀的区别；犯人及被害者，如果作为尊长卑幼（父子、兄弟、夫妇），或作为长官主人，就与一般人的处罚有异；其加害手段是殴打还是使用利器，或者是使用汤火之类，因其不同制裁上也有区别;对应于加害的程度,刑罚也制定了等级差别。总之,有着显著的客观主义倾向。若就唐律而言,如伤害到人,拔人头发1寸见方以上者,杖80;若被害者耳目出血时,以及因内伤而吐血时,杖100;若折人齿,或毁缺耳、鼻,或弄瞎1只眼睛,或折断手脚指者,徒1年;毁坏齿2枚、指2只以上者,则要徒1年半。而且以上各点在唐律和明清律甚至和唐以前的各种法律之间,都未曾出现过什么变化的倾向。对这种客观主义加以批评而主张主观主义意见者,也时有其人,如宋代的曾布、清代的王船山就是这样的,但这还不至于动摇客观主义的优势地位。还有,关于法律的适用方面,唐律是依据属人主义的,这对于后世的各种法,如辽代法等,也产生了影响(参照第十章第二节)。

文献

小野[清一郎]博士　《唐律的刑法总则的规定》(《国家学会杂志》第52卷第4号,昭和十三年[1938]四月),《中华民国刑法(总则)》(昭和八年[1933]四月)。

仁井田陞　《唐律的通则性规定的来源》(《东方学报》[东京]第11号之2,昭和十五年[1940]七月);《支那的刑法体系的变迁》(《法学协会杂志》第57卷第3、4、5号,昭和十四年[1939]三月、四月、五月);《元代刑法考》(《蒙古学报》第2号,昭和十六年[1941]四月);《金代刑法考》(《东洋史研究》新1卷第1、2号,昭和十九年[1944]八月、十月)。[补]参照"增订版序"一、四。

先秦的刑法研究方面,见徐朝阳氏《中国刑法溯源》,根本诚氏《支那上代法制的研究》(昭和十四年[1939]六月)。

　　"春秋决狱"　以程树德氏的《九朝律考》为首,中国的法学研究者,还有埃斯卡拉,都曾谈到这个问题。汉代的董仲舒——汉武帝时代的政治家、儒家学者的中心人物,因在刑法适用问题上使用历史也就是儒家的经典《春秋》而著称。《春秋》被理解为搜集起来的判例。兹举一例。一个将被舍弃的孩子作为义子来抚育的人,当他的义子犯杀人罪时,他就将其藏匿起来了,这个行为是否构成犯罪呢?这就出现了弃子作为养子的身份确认问题,而在当时的成文法中并没有应该如何处理这个问题的条文。对于这种情形,董仲舒引用了《诗经》中的句子"螟蛉有子,蜾蠃负之",继而作了论证:虽然原为弃儿,但收养者既将其作为儿子抚育,也就与儿子没有什么不同了,而且若据"《春秋》之义,父为子隐",则收养者不应该构成藏匿之罪(《日本的法学》仁井田执笔部分,昭和二十五年[1950]十月,第206页及其以下)。在后世,这就成为了将义子称为螟蛉或者螟蛉子的语源。

[补]　西田太一郎氏　《两汉魏晋的刑罚思想》(《人文》一,昭和三十年[1955]一月)。

第二节　刑罚体系的变迁——特别是"自由刑"的发达

中国的自由刑的起源　就今天的刑罚制度而言,无论是欧洲的刑法,还是日本、中国的刑法,剥夺受刑者自由的自由刑都在刑罚体系中占据支配地位。但是在欧洲,自由刑之最终占据支配地位,不过是16世纪中叶设置于伦敦的布莱威惩治监、16世纪末著名的阿姆斯特旦惩治监以来的事。与之相对的中国,如果仅仅就自由刑(劳役刑)的出现而言,那在极其古老的时代就发展起来了。史前的事今已不得其详,据说在春秋时代的资料中,劳役制就已出现。例如,见于《史记·刺客列传》(又见于《战国策》)的晋国人豫让,在成为刑人后进入赵襄子之宫,从事涂厕所的劳役,如果那个时代就跟这个故事所讲述的情形一样的话,那么,公元前5世纪时就出现了劳役刑。像这个豫让的故事中所见因徒从事劳役之类的古代记载,在中国非但不是很少,而且在公元前3世纪左右的中国,劳役刑就已作为一个等级被编组到刑法中,并且终于和死刑、肉刑(身体刑的一种,毁损一部分身体的刑罚)一起在刑法体系中占据了比较重要的位置。当时,所谓髡钳城旦舂的刑罚,是劳役刑和髡刑的并科刑,髡是剃去头发的人,使其外貌有异于常人(剃发刑),钳是在脖子上套上金属制的枷,男的为城旦,也就是使之筑城(相当于所谓筑城刑),女的使之舂谷物。人们通常都说秦始皇修筑了万里长城,但从事于这个筑城劳役的人,实际上却是囚徒,这一点我希望予以特别注意(当然,不能说全部筑城者都是囚徒)。因而在东方的专制统治之下,虽说是所谓自由刑,仍具有被强制从事持续性奴隶劳动的身体刑的实质。纵观中国自古以来自由刑的发展,可知是以受刑者的无限制而且无等价报酬的劳动作为刑罚目标的。

这里还拟附带说明两件事。其一是关于记载了自由刑的中国古典例如《书经》和《周礼》的成书年代问题。我不认为这些古典的成书时代就像古来传说的那样。比如《书经》中记载流刑的部分，充其量也就是春秋时代的事吧，《周礼》的撰成年代也就是汉代，就算要提前，恐怕也不宜往上追溯得太早吧。其二是就劳役刑的历史而言，中国劳役刑的发生的确是很早的，但就文献的记载而言，还不能说是世界上最早的。在巴比伦尼亚的、亚述的和其他西亚各邦国的古资料中，可以找得到比中国更为古远的时代里实行劳役刑的证据。但是，就劳役刑作为刑罚体系中的一个组成部分、并且占据着重要地位这一点而言，我想恐怕再没有其他国家拥有像中国那样古老的历史了吧。在各种民族的古法中，无论是巴比伦尼亚的、亚述的，还是印度的，在其刑罚体系中占据着主要地位的，都是作为生命刑的死刑，再不就是作为身体刑的肉刑。特别是在欧洲，甚至直到16世纪的刑法典中，车刑、烹刑、串刺刑、火刑、溺刑、断手刑、断指刑、抉目刑、切耳鼻刑、断舌刑等，仍见之于规定，肉刑（Verstümmelungsstrafe 中国古典中谓之"亏体"）所占的地位仍然是相当大的。不用说，这在中国非常古远的时代里，恐怕也与欧洲情形相同吧。《书经》等所说的五刑，是由一种死刑和四种肉刑（宫：男性除其势，女性幽闭于宫；刖：切断腿；劓：切掉鼻；黥：文身）构成的，也许就能暗示的确存在着那样一种情形。另外，宫刑也被称之为腐刑。

反映刑 宫刑虽不一定只是对于奸淫罪的惩处，但也有将此刑解释为对奸淫罪的惩处的，这就是将宫刑解释为一种反映刑（spiegelnde Strafen）。所谓反映刑，就是对犯人犯罪时所使用的那一部分身体直接加以伤害的刑罚，如割掉盗窃者的手，在高贵者面前放屁的人则在其臀部打上烙印，这类规定在印度的古代法典如《摩奴法典》和《耶遮尼雅瓦勒基雅法典》中都能够见到（不过 Jolly［乔利］将这种反映刑视为同害刑即同态复仇 talio，见氏著 *Hindu Law and custom*［《印度的法律与习惯》］，1928.）。对奸淫罪处以宫刑，在亚洲诸民族中也有实行的。反映刑也屡屡见于元代法律中。黥是将额、腕等刺伤并在伤口上涂墨，使这一部分身体的颜色发生变化，后世也有在盗犯的手腕等部位刺墨的，但不好说这仅仅只是反映刑。

自由刑及笞刑和肉刑间的交替 另外，如果说到自由刑在中国的推进，可以说直到秦朝和汉初，死刑方面，有用绳索将犯人的脖子和四肢系在4辆或者5辆车上然后将其身体四分五裂的车裂（轘）刑，还有将犯人裸体置于椹质（斩台）上将其腰部砍断的腰斩刑，肉刑方面则实行断趾刑等，当时实行这种极为血腥的刑罚的机会还很多，而且这些刑罚也都是为法律所规定的。但是在中国，还在公元前3世纪，好像就已经从欧洲直到16世纪还能见到的那种血淋淋的刑罚史时代里迈出了一步。特别是在汉代，作为劳役刑的自由刑，像笞刑那样的身体刑，得到更加全面的推进，而如肉刑，以至于令人感到它宛若前代的遗物。关于汉代肉刑的后退，还有这样一件逸事，即前汉文帝时代（公元前2世纪）当太仓令淳于意坐罪就要被处以肉刑时，其女缇萦上奏，认为她的父亲受肉刑后身体将不可能复原，而且将来即使想"改过自新"，也没有了机会，因此自愿充当官婢，以赎父亲的刑罪。在这个时代，战国以来通过苛酷的刑罚以威慑社会的必要性在日益减小，我想这终归是肉刑后退的主要动因，而少女缇萦的哀求则碰巧成了这一变化的契机。文帝一度废止肉刑之后，尽管宫刑、黥刑之类还不时偶有行之，但像往常那样肉刑的盛行，就再也不可能见到了。仅仅从如上所述的肉刑和自由刑的交替过程这一点来看，与欧洲16世纪以后肉刑和自由刑间所实行的交替，在表面上极其相似。尤其是文帝时代以来笞刑也扩张了。而且笞刑是被当作重于劳役刑而次于死刑（弃市）的刑罚的。笞数达500或300的这样一种苛酷刑罚，使受刑者皮开肉绽、鲜血淋漓，非但是身体残废，甚至于命丧笞下，其场景之惨，已达到堪称死刑、肉刑、笞刑三刑并施的地步。笞刑的重用，在文帝时代刚刚开始，当时毕竟缺乏经验，于是造成了这样的失败。因而在此后，笞刑缓和下来，从500降到300，又从300降到100，尽管这样，还是过于残酷。与劳役刑比较顺利的发展过程相反，笞刑的失败是无法掩盖的。笞刑后被精简，以至被置于仅次于自由刑的地位，那是经过了如上所述的过程的。

隋唐五刑体系的成立及其以后　汉以后，南北朝的北魏时代也就是公元5世纪前后，自来总是被置于刑罚的主体系列之外的流刑（自由刑的一种）也被纳入到这一系列之中。于是在南北朝时代特别是北魏、北齐、北周等北朝系统的刑罚体系的影响下，七世纪前后，隋唐刑罚体系的五刑——笞、杖、徒、流、死，终告成立。隋律中，省去了古来的轘、枭首，作为死刑的有绞、斩二种,除此之外,隋律中新的枢轴也在唐律中得到继承。特别是在这五刑中,自由刑究竟占据着怎样的主要地位,恐怕一看就明了了吧。即使只看一下唐律各本条的刑罚规定,就完全能够说流刑和徒刑也就是自由刑占据着中枢地位。那些古典中所能见到的五刑——死、宫、刖、劓、黥,和唐律的五刑在构成上的差别,确实是显著的。不过就是在唐代,现实中这种五刑之外的刑罚,比如像腰斩,也不是没有实行过的。顺便说一下,在五刑之中,斩刑被认为比绞刑重,是因为斩使身、首分离,既已分离,来生时就不可能再变成人了。绞的方式由于身、首仍连为一体,来生还能变成人。因此之故,虽然都是死刑,绞的方式就被认为要轻一些,所以对于罪大恶极的重犯,正是出于使他们来生不再变成人的目的,对之处以斩刑才被认为是必要的。另外,绞刑也不一定是身首相连的。如其文字所示,是通过拧勒绳索而杀死的(参照图版插页五)。唐之后,五刑出现了变迁。例如五代、宋、辽、元、明、清各个时代都实行过所谓凌迟处死的极刑,即通过细碎地切削身上的肉(或在身体多个特定部位以刀刺割如剜出肠子、切割咽喉等)来杀死受刑者。这就是俗称的"呙"或者"剐",因是切削肉体,所以又有一个称呼叫"柳叶呙"。这种刑还附加有禁止埋葬尸体的要求。于是受刑者就不得不成为没有任何牵挂的"永远的死亡者"。这是给大逆、杀害父母之类罪行的处罚。在元代戏曲中被称为最大的悲剧《窦娥冤》杂剧里,杀死父亲并将其罪推诿给窦娥的张驴儿,其被判"剐一百二十刀处死",则有斩一百二十刀使受刑者被切碎的条文。明万历刊本《忠义水浒传》载有王庆被缚吊在三叉上、行刑者用凌迟刀切削其肉的图像。又据清《常谈丛录》所载称的凌迟之例,并不像宋陆放翁所讲的那种切割肉体的方法(《渭南文集》),而是先在两眼上方切割,以遮住其视野,然后在两乳和两臂上各割一刀,将其肉切开,然后在心脏下面刺入,一直划到肚脐,最后将其头砍断,这样一共是八刀。《大清刑律图说》中的凌迟图,似乎与之相类似。凌迟的执行中也还有其他的方法(参照图版插页四)。另外,所谓刺字,也就是在臂、脸上刺墨的一种黥刑,五代和辽、宋、金、元、明、清时代也都实行过。根据宋代刺字的规定,其刺字之大小,乃因场合而定,大小不能超过二分以上;若是被流配到沙门岛（山东蓬莱县北海中的岛）时，则规定为七分大。犯强盗罪而被赦免死刑充军时，按规定要在面部刺墨，刻上"强盗"的文字。即使在清代，也要在脸上刺墨，用汉文或者满文刻上所流配的地名或者所犯罪行的类别。据《水浒传》记载，刺墨是由刺墨人（文墨匠人、文笔匠）来执行的，为免受刑者的怨恨，而将刺墨刻字说成是押盖"金印"。在《水浒传》等书中，与凌迟处死或流刑、充军之类刑并科处罚的刺字，也是屡见不鲜的。此外，辽金还实行过沙袋刑——将装了沙石的沙袋拴绑在杖头上，以之杖打受刑者。

尽管刑法有过这样一些变化，但自由刑的地位在中国大体没有变动。特别是清末，作为身体刑的笞杖终被废除，但自由刑并没有和杖刑命运与共。于是在中国，自由刑可以说大体上是沿着发展的道路一直向前的。与中国相接触的周边诸国也受到了中国刑法的影响。大宝、养老律令中包含着自由刑等五刑，就是参考唐朝法的产物。朝鲜、安南所受中国的影响也很显著，朝鲜等自己不曾编纂过法典，甚至是不加改动地利用中国的法典。于是与中国相接的东亚诸国中，自古以来就有了自由刑的制度。安南黎律中虽然本土固有法的色彩很强，但它的五刑体系仍是像中国法那样的笞杖徒流死，徒刑有役丁役妇、象坊兵炊事妇、植田兵春室妇三个等级，后面两个等级规定与刺字并科。另外，死刑由自一等数起的绞、斩至枭和凌迟共三个等级所组成。

刑罚的目的——刑期于无刑　那么，下面来讨论中国的自由刑乃至刑罚的一般目的是什么。当有人看到《周礼》所谓"以圜土聚教罢民，凡害人者，寘之圜土而施职事焉①"，也就是剥夺其名誉（奴辱），限制其自由，使之从事工作，同时还要对之进行教化（《唐律疏议》也引用了《周礼》的这段话），也许会对这里所讲的作为刑罚目的所体现的进步性而为之一惊吧。如果谈到刑罚，在那个除了报应、威吓、除害之外几乎都不予考虑的时代，无论是《周礼》还是《唐律》，它们都认真谈到了刑法目的的道义性，在不失其报应、威吓效果的同时，也着眼于受刑者的改恶从善也就

---

① "而施职事焉"据《周礼·秋官》"大司寇"条补。下文括号注称"《唐律疏议》也引用了《周礼》的这段话"，按《唐律疏议》所引乃《周礼·秋官》"司圜"条，非"大司寇"条。

是刑法的教化目的（教育刑主义、特别预防主义的倾向），对之是应该不吝赞美之辞的。在使自由刑有了新突破的缇萦的上奏中也能见到"改过自新"之语，当然，直到后世"悔过自新"、"自新之道"一类的话也是屡屡被提及的，对这一点也没有必要否定。虽然《周礼》和《唐律疏议》一类书中也已见到这样的说法（见前揭），但那还是一种停留在理念层次上的观点。《周礼》成书的时代（那当然不是所谓周公的时代）及其以后，也还在实行车裂之类的刑罚。这种刑罚的执行还是公开的。中国自古以来所实行的"弃市"，如其名所示，就是在市场或者十字街头的民众面前处决的，其意义在于刑罚执行的公开。虽然《礼记》和《孔子家语》将弃市解释为"与民共弃之"，我想这种解释也不过是儒教的理论化包装的一种表现吧。就弃市的起源来看，不能不认为那是见于摩西律法中所谓"本城所有人都应该用石头将这个人砸死"那样一种公众刑（Strafen zu gesamter Hand）的遗存，实际上在中国，这种公众刑亦即"集众决杀"之事也是屡屡实行的。总之，弃市在历史时代的文献中体现着刑罚执行要公开的意向，而实际上也是有其事的。此外，出于威吓意图而主张将重刑纳入刑法规定中的人并不多。那种所谓"刑期于无刑"（见《书经·大禹谟》）的法律谚语，就"以杀止杀"即通过处罚一人以威吓和警戒社会上的万人从而期望达到没有刑罚的（一般预防主义、威吓主义的）意义而言，法家学者自不必说，就是在自古以来的儒家学者也是存此用心的，从而体现出了很强的一般预防主义、威吓主义的传统。荀子也曾说过"杀一人，刑二人，而天下治"，法家之一的商子所谓"以刑去刑"之类的话，也是屡屡可见。威吓主义不仅仅是法家的专利，在儒家思想中也可以看得到浓厚的威吓主义，就这一点而言，无论法家还是儒家，都可以等量齐观。然而在是不是以刑罚作为辅助教化的手段上，二者之间则存在着极大的差别，这是不言而喻的。而且威吓主义，也不仅仅在死刑的场合才体现出来的。《孟子》等书中也曾出现"挞之于市朝"之事，即使就自由刑本身而言，由于那种奴隶性劳役过于酷重，甚至还有比死更为痛苦的场合。拘押囚徒的牢狱是极为阴惨的、不卫生的，整个牢狱生活都是极不健康的，而且在劳役中死亡的事是接连不断地发生的，这种现象是不曾绝迹的。而那样就远远不止是"改过自新"的问题了。对于刑罚，与其说是以个人的各种利益为主来进行考量，还不如说社会秩序的维持被认为更为迫切。除上述之外，自由刑还成了为军役或土木工程之类征发劳役的手段，而这些和见之于《周礼》的教化目的（教育刑主义、特别是预防主义的倾向）相去甚远。在中国的旧法中，刑罚是以报应刑主义为基础的。与这种报应刑主义相表里并且表现得非常明显的，不是前述《周礼》中所见的那种教化目的，而是一般预防主义、威吓主义。不，甚至在《周礼》中，也有肯定肉刑之类的内容，而在该书其他的部分中也有着浓厚的一般预防主义和威吓主义。权力支配直到后世没有衰弱，审判时法主义也体现于律中。

而如前所述，自由刑在欧洲的刑罚体系中终于占据到很大的地位，不过是 16 世纪以降的事。欧洲自由刑的发达和中国的自由刑不用说并无联系，但是那里的自由刑在拘禁期间内要对拘禁者加以矫正改善，作为这样一种教育目的也是有的，它显示出了所谓的特别预防主义的展开。在具有古老刑法历史的中国，反而直到清末以降，才充分考虑到欧洲等地先进的刑法原则，而重建刑法。清宣统二年（1910），招聘了日本的刑事学者小河博士等，在北京及其他地方建立模范（以杰尼米·边沁所创立的全景敞视环刑监狱为模式的）监狱。于是在清末以来迭经波折之后，于中华民国十七年（1928）制定公布了新的《中华民国刑法典》。尽管批评家中有的认为新法的镇压性质方面存在着问题，但对于新法在特别预防政策方面的考虑仍给予了积极的评价。如果站在积极评价一方的立场上，在对古来的法律谚语"刑期于无刑"重新加以反思性理解上，可能还有改进的余地吧。或许今后有人会将这样一部新的法律，用来实现《周礼》的思想。但是如果从历史上来看，好不容易有这样一部被称为《周礼》的理想的法律，却往往被等闲视之，而且新法在颁行之后，这一理想也并没有得到充分的实现。［补］关于刑法的新的发展，不能不看到革命时期解放区的制度，以及中华人民共和国成立以来的《劳动改造条例》等。如果"将犯人改造成为新人"（《劳动改造条例》）的问题能够得到进展的话，那么，就将要达到刑罚和德行教育相结合意义上的"刑期于无刑"的阶段吧。

文献

仁井田陞 （与上节所列文献相同）

滨口［重国］教授 《汉代的强制劳动刑及其他》（《东洋学报》第 23 卷第 2 号），《关于汉代的笞刑》（《东洋学报》第 24 卷第 2 号）。

佐伯复堂氏 《关于东方的自由刑》（《法律论丛》第 7 卷第 11、12 号）。同氏翻译有芦野德林的《无刑录》。

第三节　东亚刑法的发展过程和赔偿制（Busse）

复仇——赔偿制的起源　刑法以及损害赔偿制度的历史发展，在各民族中大体上都是同样的，根据学者们的解析，它们都起源于复仇。不过也有不将复仇视为刑罚现象、不认为刑法发端于复仇的学者（伯罗茨海默），但他们也承认复仇具有私的损害赔偿的要素。

复仇是受害者缓解因被加害而激成的愤恨、为了达到心理满足而采取的一种反向行动，是作为原始的自卫和自力救济的手段的。它主要是在作为社会中心势力的公的权威尚未充分确立、社会统制力量尚未发达的历史阶段，被当作一种维持、恢复秩序的手段而为社会所承认。那种复仇的表现形式，与其说是作为个人对个人的报复，不如说是作为由氏族之类的团体所实行的报复。而在东亚的这类情况，也与其他地方的事例相同。关于复仇，也有双方激烈争斗之后，由第三者介入进行调停，通过加害者方面给被害者方面作出赔偿以达成和解的情形（《金史·世纪》等），正如在政治权威已形成了的社会中，由其权威机构站在公平的更高的立场上，最终谋划出解决的办法（《后汉书·乌桓传》等）。乌桓（乌丸）据说是通古斯人，是生活在今热河地区（译者按：今河北、辽宁、内蒙古自治区交界之地）的民族。在公元 1、2 世纪时已与汉朝有较深的交涉。据《后汉书·乌桓传》载，在乌桓族，即使杀了父兄也不会杀母亲的，之所以那样，据说是因为要避免母系亲族来复仇。而在那些对父系有认识的地方，复仇也是由所属之父系亲属来实行的。据说在獠族，杀了父亲的时候，也是要给母亲赔偿一条狗的。在乌桓，如果复仇始终不能了结时，则依赖"大人"(其社会中的权威)谋求调停和解的途径。马牛羊等家畜被用作人命的赔偿(Wergeld)。不过就是在这样的场合,流血的复仇行为之后,也仍然在进行这种经济性的财物的授受。如果说这大体上还是在形成过程中,那么,人们普遍认为也就是在这之后,使得以财物代偿血亲复仇并缓解所激起的愤恨这样一种意义上的赔偿制开始出现,以至于最终成立。例如就宋代《桂海虞衡志》亦即12世纪的文献中所见,在海南岛的黎族等族中,也出现了这样的情形。这些黎族人捕捉到加害者后,施加上用荔枝木制作的锁械,要求以牛、酒、银瓶等物作为赔偿,如果赔偿就释放,如果不赔偿则将其杀害。可以认为这就是如中田博士所说的那种从复仇到赔偿的过渡期,然而根据现在刚刚进行的调查所显示的,现在的黎族中仍然能看到同样的情况,宋代以后显然也还是没有发展到完全的赔偿制。

定额赔偿制的成立　赔偿原本是为了安抚被害者主观上的感情,而且,对加害行为的处罚是为了预防将来再出现同样的加害行为,所以在这样的意义上,赔偿就包含着刑罚的要素(刑罚和赔偿,也就是刑事责任和民事责任之间,尚未分化),这样的赔偿就与单纯的回复原状或者填补损害不同,它大于实际受到损害便成为通例。然而在公的权威成立之后的赔偿,终归是不允许被害者和加害者之间自行规定的,而是逐步形成了统一的、定额的乃至一定比率的赔偿规定,被害者既因而满足,也使得加害者认为在义务上应该支付那样的赔偿(参照罗马《十二表法》中有关同害刑的规定)。尽管在东亚,仍然在某种程度上残留着复仇的痕迹,但另一方面,既在有些场合显示出了向赔偿制的转化,又在另一些场合具有像日耳曼诸部族法中的人命金(Wergeld)和赎罪金(Busse,狭义的Busse)那样的定额赔偿制度。赔偿时虽然也不是没有赔偿金钱和谷物的例子,但以赔偿家畜之例为多,赔偿奴隶和人的例子也还不少。

和平金(Fredus)　关于赔偿制,有对于私人的赔偿,同时也还能见到其他种类的赔偿之例,那就是要拿出赔偿的一部分,或者是与所谓赔偿有别并且是与赔偿平行的、支付给公的权威的所谓和平金。例如《金史》和《北风扬沙录》所载作为金国旧俗的女真法,在杀人罪和盗罪所作的赔偿里面,便是这样一种支付方式:四分支付给公家,六分支付给受害者。作为这样一种和平金之类的,在16、17世纪的暹罗法律中就已出现。特别是在蒙古的法律中,可以见到许多与之相关的事例。根据14世纪末西蒙古的法典,作为奸夫的赔偿,要给奸妇之夫一匹4岁的马,而作为奸妇的赔偿,还要给审判官交纳一匹3岁的马。在18世纪初的蒙古法中,在给被害者的遗族支付杀人赔偿之外,加害者还要被处以罚畜,而在清嘉庆年间即19世纪初所谓《理藩院则例》的法典中,要交纳给官方9头马的9倍,支付给被害者的遗族9头马的3倍,才得以允许赎其故意杀人之罪(梁赞诺夫斯基是以蒙古法本身的研究而著名的,只是对这一点他还没有从比较法史的角度加以利用)。顺便谈及,在赔偿中以9作为基本单位而使用其倍数,是蒙古法的特征。在中国,青帮(通常被称为秘密结社)的制裁也是用的9的倍数,但中国法的笞杖之类,则例为10的倍数。印度古法的罚金制,如考底利耶的《实利论》所云,亦与《里普利安法典》相同,例为12的倍数。

杀人的赔偿 关于杀人的定额性赔偿,能够举出北魏时代即6世纪的失韦(室韦)族——以齐齐哈尔一带为中心的人种,或被认为是通古斯人和蒙古人的混合人种,规定杀人者责马300匹,以及《新唐书》、《旧唐书》所见之百济,以奴婢三口赎杀人罪等。说到将杀人者杀死这一点,是不是说超越了那个时点、脱离了那个地点,仍然是符合于人类的理性和感情的呢?也不是那样的。汉代的约法三章中的所谓杀人者"死",也并不是超越了时代和场所的自然法性质的法规。成书于13世纪被称为"大札撒"的蒙古成吉思汗的法律中,杀害伊斯兰教徒和杀害中国人的赔偿额是不同的。杀害伊斯兰教徒时必须赔40锭(40金),而杀害中国人时只须赔驴马一头。而这恰如日耳曼诸部族法一样,因法兰克人、勃艮第人、罗马人之类的人种不同,在赔偿额上也设置了差等。另外,在印度的吠陀时代,杀人者必须给被杀者的遗族支付100头母牛(Roth, *Wergeld im Veda*,《吠陀时代的人命金》),而在《包达耶那法典》中,杀死刹帝利族者要处以1头公牛和1000头母牛的罚畜,杀死吠舍族者为1头公牛和100头母牛,杀死首陀罗者为1头公牛和10头母牛(Jolly, *Hindu Law and*

Custom，《印度的法和习惯》）。在《耶遮尼雅瓦勒基雅法典》中也有相同种类的赎罪规定。蒙古法中也根据被害者的身份差别，即贵族和奴隶、官吏和庶民等，而在赔偿额上有相应的差等。而这在日耳曼法中也是同样的，因僧侣、自由人、奴隶等不同而有相应的差别。根据 16、17 世纪左右的暹罗刑法（郡司喜一氏），杀人赔偿额实际上也因为年龄和男女性别而设定了细微的差等。还有，在蒙古 1640 年的《卫拉特法典》中也见到，当妻子杀害了他人的妻子时，作为加害者的妻子的丈夫，要么给被害者的亲族支付极重的赔偿，要么将作为加害者的妻子交付给被害者一方以代替赔偿，必须给予他任选其中一种的自由（所谓加害者任选权 noxae datio，在《亚述法书》和《赫梯法典》中的相关情况，请参照原田教授《楔形文字法研究》）。那样的择一制，在某些时代的罗马法中也有同样的规定：或者提交加害者的子弟和加害者的家畜，或者支付赔偿，应该选择其中的一种，在那里还残留着复仇的痕迹。另外据《元典章》所载，杀人者被处以死刑，还要按规定给被害者的家族支付烧埋银 50 两。如果是良人杀了他人的奴婢，地主杀了农奴（佃客），加害者受杖刑之外，还要被征收烧埋银 50 两。［补］回教法中，男女的人命金也有差别，这样在男女间杀人的场合，就产生了赔偿额支付的差别问题。

伤害及奸淫的赔偿　就是在东亚的古法中，就身体伤害和奸淫等对人的不正当侵害行为作出赔偿规定的例子也不少。如果要举出这方面的古老事例的话，那么，在公元 1 世纪编纂的《汉书》中所记载的箕氏朝鲜，传说如伤害身体，就要以谷物赔偿，盗窃，便被没为奴隶（《汉书·地理志》）。根据伤害的方法、伤害的部位、伤害的程度而对身体伤害的赔偿额作出各种不同的规定，虽然不一定只有蒙古法才是如此，但在这一点上终归还是蒙古法与日耳曼诸部族法更有相似之处。在中国（例如中国的明清律）和某些时代的蒙古，奸妇之夫在污行现场即使杀害了奸夫奸妇也不认为有什么问题（私刑主义）；而且在蒙古，后世虽然已经产生了奸淫赔偿制，私的复仇的残余仍藏身于赔偿制的背后而始终未曾消失。

今日据罗马的《十二表法》得知，如用手和棒子打折自由人的一根骨头，处以 300 阿斯的罚金；如打折奴隶的一根骨头，处以 150 阿斯的罚金；

其他的也就是通常的伤害,则被处以 25 阿斯的罚金。兹将日耳曼《里普利安法典》中关于身体伤害和奸淫方面的赔偿规定,例举如下。关于耳、鼻、眼的伤害:"如自由人折断了自由人的肢体的骨头,处以 36 索里达的罚金;如打伤其肋骨的内部,处以 36 索里达。如切掉其耳朵并使之丧失听力,处以 100 索里达;如尚未达到使其丧失听力的程度,处以 50 索里达。如切掉其鼻子并使其不能擤鼻涕,处以 100 索里达;如尚能擤鼻涕,处以 50 索里达。如挖出眼睛,处以 100 索里达;如致使被害者视力僵硬、不能看东西,则处以 50 索里达。应该各视其情况对加害者判处各种相应的罚金。"另外,关于手、脚和指头的伤害:"如砍掉手,应该判处 100 索里达的罚金;若使手致残并吊垂下来,这种情况就应处以 50 索里达的赔偿。如将拇指砍掉,处以 50 索里达;若使拇指致残并吊垂下来,这种情况就应判处 25 索里达的罚金;如砍掉用以射箭的第二指,就应处以 36 索里达的赔偿。如砍掉脚,应该处以 100 索里达的赔偿;若使脚致残并吊垂下来,这种情况就应判处 50 索里达的罚金。"关于奸淫和劫掠妇女:"如自由人劫掠自由女,应判处 2 倍的 100 索里达的罚金。如劫掠他人的妻子并且其丈夫尚生存时,应处 200 索里达的罚金。如奸淫作为自由人的少女,应判处 50 索里达的罚金。"(请见久保教授《里普利安法典》,另外《萨利克法典》中也有同样的事例。又见世良晃志郎氏《巴伐利亚部族法典》。)

而据蒙古法例如 1640 年的《卫拉特法典》所记载,关于伤害:如切断他人的 6 根指头,则被处以罚五九(以 9 头家畜组合为 1 个基本单位即一九,罚五九即 5 个基本单位)和贵重品一件;切断拇指或者食指罚二九和罚五(5 头家畜);中指罚一九(1 个家畜组合单位);无名指罚五;小指罚三(3 头家畜)。如使用锐利的武器致人重伤,处以罚五九;如是中等程度的伤害,处以罚三九;如轻伤,处以罚一九;如使用锐利的武器但仅仅是刺扎,则处罚 1 头马。关于强奸的处罚规定:如强奸已婚妇女,处以罚一九;如是处女,罚二九;如是女奴隶,则处罚 1 头马(罚九、罚五之类的家畜组合,亦见于清代的蒙古律例等法律中)。13 世纪中叶的蒙古法中,在通奸现场被抓住的男女均被处死,私通的处女或者单独或者与男方一起被处死,然而据 14 世纪末的西蒙古法典,则变成奸夫给"受欺之夫"交纳一匹 4 岁的马,奸妇给审判官交纳一匹 3 岁的马。据 18 世纪初的蒙古法典 (《喀尔喀·吉鲁姆法典》),如致使两眼失明,所受处罚与杀人罪相同;如致使一眼失明,则被判处 100 下鞭刑和 100 头家畜的"安租"(赎金);如折断牙齿,除了每折一齿处以罚一九之外,还必须赔偿一个"博多"(20 头牛)。此外,关于肢体的伤害,在上述 1640 年的蒙古法典中,也发现了同类的规定。像上述针对伤害及奸淫的赔偿制度,甚至在时代推移到 18 世纪末叶以后,如看一看清乾隆和嘉庆的《理藩院则例》等法律,仍然可以找得到这类规定(除此之外,请参见明代的《夷俗记》之类)。

盗窃犯的赔偿　作为盗窃犯的赔偿制度,要求盗犯以数倍于所盗之物偿还给受害者,这是不管东方西方都可以见得到的"为大多数民族所通有的现象"(中田博士)。罗马的《十二表法》中,现行盗窃者在被处以鞭打后,交由被窃者处理,盗窃罪应处以 2 倍于赃物价格的赔偿。其后,现行盗窃罪被改为处以 4 倍于赃物价格的赔偿。

在印度的古法中,据考底利耶的《实利论》(中野教授译):"如盗窃花、果,就要处以 12 乃至 24 帕那的罚金;如盗窃铁材、木等,处以 24 乃至 48 帕那;如盗窃铜、象牙等,处以 48 乃至 96 帕那;如盗窃大兽、人、田地、住房等,处以 200 乃至 500 帕那。"在东亚的古法中,要求偿还 3 倍乃至数倍于所盗之物的事例也很多,其中赔偿率高达 12 倍、10 余倍以及 10 倍的场合亦屡屡见之于记载(《后汉书·夫余传》,又见于《周书》、《北史》等书的《高丽传》、《突厥传》),如没有能力赔偿,便不得不提供子女作为奴隶(《周书》及《北史》等书的《高丽传》)。如说到日本,据《贞永式目》及其"追加",如犯盗窃罪,有所谓"一倍之辨"的倍额偿付之制(金泽教授)。接着谈蒙古。据 13 世纪中叶的记录,对现行盗窃犯宁可杀死也不宽赦,如 13 世纪时蒙古成吉思汗的法律即规定,盗马者要给被害者加倍偿还同种类的马,盗 1 匹,偿还时要增加到 9 匹(这也是 9 的倍数);如没有能力偿还,盗犯便被命令以孩子代替罚畜作赔偿;如果也没有孩子,盗犯就要像羊那样被屠杀。据上述可知,古远时代的蒙古法中关于盗窃犯的处罚,也与罗马的《十二表法》的规定相同,仍残存着复仇的痕迹。此外,后世的蒙古法中也有这种规定,即主人须将盗窃牛马的奴隶交付给被害者,希望免去交付义务的主人,则要支付赔偿(加害者任选权)。一般来说,蒙古法也可以看到从复仇向赔偿制,而且是从赔偿罚金制向实刑制的过渡,但另一方面,这种过渡却并没有简单地走向完成。直到后世,赔偿乃至罚金制仍居有相当大的优势,并且在某些地方还残留着复仇的影子。中国法中,例如唐律(《唐律疏议》卷四、卷十九)中也有所谓"倍赃",便是要向盗犯征收数倍于所盗之物的规定(但实刑则是另加科处);元代法中,如盗窃家畜,除了如前所述要处以九倍于赃物的赔偿之外,还有与唐律相同的倍赃的规定(《元典章》)。而奴隶盗窃了他人的家畜,如没有能力偿还,则有奴隶自身被交付给被害者的规定(加害者任选权的情况之一)。

实刑主义的成立 再者,在一个公的秩序被当成共同生活的必要条件的社会中,诸如杀人和伤害、奸淫,以及盗窃之类,虽然也可以说是对于私人的违法行为,但因为它同时也扰乱、威胁到社会秩序,因而公的权威者为了维持自身秩序,就有必要对直接行为者处以刑罚,这样的倾向是很自然的。这样的话,曾经为了私人的自力救济而让渡给私人的制裁权,就出现了被日益集中到团体的过程。其重点放在被害者个人的主观意愿上的赔偿制也就不能不逐渐地得到修正,从而带有很强的国家镇压性倾向,这样,实刑就势必愈来愈居于优势的地位。当然,像上述那种直接对私人的加害,也不是没有,对于违反当时社会基本秩序的行为,例如反逆,自古以来就是要处以实刑并且是酷刑的,那以后,应该处以实刑的犯罪范围在逐渐地扩大。例如,《后汉书》中所见的乌桓,虽然当时连杀人都准许私人复仇,但是如不服从公的权威的命令,就要处以死刑,如果谋叛,也为部落所不容,要处以放逐刑,而且这两种犯罪都同样不能偿赎。对于这一点,《周书》和《北史》中所见的高丽,谋反、谋叛就不用说,连杀人、强盗也要处以死刑,只有盗窃才容许赔偿。这一类的例子也不少。就是在东亚古文献所载录的古法中,也可见到赔偿和罚金同被作为实刑的,其中也有仅仅只记述实刑的例子,甚而还出现了仅提供财货则不足以赎偿其罪(不可赎罪)的事例。例如在安南黎律中,被处以实刑之外,再按规定科征赔偿乃至罚金,在受中国法影响的同时,还有着浓厚的本土固有法的色彩。如果要在东亚中寻求与这种安南法相类似的例子,那就是蒙古法。安南黎律中所规定的偿命钱,具有最高身份的官人是 15000 贯,如作为庶人,则仅仅被评价 150 贯,是官人的百分之一。奸淫的场合,规定也要支付谢罪钱,其额度也根据被害者的贵贱而定出差别。另外关于伤害方面,则规定按伤害的程度论处:如折 1 齿、1 指,处以 10 贯罚金;如伤害 1 手、1 足、1 目,处以 50 贯;如伤害舌、男女性器官,则处以 100 贯。但是身份高贵者,就要另作论处了。另外,从安南看到,那些被称为蛮獠的人们如相互之间杀人,在案件被提交到法庭之前双方进行和解时,就是通过赔偿家畜之类将案件处理妥帖,而不是处以实刑。但黎朝以后的法律,如果只就法典方面所表现出来的特征而言,这种本土固有法的色彩在消失,总体上趋于中国化。

北方游牧民族法和中原法之间围绕着赔偿制的抗争　就中国刑法典而言,自古以来实刑都处于优势,特别是像日耳曼法中所见到的那种赔偿制,就很少见到。在中国,很早以来就确立了政治权威,对于违法行为,主要是以国家的刑罚判处之,并沿着这样的方向发展且臻于完善,将重点放在个人立场上的赔偿制,在中国刑法典等法规中也鲜有出现。不过在《书经·尧典》中,某些场合也有赎刑的记载,无论是六朝时期,还是唐代,还是唐代以后,都有因特定身份和其他条件而准许交纳赎金(赎铜)的。如唐律中关于过失杀伤,是容许交纳赎金的。但是原则上,无论什么地方都是主张实刑主义的。因而像女真族和蒙古族那样的北方游牧民族,在侵入并征服中原后所建立的金、元两朝时代(12～14 世纪),两种原有的法之间的冲突就难以避免了。但是征服者的法不一定就比被征服者的法更优越,在伏尔泰的中国赞美论中,曾说"我们仍然还在遵从征服我们的勃艮第、法兰克和哥特等部族的习俗,只有中国是使征服者采用他们的法的唯一的国家",这大体是正确的。但是作为征服者的北方游牧民族,并没有完全放弃他们从故乡带来的固有法,不曾在中原法面前屈服。例如蒙古民族,不仅遵守着他们原有的婚姻法,而且坚守着他们原有的赔偿制,与中原法进行了执着的抵抗和斗争。那以后,终于使得一直坚守着实刑主义的中国法也不得不在某种程度上受到蒙古法的赎罪制度的影响。

中国的赔偿惯例　但是如果认为中国法在采用这样一种赔偿制之前,在中国刑法本身的发展过程中,与复仇相关联的赔偿制从来未曾出现过,则不免有令人生疑之处。而刑法典一类的法规姑当别论,就是在中国的实际社会中,也有赔偿的惯例(这一点参照第六章),还有应赔偿损害的若干倍之类的惯例,这是不应该忽视的。如果说到有关盗犯的场合,在被称为周代铜器的曶鼎铭文中,记录了这样一件事:一个掠夺了十秭谷物的人,在向受害者偿还了同样分量也就是十秭谷物之外,还被要求向受害者赠送十秭。这是中国的倍额赔偿的古老例子。中国还有若将赃物归还给主人,责任即被解除的习俗,在元代这种习俗甚至还出现于法规之中(《元史·刑法志》)。但是为了普遍性地禁止犯罪行为,为了将来不再次发生,作为预防,就不仅仅是回复原状,还要对这种行为加以处罚,这在地方惯例中也可以找得到例子。明律已规定对在农田里盗窃作物要加以制裁,然而明代村落的自治规范中有关这方面的规定,其目的就不仅仅在于弥补损失,除了要求盗犯将赃物归还原主、如果无法归还就要比照物价作出相应赔偿之外,还要按照村规处以重罚。如家畜家禽糟蹋了他人的农作物,所谓"以一偿十"、"以一科十"也就是罚以十倍的赔偿,也见于明清时代的乡约中。其来历恐怕也不是明清以来才有的事吧(还有,台湾私法中有"十赔九不足"之说,也就是十(倍)之中赔偿九(倍)之类吧,还有山东上汶县对侵耕者"加倍取偿"的惯例之类,请参照)。关于中国法中的赔偿制问题,以前过分关注的资料,仅仅以这些历代的法典为中心,对于这个问题,恐怕还有再考察的余地吧。[补]参照补章第一。

文献

中田[薰]博士　《马端临的四夷考所见之比较法制史料》(《法制史论集》第 1 卷,大正十五年[1926]三月)中刑法部分的(一)"应该称之为刑法起源的复仇以及此后变化了的赎罪"、(二)"盗犯"、(三)"奸淫"等项目,成为本节撰写的出发点。本节中将问题的范围推广到了蒙古及安南的各种法典等。

仁井田陞 《比较法史学视野下的东方法的两个断面》(《法律时代》4 之 8,昭和二十五年[1950]九月)。本章第一节所引《金代刑法考》《元代刑法考》。[补] 参照"增订版序"一。

V. A. Riasanovsky, *Fundamental Principles of Mongol Law*, 1937 (青木富太郎氏译作《蒙古法的基本原理》)。本节关于蒙古法的论述,参考此书之处不少。

金泽[理康]教授 《我国中世的损害赔偿制度》(《早稻田法学》第 20 卷)中,作为日本中世的赔偿制度,对"一倍之辨"等作了论述。

　　不一定属于中国乃至东亚关系方面的内容,则请参照:原田教授《楔形文字法研究》,木村教授《日本刑法和比较刑法》(《法学》第 13 卷第 10 号),平野义太郎氏《民法中的罗马思想和日耳曼思想》,末川博士《权利侵害论》,石本教授《不法行为论》,以及穗积博士《复仇和法律》。

第四节　东亚的古刑法和同害刑(同态复仇 talio)

　　西部亚洲法中的同态复仇(talio)　　talio 即同害刑,虽然露骨地显示出复仇意识,却又将复仇限止在与被害相同的程度上,在这种意义上是一种大体公平的而且是规定了限度的制裁手段。《汉穆拉比法典》、西部亚洲其他各种民族的古法以及罗马的《十二表法》中所见的同害刑,都是著名的,但这里作为同害刑的典型例子,只拟举出摩西律法所谓的"应该以命偿命,以眼还眼,以牙还牙,以手还手,以脚还脚,以烙还烙,以伤还伤,以打还打"(《出埃及记》,又请参照《申命记》)。在那个《亚述法书》中,规定殴打怀孕妓女并使之流产者,就应对他还以殴打(第 51 条),这也是同害刑的一个例子。

　　中国法中的同态复仇(talio)　　这样一种同害刑,在中国的古文献中似乎表现得不太明确。如果就同态复仇从私的复仇到公的刑罚制度的转换过程而言,实刑主义已发展到很高程度的中国法中,也几乎看不到同态复仇,不过这也不至于那么不可思议吧。《荀子》所谓"杀人者死,伤人者刑,是百王之所同"(卷 12《正论》)中的"杀人者死"(又见于《史记》中所谓"约法三章"以及《盐铁论》等,此外,后世的法律谚语中有"杀人偿命、欠债还钱")这一点,与所谓"以命偿命"的摩西律法等倒有几分吻合,但其他方面,也就是像"伤人者刑",即使这个"刑"作为肉刑之意来理解,也不一定是一致的。明清律等规定,肢解、零碎分割人的身体,则处以"凌迟"之刑,不能不说这也多多少少带有一点同害刑倾向。但这也就不过是多少一点吧。中国以往的刑法,在判处刑罚时,更为显著的倾向与其说是针对侵害者的人格(性格),不如说针对侵害的事实,也就是将重点放在侵害的后果之大小上,对之应该判处的刑罚也相应有轻重之差,这是一点(客观主义,参照本章第二节)。还有一点,就是要使刑罚与实际受害的程度相对应。这两点较之于同害刑也不是没有某种共同点。但作为刑罚判处给加害者的,却不一定是像同害刑那样,即加害者所受损害和被害者所受损害在形态上是完全等同的。中国自古以来的所谓反坐之法,即所诬告的罪行如果属实应当判处何种刑罚,也就是被诬告者可能将被判处何种刑罚,就将这种刑罚加在诬告人身上。这是符合同害刑主义的一个用例。但反坐并不是同害刑主义本身(中田博士),因而将同态复仇译作反坐刑是不合适的。那么,既然是同害刑,将等同于被害者所遭受的损害作为刑罚加给加害者,那就不一定是经常性地直接施加在加害者的身体上。《亚述法书》中有这样的规定,被强奸而且受孕的女儿的父亲,被认可有使强奸者的妻子受孕的权利(第54条)。《汉穆拉比法典》中也有这类规定,比如,拘留人质者如将其人质杀害,就可以杀害拘留人质者的儿子(第116条);如殴打怀孕的妇女并致死,就可以杀害加害者的女儿(第210条)。上述事例可见,由于不能对于加害者的身体、生命加以直接损害,从而被加以直接损害的,乃是加害者的妻子和子女。当我们看到这样的同害刑的形式时,不能不想起《孟子》中的文句(《尽心》),这是以父子兄弟间的复仇作为问题:杀害别人父亲的人,他自己的父亲也被别人所杀害,杀害别人的哥哥的人,他自己的哥哥也被别人所杀害。加害者虽然没有直接被杀害,但加害者的父亲和哥哥却被杀害了,也就是加害者所受到的来自被害者的加害,与他的加害是同样形态的。日耳曼时代的复仇的一种形式也与之相类似。这里所显示的不外是形态上具有同一性的报复而已。不过现在已没有直接的证据,能够证明《孟子》的时代,在公的刑法方面已经实行了像亚述古法所记载的那样一种同害刑。

中国周边诸民族法中的同态复仇（talio）　人们知道东亚有这样一种同害刑，是在后世，并且是在环绕中国周边的各种少数民族的有关法中。例如，像13世纪的文献《朱子语类》所记载的那样，有作为"夷虏之法"的"伤人者偿创、折人手者亦折其手、伤人目者亦伤其目"的同害刑。这里所说的夷虏，是否即指巴比伦尼亚、亚述那样的西部亚洲部族，尚不清楚。不过据马可·波罗的游记所载，关于元代鞑靼人的法，有这样的说法，"He who wounds must receive a like wound from the wounded.（伤害者必须受到来自于被伤害者的相同伤害）"（Moule and Pelliot，*Marco Polo*，《马可波罗》），这与夷虏之法是吻合的。又如清朝袁枚的随笔《无门国》中的刑法，虽然其事真伪不明，然而简直就是亚述古法（第54条）中的同害刑真身——不，它还可以被理解为比同害刑更加均衡的、公平的同态复仇。

文献

中田［薰］博士　《西部亚洲的古法律断简三种》、《亚述法书及赫梯法典》（《法制史论集》第3卷，昭和十八年［1943］六月）。

仁井田陞　《支那的刑法体系的变迁》（《国家学会杂志》①第57卷第5号，昭和十四年［1939］五月）。《元代刑法考》（《蒙古学报》第2号，昭和十六年［1941］四月）。［补］参照"增订版序"一。

　　"无门国的同态复仇"　袁枚的《新齐谱》（"无门国"条）中，有乾隆年间吕恒飘流到无门国的记事，称该国"如奸人女儿者，便使此女的父亲奸污加害者的女儿，如加害者没有女儿，便削木作男子的势的形状，以椓入加害者的臀窍（不用说，断人足者亦断其足，伤人面者亦伤其面）"。这真正是比亚述法更加严密地确保衡平性的同态复仇。

［补］　原田庆吉教授《楔形文字法研究》（昭和二十四年［1949］六月）。

---

①　按：《国家学会杂志》应作《法学协会杂志》。

第五章 审 判

第一节 审 判 程 序

审判的两个系统 在中国,自古以来审判就被称之为狱讼。狱讼虽然不一定能够被明确地区别为民事审判和刑事审判两个系统,但如果要强加分别的话,则狱也就是断狱,相当于刑事审判;讼也就是听讼、诉讼,相当于民事审判(《周礼》郑注云"狱谓相告以罪名者",与之相对,"讼谓以财货相告者")。但是所谓诉讼,本来就是向上级提出申请请求给予判决的,所以也就不一定只限于民事审判。

审判机构 在中国,作为专门执掌审判事务的中央审判机构,古代设置有廷尉(秦、汉)、刑部、大理寺、御史台(以上隋、唐同时设置),其后设有审刑院(宋代的最高司法机关)、刑部、大理寺、都察院(明代同时设置)等。但有关地方上的审判事务,则没有独立的职官部门,由地方行政官执掌其事,乃为通例。而且不仅仅是地方,中央的审判事务也往往由行政官兼任其职。

关于审判机构,有针对一般人的普通审判机构和针对官吏及其他特定身份者的特别审判机构这样一种区别。而且普通审判机构中,又有中央审判机构和地方审判机构之别,于是这就形成了各种各样的上下等级。

关于唐代(7 至 9 世纪)的刑事审判之例,如果举其大要,则初审审判机构,有县及在京诸司,负责审理其辖区内发生的案件,拥有相当于杖刑以下犯罪的判决和执行权限,相当于徒刑以上的犯罪场合,则不能自行判决,按规定要附上意见也就是断罪案卷,移送给各自的上级审判机构州或大理寺。州和大理寺拥有自行判决和执行徒刑级别犯罪的权限。至于流刑以上,则附上断罪案卷移送尚书省刑部。在这里,如果确认所送案件在审讯上理由充足,即上奏。不过从开元末年开始,死刑方面不再委托尚书省刑部审理,而由中书门下及法官的联席会议复审,这被当作必要的程序(《唐六典》)。

　　如有民事方面(所谓田宅、婚姻、负债)的上诉和冤情的申诉,如果是官吏,首先应该对上诉当事人所属机构提出;如果是庶民,则首先应该对当事人本籍地的官府——县提出。如果对其判决不服,则从下级审判机构逐级地上诉到上级审判机构(诉皆从下始),最后直到敲击皇城门外的登闻鼓向皇帝申冤,在法律上也不是没有开辟这样一条途径的(例如唐令)。但是如果越过相应审理级别的审判机构直接向上一级的审判机构提出申诉的话,则要作为"越诉"被处罚。

　　中国历代的审判机构在制度上不一定相同,有时候甚至变化较大。例如明代初(14 世纪末到 15 世纪初),在村落内部的所谓"申明亭"实行审判,被称为"里老人"的村里的长老,被赋予了民事、刑事上的审判权以至行使笞杖的制裁权,其初级审理职能得到了认可。这主要包括下述方面,即村落内部的婚姻、家产纷争,此外还有交易争讼、损害农作物、伤害家畜、水利纷争、盗窃等,乃至于不孝(违反教令)。因而对于已判定的案件,如果不先向里老人申诉就直接向州县投诉,便要作为"越诉"而被处罚。又据《清国行政法》,清代的审判机构,由第一审(州县衙门)、第二审(府衙门)、第三审(一省的布政使司及按察使司)、第四审(总督巡抚的督抚衙门)、第五审(作为中央审判机构的户部和刑部)和第六审(审理有关死刑犯罪级别的三法司或九卿会议)等六个审理级别构成。各时代的制度之间尽管有这样一些显著的变化,但从总体上看,可以说审判机构的性质在原则上并没有太大的变化。

　　回避制度　为了谋求审判的公正并避嫌疑,如果审判官是案件的当事者或者与当事者有亲族关系,就要采取相应措施使这个审判官从该案件的负责岗位上避离开来,这种情况并不限于唐代法。以宋代法为例来看,这个审判官在职务上对这一案件的执行权力,在法律上并不是自然而然地就丧失了的（除斥），似乎是基于审判官自己的申述而形成回避的。而应该成为回避原因的亲族范围，按照唐代法是五服亲族及某种范围内的姻族，但宋代以后的法律所规定的范围，就比这更广泛了。

不告不理的原则　审判程序的启动，作为原则，关于一般的犯罪要根据被害者或者一般人的告状，也就是告诉、告发；关于管内官吏的犯罪，同样也要根据监察官的检举、弹劾。而且根据唐律等规定，如发生了强盗、杀人，那里的家人和五保等有告状的义务。上面谈到的监察官的检举、弹劾，同样是被作为义务的。但是诬告要反坐，告诉祖父母、父母之类（明清律中所谓的"干名犯义"）在原则上是不允许的，关于某些范围的亲族犯罪，也被免除了上诉的义务。另外，关于官员的不法行为，御史台（后汉及隋、唐等）和都察院（明、清）应予以纠察。根据"不告不理"（若不上诉便不审判）的原则，审判的启动只应该限于告状、弹劾的情况之下。

审讯手续　但是审判程序的完成是不能仅仅只靠当事者一方面的，也就是原告和被告（《周礼》谓之"两造"）要当面对质，但也不是仅仅这样就完结了，作为职权，审判官还要进行审讯。审判官要认真负责地观察被告人的动作、态度，注意其说话的神色、面部表情、呼吸状态、听话的方式、眼光及视线等（这就是《周礼》以来成为传统的"五听"）。除此之外，还应该询问证人，对证据物品进行调查。但仅仅只有这些客观的物证，还不能认为就有了充分的证据。作为证据，最受尊重的是被告人自己的口供。在中国，"自供是证据之王"，作为判罪，是需要有自供的。因此，犯罪嫌疑极大却不肯招供之时，除了老人和孩子等，对其进行拷问（拷、拷讯、拷责）也无妨。作为拷打的器具，普通的有笞打臀、腿和脚板之类的讯杖（唐宋等时代的制度）、夹压手指的拶子（本来是用于拷问女性的）和夹压腿的夹棍（明清时代都有的制度）。就中国的拷问制度而言，有关拷问的施行规定了种种的条件，但对于这些条件通常是视而不见。所谓"不拷打就不会招供"（不打不招）的情形，也屡屡见于明清时代的戏曲小说（如《窦娥冤》杂剧、《警世通言》之类）中，较之其中所描写的"皮开肉绽"状态，在现实的拷问中有过之而无不及的场合并不在少数（《唐书·酷吏传》、《元典章》及《问讯条例》等）。这样一种基于官吏职权的审讯取证,而且号称拷问的审理方式,与欧洲中世纪末期及近世初期的审讯手续是相类似的。然而,尽管在审讯手续方面中国很早就达到了这样的阶段,但是却没有向更高的阶段发展(还有,判决文书中须明确提示本案所适用的法规这一点,请参照第四章第一节。)。

诉讼受理期限　对于民事方面的上诉的审判,据唐令的规定,原则上是在从十月一日到三月三日的农闲期内,据南宋(12 世纪)的绍兴令等,审判事务原则上也是从十月一日开始,到二月一日止,这天以后就超出了审判事务的期限之外(所谓“入务”和“限务”)。那就是说在这一期间之外的半年以上的时段内,是不能上诉的(《宋刑统》所谓的“婚田入务”,并参照《宋会要》的“诉讼”)。清代法律也规定从四月一日开始直到七月三十日的农忙期,原则上不受理民事方面的诉讼(清朝的会典,以及条例),官吏还在官厅的前面写上“农忙止讼”四个大字以告示农民(《福惠全书》)。

屈死不告状　然而自古以来北京和河南等地就有这样的谚语,比如“衙门朝南开,有理无钱莫进来”,“有理无理拿钱来”等等,它表明了诉讼最终的胜负是取决于钱的。于是就有了这种“屈死不告状,饿死不做贼”的谚语,使饿死和屈死相对照,而且较之上诉,竟至于选择屈死。民众被迫陷入了这样一种带讽刺意味的虚无主义之中,从而就造就出了认为审判中是不可能看到任何公平和正义的民众。唯其如此,尽管像清代的审判制度那样,从初审开始直到五审六审,令人感到不厌其烦的郑重程度堪称应有尽有无以复加,但对于民众来说,不过是增加了陷阱的数量,加大了被敲诈勒索的机会而已,恐怕未必是值得感谢的事。如果说登闻鼓是在起着保护民众身家性命的作用的话,那么,自然也就不会有民众讥笑登闻鼓上面长着青苔了吧。

文献

浅井虎夫氏　《支那法制史》(明治三十七年[1904]三月)。

杨鸿烈氏　《中国法律发达史》(中华民国十九年[1930]十月),其中有丰富的审判机构的制度方面的资料。

小野[清一朗]博士、团藤[重光]教授　《中华民国刑事诉讼法(上)》(昭和十三年

［1938］十月）中,记述了以唐代法律为中心的审判程序的沿革。

小早川［欣吾］教授　《五代及宋代的司法制度》(《法学论丛》第 42 卷第 4、6 号,第 43 卷第 4 号及第 44 卷第 3 号)。

仁井田陞　《支那近世戏曲小说中的插图和刑法史料》(《东亚论丛》第 5 辑,昭和十六年［1941］十月)。关于回避制度,见仁井田《支那身分法史》(昭和十七年［1942］一月)。［补］参照"增订版序"一。

《清国行政法》第 5 卷(明治四十四年［1911］六月)及《台湾私法》第 3 卷下(明治四十四年［1911］一月)详细载述了历代的审判制度,其中又以清代的特别详细。又,关于清末以后,有马场锹太郎氏《支那司法制度研究》(《支那研究》11,大正十五年［1926］九月)。

《洗冤集录》　附记一笔,作为检证方法乃至法医学著作的《洗冤集录》,在南宋淳祐年间即已成书。在当时,应是此书前身的这类著作也已出现了。在后世,沿袭此书的著作很多,如元代有《无冤录》之类。

［补］　小早川［欣吾］教授　《唐朝司法制度》(《法学论丛》第 42 卷第 1、2 号,昭和十五年［1940］)。

第二节　神判和神判的宣誓

印度等地的神判　仰赖于神的显灵来判定有无犯罪、事实真伪的神判,也就是被称为 Gottesurteil 或 ordeal 之类的判罪手段,是不论东方西方(多是在未开化社会里)都实行过的。这在日耳曼的《萨利克法典》和《里普利安法典》中也能见到。印度则以神判方式最为流行而著称,在《那罗陀法典》中,甚至制定了由 120 个条目所组成的神判规定。根据这部《那罗陀法典》和《摩奴法典》、《耶遮尼雅瓦勒基雅法典》等法典以及其他文献所载,印度所实行的神判有如下诸种:一、铁火判乃至火神判(让被审判者以手握烧红了的铁丸;或者让他用舌头舔烧得极热的犁头形 ploughshare 铁梃,通过查验其是否受伤来断定其犯罪与否的神判);二、水神判(将被审判者沉入水底,根据其是否能忍耐一定的时间来断定曲直);三、秤神判(将被审判者的体重称量两次,根据其前后体重多少来判定有罪与否);四、毒神判(让被审判者食用有毒物,根据其是否中毒来作判罪）；五、神水神判（让被审判者饮用浸泡着恶魔画像的冷水，根据其在特定时期内是否患病或发生其他灾害来判别罪行真伪）；六、嚼米神判（让被审判者嚼米，查验其口中出血之类，据以判定有罪与否）；七、沸油神判（让被审判者从烧沸的油中探取货币，看其手是否烫烂来分辨曲直）；八、抽签神判（通过抽签，看被审判者是否抽到恶神像来判断其犯罪与否）；九、毒蛇神判（让被审判者从放有毒蛇的瓮中取出货币，看是否被咬伤来断定其有罪与否）。这些神判，多运用自然物体，也就是通过实行 physical test（物体试验），祈求神祇显灵，而仰赖之。不过上面谈到的印度的神判，即使是同一种神判，在适用物体的方法上文献记载也很少一致的，这种不一致显然表明了这些方法存在着多样性（中田博士）。

中国文献中看得到日本、印度及其他东方各地区的神判事例。日本方面，《北史·倭国传》载有所谓"置小石于沸汤中，令所竞者探之"的盟神探汤，有"置蛇瓮中令取之"的毒蛇神判（见《日本书纪》应神纪九年条、允恭纪四年条、继体纪二十四年条）。印度方面，《大唐西域记》等书中载有水、火、秤、毒四种神判。波斯方面，《新唐书》等文献中有铁火神判的记录。另外，关于占城的鳄鱼神判，真腊（扶南）的沸油神判、探汤神判、水神判、鳄鱼神判、嚼米神判等，在《诸蕃志》、《真腊风土记》、《南齐书》、《梁书》等文献中亦有记载（中田博士及白鸟教授）。

中国的神判　在中国的先秦时代，也不是没有神判的资料。其中之一就是用廌（獬豸）作神判。在周代的古铜器之类的铭文里所见的古体文字中，"法"写成以廌作为其构成要素的"灋"，直到后世廌都是作为法官的象征，它的形状一直出现在法官的法冠和法服中。廌并不是现实中存在的动物，据《说文》，它是类似于山羊的独角兽。据记载，古时候在审判时它会用角去抵触有罪的一方。这一类神判资料，如《墨子》（《明鬼篇》）所记载的羊神判即是学者们都知道的故事。但是在中国，尽管也能够找得到像印度那种神判方式的审判程序实例，但人们一直都认为，这种例子在过去的文献中存在的不太多，不，实际上是过去的学者们在这方面探寻得太少，我想这才是适当的说法吧。总的来说，秦汉之际的审判程序，就能够看到审讯手续和以人证为主的制度(法定证据主义)业已结合在一起,这种合理主义的主流审判方式和神判方法是不相容的。而且还不能不看到,对于这种合理主义来说,儒教的"不语怪力乱神"也构成其思想支柱之一。再者,虽说这种合理主义也产生出了不合理的拷问,但不管如何,如上所述的这种合理主义的结果,还是使得实行神判方式的机会减少,最终就使得文献上的神判记录也相应地减少,我想是这样的吧。但这种看法只是大体的,在《周礼·秋官》司盟条中,以同神判有密切联系的宣誓为首,载有多条神判宣誓项目,可知即使有着合理主义倾向的儒教对盟誓本身也并不否定的。尤其不能忽视的,是民众的宗教意识即民间信仰,其中也与社会上有着极大势力的道教信仰的重要地位有关。民众对于道教诸神的畏怖和信赖,又是特别显著的。于是在这里,审判官就利用民众的宗教意识,作为判定犯罪与否的手段(《元史·良吏传》中,能见到有 oracle[神谕]而不是 ordeal[神判]的记事)和搜索犯人的方法,这就构成了在民众间的审判中,有时还是在国家的审判机构中,采用作为立证手段的神判方法的基础,这样的情况我想是不难推定的。要而言之,即使时代推移到了后世,也一定并存着两种形态的或者说二元形态的审判程序,现实社会中所实行的审判手续,并不是只有国家成文法中所规定的那样一种单一的审判程序。

在清初人屈大均的《广东新语》和李调元的《南越笔记》中,有关于广东地区的三界庙实行蛇神判的记事,仅仅从清代袁枚的《新齐谐》(即《子不语》)及其续篇中,就可以知道作为清代神判著例的城隍庙所实行的沸油神判、关帝庙的杯卜神判以及温元帅庙的神判宣誓等情况。而且在现代著名作家沈从文的自传中,也见到了这种杯卜神判存在于湖南地区的例子。其中的蛇神判,是让相争者用手去探摸装在袋子里的蛇,以验证是否被蛇咬伤;或者将蛇放在相争者中间,看蛇向着哪一方作出咬人的姿势;以分辨二者间的曲直真伪。沸油神判是让被审判者去摸沸油中的钱,看是否有伤害。杯卜神判(杯珓神判)则是让被审判者在神前面投掷杯珓(蛤的壳或者做成那种形状的占卜器具),依据杯珓的俯仰来判别真伪曲直,俯则被认为是伪、曲,仰则真、直。所有这些能够查验伪誓征候的physical test(身体测试)都是在立誓行为之后进行的。

神判性宣誓　对于这种神判,在中国,还有应该称之为神判形态之一的宣誓一直在广为实行。神判性宣誓,仅仅只是立誓而不在立誓之后进行 physical test(身体测试),但对于伪誓者,自己立誓中所祈求的神罚是要降临的,在这种意义上,是能够看得到伪誓的征候的。宣誓的本质,是自我诅咒(广义上也指诅咒他人),强调应该在自己或自己所指名的人和物上降临灾祸,是附带着这些条件的自我诅咒(中田博士)。据《周礼·秋官》"司盟"条,如有狱讼时,要让上诉者首先进行盟诅(自我诅咒),其上诉内容不真实者就不敢进行盟诅,据说因为此举,就使得那些妄诉者不来上诉了。《周礼》的撰成,至迟在公元 1 世纪前后,据之可知神判性宣誓的渊源还是很古老的。在明代的《泰泉乡礼》、《庚巳编》以及清代的《北东园笔录》等书中,都能见到在城隍神祠中进行的神判性宣誓,据之也可知神判性宣誓一直在广为实施。

文献

J. Jolly, *Hindu Law and Custom*(《印度的法与习惯》), 1928。

中田[薰]博士　《古代亚洲诸国所实行的神判》(《法制史论集》第 3 卷),同氏的"补考"中(出处同上),记述了以日本为首的印度、占城、真腊、琉球等地的神判。中田博士又有《起请文杂考》(出处同上)。

后藤朝太郎氏　《支那古代的法制经济文字的解剖》(《国家学会杂志》第 27 卷第 12 号,大正二年[1913]十二月),请见此文中关于獬豸和《墨子》羊神判的记述。

白鸟清教授　《关于古代日本的神判》(《东洋学报》第 14 卷第 2 号、第 15 卷第 1 号,大正十三年[1924]九月、十四年[1925]五月)。

平野义太郎氏　《法的发达》(《现代心理学》第 6 卷,昭和十八年[1943]十一月)。

仁井田陞　《道教信仰和神判》(《东方》第 2 号,昭和二十四年[1949]十一月。本文最初发表于"九州大学法学部周日讲座",昭和十九年[1944]九月)。本节即据此文。[补]参照"增订版序"一。

关于台湾的刣鸡诅咒(在神前斩白鸡宣誓)等,参照增田福太郎氏《东亚法秩序序说》(昭和十七年[1942]四月)。该书中所记述的神判,仅仅只是适应于这一类神判性宣誓者。

[补]　广池[千九郎]博士《东方法制史序论》(明治三十八年[1905]十二月)。

第六章　调　停　和　解

审判回避和调停和解　在中国,至少公元前3、4世纪,似乎就已经有了公刑罚法典。不用说,当时公权威无论如何是成立了,以至于对违法行为只能通过国家之手进行制裁,而不容许个人间随意和解、不承认私刑主义,成了公认的原则。话虽这么说,实际上在其后很长的时间内,由于政治权威的渗透力有一定的限度,所以在中国社会里还看得到某种程度上类似于权威成立之前的情形。例如,在身体、生命受到伤害时,复仇往往是难以避免的,而且连儒家教义也是支持复仇的(见《公羊传》及《礼记》;又,《魏律序略》也是认可子弟复仇的,唐律中也有因复仇而移乡的制度。)即使最终未能复仇,为了消解怨仇,也要选择和解赔偿的途径。何况对于人民来说,国家的审判机构没有信用,不一定能给被害者带来满足,于是在这些因素的驱逼下,就出现了走向调停和解之路的契机。又如父母被杀,自愿和解并接受赔偿,尽管历代法律都是禁止的,但这样的事件仍然屡屡出现(请参照《宋刑统》的"起请条",以及判决集之类)。这一类禁止规定大概早在唐律以前就有了吧,就算是没有,唐以前也不一定就看不到这种和解行为。于是在中国,即使从这一点看,也并不是没有从复仇到赔偿的发展轨迹,尽管公刑罚法典在中国很早以来就已成立,却也没有完全达到克服私刑主义的地步。[补]在元代,大体上是公认复仇的,明清律中,若是祖父母、父母被杀害,复仇是无罪的。

不用说,在金钱借贷、土地分界、水利等广泛的范围内,无论是否存在着法律关系,如果出现纷争时,即使有着确定的法律关系,也出于如上所述的同样理由,一般总是会选择调停和解的途径来止息这些纷争。

调停人　调停就是所谓居间,此外,自古以来又被称之为排难解纷、排解(这些词汇均出自于《史记·鲁仲连传》),另外还被称之为调解、劝解,以及劝解调和之类。这些词汇中,特别是"排解"之类的用语,虽然大体上有作为促进和解的手段之意,但它与仲裁,也就是将纷争的解决诉诸第三者来判断的方法,似乎并没有严格的区别。另外,和解的用语也是自古以来就使用的(《周礼·调人》注、《后汉书·吴祐传》《魏书·艺术传》等)。但是这里所谓和解,是指普遍意义上的和好,其中通常的情形,是有作为调停人的第三者的参与,但也不仅仅如此,还包含有纷争的双方互相让步,不用说,还有单方面放弃自己主张之类的情形。不过问题是要保全双方的面子。

也有通过公的机构进行调停的。《周礼》的"调人"姑当别论,如像元代那样,当实现村落的安定在当时成为迫切目标之时,于是就形成了这样的制度,就是将村落内部有关婚姻、家产及交易之类民事案件的调停任务,委托给当地的名门望族、头面人物以及地主等出任的村长来负责(有关刑事案件则不在其内)。但就一般情况而言,调停人不仅不需要公的身份,也不需要作为社会权威。只是在文献记录里屡屡出现的调停人,都是所谓的名门望族、头面人物,在这种意义上也是作为社会的权威。如果是大的案件,倘若没有这样的权威出面也就难以解决,这也是事实。西汉的郭解(公元前2世纪人),是以任侠闻名于世的大侠客。洛阳人之间因发生纷争,相互间结了仇,尽管有上十位当地的名流和头面人物出面调停,却未能成功,后经郭解出面(或者还不如说因郭解的面子更妥),双方取得了妥协和解,于是这成了非常有名的逸话。在后世,调停人被称为"公亲"或者"公人"之类,虽说是"亲",却不一定有血缘关系,由那些为当地人们所信赖和支持的头面人物如大小乡绅来充当,也是不妨的。不仅个人间的纷争,部落与部落之间发生了抗争也就是械斗,也是由公亲、公人出面调停而达成和解的。在明代初年,被称为"里老人"的村落中的长老,甚至还被赋予了村落里的审判权。这种制度崩溃以后,则是由见于王阳明的《乡约》中的那样一类乡里头面人物,出面调停地租滞纳、借款不还乃至于吵皮打架出现伤害等纷争,他们尽心尽力,使问题最终得以解决。行会内部的纷争,也照例是由行会负责人之类的头面人物出面调停,达成和解。以往这种由头面人物主持的调停，与近来由开明绅士主持的调停，在性质上是很不相同的。

调停的基准　关于调停，不用说，是以那个社会中所公认的公正妥当作为基准的。即使在元代的调停制度中，也有"以理谕解"（《至元新格》）的那样一种"理"，村落里作为头面人物的村长正是依据这样一种理——在那个村落中被认为是公正妥当地解决问题的基准，站在纷争的双方中间斡旋调停，平息纷争，达致和解。那些在村落里作为头面人物的地主，是各个村落里法律道德秩序的维持者，同时也是那个村落里法律道德秩序的造就者。从元代以后，由村落里的头面人物所主持的调停，都是根据如上所述的"理"，来进行说服（晓谕）、和解（解释）的。但调停人必须念念于怀的，是要平衡纷争双方的面子（A. Smith, *Chinese Characterisiics*[《中国人的素质》]），在导致调停失败的原因中，因为对面子问题缺乏考虑至少要占多数。

调停的达成　调停成功（取得和解），或者作出了仲裁判断，这就在现实上最终解决了纷争，纷争的当事者照例要遵从调停或者仲裁的条款。于是，如果有加害者的话，就给被害者支付赔偿。据湖南有些地方的惯例，邻人间的纷争要通过乡邻和亲族实行所谓"排解"，理屈者甚至要牵着羊、拿出酒肉给理直者赔礼道歉。而据台湾私法，也可以举出数种惯例：如让加害者在街道上给被害者赠送槟榔的"罚分槟榔"，让加害者设宴招待被害者及公亲人等的"罚酒"，以及让加害者出资公演戏剧给众人观赏的"罚戏"等。经过这样的调停和解或者通过仲裁作出判断之后，又到公的审判机构去起诉，如果事前对村民的谴责缺乏充分估计，要做出这样的事也不是不可能的。但即使是审判了，却也能得到村人的支持，所谓"若在村里面能够胜诉，在官府里也能够胜诉（过得乡场，过得官场）"（《民商事习惯调查报告录》）的谚语，正显示了这种自己上诉方式的结局。

但也决不能忘记还有其他的所谓"耆老一唱而群和之"的谚语（承今堀博士示教）。这样一种判断，即由某一个人所主导的唱和对这种唱的附和，如果是起得好的作用则当别论，如果是起得不好的作用，像李家庄的铁锁所受的那种痛苦恐怕也就难以避免了。[补]参照补章第一。

文献

仁井田陞　《中国社会中的"封建"和封建主义(feudalism)》(《东洋文化》第 5 号,昭和
　　二十六年[1951]四月),关于械斗的调停和解,见仁井田《支那近世的同族部落和
　　械斗》(《小野武夫博士还历记念论文集·东方农业经济史研究》,昭和二十三年
　　[1948]五月)。

和田[清]教授编　《支那地方自治发达史》(昭和十四年[1939]十二月),其中亦有关
　　于村落内的调停制度的论述,请参考。

第七章　身份制度——特别是奴隶

身份性阶层　在旧中国社会中,有因血统或者职业等而被区别开来的社会集团(身份),这就是良和贱、士和庶以及士农工商(《春秋穀梁传》中所谓士民、商民、农民、工民)的四民等。而且人们因其所属的集团之不同,在公、私利益的享有上也有差别。享有大部分利益的是良民、良人(良口),所谓的自由人,士和庶均属之。这之中,士是所谓上层自由人,庶是下层自由人,从南北朝到唐初(5、6、7世纪),士只能在士之间,庶只能在庶之间通婚,这样一种即使同是自由人的士、庶之间也被禁止通婚的种姓式身份制度,在法律上也有引人注目的规定。而且庶民自古以来负担着庞大国家的赋役,如果考虑到这一点,则虽说是庶民,也还是极具奴隶性的。相对于良民、良人,在利益的享有上受到明显限制的是贱民、贱人(贱口)。虽然同是贱人,亦因其所属而有官贱和私贱之别。官贱之中,也在身份上有若干的等级,位于最下极的是官奴婢,其上级是番户,更上一级是杂户。私贱是在身份上对于私人负有服从义务者,私奴婢和南北朝末期以及唐代的部曲(女部曲谓之客女)等均属之。而且这种部曲和奴婢都没有迁徙居住地的自由,其居住地应该随主人而定,他们也都没有担任公职的资格。不享有这样一些自由,是作为这些贱人的显著的外在特征。宋元时代的佃户(农奴)也与之相类似。这些佃户是土地的附属物,他们和土地一起,并伴随着土地的处分,被地主频繁地出卖、赠与、交换及质押,没有移徙居所、改换职业的自由。身份性阶层中,由于士庶方面放在第二章第二节,佃户(农奴)方面放在第八章第一节里论述,所以下面的论述,则以上文谈到的作为私贱的部曲和奴婢方面为主。

部曲、奴婢的地位变迁和数量　所谓部曲,其意义原本是指军队(队伍),后来也指兵(公私之兵),再后来就指贱民了。作为贱民的部曲,是介于良民和奴隶之间的社会阶层。关于这样一种中间阶层之得以形成,我想有两方面的原因:一是魏晋南北朝私兵(良人)的身份降低有以致之,部曲成为了这种贱民,同时所谓部曲的名称也逐渐成为贱隶的指称即贱称化;再就是一部分奴隶的身份上升有以致之,他们加入到这种部曲中来了(沈家本、滨口重国氏)。从部曲最终形成为贱民身份阶层这样一个过程就可以明白,文献中虽然有部曲,但它们的用法并不是统一的,它们不一定都是意指作为贱民的部曲。六朝末期和唐代,作为贱民的部曲的数量,虽然被认为有相当大的增长,并见于诸如"率部曲万余家"(《陈书·荀朗传》)、"赐马三百匹、部曲八千户"(《隋书·窦荣定传》)之类的记载,但部曲究竟发展到了怎样的程度,却不一定是清楚的。唐律等文献中频繁出现的作为隶属于一般私人的贱民的"部曲",在明清律中却全然不见其身影,其中新出现的是"雇工"。部曲后退的趋势,尽管在宋金时代就已出现,在雇工乃至佃户(农奴)关系向前发展的社会环境中,也可以见到部曲身份阶层正在消失,但还不一定能说,明清律中的雇工就是部曲的后身。

　　清宣统元年(1909),奴隶制度在法律上被一概废止,但中国很长的一段时期内,奴隶在法律上是被肯定的,礼法习俗上也没有批判它的存在,存在着大量的奴隶。如秦汉时代(公元前 3 世纪至公元 3 世纪),奴隶数量就膨胀到极其庞大的程度。中国的奴隶产生的主要原因,应该从国内的战乱、饥馑、重税以及其他的灾害——所有这些天灾人祸汇合而成的巨大社会压力中去寻找,正是以这种巨大的社会压力为契机,并通过劫掠、买卖等形式,使良人(自由人)被奴隶化。除非经由解放手续,奴隶都是终身的奴隶,以至于奴隶的子孙一生下来,就与他们的父母一样,对他的主人具有身份上的隶属关系。不用说,尽管与上述的主要原因没有直接的关联,诸如因犯罪而使良人奴隶化,因贸易而从国外输入奴隶,或者因出征而使俘虏奴隶化等等,也成为导致国内奴隶数量激增的途径。秦汉时代,地方上恐怕是有奴隶市场的,像长安、咸阳之类作为当时的首都也应该有吧。根据当时的记录,说奴隶和牛马是被一起放在栏圈(笼子)

里在市场上买卖的,据之也可以推知私有奴隶也为数不少。秦汉乃至魏晋时代,在拥有上万顷或者数千顷私有土地的同时,是拥有上万或者数千的奴隶。在当时,一人拥有千口奴隶的事例不多,但给人赠送百口奴隶的却也不止一例。唐代也是有人市(奴隶市场)的,而在元代的大都、上都,实际上也立有人市,与马市、羊市、牛市在一起。与骡马牛羊市并立的人市的存在,即使在明代也没有变化。

部曲、奴婢的法律性质　尽管作为对主人有着身份性隶属关系的贱民这一点,唐代(7、8、9世纪)的部曲与奴婢是相同的,但在法律上,部曲却不是像奴隶那样,被视同为家畜一类,而是半自由意义上的人(《唐律疏议》云:"部曲不同资财","奴婢同资财"。)。所以部曲与奴婢不同,在法律上不被当成买卖对象,只是在酬偿其衣食之值后,允许转换所事的主人。部曲也容许拥有财产,法律上能够结婚,除了主人之外,对于任何人来说,部曲的婚姻都是得到法律保护的。其配偶虽说应该在同样的身份者中间选择,但也可以在良民中选择配偶。

部曲在刑法上的地位是有责任能力者,是独立于主人的刑事责任主体,对于部曲的犯罪,按规定也是要处以一定刑罚的,因而就又成了独立的犯罪客体。也就是说,打伤、杀害了他人的部曲,量刑时较打伤、杀害一般人要减一等,如果受害者是奴婢就更减一等。比如杀害部曲按规定(唐斗讼律)要处以绞刑(杀害一般人为斩刑,杀害奴婢则为流刑)。进而据诉讼法,部曲有自己进行诉讼的责任能力,也能够提出上诉、请求确认自己的自由权。只是部曲没有出任公职的资格,也没有迁徙居住地的自由。

据中田、石井二位博士的研究,日本律令法中的奴隶(奴婢)是"半人半物",对于中国的奴隶来说这也是适合的用语,在这一点上,反映出不同于罗马法和日耳曼法而类似于摩西律法和朝鲜法的中国法中奴隶(奴婢)所具有的性质,也就是说,即使在中国,奴隶也和在罗马、日耳曼一样,自古以来就被视同家畜,通常是任何人都可以拥有的,在家产分割时作为分割的标的物,也是可以作为强盗或盗窃的客体来对待的。

但是中国的奴隶,在具有这样一种物的性质的同时,又还具有如下所述的人的性质的一面。也就是中国的奴隶自古以来都是可以拥有财产的,这较之罗马古法和日耳曼古法中的奴隶绝对没有人格(权利能力),有着显著的差异(据周藤吉之的研究,高丽和李氏朝鲜的奴婢,租佃自己主人以外的地主的土地,交纳地租的例子是很多的,因此在朝鲜,虽说是奴婢,为他人劳动和为自己劳动是有区别的,也可以见到与农奴相类似的性质。)。另外,元代的奴隶虽然也是作为主人的一种所有物,但他们自己也可以拥有奴隶——重口、重躯、重台(见《元典章》《辍耕录》《史学指南》等),这与日耳曼法中的半自由人自身还拥有自己的奴隶和农奴,甚至还拥有跟自身一样的半自由人的情况,是相类似的。据唐代的资料,当时的奴隶事实上拥有诸如土地之类的不动产,这种情况似乎是难以否定的。奴隶取得了这些私有财产并且由自己来管理、处分,奴隶中还有身负债务的。中国的奴隶是不能出任公职的(就这一点来说,朝鲜的奴隶虽然多少有些限制,却可以出任公职。),中国的奴隶也不能享有移徙居住地之类的自由,但根据法律,其生命和身体是受到保护的,就其受到有人格者的待遇这一点而言,似乎也可以认为奴隶是有人格的。但这种保护的程度,除了因强盗杀伤之类的场合(唐盗贼律),与良民相比是不平等的。奴隶之间,也有着法律上的亲族关系,不用说,奴隶之间也存在自然的血缘关系,不过这里所说的亲族关系,与那种单纯的自然关系在意义上还是有别的。对于包含着人的要素的中国奴隶,有着亲族关系方面的规定,作为中国法来说,还不至于是不可思议的。奴隶也有法律所认可的婚姻(这一点无论唐律还是明清律都是一样的),一般而言,不仅是奴隶,所有贱民的婚姻都伴随着某种程度的限制,虽说有限制,应该注意的是这种婚姻所具有的合法性。罗马法中奴隶的 contubernium(同居),不过是单纯的结合,所谓"共用一张餐桌"的事实关系而已,与自由人的 matrimonium 即婚姻,是被区别开来的。日耳曼法中在这一点上也是同样的。但是中国的奴隶的婚姻,在本质上与任何良人的婚姻都没有什么不同,只是作为如上所述的限制,应该为"当色婚"(同样身份者之间的通婚),只要是"当色婚",就没有触犯法律。这也是中国法史上婚姻的同格性(Ebenbürtigkeit)的一种情形。但部曲无论是娶良人之女还是娶婢女都是可以的。金、元时代(公元12~14世纪)的法律中,良贱不婚还是作为前提的,但对于良人和奴婢之间的婚姻的禁止却已缓和。对于主人来说,部曲和奴婢的婚姻是受不到保护的,主人即使奸污了他的婢女(也包括奴隶的妻子),或者奸污了他的部曲的妻子,也不构成刑法上的罪责。奴隶或者部曲都同样可以被合法地收养,即能够被收养为子。奴隶或者部曲都同样见于主人的户籍,他们被登载在户籍上,就被视为家庭人口中的一员(敦煌发现的唐大历四年[769]的户籍就有一个这样的例子。另外在吐鲁番也发现了唐代部曲的户籍)。奴隶有姓的例子自古以来就很少。日耳曼时代的奴隶,不是刑法意义上的人,法兰克时代以降,才开始逐渐地成为刑事责任的主体。在罗马的古老时代,对于奴隶在刑法上的责任能力,也是绝对不予承认的。与之相反,在中国,并不因为是作为奴隶之故,就能推卸其刑事责任,而且对其责任能力也没有加以限制。在秦代(公元前3世纪),奴隶的主人似乎要通告官方后才能杀害他的奴隶。在中国的旧法中,被害者和第三者如向官方申告犯罪事实,也就是上告、告发,都被称之为"告"。部曲及奴婢受到其主人告发的事是有的,但部曲、奴婢却不能告发其主人及其亲族,但是,这也仅仅是原则,如果是谋反、大逆的场合,也是容许告发其主人及其亲族的。奴隶也和部曲相同,能够自己提出上诉,请求确认自己的自由。唐律、元代法以及其他法律中都将这类上诉称之为"奴婢诉良",这早在6世纪的记录(《北齐书》)中就已能见到。所谓"奴婢自讼"则更早,在公元1世纪的记录(《后汉书·光武帝纪》)中就能见到。他们关于自身自由权的诉讼,相对于自己都不能代表自己的罗马法中的奴隶来说,是又一个不同点。

主人和部曲、奴婢之间关系的发生及解除　虽然也有这种情况,即家长或者家族拥有作为家产之外的专有奴婢,但当奴婢作为家产时,从奴婢的立场来看,应该被称之为其主(主人)的,就不仅仅是家长,也包括共同享有家产的全部的(原则上妾、媵要除外)家族(参照第十三章第三节)。另外,部曲眼中的主人也与之相同。

关于主人和部曲之间的关系的发生,我想首先能够举出的原因之一是自愿献身(投身、投靠),发生原因之二是转易,之三是家生,也就是说部曲的身份是出生性身份(Geburtsstand)。发生原因的第四种情形,则是主人将其奴婢解放成为部曲、客女。作为主人和奴婢之间关系发生的原因,也还有因劫夺之类而形成事实关系的情形,与之相对的则是投靠也就是所谓自我献身(Selbstverknechtung)的情形。此外,还有奴隶的买得和受赠的情形,也还有因偿清债务后取回的作为质物的奴隶(归属型质典)的情形。出生也是发生的原因,也就是奴隶的身份乃是与生俱来的出生性身份。奴隶所生子女被称为"家生奴"、"家生孩子",还被称为"家生躯口"。奴隶(婢)所生的子女,总归是作为"生产蕃息"之物,不管其父亲是谁,只要是婢女所生的,婢女的主人就成了理所当然的所有者。

　　不过,尽管良民和奴隶及其他贱民之间的通婚在法律上是被禁止的,但事实上两者之间的婚姻关系是难以避免的。如果出现这样的情况,据秦汉时代的记录,男女有一方是奴隶的话,子女即为奴隶。而这样的情况在罗马法中是"子随母",与之相对,日耳曼法是按照"子女随父母双亲中身份较低的一方"的原则。因此在上述的资料范围之内,中国的情况与日耳曼法的原则是一致的。但唐宋法中,还不能说都仅仅属于这样一种情况,奴隶和其他普通贱民通奸后所生子女,身份随母亲,部曲与良民女通奸后所生子女亦随母亲为良人。但部曲及奴隶如和主人亲族的妻子通奸,或者奴隶和良民女通奸后所生子女,则被没为官奴婢。奴婢诈充良民与良民或者部曲客女结成夫妇后所生子女,如良民或者部曲客女出于善意时,则其子女为良民或者部曲客女,如出于恶意时,则为奴婢,且跟其父母同为奴隶,为其主人所有。金和元代法对良贱间的通婚,在某种条件下是允许的,这样的情况,在金代法中,良民女因为和奴隶间的婚姻关系而其身份会降低,所生子女也同时成为了奴隶身份。在元代法中,女方也随丈夫的身份而成为良民或者奴隶,其子女也随从其父亲的身份而有各种相应的身份归属。如果是婚姻外的子女的话,良人和他人的婢女所生子女,则从其母为奴隶,与其母亲一起为同一个主人所有,奴隶和良民女所生的孩子,也从其母为良民。总之元代法中,虽然同是良贱结合所生的子女,却因其结合是否为法律上的婚姻,在身份待遇上是相反的。

　　主人和部曲、奴婢关系解除的原因:(一)是死亡;(二)部曲的话有转易,奴隶的话有买卖和赠与等;另外,还有(三)部曲和奴婢的解放,而且这种解放也有数种之别。其中之一是主人自愿行使的解放。唐代有将奴婢解放成部曲或将其再解放成良人的情形,也有直接将奴婢解放成良民的,后一种情况被称之为"放良"或者"从良"之类,解放文书则被称之为诸如"放书"(请见唐律)、"从良书"或者"良书"(请见《元典章》等)等等。关于奴隶的解放手续,按照唐代法,当然是家长,将准备好的由长子以下共同署名的亲笔书信呈交给所属官府,于是官府以此为依据,将被解放的奴隶登记在良民或者部曲的户籍上。官奴婢之类的官贱,还在汉三国时代,年满50或者60岁就照例要放良。唐代法也规定,根据其年龄等条件,官奴婢60岁解放成番户,70岁则放为良民。[补]在敦煌发现了唐代的解放奴隶文书(参照图版插页三)。

主人和部曲奴婢关系的内容　大体而言,作为贱民的部曲和奴婢,虽然不一定经常跟主人居住在一起,但没有那种移徙居住地的自由,应该在主人的许可下,本着毕恭毕敬之意服事主人。按照晋代法,逃亡的奴隶是要在其脸上刺墨(黥)的。据唐代法,逃亡的部曲和奴婢都要被处以杖刑。部曲也为主人从事农耕,但从事农耕生产的奴婢,即下文所论述的一般奴隶,在社会生产中所起的作用并不是那么大。奴隶虽然可根据所担任的劳动种类,分为家务奴隶和农耕奴隶,但对于中国的奴隶来说,常常不一定能够作出这样清楚的区分。奴隶在家庭里,要遵从主人特别是家长的命令和指挥,不分昼夜地从事劳役,所从事的劳役,种类繁杂多样。总之,他们被迫从事的是无时间限制、无固定范围、无定量、无等价报酬的劳役。汉代的那个王褒的《僮约》中所说的"百役",应该是显示当时奴隶劳动的多样性的好资料。虽说是这样的"百役",但就明确显示出劳役的范围而言,应该说属于特例,还不至于就能说其具有普遍性(不用说,具有奴隶身份者也还有仅仅只从事特定贱役的)。属于地主的奴隶主要的劳役是农耕。南北朝时期(5、6世纪)有"耕当问奴、织当访婢"之类的谚语(见《宋书》,又见《魏书》),据之可知像那样从事农耕的奴隶不少。在汉代,要对农田私有进行限制的人,都要着眼于对奴隶私有的限制,这从北魏等朝的均田制以私家所有的奴隶为授田对象授以大量农田,可以得到印证。拥有大量奴隶的,都是官员、富豪那样的大地主,拥有万顷土地的大地主便拥有数千的奴隶(例如《晋书》的列传)。不过一般农民拥有奴隶的不多,即使有,数量也很少。用自己家庭的劳动力进行耕作就已足够,或者是,仅仅拥有一点家庭劳动力耕作尚有余力的土地,那么,为了农耕而拥有奴隶,自然毫无必要。据加藤博士的研究,在中国,虽然古代的奴隶在农耕劳动部门中具有很大的作用,但从唐代中期开始,佃客、佃户即所谓租佃农民在增加,他们在农耕劳动中占据着中心的地位。对提高生产没有任何兴趣的奴隶之退出劳动生产,是势所必至的,这是生产力和生产关系之间的相互适应。但是在后世,当地主直接经营农场时,让奴隶从事于农耕(或者从事家庭内部的杂役)的事,是不会完全绝迹的。婢女的劳役方面,家庭的杂役不用说一定有包括舂米之类,而堪与奴的农耕相对应的主要劳役则是纺织,因而就产生了南北朝时期“织当访婢”、“绢则问织婢”之类的谚语。

　　奴婢的主人能够自由地处理奴隶,如出售、赠与或作为质押品。而且主人也能够对奴隶加以制裁,如主人之鞭笞、杖打奴隶,乃是家常便饭的事。在法律上,如果没有官府的许可,主人是不能专杀(擅杀)奴隶的。在秦代,如果办理了规定的手续,主人就可以剥夺奴隶的生命。按唐代法,主人如果专杀了部曲,最重处以徒1年半的刑罚,如专杀奴婢,则徒1年。然而如果是有罪的奴婢,即使专杀了也止杖一百,以示警戒,若因奴婢犯罪而致死,或者因主人过失而被杀死,即使是部曲,法律也是不追究的。然而无论是辽金元的法律,还是明清的法律,都禁止主人任意杀害奴隶,无论如何,这种主人对奴隶的生杀之权,自古以来就是受到限制的。就记录的范围内所见,中国法律上主人的权力,似乎不一定是那么绝对的。只是在现实的生活中,奴婢往往置身于不待官方允许便被主人专杀的危险之中。对于一般人来说,部曲和奴婢的婚姻是受法律保护的,只是对于他们的主人来说,则得不到保护。部曲的妻子或者奴隶的妻子如果被主人所奸污,部曲和奴隶并没有提出上诉的合法途径,如果上诉,反倒会因为告发主人而被问罪。上文曾谈及,部曲和奴婢应对主人持由衷恭敬的态度,如部曲、奴婢杀死主人,无论是法律上,还是在实例中,都是要被处以极刑的(即元代法和明清律中的凌迟处死)。

被解放了的部曲、奴婢的地位　部曲、奴婢被解放之后,和旧主之间仍在刑法上有着特殊的关系。而且被解放的奴婢,即使被解放以后,事实上仍要对旧主人提供某些种类的劳役等,承担某些方面的负担,这类事例常常可以见到。但这样的负担,并不是法律意义上的,而且解放以后,在法律上也并不是没有迁徙居住地的自由。日耳曼的奴隶,被解放后也有承担给主人提供夫役、贡租的义务的情形,而且其中还有不享有移徙居住地的自由的情形,而上述中国的奴隶,虽然也有与之相类似的情形,但这些方面似乎没有日耳曼的奴隶所表现得那样显著。还有,据清代法,奴隶被解放之后,直到其子孙,三代之内是不能出任官吏的。

文献

王世杰氏　《中国奴婢制度》(《社会科学学刊》第 3 卷第 3 号,中华民国十四年[1925]四月、五月、六月)。

梁启超教授　《中国奴隶制度》(《清华学报》第 2 卷第 2 期,中华民国十四年[1925]十二月)。

玉井[是博]教授　《唐的贱民制度及其由来》(《支那社会经济史研究》,昭和十七年[1942]四月)。

滨口[重国]教授　《关于南北朝时代兵士的身分和部曲含义的变化》(《东方学报》[东京],昭和十六年[1941]五月)。

仁井田陞　《支那身分法史》(昭和十七年[1942]一月)。本章即以此文为主。[补]"增订版序"三。

有高[岩]博士　《元代奴隶考》(《小川博士还历记念·史学地理学论丛》,昭和五年[1930]十月)。

周藤吉之氏　《从高丽末期到朝鲜初期的奴隶的研究》(《历史学研究》第 9 卷第 1－4 号,昭和十四年[1939])。

[补]　滨口[重国]教授　《唐的部曲、客女和衣食客之间的关系》(《山梨大学学艺学部纪要》第 1 卷,昭和二十七年[1952]三月);《唐的贱民、部曲的成立过程》(《山梨大学学艺学部纪要》第 3 卷,昭和二十七年[1952])。在东晋南北朝时期贱民阶层产生了分化。

第八章 "封建"和封建主义(feudalism)

第一节 地主和农民

封建主义(feudalism)的一个基轴 中世＝封建社会也就是农奴制社会,是社会形态演进史上的一个发展阶段,属于历史的范畴。而在中国历史上设定这样一种封建社会,其一是出于对中国社会停滞性理论的批判;其二是将东西方历史组合到一个系列中,以便有可能构成整体世界的历史;其三,就是要对反封建斗争这个近代中国革命的前提作出科学的理解。只是在想到中国的中世时,不能将那里所表现出来的家父长制统治的根深蒂固置诸度外。但这样一种统治本身,并非就直接意味着中国中世社会中封建的(feudal)基础即农奴制的缺如。我以为,对于究明中国社会中这样一种封建的形态是否存在,应该以有没有这样的基础作为试金石。中国古代的所谓"封建",作为古代＝奴隶制的上层建筑,是不应该被当作封建的东西的。对于中国中世社会家父长制根深蒂固的判断,容或有较大的保留余地,然而要设定那样一个封建的形态,这种基础的存在与否,终归是一个悬而未决的问题。

被认为应该在中国革命过程中加以克服的封建主义,其意义是综合性的,它兼包并括了宗教、伦理、法律、政治、社会、经济等各个方面的内容,而作为这种封建主义的一个基轴,则是地主对农民的支配。然而这些应该加以克服的各种制度,特别是地主对农民的支配,曾经是作为一种使生产力进一步向前发展成为可能的新型生产关系,是从克服奴隶制过程中逐渐形成的农奴制中产生出来的。从这样一种地主支配农民的成立时期到它的崩坏时期——大约 12 个世纪之久的中国社会,是中国的中世 ＝ 封建社会。不用说,在这期间,诸如欧洲封建主义中所见到的那样一种契约性的君臣关系,而且是维系着君臣个人之间并通贯多层的身份性阶层结构,也不用说那种单独继承制 Anerbenrecht 等,几乎都没有形成。若从这些方面来看,几乎都是否定中国社会中封建形态的存在的。但是对于封建主义,似乎没有必要将它狭隘地仅仅限定为欧洲封建社会那样一种形态吧。欧洲的封建主义,同时还有日本的封建主义,都不过是封建主义的一种形态而已,在广泛的意义上,难道不可以说中国是另外一种形态吗? 而将三者一并列入的共同的、同时也是根本的基础,即是地主对农民的支配。

农奴制的成立——所谓的随田佃客 以往被人们看成是中国的中世与近世分界期的唐宋（也就是从 8 世纪到 10 世纪）,乃是古代和中世的分界期（前田直典氏）。在中国,古代社会的生产关系的基轴,也是一种奴隶制生产,占支配地位的土地所有形态,则是奴隶所有者特别是被称为右姓大族之类的大地主的土地所有,而且还不是指汉代河南樊氏那样的巨族,而是指一般的地主,也在直营土地上役使奴隶。不过在中国古代的奴隶制中,由于具有家父长制奴隶（家内奴隶）的一面,所以农业生产也就不能贯彻一元化的劳动奴隶制。在这个时代的全体奴隶制生产结构的框架之中,佃客的性质（参照西嶋定生氏论文）及其所起的作用,不用说是不容忽视的,但同时也没有必要过低评价奴隶的作用。可以说奴隶化的非纯粹的佃客和奴隶,终归都是在奴隶生产的框架之内,处于一种分担生产领域的竞争关系中。

而据西嶋定生氏和其他各位学者的研究,已逐渐弄清楚:唐代（8 世纪前后）生产力的上升,农业集约化的增强,使生产基轴的转变成为必然,即农奴制生产逐步取代整体奴隶制生产而成为了生产的基轴。中世初期的统治势力,是取代右姓大族的新型大地主阶层 ＝ 新兴官僚阶层（所谓官户）。被束缚在这些大地主的土地即庄田、庄园上没有移徙居住地的自由的（被紧紧捆绑在土地上）所谓"随田佃客",是一种随着土地的交易以至被引渡给土地的买主的"佃客"、"佃户",这就是前文谈到的农奴（周藤吉之氏）。佃客、佃户还有着像庄客、庄户之类的形形色色的称谓。他们作为土地的附属物,与土地一起被出卖自不待言,还随着土地被赠与、被交换、被质押,总之附随着对土地的其他一切的处分,职业的改换之类是不可想像的。中国的奴隶是所谓"半人半物"(仁井田《支那身分法史》),受着主人无定量无限制的支配,是作为从事无等价报酬的劳动的生产手段。《僮约》所谓"百役",大抵是主人的这种支配权力的另一种说法而已。与之相对,上述的农奴大体有如下的区别:服从主人定量性的支配、使役,拥有自己的生产资料,按照自己的计划进行经营,并将为自己劳动与为他人劳动区别开来,在这种意义上,农奴较之奴隶拥有较大幅度的主体性。如就地主方面而言,他们所拥有的对农奴的支配权力,不是像对奴隶那样的物的所有关系、对身体的直接支配关系,而是以土地的给付为媒介的对人的关系,也就是显示出一种间接支配的性质倾向。当时的农奴＝佃户阶层中,大概也有从奴隶身份上升或从农民身份下降的途径而加入进来的。[补]敦煌文书中所谓寺户似乎是寺院所领的佃户。

中世前半期的农奴——主仆之分　不过在收获上,佃户(庄客)和地主是对半分成,这种五成租(地租)是在地主不出借耕牛、农具、粮种的情况下的征收比例,如果出借的话,则征收六成。在规定的地租之外,佃户不仅随时被征收麦和鸡之类,还要应地主的要求提供无偿的劳役。佃户要借地主的房屋居住,不仅常年借贷食粮,如有婚礼、丧事还要额外向地主借贷,遇到荒年歉收时也要向地主借贷,地主之后便向佃户收取高利,从而佃户对地主的依存度被提高,他们所具有的主体性则被压低。例如,佃户家如有婚姻之事,地主会要求佃户送纳作为礼物的金钱和布帛,佃户先要提交这些礼物,其婚姻才被许可。根据宋代的判决文书,地主和佃户之间被认为有"主仆之分"(《清明集》争业类)。宋元时代的法律中,佃户的地位与主人是不对等的。关于佃户,不是无条件地适用于"人"的法的,大体说来,若不对"人"的法加以类推解释,就不是适用的;有些场合,甚至要用作为人和奴隶中间的身份阶层的"部曲"的法来类推解释,才是适用的。即使从这些方面来看,佃户虽不能视同主人的奴隶和部曲,但其身份也还是不同于一般人的(《庆元条法事类》等,周藤吉之氏)。

中世后半期的农奴——无主仆之分　可是到了中世后半期(14 世纪

以后),也就是时至明代乃至清代,有关佃户的法律身份,较之中世前半期的佃户开始出现明显的差异。总的来说,中国的法律,正如各位学者所指出过的,由于是王者即统治者按照其理想编纂而成的,因而带有脱离现实的倾向,尽管如此,统治者也一定不会总是埋头编造一些无用的废物。在中国,法自古以来就是统治者管理、统治人民的手段。与各个时代现实的社会构成相对应的管理、统治人民的法,也一直在编纂着。在宋代法中,佃户即使不是奴隶和部曲,却也不具有与人同等的法律身份(参照《庆元条法事类》所引杂敕)。然而明代乃至清代的法,比如据明清律,关于佃户的法律身份,就看不到有这样的规定。据清律乃至清律例,受雇为车夫、厨役、水火夫、轿夫以及其他杂役的人,虽被区别于奴隶,仍与家长(主人)之间有"主仆的名分",平常不得与家长共饮食,不得同座席,不得使用"你、我""侬、俺"之类对等的称呼,要服从家长的役使。而且这类人被家长杀伤时,所适用的法律也是雇工人应该适用的法律。至于与之相对的佃户(包括"雇倩耕种工作"的人在内),则平素与地主同饮、共食,相互使用对等的称谓打招呼,他们之间原本就不认为有"主仆的名分"。也就是佃户在法律上不应当服从地主支配奴隶的权力,和地主之间的关系被视为身份对等的主体者之间的关系。这是作为清律的原则的,佃户对地主施以单纯的暴行,也包括杀伤,相对于一般人之间的这类情形,并没有附加差别性的规定。这在清代的条例中有明确的表述,在法庭的判决中也有清楚的规定。在宋代法中,地主即使和佃户妇女通奸,也不适用于一般人之间通奸的法,佃户的身份是在被考虑之列的(《庆元条法事类》)。地主和佃户妇女之间的这种身份上的差别在清代法律中则是不予考虑的。相对于宋代学者(朱子)强调地主和地客之间的"分",明律例(《大明律附例》卷12,《洪武实录》)和清初的律例,将两者之间的地位规定为"以少事长之礼"(横向的同辈之间的关系),当时的学者也以这样的规定来解说二者间的地位。

如上所见,在并不承认地主和佃户之间有"主仆之分"的清代法中,似乎是以佃户的所谓"自由"身份作为前提的。这和承认"主仆之分"的宋代法之间,不能不说有了很大的差距。我以为即使在明清时代,一般情况下对"分"的强调,与宋代并无差异。尽管那样,仅限于地主佃户之间出现了对这种"分"的否定,不能不认为是非常特别的情形。宋代的地主佃户间关系,大体上已与古代＝奴隶的关系拉开差距,如果将它看作是导致宋代社会向封建的关系倾斜的一个契机的话,那么明清的地主佃户关系,就应该与古代的关系拉开更大的差距,是不是可以说社会自身形成了向近代倾斜从而具有了历史发展的连续性的倾向呢？在清代,若就更大范围而言,明清时代的佃户在其法律身份上,与宋代的佃户之间是形成了这样一种差别的,问题是使这样一种差别得以形成的社会现实中的具体环境究竟是怎样的呢？

其具体环境——良田不如良佃　在中世后期亦即明清时代,农民反乱、农民暴动屡屡发生。明末清初,以河南为首,还有其他地方如江南,广泛出现了所谓的"奴变",以往都倾向于将其看作单纯的"奴隶暴动",如果从暴动者的构成来看,还包含着在法律身份上有异于奴隶的"佃户"。暴动表明,地主在剥削的分量和方法上已达到了极限程度,所以在暴动的地带,暴动过后,或者将农奴和奴隶一起解放,即或没有解放,似乎也在剥削程度上不得不有所削减。不用说,佃户所拥有的反抗力量,恐怕也是随着每一次反乱暴动的发生而在逐渐不断地增强。

不过尽管到了清末,仍然是强调地主一方的利益,向佃户征收的地租量高达全部收获的一半甚或一半以上。那么,如果说到法律身份上的对等性,那种上级的权力意识、下级的服从意识,不能说没有在发挥着作用。如果就《湖南省例》所载清朝乾隆年间湖南的事例而言,即使地租数额大体上看起来似乎是商定的,但其定额也被突破,各种形式的负担不容分说地强加在佃户的身上。例如佃户必须在七月里交纳新鸡、新米,在九月里交纳重阳鸡、重阳酒,在十二月里交纳年糕、年粑、年鸡、年肉(猪肉)。除此之外,地主还要征收鸡鸭蛋、薪柴和糯米等。欧洲中世纪的领主也要向农奴征课实物 Abgabe(实物捐纳),在每一季节征收时令出产物,或者在圣诞节、复活祭等节日时征课物品,这些征课的种类和征收时间上的季节性,与中国地主的征收方式是相类似的。这样一些季节性、临时性的负担姑置不论,如果只就收获后所交纳的租而言,想必是定量的吧——却也并

不是如此。地主使用的不是官方的升，而是随意使用大的升来征收。地
主收取了一个佃户的进庄礼银，允许他耕作，但在数年后，甚至事先对这
个佃户连个招呼都不打，就又收取了另外一个佃户的礼银而允许其耕作
这同一块土地。佃户家办婚礼时，地主必定要征收礼银，而地主家有婚礼
和丧事时，则要使唤佃户抬轿子、服杂役，还要修缮地主家的建筑物。除
此之外，通常还要根据其需要让佃户提供无偿的劳动。只要地主一呼唤，
佃户不管有多忙都必须随叫随到。佃户对于地主没有合理的履行请求
权，即受法律明令保护的权利。关于明代的地主和佃户之间的关系，《水
浒传》（《忠义水浒传全书》卷二）中史太公有庄客三四百户的记事也可以
作为参考。明吕坤《实政录》中所说的宋梁间也就是河南地区，即使只有
百亩土地，自己也不耕种，必定雇佣人耕作或者使佃户耕作。雇工和佃户
都是地主的手下，他们不是为地主守夜就是为地主修筑房屋，此外，还要
依照地主的吩咐做各类杂务。但尽管如此，当佃户粮食不济时，甚至要以
三成、五成的高利向地主借贷，地主一俟秋收完成就立刻催促佃户还债。
地主还采取各种方式征收生产物或者劳役地租，特别是这种额外的地租
并不限于以往的时代如明清，直到近年，还实行于河北、陕西、山西、山东、
河南、安徽、江西、四川、浙江、江苏、广东等（天野教授《支那农业经济
论》）广泛的地域之内。

　　这样一种强调考虑地主一方面利益、被迫接受地主一方面要求的地
主佃户关系，并不是以价值法则为媒介的，而是有着各种各样的超经济的
强制性支配的地主佃户关系。如果就其本来面貌从表面上加以理解的
话，它和律例中所呈现出的地主佃户二者间作为身份对等者之间的关系，
是矛盾的，恐怕一眼就可以看出来。何况利用国家权力的，几乎都是地主
一方。地主为了征收未交纳的地租，将未纳的佃户关押于私牢、加之以鞭
打自不用说，如果他们仅仅依靠自己的现实权力而感到鞭长难及之时，便
利用国家权力对这些佃户加以笞打，套上枷锁示众（枷示），甚至监禁于
牢狱中，关闭在"木笼"里，完全剥夺其人身自由，就是清代也是这样做
的。但是宋代的地主，即使为了剥削而使用国家权力，恐怕也没有必要像
清代的地主那么厉害地使用强力吧。然而同样是剥削，作为清代的地主

则直接行使暴力,比如役使其奴隶或者流氓地痞对未纳地租者进行暴力威慑,或者逮捕并关押于私牢加以毒打。岂止是这些手段,甚至连更加强硬的国家权力他们也在所必用,如对于清代江南地区的所谓"顽佃抗租",即号称恶佃、奸佃、顽佃、强佃、刁佃以及霸佃之类的抗租者,就尤其是如此。在汉魏六朝的奴隶制社会中,曾经有过所谓"耕当问奴"的谚语(参照前章),然而到了与此相隔千年的清代,这样的谚语消失了,"良田不如良佃"(《恒产琐言》)竟成了格言,而且在这种格言的背后,听得到地主对于佃户抗租一筹莫展的叹息之声。佃户的实力已提高到不得不对其施以强大的压力的程度,如果据以观察,或许反而没有必要将佃户在法律上的地位和在社会上的现实地位看作是相互矛盾的。佃户自身的社会地位所赖以支撑的现实力量,如果就法律表现而言,就是地主和佃户之间所谓的"无主仆名分"。如果对佃户的现实地位——无论是其社会地位还是法律地位,不让步予以认可的话,问题就始终得不到解决。特别是在一田两主的情况下,相对于地主,佃户地位的确立是显而易见的。

可是对于佃户来说,因地区不同,以及在各种不同的条件之下,是不能一概而论的,必须考虑到存在着细微的差别,因此所谓"无主仆名分"也就有必要从多方面加以理解。根据近年来华北农村惯行调查(据杉之原舜一氏等的研究)的结果,"在这些农村中,由于其生产力低下,佃户的生产经营条件确实恶劣,因而将地主佃户间的关系,想像为以生产资料的贷与为中心的一种主从关系、恩情关系,毋宁说是很自然的。尽管如此,却并不存在这样一种关系。在那里,地主佃户间的关系,无论在经济方面,还是在社会方面,都是极其自由的,佃户地位的无制约性是很明显的"(据川野教授的研究)。佃户不如说是与地主以外的人们之间存在着相互依存的关系,反而为地主所撇开。那里的佃户在这种意义上是"自由"的。而且也可以说这应该是"无主仆名分"的类型之一。当然,即使在山东、河北,也不一定只有这类佃户,而河北、山东以外的地方也不一定没有这种佃户吧(参照第四章第四、五两节)。

以太平天国战争(1851-1864)、辛亥革命(1911)为首的农民战争姑且不论,若就近代中国革命而言,这些佃户的地位变化中所表现出来的直接生产者的实力上升,也是不能不考虑在内的。近代中国革命就是在这样一种农民所具有的内在实力的发展进程中兴起的,具有强烈的农民革命的倾向。对于所谓"反封建斗争"来说,这样的理解也是必要的。佃户既然处于不以价值法则为媒介、有着各种各样的超经济的强制性支配的地主佃户关系之中,那么,虽说佃户没有"主仆之分",在法律上处于被解放的地位,或者说,佃户虽在地主撒开不管的意义上是"自由"的、独立的,但相对于近代社会的农民地位,不用说,在层次上仍是完全不同的(参照第十四章第三节),可以说其地位相当于所谓狭义的隶农Hörige 吧。

文献

加藤[繁]博士 《关于唐代庄园的性质及其由来》(《东洋学报》第 7 卷第 3 号,大正六年[1917]九月)。

西嶋定生氏 《古代国家的权力结构》(《国家权力的诸阶段》,昭和二十五[1950]年十月)。

周藤吉之氏 《宋代的佃户制》(《历史学研究》第 143 号,昭和二十五年[1950]一月),《宋代官僚制和大土地所有》(《社会构成史体系》第 2 部,昭和二十五年[1950]八月)。[补]《中国土地制度史研究》(昭和二十九年[1954]九月)。

仁井田陞 《中国社会中的"封建"和封建主义(feudalism)》(《东洋文化》第 5 号,昭和二十六年[1951]四月)。《中国的法思想史》(《法律学体系》第 2 部《法学理论篇》),本节以这些论著为基础撰成。[补] 参照次节文献中所列仁井田的论著。

川野[重任]教授 《佃作关系中所见北支那农村的特质》(《支那农村惯行调查报告书》第 1 辑,昭和十八年[1943]十月)。

矶田进氏 《北支那的租佃的法律关系》(《法学协会杂志》第 60 卷第 7 号及其以下)。

[补] 《世界历史》第 6 卷"东亚的变貌",第 11 卷"摇动中的中华帝国"(均为昭和三十六年[1961])。

傅衣凌氏 《明清农村社会经济》(1961 年)。同氏《福建佃农经济史丛考》(1944 年)。

第二节　所谓的"封建"和封建主义(feudalism)

"封建"和封建主义(feudalism)　将我们作为中世起点的时期当作近世起点的学者,又将我们认为的古代当作中世,甚至于认为周代(奴隶社会)实行的就是欧洲封建主义意义上的封建制。但我不能赞成这种说法。特别是将周代看作封建主义的说法,是非常大的时代错误,简直是历史的颠倒,甚至从现在的东方社会的历史观点来看,也不得不说这是一种错误的看法。如果在这样古老的时代里,欧洲中世纪的封建主义就已在中国成立,不仅如此,或者还像有的学者说的那样,周以后的社会又超越了封建主义的话,那么,充满苦恼的中国近代革命的内容,恐怕就要发生极大的变化了吧。可是这一些持周代封建制说的学者,几乎都只以政治的上层建筑作为问题,关于支撑这些上层建筑的下部结构,关于作为历史范畴的封建的事物,几乎都不作为问题。本节势必要对这些各种说法进行批评,但在这里,先将这种社会基础方面的问题存而不论,而拟以政治制度为中心进行探讨。

相对于欧洲中世纪的封建主义,在中国,是与所谓"封建"一词相对应的封建制度,这就造成了"封建"用语本来内容的变化,而在这一变化中,《日本外史》之类的著作将日本的幕藩体制称之为"封建",适为其媒介(上原博士),这也就是说,"封建"用语的内容做了一个三级跳。①　但两者在成立基础和人与人之间的关系方面,大体上属于不同的范畴。封建主义下人与人之间关系的成立,是契约性的、人为的,是相互带有条件并受此条件制约的独立对等的主体者之间的"御恩"(恩惠)和"奉公"(效忠)的忠诚契约关系,也就是以"忠诚"为纽带而结成的主从关系。与之相对,中国的"封建"的人与人之间的关系,并不是建立在自由的精神基础之上的,将君臣联系起来的基本纽带也不是独立主体者之间的契约关系亦即法律关系,而是以权力为媒介的家父长制的命令服从关系,也就

---

①　按:由原来意义的封建而日本封建而欧洲封建主义而中国封建制度。

是对于天子是天命,对于臣下是君命,对于儿子是父命,上下秩序大体上为命令关系原理所贯穿。就是周代的所谓"封建",据某些学者的看法,也有身份阶层结构和与之相对应的采邑关系,臣下遵奉君主命令,君主赐予臣下采邑(后世的"封建",作为单纯的实物赐予已俸禄化),其采邑允许世袭,如果是这样的话,那么其政治制度的外形就与欧洲中世纪的封建主义是相类似的,然而尽管如此,两者之间也仅仅是外形相类似,而不是性质相等同。周代的"封建"制度,原本具有与"郡县"制度相对立的意义,如果仅仅是这样,也就没有什么问题。可是,也有这样的意见,认为它和欧洲中世纪的封建主义是同等性质的,将其上下关系视为契约关系、法律关系;或者认为这种封建主义在周代已告终结,其后也不可能再度出现;或者认为此后仍继续存在,汉魏六朝时期即实行过。以至于问题纠结,纷纭不解。再则,内藤湖南博士在唐宋之间划一界线,据以设定了中国史上的中世及近世(内藤博士《概括的唐宋时代观》、《中国近世史》),即使这不能被称为一种好的把握历史性范畴的方法,但在学术史上仍具有重大意义。可是内藤博士之后的研究者,将博士所创建的时代区分和欧洲历史上的时代分期放在同等位置上,乃至于以魏晋南北朝和唐代为中世,宋以后为近世,从而在时代区分上产生了很大的意见分歧。

　　而且周代的"封建"关系,是血缘的亦即自然的,这一点与封建主义适相对蹠。桥本博士等学者也承认"封建"还具有氏族制度的一面。但"封建"也不仅仅是氏族性的,其血缘的氏族的东西被原封不动地转化成了权力支配的手段,这一点务必不可忽视。像周代的"封建"那样,其君臣关系拥有血缘的自然的基础,在这种情况下,尽管君主以父亲般温情脉脉的仁慈关怀来包装自己的权力,却还要为控御臣下而殚思极虑,费尽心血。然而周末以降,由于处在血缘基础趋于动摇和君主权力得到加强这样一种此升彼降的相对关系中,君主权力呈现出了抛弃仁慈包装的倾向。《荀子》(《君道》篇)以及其他著作如《吕氏春秋》(《恃①君览·行论》篇),又时代要晚一些的,如《古文孝经》"孔安国序"和杜预的《春秋释

---

① "恃"原误作"惟",迳改。

例》等,都体现了君父全能的支配权力,臣子要为之无条件地恭顺、献身。《荀子》(《君道》篇)称,"为人臣"要"忠顺而不懈","为人子"要"敬爱而致恭"。《古文孝经》"孔氏序"和《春秋释例》也称"君虽不君,臣不可以不臣;父虽不父,子不可以不子"。虽说还是想以仁慈包装权力,但家父长制统治关系的实质并没有改变。儒家思想和法家思想是支持家父长制思想的两种类型(如果再加上道家的话就成了三种类型)。法家是家父长制处于一个危机时期乃至动摇时期涌现出来的思想家群体,在支持家父长制这一点上,与儒家并无本质的差异。在汉代,对周代的"封建"进行了重新编组,即使对于非血缘,也同样贯彻家父长制原理,因而也就缺乏自由精神的现实基础。不用说,相对于臣下,君主也不能不在某种意义上受到制约(比如封爵之誓。不过这是主人作出的应该提供保护和扶养的誓词,绝不意味着主人要使服从者仅仅保留自由而在主人的 Munt〔支配、保护〕之下奉献自己,也就是并不承认主从间相互负有以忠诚信义 Treue 为中心的人格上的义务。)。《论语》(《颜渊》篇,又《八佾》篇)和《管子》(《形势》篇)等书有"君不君则臣不臣"之类说法,《孟子》(《离娄》篇)亦称"君之视臣如土芥,则臣视君如寇雠",从各自的立场来看,这都显示出了制约君主的主张,但是在这里,却没有显示出任何有关君臣间的契约的迹象,只不过说明臣下对于君主的不仁可以凭实力进行反抗,乃是为警戒君主而发出的警报而已。虽然这里也显示出了事实上的相互依存关系,却没有发现相互间被赋予对等的权力义务那样一种关系(虽然不必过低评价孟子的主张,但孟子的主张如果并不像有的学者所说的那样堪称人民的权力宣言的话,那么也并不是民主的主张。)。

何况在中国,原本就没有欧洲封建主义社会中所见到的那种臣下享有合法的反抗权力 Widerstandsrecht 的主张。当君主违反契约规定的义务时,比如将超出契约的负担强加给臣下时,臣下就要将君主的行为拉回到契约的界限之内,让封建审判机构对其契约重新加以确认,这样一种诉诸法律的解决方法,在中国的"封建"社会是连做梦都不可能想到的。中国的君主虽然也有单方面作出限制规定的情形,但自己又在事实上突破所规定的限制,而当此之际,被统治者或者沉默无语、无所抵抗地任其突破,或者凭借实力作出某种不满的行为,甚或最终发展到暴力性反抗,至于通过法律来解决,则是未曾考虑的另外的问题。

恩和报恩 然而如下文所述,无论周代还是以后,君臣、父子关系未必总是全无条件的。在那里,相对于接受恩惠,还有对恩惠的还报,也就是具有恩和报恩的意识,在这种意义上那些关系的成立是有条件的。关于日本封建主义社会中的恩和报恩意识,川岛教授已作了论述,这样一种条件关系,无论是不是在封建的场合下,作为理解人与人之间关系的契机,都是不能忽视的。不仅是晋的豫让,还有战国的家臣,当其报答君主恩惠之际,据说说了这样的话,如"士为知己者死"、"国士遇我,我故国士报之"(《史记·刺客传》,特别是其中的《豫让传》)。但这里必须要注意的是,那不是单单为君主,而是为知己的君主而死,仅仅只对以国士待遇自己的君主,才以国士报之。也就是说,这是属于知己还是不知己、以国士待之还是不以国士待之的偶发性事实,自己的行为是自愿、自由地决定的,而不是像契约那样基于某一原则的行为。另外还有如《淮南子》(《主术训》)所记述的(又见《韩非子·奸劫弑臣》、《说苑·立节》),臣下以生命给"与"君主;与之相应,君主以爵给"与"臣下,是带有等价交换的限制性条件的所谓君臣"相报"。《史记·廉颇传》和《说苑·复恩》等文献中所见到的君臣之间恩与报恩的交易,被称之为"市道"(又见《史记·货殖传》)。但是在这里,大抵只是权力或者利益算计之类的外在力量在起作用,君臣关系才得以维系,正是由于这样一种强烈倾向,所以在这里非但不能贯彻价值法则,而且也不可能以契约意识作为其基础,所以在那里根本就看不到所谓的 pacta sunt servanda（契约既然称为契约就必须遵守）意义上的制约。而且如果权力关系趋于弱化,仅仅只有算计的关系就更加强烈地趋于表面化,在既无权力又无利益的地方,君臣关系就不再存续。这原本就不是"基于诚实"而结成的关系。不用说,《史记》中豫让和《说苑》中申鸣的行为,也不能仅仅归结于权力服从关系或者利害关系之类,不过那里虽然也看得到君臣间的恩情和忘我献身意识的作用,却还不能认为那是不因情况而改变的原则规范在起着作用。

不过在中国,恩还有一种倾向,即权威者所施与不对等的恭顺者的恩惠。而且不仅君主之给食禄于臣下、老师之施教诲于学生的事实是恩，甚至父母之生育子女的事实本身，也就意味着子女已经领受了父母的恩惠（虽然子女是不应该属于这样一种意义的范围的，因为这不是子女自身的选择），而且子女所受的还是那种堪以生命相还报的大恩。比如周朝末，据传是左氏所著的《国语》（卷七《晋语》）中，就已经说了这样的话："父生之，师教之，君食之。……报生以死，报赐以力，人之道也。"

于是这样一种恩和报恩，即使在主人和奴隶之间也是成立的。不仅如此，在恩和报恩的交易中，甚至还发现有卖身的因素。也就是说，即使在封建（feudal）的主从关系中，人们也并不因为臣属于他人而导致身份上乃至人格上的自由受到毁损，比如周末、秦汉时的君臣关系，甚至是相当于主人和奴隶之间的关系。"臣仆"、"臣妾"的用语本身即是由自己所表述的这样一种非人格的隶属关系（尚请参照《书经·费誓》和《史记·越世家》等）。

宋学和恩的思想　宋代是农奴制发展的时期（本章前节），同时又是中国史上君主的政治权力特别高涨的一个时期。宋代的史学和哲学，早在宋初就清楚地显示出了作为君权支柱的立场，而朱子学则是这种学说的集大成者、发展者。当然，这种宋学也阐明了恩和报恩（例如《性理大全》中的人伦，又特请参见据说是唐末宋初著作的《忠经》），并不认为君主的统治就一定是全无条件的，但维护君臣关系的意识仍是家父长制的，特别是程子所谓：曾子的确是孝顺父母的代表，但无论他如何孝顺，曾子自身终究不过是父母给的身体而已。君臣关系也等同于父子关系。臣下终究是君主的人民。即使立下了像周公那样大的功绩，也不过是君主的人民凭借君主的势位而做出来的（《性理大全》）。这里体现出来的"大御稜威"（崇敬天皇威德）的意识，司马光作了如下的表述：有如月光是太阳光的反射，作为人民是没有功绩的，人民的功绩应该认为全都是君主的功绩，那是与太阳的光和月亮的反射相同的自然之道。相对于应该回报的君父的恩，臣子无论怎样做都不是等价的，所受父母、君主的恩，是怎样还也还不清的，即使在君主的面前奉献出自己的身体也还是这样（关于朱子，又请参照《诗集传》、《近思录》、《朱子语类》等）。将君主的地位和父母的地位一起供奉在无限崇高的位置上的,首先就是宋学(这一点,请对照明代郝敬等人的说法:对于君主,我们还可以献出自己的身体以报恩;但对于父母,即使是献身,由于身体本身就是属于父母的,所以是无法报恩的。如其所云,则只将孝看作是无限的义务。)。

有一种说法认为在中国社会中看不到恩和报恩关系,如果从上文所述来看(至于原始儒教则当别论),那是有问题的。不过如果认为这种说法有问题的话,那么,鲁思·本尼迪克特《菊与刀》中那样的观点也就有了问题。关于报恩,鲁思·本尼迪克特指出:相对于日本的忠孝并不以君主和父母的仁为条件,中国的忠孝则是以君主和父母的仁惠作为条件而要求子女所履行的义务,然而《荀子》《吕氏春秋》及《古文孝经》"孔氏序"等所说的臣子无条件地恭顺献身,已如前述。不仅如此,就是本尼迪克当作主要研究对象的原始儒教中所见的君臣关系,也不一定是一种条件关系,将孟子有关君臣关系的说法理解成一种有条件的关系,恐怕是误解。因此川岛教授在其《日本社会的家族构成》中,将原始儒教关于父子关系的解释看作是无条件的,无疑是正确的。然而无论是在中国的古代社会,还是此后的社会,也不一定完全没有恩和报恩意识。日本封建意识的成立是以恩作为媒介的,就是无条件这一点,如川岛教授所说,并不意味着日本的家族道德在伦理上就是低级层次的。但是在这里首先应该注意的是,作为应该与日本作比较的中国的家族道德,特别是在与德川时代的家族道德作比较时,原始儒教之外,恐怕应该选取宋代及明代儒教的家族道德。其次要注意的,日本的情况暂置勿论,就是在强行卖恩意识乃至强求感恩的权力意识和无条件的权力支配意识之间,究竟存在何种程度的差别的问题。总之我认为,即使中国社会中有恩意识,如果直接就将它称为封建的意识的话,是有问题的。

我虽然不一定像孟德斯鸠或者黑格尔那样,认为东方社会中君主一个人是自由的,其他的人都是奴隶之类,但像中国那种家父长的权威强大到难以清除的社会中,与其说没有封建的封土关系(以封土为媒介的封建的君臣关系),没有职业性的战士(具有与接受封土相对应的特定职务的骑士),不如说最根本的还是缺乏忠诚契约关系的基础,君臣关系不能基于相互以对方为条件的独立主体者之间的契约关系之上。我觉得这不是偶然的。在日本和欧洲的封建主义之下，即使是雇佣关系，也是模拟以"忠诚"为枢纽的主从间关系而成立的忠勤（对工作忠实勤奋）关系。可是中国的雇佣关系，自古以来就是人身的租赁借贷关系（据中田博士），这种关系即使带有罗马法性质，却也从未造成像欧洲中世纪的忠勤契约那样的关系。而作为清代大官随身仆从的长随，采取的也是将自己的身体终身租赁借贷出去的方式，他和所谓的主人间的关系，也是类似于奴隶和主人之间的关系；手工业者和徒弟之间的关系，也被置于家父长的支配从属关系类型中。我觉得这些都不是偶然的。在中国直到唐代和五代前后，还有君主以臣下数百人作为儿子编成军队，并将之命名为"义儿军"，这是模仿血缘特别是父子关系的一种拟制，这类情况对于了解家父长制的命令、献身关系性质的一个侧面，应当是可资参考的资料。

以中世政治社会局势之趋于安定化为目标　不用说，我也不是想要否认中国社会的本质性变迁。有一种流行的说法，声称宋代能看到"向封建主义的倾斜"（松本善海氏），认为这是一种农奴制的成立，并划定了古代和中世的分界线。即使在考虑中国中世的情况时，也不能将那里表现出来的家父长制根深蒂固的长期支配暂置勿论，但那样一种长期支配本身，也不一定就直接等同于中国的中世社会中缺乏封建的基础（参照上节）。

六朝时期下及于唐的均田制，有压制与王朝相对抗的地方豪族大地主的用意。隋唐的科举制度也是同样的。本来，只要不实行官职的世袭，某种形式的官吏登用法就是必要的，但作为科举制前身的九品中正制度，掌握在地方豪族的手里，已转化成为门阀的推荐制度，隋唐的科举制度就是要将选举权夺回到王朝手中。隋唐的均田制度和科举制度，是象征着中国古代国家的专制权力和新的官吏统治（Mandarinismus）的制度。可是到了唐代的中期也就是 8 世纪、9 世纪前后，古代大地主支配体制崩坏，新型的地主支配体制终于还是成长起来，尽管过程是渐渐展开的。宋代官吏的祖先与六朝以来的门阀即具有特定出生身份的士不同，世世代代都是默默无闻者（周藤吉之氏）。然而唐代以来，以追求高于奴隶制生产的生产能力为目标，佃户被集中起来，形成了庄园；与此同时，作为地方的大地主亦兴盛起来,崭露头角,从而科举制度便具有了将这些新型大地主纳入到官吏队伍中来的制度性功能。为这种地主官吏所支撑并通过控制这种势力而立国的,就是宋王朝(参照前节)。宋王朝乃至其后诸朝,也都是以这种官僚地主阶层为支柱并建筑在官僚地主统治农民的体制之上的。

如果借用宋代史学、哲学之集大成者朱子的话,就是"父子君臣天下之定理"。即使是宋学,也和古代的儒学相同,将君臣父子间的支配关系看作是绝对的,以这种关系为枢纽的五伦,统合着全部的社会关系,而且以之作为永远不变的真理。如果是这样的话,那么,这种不变的真理是依靠什么来保障的呢,在这个逻辑的推论过程中,宋学和古代儒学之间便产生了差异。宋学是要在作为宇宙秩序的"天理"——自然法中发现这种真理的保障的,而且把这种五伦的规范本身当作人类先天的、内在的东西。无论程子还是朱子,都是在作为宇宙的自然秩序的天理之上建立起人伦规范的,那就是强调君臣父子之"分",不用说,即使有关夫和妻、族父和族子、地主和地客(佃户)等等的"分",那也还是要强调这个的(《朱子文集》卷十四)。正是守"分"、不得超越"分",才是最高伦理,就是朱子也是这样认为的。所以朱子即使对于暴君放伐论,也不想无条件地认可,他主张,放伐者一方要有汤武那样的仁,而被放伐者一方也要有桀纣那样的暴,然后才允许放伐(《孟子》卷二《梁惠王》朱注),也就是这两个条件即使缺其中任何一个,放伐都是不允许的,这就是朱子思想的立场,这是对易姓革命的实质性否定。但这样一种尊重现实中既存秩序的观点,对于维持社会整体秩序的一种稳定性,还是具有重要意义的。而他们想要维持的,主要是当时的政治局势、社会局势、所有那个时代的统治秩序即"分"本身。"从朱子学的自然法思想中,也不是不能引出对既存现实加以变革的结论的。如果理对于气来说应该是优先的,那么,违反君臣之义的现实君臣关系就必须加以变革。但是,浸透于朱子学中的自然主义,使得这样一种理的,即自然法中纯粹、超越的理念性变得稀薄,不,是出于一种内在的冲动,想要使道和物、规范和现实状态之间的鸿沟,不断地从规范一侧填埋而向现实状态靠拢,以至被填平"(丸山教授)。朱子学不是对实定秩序加以变革的原理,反倒是保证其永久性的意识形态理论。

宋学中的自然法,我以为不仅仅会在维持政治、社会局势的安定性上具有重要地位,而且还具有构建安定性的强烈倾向。唐末以来的动乱、农民的反叛暴动、对北方民族的抵抗等等,所有这些社会上、政治上的不安定因素中,都暗含着他们试图促进政治及社会趋于安定化的意图。宋学并不是脱离这种政治的、社会的而且还有经济的条件而成立的。虽说已进入宋学勃兴时期,但就是从范仲淹(张横渠的老师)创设于苏州、其后突然在各地广泛设立的义庄来看,也是以地主支配下的农村秩序的安定化为目标的。又如朱子注释的所谓《吕氏乡约》,仍是以农村秩序、社会秩序的安定化为目标而采取的措施之一。尽管也应该被称为中世儒教的宋以后的儒教,也对"以村民的教化为目标的乡约,以村民的自卫为目标的保甲,和以村民的自救为目标的社仓等,显示出异常的关心,以至于最终编纂成了《乡礼》"(松本善海氏)。在9世纪、10世纪以后的社会中,那以前未曾出现过的在某种意义上具有封闭性甚而排他性的各种各样的社会圈子成立起来了。比如像行会就是其中的显著例子。即使是村落,从本质上看,较之以前的村落也似乎看得出差别来。如果说到农村的安定化,如元代的"社法"就是以之作为目标的。元代法中,还没有达到将审判权委托给村落首长的地步,进入明代后,终于将村落内的审判权委托给了从村落中选出来的被称之为"里老人"的长老。正如越过相应审理级别而上诉便成了"越诉"一样,有关案件如果没有向里老人上诉而直接上诉到州县,则不管其案情真伪与否都要作为"越诉"而受到处罚的。不过这种里老人制度似乎没有长期延续下来,后来作为取代它的制度,实行了王阳明的乡约之类(参照第五章第一节及第六章,又见《皇明圣谕训解》)。作为负责维持整个社会秩序的社会圈子,比如一个个村落及血缘结合,它们对秩序的遵守,为了安定化而作的努力,也被清朝继承下来。这些内部缺乏一体性、散漫零碎的社会圈子虽然以各自的安定化为目标,但在其上面则踞峙着中世王朝的统治权。不过尽管以社会圈子的安定化为目标,然而在统治与被统治之间,一如地主农奴间"分"的变化中所表现出的那样，也不能不出现结构上的变化。［补］参照补章第一。

文献

加藤［繁］博士 在《关于支那的封建制度》（《社会经济史学》第 7 卷第 9 号，昭和十二
年［1937］十二月）中称，"封建"和欧洲的封建主义并无本质上的不同，而且它在
周代即告终结。

和田［清］博士 《关于支那的国体》（《东方》，昭和二十三年［1948］第 1 号，第 97 页及
以下）中也可见到与加藤博士相同的见解。又见和田博士《中国史概说》（下卷，
昭和二十六年〈1951〉二月，第 406 页及以下）。

宫崎［市定］教授 《亚洲史概说（续编）》（昭和二十三年［1948］九月），《中国上古时
代是封建国家还是城市国家》（《史林》第 33 卷第 2 号，昭和二十五年［1950］四
月）。上举两篇中的后一篇，与本书第 9 章第 1 节也有关联。［补］《宋代以后的
土地所有形态》（《东洋史研究》第 12 卷第 2 号，昭和二十七年［1952］十二月）。

牧［健二］博士 《周代的封建制度》（《法学论丛》第 22 卷第 4 号，昭和四年［1929］十
月）和中江丑吉的《中国古代政治思想》都认为，中国的"封建"和欧洲的封建主义
（feudalism）是异质的（仁井田陞《中江氏的东方社会观》，《中国研究》第 13 号，昭
和二十五年［1950］九月）。又请见郭沫若、佐野利一两氏论文。

仁井田陞 《中国社会中的"封建"和封建主义（feudalism）》（《东洋文化》第 5 号，昭和
二十六年［1951］四月）；《中国的法思想史》（《法律学体系》第 2 部《法学理论篇
七》，昭和二十六年［1951］八月）。以上为本节所据。

"对于私见的异论" 前些年我曾在人文科学委员会作了题为《中国社会的家
父长制和封建》的报告（昭和二十三年［1948］，其概要请参照《人文》第 3 卷第 2
号，昭和二十四年［1949］九月），其主要论点为：中国的所谓"封建"，不像欧洲的
封建主义那样是契约性的。那时候贝冢教授针对我的意见，在引用了见于沙畹
《泰山》一书的观点基础上，指出周代封土的授予，要通过举行授受象征土地的土
的仪式，君主作为恩惠，授予土地神的祭祀权，与之相对，臣下要宣誓效忠，认为在
这里成立了授予和等价回报的双向义务关系。又根据见于周代古铜器铭文中的
册命文——investiture（授权）文书，无论是王死时还是臣下死时，都要重新举行册
命。他还指出君臣关系是个人和个人之间的关系，等等。贝冢教授认为这样一种
君臣关系难道不是契约性的证明吗？对我的意见进行了批评。贝冢教授的这样
一些论点，对于我们了解周代的君臣关系，无疑是珍贵的提示，但我认为，即使证

　　明了君臣关系是个人之间的事实上的依存关系,却不足以证明它是契约性的、法律上的,也就是说中国的"封建"和欧洲的封建主义不是同一性质的。

[补]　增渊[龙夫]教授《历史上的类似和比较的意义——科尔本编著〈历史上的封建制〉读后》(《思想》1958 年第 10 号);山田统氏《周代封建制和血缘聚团制》(《社会经济史学》第 17 卷第 2 号);铃木俊、西嶋定生两氏《中国史的时代区分》(昭和三十二年[1957]五月)。

侯外庐氏　《中国古代社会史》(1949 年 8 月)。

齐思和氏　《周代锡命礼考》(《燕京学报》第 32 期,1947 年 6 月)。

　　在中国,上举以外还有郭沫若、吕振羽、翦伯赞、李亚农诸氏等多位有关先秦时代的优秀研究家。

仁井田陞　《中国的农奴、雇佣者的法律身分的形成和变质》、《中国社会农奴解放的阶段》,同时请参照"增订版序"三。据宫崎教授研究,地主和佃户是地位对等者,似乎认为两者间的"契约"与"近世""资本主义"有关系。但是两者间不是对等的,而且单单根据契约并不能否定当时地主的恣意性 = 身份性支配。对于所谓契约,必须对应于佃户意向的独立性的成长过程,并将其置于其发展的阶段当中来把握。从这个角度来看,所谓对等者之间的契约没有什么意义。参照"增订版序"四。

第九章　城市及行会(guild)

第一节　城市及行会(guild)的性质

社会集团的集结　在德国、法国、意大利、荷兰、英国等欧洲的中世社会里,其内部结构中有不少像行会(gild, guild, Zunft)那种架构的坚固的伙伴集团,而这样一种社会集团的集结,既存在于中国的清代,不用说也在以后的社会中被承继下来,中国社会的近代化,如果说问题之一就与这种集团的架构究竟被突破得怎样有关,也并不为过。如果试图从其内部结构来把握中国社会的话,则有同族(血缘)、同乡(地缘)、同学(学缘)、同教(教缘)、同业(业缘),另外还有应该称之为血缘拟制的干爹、干儿子、干兄弟等各种结合关系,大小好多个、好几种社会集团重合在一起,人们并不限于其中的一个,而是一直处于其中的好几种关系中。人们为了生存下去,为了更好地保护其生命、财产,不用说要依靠血缘之类自然的结合关系,同时他们还想要尽其所能地营造人为的结合关系,尽量地以之作为依靠。现在的中国社会,由于变革,同时也由于不断产生的战争,一直想要依靠自己的力量推进近代化,进而超越这些结合关系,尽管我并不准备一味强调中国社会中近代以前的传统特质,但也不能否定,至少在从前,是强烈地倾向于这种传统的结合的。通过《水浒传》式的同伙结合而实行的伙伴间的伦理义务、相互帮助的责任和礼节规矩,并不一定就与以往中国社会的实际相差太远,甚至中国的基督教徒间的结合关系,也是为了保护自己及其家族之用,这大概一如叶绍均的小说《潘先生的遭遇》所显示出来的那样吧。中国社会中没有避难所(圣域),起着避难所作用的就是这种同伙的结合——红帮、青帮之类。

与欧洲中世纪行会的比较　中国社会的行会——地域性的同业的同行伙伴结合,被称为"行"或者"帮"等,如果是手工业者同行团伙,也被称之为"作",这也是具有同行伙伴间互助职能的各种各样的社会集团的一种类型,所谓"帮"这个词汇本身就意味着"互助"。一个城市的行会数量,是将商业行会和手工业行会合在一起算——两者之间的界限也有难以划分的,如果是大城市,据说有一百二十行或者七十二行;如果是小城市,也有十行上下,这只是一个大致的概数。这种行会的结合,由于多与地缘(同乡)关系相重合,因而在很多情况下这种地缘关系还得到特别的强化。例如,据说清朝是全国汇兑业为山西商人所独占、银手工艺业和演艺业为安徽人所独占的时期,胥吏(下级吏员)职位同样也为绍兴府的人们所垄断。诸如胥吏,自然也有不是绍兴出身的人,但是如果不说是绍兴人,恐怕就显得没有势力吧。清代南京的商人将该地所出产的绢织品、安徽和福建的商人将他们本地所生产的茶叶,带到其他的城市出售。售卖涂抹建筑物之类的颜料的北京颜料业,为山西平遥县和与之相毗邻的各县人所独占;北京的冶行也就是制造铜锡铁器的冶铸匠同行团伙,乃以山西东南部的潞安县人为中心;北京的白油也就是猪油业,则为山东的掖县人所独占。上海的金融业处于宁波帮的巨大势力之下;上海的米业掌握在常熟帮、松江帮的手中。在全国,这样的事例不胜枚举。相对于本地同行业之称为本帮,这些外来的同行业(客商)伙伴称之为客帮。在明代,《五杂组》所列举的所谓客商(客帮)之雄,江南则有安徽的新安商人,江北则有山右也就是山西的商人,都是作为盐商而著称的。自清朝的康熙、乾隆时代以降,特别是所谓会馆、公所即商业手工业者同行团伙的 gildhall(行会会堂)的建设,渐渐地兴盛起来,这种商业手工业者同行团伙多是同乡人。作为会馆,上海的四明公所应是其中最为巨大的,这是浙江省宁波人同行团伙(宁波帮)兴建的。汉口的山陕西会馆,是以太原帮为首的山西商人以及陕西商人共同兴建的。北京的同业会馆中,属于最古老行业的成衣行业的会馆,是浙江省慈溪县出身的服装加工店行会。而正乙祠,也同样是浙江省上虞、慈溪县出身的金银熔冶业行会(南银局),为各行业所分别建设的。

另外，杭州的绸缎业会馆，则为本地出身的绢织品业（这是本帮）所兴建。

　　中国的行会也是与所谓中世的特定生产条件相对应的同行团伙集团，是一个拥有共同的利害关系、感受到共同命运、产生出同样道义、拥有共同的守护神从而团结在一个信仰之下、具有同类意识的同行伙伴集团，往往与城市行政也有着某种程度的关联。行会的守护神，有行会中作为财神被广为祭祀的关帝，药商等祭祀的神农，酒店祭祀的酒仙（杜康、李白、吕洞宾），服装加工店等祭祀的黄帝，以木匠、泥瓦匠为首的众多手艺人祭祀的鲁班，造纸业祭祀的作为纸的发明者的蔡伦，制笔店祭祀的作为笔的发明者的蒙恬，理发店祭祀的罗祖，冶金业祭祀的老子，制针业祭祀的刘海，书商和字画装裱师祭祀的文昌帝，染坊祭祀作为祖师的梅仙和葛仙，靴工同行团伙祭祀的孙膑，演艺同行团伙祭祀的喜神（玄宗），等等。正如日本以太子殿下作为木工和伐木工的祖师（柳田国男氏《日本的传说》）、石凝姥命为冶铸师的祖师、木花咲耶姬命为米酒店、酒曲店、豆酱店之类的祖师一样，他们与其说是行会的守护神，毋宁说其中有很多以前就是该行业的神，或者被尊为该行业的祖师。不过也有因同乡关系而将乡土神作为行会守护神的，如福建商人祭祀海洋女神的天后之类。欧洲的行会也不仅仅具有经济上的意义，同时也有为行会成员共同的守护神（例如十二使徒）举行弥撒的信仰团体，共同举行祭典、举办酒宴的社交团体，在疾病和贫困时具有相互救济功能的互助团体，为了防御外敌的防卫团体，促使行会成员恪守其义务的道德团体，为了参与城市行政的政治团体，这些团体的自律自足的程度甚高。然而欧洲的行会和中国的行会之间也有若干的差异。比如中国的行会，相对于欧洲的行会，有着很强的同乡结合性质。另外，中国的行会原则上不像欧洲的行会那样是在国王和领主的特许下成立的，因之具有牢固的基础；也没有欧洲的行会中所见到的那种通常拥有强大的权力强制手段的所谓 Zunftzwang（行会强制），同时也没有发生过欧洲大陆所实行的那样一种行会斗争 Zunftkampf。二者间表现出了上述差别。不过，欧洲的行会中多少也有一些同乡结合的例子。如不特别限于同乡关系，就身份性个人主义即所谓 Ständeindividualismus 而言，即使欧洲的行会，在本质上也和中国的情况相同。这也就是行会的职能以维护其同行伙伴的利益作为最大目标,行会的职业伦理也是旨在维护其利益的同行团伙的伦理、同行伙伴的责任和礼节规矩,而在对同行团伙之外持排斥态度的同时,在同行团伙之内实行以大体平等为原则的身份性个人主义。也是出于这种原因,行会在城市里独占商业手工业,对价格、租金、工资以及产品质量进行统一控管,禁止相互挖职工和争夺顾客。另外,欧洲的行会在其成立初期,与其说是得到特许,也许还不如说是应它自己的需要而产生的,反之,中国的行会也有因官府特许而成立的,它们想必会藉以强化其基础。即使就行会斗争而言,如果从英国的事例来看,也不一定是欧洲的行会的共通现象。只是德国、法国、荷兰、英国等欧洲地区和中国之间的行会的差异、而且是最大的本质性差异,无论如何都表现在一方是生活在城市(Burg)的自由的空气中的市民(Bürger)所组成的,与之相对,另一方则是长期处于专制主义的统治之下,始终不知道这种自由的空气、不曾拥有市民权(Bürgerrecht)者,难道不是这样的吗? 那种欧洲中世纪的行会斗争,如果看到它也是以城市的自由为背景、围绕着参政权的争夺而形成的商业行会和手工业行会之间的对抗,那么,它没有出现于中国也是理所当然的。

特别是就城市及商业行会(guild)的比较　尽管欧洲中世城市在其自治独立的程度上有着明显的时代差异和地区差异,但无论如何都拥有自己的法律和审判机构,无论立法权抑或司法权都掌握在自己手中,还获得了行政权,用自己的手选举其市长,拥有自己的军队,自己与其他国家或者其他城市缔结条约,将封建领主的权力从城市的地域中排除出去,确立了自己作为主权者的地位。城市的围墙是市民用自由之手对自己的武装,显示出这里是拒绝封建权力入内的自由独立的区域。居住在城墙内的人们,无论是贵族还是商人,原则上都服从城市审判机构的管辖。市民是城市的政治权利的担当者,其人格的自由是市民的法律性身份,甚至于产生出了 Städtische Luft macht frei (城市的空气使人自由)的原则。与之相反,农村的氛围则使人隶属,城市的空气是自由的,城市的空气使人自由。连在农村隶属于人的农奴,如果他逃进城市居住一定的时间,就取得了自由的身份,以至于领主也丧失了请求其归还的权力。而在突破中世城市的框架、一体化社会已然成立的近代社会中,城市的自主性立法、司法以及行政权则为国家所吸收,市民也终于从城市及其他社会团体的框架中被解放出来。这样一种欧洲中世城市,是行会的城市,它的典型市民是商人及手工业者,中世城市是在行会从而也是在商人或手工业者的支配之下,贯彻执行他们所希望的城市经济政策。中国城市虽然大体上也是行会的城市,但在城市的行政、经济政策的参与程度上,则与欧洲中世城市的情况不可同日而语。因此,马克斯·韦伯说,北京以及其他城市,都没有市民权(Bürgerrecht),因此之故,他又表述了这样的意思——与城市制度具有紧密关系的行会也是不存在的,他的说法恐怕也不能否定吧。不过韦伯这种说法的资料根据,乃是著名中国研究家莫尔斯所提到的清代行会。相对于莫尔斯的研究,作为今日已取得极大进步的行会研究水准来说,不用说,必须以更有力的资料作为立论的基础。实际上中国城市的商业手工业者所组织的行会,乃是作为单一行会的商业行会,甚至是个性化的作为同业同乡行会联合体的商业行会,例如包头大行,归化城十二行,此外还有蒙古各城市(今堀博士),牛庄(营口),汕头,湖南的洪江以及广州七十二行等。即使就这些行会来看,它们也参与建筑、维修城市的道路、桥梁,举办贫民救济事业,拥有消防队和警察队,为了城市的防卫而组织军队,而且还统一度量衡和货币,制定交易规则,调停商人之间的纷争,等等,往往还有大规模干预城市行政、推进经济政策的情形。但尽管如此,这其中大多是那些不称职的官吏因工作马虎而留下的行政空白,行会迫不得已,只好自己出手作出某种处理,以填补空白。中国的商业行会乃至于行会联合体,为了贯彻自己的目的甚至也在背后凭借官吏的权威。根据以前欧美学者的调查研究,拥有这样一种所谓"自治"功能的商业行会之类得到了广泛发展,这类例子可以举出很多来,只是必须注意到它和欧洲的商业行会之间在社会条件上的差异。

　　清朝于光绪二十九年(1903),仿照欧洲及日本之例,发布了商会条例。其后,以北京为首,各城市都逐步设立了新的总务商会或者总商会之类。即使从前就有商业行会乃至行会联合体的城市,这些行会也被改造得类似于总商会。但是这类总商会,同时也包括同业公会和工会等,都被政府通过自上而下的力量,将其塑造成为所谓的团结、指导城市居民的机构。无论是北京还是其他城市,官吏对于城市行政自然不是充满热心的,居住在城市里并进行经营——在这种意义上作为市民的商人手工业者,他们自己动手填补行政的空白部分——也是在这种意义上的自治,乃是那些官吏的失职所促成的。在总商会或者一个一个行会或者街巷的所谓自治团体中,市民想要做的那些事,大多原本就是官吏所应该做的。以北京为首的中国城市的非常坚固的城墙,当然也不能表示城市是自由和独立的。那么,像欧洲行会的那样一种自治立法,比如后来直接转化成城市法律一部分的关于商品价格和工匠、徒弟待遇的办法规定,在同城市的关系上有异于欧洲的中国行会中,大概是不会有的。说到底,东方的城市和西方的城市——包括希腊、罗马的古代城市和德国、法国、荷兰、英国等国的中世城市,两种城市原本就不是属于同一个范畴的。在今天我国的历史学家中,尽管有的声称像周朝那样的时代就建立了城市国家,其中就有拥有市民权的市民(宫崎、大冢二教授),对这种看法,我想保留不同的意见。

文献

D. J. Macgowan, Chinese Guilds or Chambers of Commerce and Trades Unions(《中国的行会和商贸联盟会馆》), Journal of North-China Branch of the Royal Asiatic Society(《皇家亚洲学会华北地区分会杂志》), New Series Vol. 21. 1886 – 1887.

H. B. Morse, The Gilds of China, 1909(增井经夫氏译《支那行会论》,昭和十四年[1939]十一月)。

S. D. Gamble, Peking: A Social Survey(北京:一个社会调察), 1921.

J. S. Burgess, The Guild of Peking, 1928(申镇均氏译《北京的行会生活》,昭和十七年[1942]五月)。

K. A. Wittfogel, Wirtschaft u. Gesellschaft Chinas, 1931(平野义太郎氏监译《支那的社会和经济》,昭和九年[1934]一月)。

根岸[佶]博士　《支那行会研究》(昭和七年[1932]十二月)、《上海的行会》(昭和二十六年[1951]四月)。

加藤[繁]博士　《论唐宋时代的商人组合"行"以及清代的会馆》(《史学》第 14 卷第 1

号,昭和十年［1935］四月）、《关于清代北京的商人会馆》（《史学杂志》第 53 编第
2 号,昭和十七年［1942］二月）。

仁井田陞 《北京的工商行会及其沿革》（《东洋文化研究所纪要》第 1 册,昭和十八年
［1943］十二月）,《北京的商业手工业者及其同行团伙结合》（《法律时报》第 16 卷
第 1 号,昭和十九年［1944］一月）,《北京行会的工匠、徒弟制度》（《户田博士还历
祝贺记念论文集·现代社会学诸问题》,昭和二十四年［1949］二月）,《北京工商
行会的职业伦理》（《东洋文化》第 1 号,昭和二十五年［1950］二月）。在《中国社
会和行会》（昭和二十六年［1951］十一月刊）一书中,综合了上述有关行会的研
究,本章即本于此书。

今堀［诚二］博士 《行会史》（《现代中国辞典》,昭和二十五年［1950］九月）、《中国商
业行会的结构》（《近代中国的社会和经济》,昭和二十六年［1951］三月）。

幼方直吉氏 《帮、同乡会、同业公会及其转化》（《近代中国的社会和经济》,昭和二十
六年［1951］三月）,特别是其中《应该打破帮的人们——工人》,是应该看的有关
行会意识解体过程的文献。

［补］ 侯外庐氏在《中国古代社会史》（1949 年 8 月）中,对"城市国家"和希腊的城邦
加以区别处理,是稳妥的做法。

松本光雄氏在《中国古代的邑和民、人之间的关系》（《山梨大学学艺学部纪要》第 3
卷,昭和二十七年［1952］）中,对古代都邑进行了论述,其观点与宫崎、贝冢二位教
授有异,请参看。

请参照下节的文献及［补］。

第二节 行会（guild）的组织及其职能

行会（guild）的历史起点 中国行会的历史起点究竟追溯到何时,尚
是一个问题。不过一般认为,以宋代生产力发展为基础的宋代城市的繁
荣以及以城市为舞台的商业手工业者的活动,在 11、12 世纪前后是一个
转折时期,这一时期也是行会的发展时期。关于宋代首都开封和杭州的
行会,《东京梦华录》和《梦粱①录》留下了若干记录;马可·波罗的旅行
记中,也有关于宋末元初亦即 13 世纪末叶杭州手工业行会的记载。然而

---

① "粱",原文误作"粱",迳改。

由于资料的关系,以下所述主要是清朝的情况。

行会(guild)组织　中国行会的成立乃至其活动地区,虽说大抵上是在城市,有时候也包括城市附近的小市镇。而且,有时候还有两个以上的行会对峙而立于一个城市中。比如说因乡党不同,虽然同是茶商,在北京就分立着安徽人的京徽帮和直隶山东人的直东帮,汉口则并立着湖南、湖北、江西、福建、江南、广东等六帮。另外,由于宗教信仰不同,北京的回教徒和非回教徒分别成立了各自的玉商行会(不过宗教在很多场合下并不构成同业对立的理由)。还有,因资本和营业规模不同,上海的钱庄成立了三个对立的行会,银楼业也就是银手工艺业也成立了两个行会。另外,北京的挑运业,同样也是在清末北京的作为金融业的钱铺,都是将市区分成两个区域,在各自的势力范围内分别成立了行会。

作为商业行会中的成员(商号),一般来说,无论是零售商、批发商,还是中间商,都包括在内,偶尔也有只限于中间商的情形。另外,手工业行会中,店铺的主人乃至于师傅(不过所谓师傅一词,也被用于指称成年工匠)、普通职工都一起加入行会,是为通例。一般来说,行会成员的地位似乎是平等的,但有时候,成员中只有特定的人才能够被推举为会首(会头)亦即负责人。例如北京染料业行会的负责人,为山西平遥人所独占,同样是山西的油商行会的负责人,也是由特定店铺的经理(主人)世世代代独占。特别是普通工匠,照例不能被选为负责人,即使在集会上也几乎没有发言权。所谓"耆老一唱而群和之"(据今堀教授)的行会谚语、标语,对于体现这样一种意识和关系来说,是最适合的。在权利产生之前的以往的中国村落里,也可以发现这样一种"和",而且这种事不仅仅见于中国。会首具有管理行会财产及处理其他行会事务的职责,照例要设置数名以上。一般来说,他们都是有德望乃至有财产者,近年来特别是有才能者,在行会集会上被推荐出任,任期是无期限的、终身的。

行会集会在被称为会馆或者公所的gildhall(行会会堂)中召开,如果没有行会会堂,则在供奉守护神的庙宇中、行会每年照例要举行的祭典日子里召开,有时候还在那里报告行会的事务,进行重要事项的审议,另外,还在那里举办宴会,在神面前奉献戏剧表演(只是不像欧洲行会那样出演宗教戏剧），偶尔还在那里举行行会审判。行会中，制定了作为行会成员共同规范的规约，但这种行会规约不是像近年来按照政府指令而订立的那种缺乏操作性、千篇一律的同业公会规定。

行会（guild）的职能——职业伦理 就像教会法的经济思想与欧洲的行会意识联系在一起一样，中国的道教思想，也被认为对中国的行会意识产生了影响。但表现为工匠徒弟制度、行会强制及统制之类的行会职能及其活动，与其说是为了推动社会的繁荣，不如说是将维护同行团伙利益作为优先的目标，这应当是无可争议的。

中国的行会，通常得不到政府所赋予的旨在追求同行伙伴共同利益的行会强制权，但是却有行会凭借其实力，强迫同行业全部加入行会或者设法极力劝诱其加入行会的情形，而在行会或者同行业陷入危机从而有必要进一步加强团结之时，这样的情形往往就表现得特别突出。例如清末北京的靴商同行团伙被迫与靴工行会（合美会）进行对抗之时，又如同样是江西省赣县的皮箱行亦即箱包行会，为了与外来工匠的粗制滥造和贱卖进行对抗而以强力保卫同行团伙的利益之时，就是如此。行会的加入者要缴纳加入费。与欧洲行会中所见到的情况相同，当作为行会成员后继者的子女或者其近亲入会之时，也有行会（例如北京的皮箱行）免除或者减少其加入费的。

中国的手工业作坊的所有者，并不限于师傅，身无技术的店铺主人为数不少（商人资本的作坊所有制）。而且经营规模之大小不一，亦为通例。但有时候也与欧洲的行会相同，如对同行业中各自能够雇佣的工匠和徒弟数量加以限制。关于工资，则经常进行统一管制，当徒弟的时限也有特别的规定（为期三年的场合居多），禁止相互挖走工匠。而在劳动时间方面，虽时有限制，但其例不太多。工匠、徒弟处于主人、师傅的家父长制支配之下，其中徒弟方面，则特别具有家内奴隶性质。清代的工匠，例如按木工同行团伙的规矩，普通工匠即使遭到师傅的殴打和骂詈，也不能报复。顺便说一下，明清律规定，奴婢和雇工（工匠、徒弟）如杀害家长（主人），与子女杀害祖父母、父母同罪，凌迟处死。如骂詈家长，奴婢处绞刑，雇工则杖八十、徒二年。如子女骂詈祖父母、父母，处绞刑。

　　然而即使在中国,普通工匠对于主人、师傅也不一定是无能为力的,还在鸦片战争(1840－1842)之前,就屡屡见到普通工匠行会(Gesellenverband)的成立。比如像北京的靴工同行团伙那样,至迟在咸丰年间就组织起了仅仅是同行伙伴参加的行会(同美会),常常要求雇主方面即靴商人或企业主增长工资,如果达不到要求便举行罢工,雇主同行团伙的行会的团结亦因之而得到强化。一如欧洲的师傅行会凭借城市政府之力对普通工匠行会进行对抗和压制,中国的师傅行会也凭借官府的力量压制普通工匠行会。清末,在温州的铜线制造业同行团伙中,江西赣县的箱包制造业同行团伙(皮箱行)中,福建建阳县的服装加工店同行团伙(裁缝帮)中,也都发现了普通工匠行会。关于蒙古地区的普通工匠行会,今堀博士在作详细的调查。

　　与欧洲的行会相同,中国的行会中,为了同行伙伴间利益享受的平等,也有规定工资额度和商品价格,统一管制产品品质,对新开店铺、作坊的所在地点进行限制,禁止相互争夺顾客,以及规范度量衡等等抑制同行伙伴自由行动的情形。当然也不应忽视,仍然存在没有实行这类统制的。对品质进行统制的,有银楼业(银手工艺业)和烧锅业(烧酒酿造业)等,这类事例还不少。在清代上海的帽子业中,实行了样式设计方面的行会统一管制。关于店铺作坊的限制,例如北京的理发业行会规定,如果没有十个门牌的间隔,就不允许新开店面。所谓"上七下八",就是禁止在同业门店上面七家、下面八家之内新开同业门店,这在湖南长沙,涉及到铁器、茶、面、油货、爆竹以及理发等各行业的店铺。另外,禁止争夺顾客,在理发业中就常常能见到。在江西的景德镇,瓷器采购者在采购时一旦被甲所承包(承揽、专购甲的瓷器),这之后就不能被甲以外的人承包,这样一种限制还延续及采购者的子、侄。采购者也就是顾客,便永远是甲的"绞草"(专购客户),除了因甲让渡而接受其"绞草"之外,其他任何人不得夺取甲的顾客,其同行团伙则被称之为"绞草帮"。

　　即使中国的行会,行会规约也不是仅仅诉诸同行伙伴的道德良心,同时还伴随着对同行伙伴行为的外在强制,对于违犯同行团伙的共同规范者,同行团伙要处以制裁,理发店和服装店之类的手工业者同行团伙则是殴打违犯者,或者除名。商人同行团伙通常是要求违犯者在行会守护神之前,献上罚香和罚戏(戏剧),或者使之设罚宴招待同行伙伴。不仅仅是这种经济性制裁,也有除名的。行会内正是从业者生计产业得以维持之所在,被开除于行会之外,是极其严厉的制裁。根据距今三十年前甘博(Gamble)关于北京行会的报告,北京盲人行会每年照例要在祭祀岳飞的北京精忠庙召开同行伙伴大会,在其行会法庭上,要对违犯规约者执行笞刑。又据麦嘉温(Macgowan)的报告,清光绪年间,温州的理发店行会,对于不遵守规约的同行伙伴,要推翻其居室,并将其家产、工具焚烧、毁弃于路。苏州的金箔师行会,据说对那些独占政府订单,为了完成订货而无视行会规约关于徒弟数量的限制,雇佣大量徒弟的同行伙伴,采取袭击、啮杀的处罚手段。另外,同行伙伴间的纷争,原则上不上诉官府,而通过同行伙伴间的仲裁调停来解决。纷争的原因多是贱卖以及其他的业务竞争问题,调停时,则由行会的负责人出面。

　　为了同行伙伴的互助共存,行会要救助因外敌攻击而陷入危难的同行伙伴,有时候对于官府过分残酷的剥削,也不惜起而抗争。这样的事在各行会的记录中屡见不鲜。昭和十八年(1943)我滞留于北京期间,也发生过激烈的行会抗争。那是北京的猪业(豚业)为反对官府的统制而发起的抗争,牲猪(豚)经纪业、屠宰业、猪肉贩卖业,全都起而反抗,借用某人的说法,即使到了削鼻子割耳朵的地步,也都不能松懈行会的紧密团结。因为这次罢工,北京市民很长时间几乎都吃不上肉(不过在当时,回教徒的牛羊肉业没有加入罢工)。行会还为同行伙伴的子弟开设学校,或者为贫困的同行伙伴赈给棺材,提供行会专用的墓地(义地),或为那些归葬乡土者提供会馆内的丙舍,以便其归葬前临时寄存棺材。

　　行会(guild)的变质、衰亡　随着新的生产组织的得势,大规模企业的兴起,市场的扩大,以及国际贸易的发展,行会作为一个独占性的、一个追求其同行伙伴共同利益的机构,其解体、消亡的命运将不可避免。清末以来的同业公会乃至工会之类,不过是行会在形式上实行转换的产物,而基于经济的内在动因,行会也将逐步在实质上进行转换,即使在中国,行会坚固的同行团伙结构,相信最终也会在实质上被超越被破坏吧。

　　例如,据朱氏及伯吉斯氏的研究,曾经仅仅在国内有销路的北京粗罗纱行会(rug gild),后来竟被大量输出到海外,从而妨碍了行会的统一管制,导致统制框架崩坏。既然行会在价格和品质的统制上均已无能为力,外国人的巨大生产规模,便无所顾忌地打败了小工场制度和小规模生产方式。而出于行会成员自己之手的产品的粗制滥造化,也使得传统的手工业体制不得不日益成为资本主义自由竞争场上的失败者。与之相反,如根岸博士所论,华北制粉业的衰落,则是小麦粉大量输入的结果。行会的支柱虽已动摇,却也不可能一朝倾覆。总体而言,中国市场与世界市场的联系,外来力量——资本主义对中国市场的压迫,使中国行会乃至民族产业的变化,或者说它的衰亡,或者说它的内部崩坏,成为不得已之事。但是作为这样一种外力冲击的接受者,一个一个行会的情况却不尽相同。虽然包含着诸多矛盾,变化在持续进行,但无论如何,直到辛亥革命(1911)之后三十余年,行会也不一定就到了从根本上被颠覆的地步。

　　那么,如果要问,是什么原因使得行会能够像这样一直免于崩坏,其主要原因又是什么?可以说,那就是"中国的工业水准始终停滞在手工业水准上这样一个条件"有以致之。不用说,有关后进国的经济内生、自发地发展到产业革命的问题,尽管必须考虑该国的内部条件,但外国资本一直压抑民族产业资本,乃是众所周知的事实,只要有这样的限制,发展就是不可能的。孙文终其一身的奋斗,就是在同外国资本——它使民族资本发展的全部计划都成为泡影,同与外国资本紧密勾结在一起的军阀、买办作彻底的抗争。不用说,行会和军阀买办的利益并不总是一致的,从这一点来看,两者间的抗争是不可避免的,但是,给行会(guild)体制的存在、延续留下很大空间的也还是军阀买办。

　　通过这一次世界大战,中国已掌握了解放自己的机会。这样,面临着民族资本的发展和国内市场的形成,行会的命运就重新成为全局性问题。法国的行会虽说在革命时期从法律上被废止,但那时行会业已在实质上接近于终结。革命之前,中国的行会虽未能在实质上宣告终结,但中国要开辟一个新的时代,行会的生产,行会的利己主义,并就行会的总体而言,终究是一个障碍物。也许可以这样说,在今后,行会全面终结的可能性将趋于增大。［补］在今日，行会的功能已告终结。

文献 （同前节）

［补］　根岸［佶］博士《中国的行会》（昭和二十八年［1953］四月）。

加藤［繁］博士　《支那经济史考证》（昭和二十七年［1952］，二十八年［1953］），是收入以前所发表的有关庄园、行会、城市、村落诸方面研究的论文集。

今堀［诚二］博士　《中国的社会结构》（昭和二十八年［1953］十二月）、《中国封建社会的机构》（昭和三十年［1955］三月）、《中国的自耕农行会的结构》（《社会经济史学》第18卷第1、2号，昭和二十七年［1952］四月、六月）。

仁井田陞　《清代湖南的商业行会——关于洪江的十馆首士》（《东洋史研究》第21卷第3号，昭和三十七年［1962］十二月）。参照"增订版序"四。

第十章　人　　法

第一节　人

作为人的资格的取得　自然人因其出生即取得了作为人的资格，死亡及失踪等则成为其资格丧失的原因。不过因其身份、职业、年龄、性别之别，在公私利益的享有范围上有广狭之差，还不能说一律平等，特别是贱民，相对于良民其地位要受到限制（第七章）。另外，不独立的人并不仅仅是奴隶，无论是家族还是家族共同体乃至支配性团体内的人，都不能说就是独立的人。

新生儿自出生瞬间即被承认为有人格者，这一点直到近来，还不容易确立。后世所谓溺儿、溺女也就是杀婴，直到汉晋间的贫民中还作为通例在实行。而且从那时以来，各朝政府大抵都通过生育政策极力防止杀婴，但还没有将父母杀害新生儿作为犯罪来看待（例如《后汉书·贾彪传》）。不过根据晋代的记录，称当时不仅仅农民，而且社会上一般人对杀害新生儿都不予以责难，就是官员也不以"杀子之刑"来判处其罪（《通典》卷六十九）。甚至在后世，尽管社会上有非难，尽管还制定了处罚规定，但杀害新生儿之事在后来也仍然没能绝迹（另外，关于一般的亲子关系，请参照第十三章第九节）。

胎儿由于还没有成为自然人，所以还不具备人的资格，但是在家产的取得方面，其利益仍然是得到保护的。关于这方面，汉代的例子已见于《风俗通》。父亲死亡之时还没有出生的儿子，南宋的记录中称之为遗腹子，在家产的取得上被视为已出生之子。因此当死者在遗腹子之外没有儿子时,则其全部家产理当为遗腹子所得。根据当时的判决(《清明集》),当女儿和遗腹子之间分割家产时,因为"遗腹之男亦男也",按照通常的分割法律,其分割比例为女儿占三分之一,男子占三分之二(第十三章第四节)。

年龄、健康和性别　人的年龄和健康状况是决定有无国家课役负担的基准(参照第十一章),这两点又构成有无刑事责任能力的限定条件(参照第四章第一节)。男十五、六岁,女十三、四岁,被认为是婚姻的适龄期,但这在实际上总是被忽视的(参照第十三章第七节)。在这些场合中,所谓年龄,按道理也应该以户籍作为基准。关于成年期,十五岁左右是一个大致的标准,如果已达到成年期,监护即告终结(参照第十三章第十节)。

在家产法以及其他方面,女子在法律上处于劣势地位是不争的事实。即使在六朝和隋唐的均田制中,女子和男子也不能取得同样数额的授田。女子之成为家长(户主),原则上限于没有男子的场合,而按照宋代的惯例,即使有男子,也是未成年的男子。主妇保管门户锁钥,不过社会所认可的,仅仅是日常家务事可以不经过家长同意而自行处理。另外在宋代、明代法中,如果没有儿子,而且丈夫也没有养子,丈夫死后可以为亡夫立继嗣(立嗣),这是法律所允许的(第十三章第五节)。

失踪　在唐代法中,失踪是与逃亡和所谓的"没落外蕃"(被带到外国,或者因海上风暴而流落到外国)有别的。流落他国者一旦归国,便附着于原来的户籍;如果没有户籍,便附着于近亲的户籍,而且还得以免除数年的课役。另外,如果是因为王事而没落外蕃,原则上,当事人的口分田在六年之后也必须返还。丈夫在失踪后经过一定期限——按宋初的法是六年、南宋的法是三年、元初的法是五年、明令是三年,仍未归家,则允许妻子再婚。

团体和寺院　不限于自然人,行会、同族集团之类的团体或者寺院之类,也有资格成为拥有权力、履行义务的主体。行会和宋代以降的同族团体,即以其名义拥有权利,履行义务,寺院之类也以其名义所有土地,接受寄赠(施与)。[补]参照补章第一。

文献

仁井田陞 《支那身分法史》(昭和十七年[1942]三月)。关于丈夫的失踪,请参照该
书第五章第七节。

第二节　外国人——属人法主义和属地法主义

外国人　外国人被称为化外人,或者被称为蕃夷,以及外蕃人、蕃人、
胡人等。他们如果是商人便被称之为胡商、商胡等。华夷之别的意识
(参照第二章第一节)也在所谓"化外"的用语中体现出来。唐代被称为
"波斯"、"胡商"之类的外国商人,多为玉商,擅长于名玉的鉴识(中田博
士、石田干之助博士)。当然,无论是外国人还是化外人,并不限于所谓
的西域人,北方、东方各国人之往来于中国者,也被称之为化外人。

据唐代法,外国人和中国政府互市,与一般的中国人进行私人交易,
相互间要缔结交易契约,另外,在国家许可的情况下,还可以与中国人通
婚。不过,禁止外国人将所娶的中国妇人一同携带回国。因此"按唐代
法规定:外国人,只要法令没有特别加以禁止,原则上也可以说享有 com-
mercium et connubium(贸易和通婚权)"(中田博士)。在《庆元条法事
类》中有一篇名曰"蛮夷门",它集中收录了南宋时代有关外国人及归化
人的法规。在当时,也允许外国人与中国人做生意,或雇佣中国人,还包
括与中国人通婚,但禁止将所娶的中国人、所雇的中国人,以及和中国人
之间所生育的子女,一同携带到国外去(宋"禁卫敕")。

归化　在唐代,还允许外国人归化。归化也被称为"投化"或者"归
朝"。而且按规定可免除归化人 10 年间的课役。宋代也和唐代一样允
许外国人归化。在宋代,归化通常也被称为"归明"。归化人亦即归明
人,制度上可以被授予土地、免除国家课役。另外,当外国奴隶亦即化外
奴婢归化时,一律解放为良民,即使作为他主人的外国人在此前即已归
化,也不能将他压为奴隶(宋户令)。虽然唐令的原文还不明确,但根据

日本令和这条宋令的类似之处,也可以大体想像得出唐令的原形。"在欧洲中世,有所谓 Wildfangsrecht(野蛮的捕房权利),即国王或者领主在某一期间内,拥有将停留于其领地内的外国人强制性地压为自己的隶属民 serfs 的权利,而这样的情况在唐代法中是看不到的"(中田博士)。这一点在宋代法中也仍然是如此。

属人法主义和属地法主义 根据唐代来到广州的阿拉伯商人苏莱曼(Soleyman)的旅行记,广州伊斯兰教徒之间的诉讼,是在由教徒出任审判官的特别审判机构中,依据教徒本国法来进行审判的。在唐代,作为应该适用于外国人的法律,如果是同类的外国人相互之间的犯罪即根据属人法主义而适用其本国法律,如果是不同类的外国人,例如高丽人和百济人之间的犯罪,则要根据属地法主义而适用中国法律(唐律)。这一原则也为唐朝之后的中国各个王朝乃至周边各国如辽、宋、金、高丽、安南、日本等所采用。日本和安南的律甚至是原文照搬唐律的条文。今试列举《唐律》之下的相关律文如下:

> 《唐律》:诸化外人,同类自相犯者,各依本俗法;异类相犯者,以法律论(《宋刑统》与之相同)。
> 《辽制》:凡四姓相犯,皆用汉法;本类自相犯者,用本国法。
> 《金律》:诸同类自相犯者,各从本俗法("诸"字依意补)。
> 《高丽律》:诸化外人,同类自相犯者,各依本俗法。
> 《安南黎律》:诸化外人,同类自相犯者,各依本俗法;异类相犯者,以法律论。
> 《日本律》:凡化外人,同类自相犯者,各依本俗法;异类相犯者,以法律论。

这中间,辽(契丹)法所谓四姓是指契丹、渤海、奚以及汉人。在辽法中,与唐律不同,没有使用所谓"化外人"的用语。尽管契丹人是作为统治民族,但他们也将自己置于该法的适用范围之内,例如契丹人和渤海人之间的犯罪,并不是适用契丹法,而是中国法(汉法)。而且契丹人之间的犯罪,渤海人之间的犯罪,以及中国人之间的犯罪,也是分别适用各自的本国法。即使在金律中,无论是作为统治民族的女真人之间的犯罪,还是作为被统治民族的中国人之间的犯罪乃至契丹人之间的犯罪,也都是分别适用其本俗法。不过这里所说的本俗法,无论是就女真人的场合而言,还是就中国人的场合而言,都是指的金律,不一定就是女真人本来的乡土之法。但是,由于很难将适用于中国人之类的同一种法强加给女真人,所以在金律(或者是金律令)的条文中,往往制定了一些基于女真固有俗法的、仅仅针对女真人而有别于针对中国人的规定。比如对于女真人,就与汉人不同,不禁止他们在父祖生前别籍;又比如禁止汉人和渤海人迎娶死去的有服兄弟的妻子亦即所谓 levirate(续嫁夫兄弟婚),而仅仅对女真人不予禁止。[补]在宋代等朝的法律中,对于国内异民族之间的问题,也适用该异民族的法律。

另外,明清律中也有化外人适用中国法的规定,看起来以往的属人法主义似乎被废止了。但是,这里所谓的化外人与唐律中的不同,明律中是指"来降"的化外人之类(《明律笺释》云:既经归附,即是王民),而不是指本来意义上的化外人。清律也与之相同,只是对于蒙古人,有单独适用于他们的《蒙古律例》之类的特别法规。

外国人的遗产继承法　在唐代,死亡外国商人的遗产,仿照死亡中国商人之例,如有随行的近亲,则可任由他们收管其遗产,随便带到那里去都行。如果没有随行的近亲,则由官府暂时收管,他日其亲族自本国来,并带有足以证明作为其亲族身份的文书,则在其亲族提出返还遗产的请求时,遂将遗产当面交付。只是从大和八年(834)以后,规定有了变更,也就是将能够提出遗产返还请求的亲族范围,限定为死者的父母、妻子、儿子和兄弟,并且是随死者一起滞留于中国者。

文献

中田[薰]博士　《唐代法中外国人的地位》(《法制史论集》第3卷)。

若城久治郎氏　《关于辽代的汉人和刑法的一个考察》(《满蒙史论丛》第一,昭和十三年[1938]八月)是关于契丹法的。又关于金代法,有仁井田陞《金代刑法考》(《东

洋史研究》新 1 卷第 2 号,昭和十九年[1944]十月),关于清代法有《台湾私法》第
12 卷上(明治四十四年[1911]八月)。

[补]　仁井田陞《中华思想和属人法主义及属地法主义》(《法制史研究》第 3 卷,昭和
二十八年[1953]十一月)。《宋史·汪大猷传》:"苟在吾境,当用吾法。"(属地法
主义的主张)。参照"增订版序"一。

第十一章 户籍制度

户籍的内容 先秦时似乎就有了某种户籍,晋令中关于户籍的逸文也流传下来。根据晋令,晋的户籍用一尺二寸长的札,据说上面登载着赋役者的名字。今天,各个探险队在敦煌和吐鲁番发现了西凉建初十二年(416)、唐开元四年(716)、天宝六载(747)和七世纪其他的唐代户籍,以及宋至道元年(995)的户籍断片。西凉户籍中登载了本籍地、家长及其家庭成员的亲属关系、姓名、身份、性别、年龄以及基于年龄的丁、小之别。唐代的户籍中,不用说也登载了家长及其家庭成员的亲属关系、姓名、身份、性别、年龄,还登载了因年龄而别的老、丁、中、小,另外在健康方面,还记录了笃疾、废疾、残疾的区别。而这些身份、性别、年龄及健康方面的区别,乃构成均田制(关于此制,请参照第十四章第二节)中土地的还授、租庸调(租,丁男一人纳粟二石;庸,每年服国家劳役二十日,若不服役则被征纳代役的绢或布之类;调,即是交纳绢或布之类的赋税之谓。斯坦因探险队在吐鲁番发现了唐代的庸调布的实物。)之类的赋税力役和兵役的标准。总之,户籍就是以家庭为单位、记载着该家庭所属人员的身份关系、家庭关系、田制及赋税力役、兵役等方面事项的公文书。

这样一种唐代的户籍制度,与赋役有着深刻的关系,北朝时期也与之相同,没有了均田制及租庸调制的唐朝以后的户籍制度,也仍然与各自时代的赋役征收有着深刻的关联。就是在元代,为了赋役(丁税)征收,也仍然有必要制定人丁年龄的基准,明清律中的户籍制度中,也像下文所述那样,家长也负有与唐律中相类似的义务、责任。

户籍编制手续 唐代以及北朝,还编制了与户籍并列的计账。根据唐代的制度,计账登载着下一年度的课役。计账基于户主也就是家长的申告书——手实,由里正每年编制而成,户籍则以手实及计账为资料,每隔三年在州县里汇总编成,所以,能否全部免除或者部分免除一户的赋役,乃是根据该户主如何申告来决定的。因此唐律规定,户主负有申告户口的义务,与之相应,如不申告户口,或者即使申告了却虚伪不实,户主就要受到处罚。然而就敦煌和吐鲁番的户籍所见,遗漏的为数不少。一户中只有女性、连户主也是女性的所谓"女户",尽管在现实中也并不是完全没有,然而不仅仅存在这种女户,而且为了逃免赋役,以至将男口作为女口申报登计,甚至按照所谓"一男十女"以上的性别比例来登载女口的户籍,也为数不少。

文献

那波[利贞]教授 《关于正史中所记载的大唐天宝时代的户数和口数之间的关系》(《历史和地理》第 33 卷第 1 – 4 号,昭和九年[1934]一月至四月)。

仁井田陞 《唐宋法律文书的研究》(昭和十二年[1937]三月),《吐鲁番发现唐代的庸调布和租布》(《东方学报》[东京]第 11 册之 1,昭和十五年[1940]三月)。[补]参照"增订版序"二。

玉井[是博]教授 《支那社会经济史研究》(昭和十七年[1942]四月)。

《台湾私法》第 2 卷上(明治四十四年[1911]八月)。其中记载了有关唐代以后各时代的户籍制度,明清时代的赋役黄册、赋役册。

[补] 山本[达郎]教授 《敦煌所见计帐样文书残简——大英博物馆所藏斯坦因带来的汉文文书 613 号》(《东洋学报》第 37 卷第 2、3 号,昭和二十九年[1954]九月、十二月)。

池田温氏 《关于敦煌发现的唐大历四年(769)手实残卷》(《东洋学报》第 40 卷第 2、3 号,昭和三十二年[1957]九月、十二月)。

第十二章　宗族法和亲族法

第一节　同族结合

宗族的构成　中国的家族,是共同经营经济,以夫妇、父母子女及其周围的血缘近亲为中心的血族集团。而且中国直到近些年,仍然是包含着这些一个一个家族的、范围更加广泛的父系血族集团,作为社会构成的主要单位。这种集团,不仅拥有作为其血统标识的共同的姓,而且拥有共同的始祖和祭祀活动,其内部维持着一体化的家族统制。这样一种广泛的血族集团,在中国一直被称之为宗族(有时称为氏族),其构成成员则谓之族人(宗人),而且从族人中选举出被称为族长或者宗长的首长(宗长之语已见于六朝时期也就是 6 世纪的《文选》等文献中)。因而中国的宗族是 agnatischer Verband(父系组织),同时也可以说是 patriarchalischer Verband(宗法组织)、herrschaftlicher Verband(家父长支配性集团)。

中国的宗族就是这样一种同祖同姓的父系血族团体,若追溯其系统,则源流极其广远。如《颜氏家训》所说,虽经百代,于理而言,同一世代也就是同一辈分(排行)的族人仍是兄弟("同昭穆者,虽百世犹称兄弟")。也就是说尽管已从现实的家族共同生活中分离出来,但在以后却并没有丧失兄弟意识、同祖意识,这种宗族结合的观念显然是有基础的。而且即使在这些广泛的宗族之间,同一行辈的男子,其名字用的是同一个或者同一种类的字,以后不管过了多少代,这些名字自然地显示出辈分——兄弟排行,因而为了使族内的尊卑一望而知,就在所谓的"辈字"上精心设计。例如朱子的名字为"熹",是木火土金水的火(灬)所构造的字,朱熹即属于本家族中用这类字作为名字的一代。而用木构造的字是表示他的父亲一代的辈字，土、金、水所构造的字则分别是其儿子、孙子和曾孙一代的辈字。《红楼梦》的主角贾宝玉，也应该是属于用玉或者用玉所构造的字作为名字的那一行辈的。青帮同伙中的二十四字辈，也与上述辈字的意义相同。

如果观察宗族团体中女子的地位，出嫁女虽说加入到了丈夫的宗族中，但这在过去却有未曾完全脱离父族的倾向。那是三国时代也就是3世纪时的事，当宗族被处以夷三族的刑（族刑）时，已出嫁的女儿不仅要从坐（缘坐）夫族，而且还要从坐父族。只因为是女子，就与男子有异，特别遭受到这种"二门之诛"，这在当时成为了问题。这之后，出嫁女虽仍从坐夫族，却不再从坐父族了。又，女系亲戚是不能算在宗族之内的。宗族并不是基于 Cognatensystem（血族主义），这是它得以区别于亲族的一个特征。可是在中国的古代文献中，有所谓"民，知其母不知其父"（参照《庄子·盗跖》，又《商子·开塞》以及《白虎通》），这样一种说法似乎显示出，仅仅是通过女性乃至母亲来知悉血缘的原始性，而关于父性，似乎在生理上是无所了解的。正如这里所暗示的，或许当时的婚姻就是以妻子的住所为中心的妻方居住制，所以有学者也在考虑有关中国存在母系家族时期方面的问题。

宗族并不是零零散散的家族的集合，而是祖先在某一个时期分化出来的家族，以分派支系即房的形式有系统地逐步构成的，最后形成一个巨大的父系血族集团的联合和集结（即使像近些年来在华北农村那样的地方，同族分成大一门、二一门、三一门那样三个门派，或者分成南院、北院、东院那样五个分支之类的例子，仍屡见不鲜。）。而且这些支派也推立了首长。支派的首长被称为房长之类，有时候也称之为族长，成为支派内有实力的可资谘询、协商的对象。

同族结合及其分布　宗族也不一定就形成为聚居于同一个地方的同族部落。但是由于宗族间产生了紧密的协作关系，或者宗族团体无论在政治上还是在社会上都拥有了势力，于是便出现了很多宗族聚居（族居）在一起的情形。在文献上，宗族聚落亦即同族部落，从汉、三国也就是从公元前 2 世纪到公元后 3 世纪很早的时代开始,就显得特别多起来,一个部落的家庭数多达数十百家甚或千家、数千家。而且右姓大族(姓族)即历史上著称的豪族的存在地域,从古老的汉、三国时代开始,便见之于陕西、河北、河南、山东、山西、四川等各个地区,即使在长江流域或者沿海各地区,也可以举出相关的古代资料为证。六朝以来的各个姓族,也在唐《贞观氏族志》(发现于敦煌,仅为残卷)中得到反映,而且可以说这样一些诸姓族是"世为部落"。不用说,宗族的聚居,并不限于这些姓族。即使在姓族号称隆盛的汉魏六朝时代,杂姓聚居的事例恐怕也是容易见到的。以姓族为背景跻身政界的现象,在唐代以后日见衰微,但宗族聚居的事实,却不一定就随之急遽消亡。(据传为唐开元五年[717]的族望敕文中,武阳的李和河西的汪等 10 姓成为了"国之柱",武阳的贾和岭南的庞等 16 姓成为了"国之梁",这些族望亦见载于后世的家谱比如《新安汪氏八公谱》[明刊]之类。)同姓村落以同族的姓来为村落命名,这种情况不仅在后世屡见不鲜,就是在唐宋时期也有其例,比如唐代怀州(河南)的周村、宋代绩溪县(安徽)的王村。而唐代白乐天诗中所见的朱陈村(徐州),则为仅仅由两姓组成一村之例。

同姓村落(同族村落)或者同姓(同族)占有很大比重的村落,就清代乃至近来的情况而言,被认为以华中华南特别是华南的农村为多。如库尔普(Kulp)所调查过的广东省潮州地区的凤凰村,也差不多是一个仅仅由同姓组成的村落。又如浙江奉化县的郯源乡——所根据的是清朝末年的资料,完全同姓的村落达 80 个之多,占到了村落总数的一半(牧野巽氏)。不用说,即使在华北农村中,同姓占有很大比重的情况也是有的,就是同姓村落也不是完全没有。不过在华北农村中,这样一种倾向毋宁说还是很弱的,无论是被认为具有较强联合性的河北省定县(据李景汉氏等人的调查)的 62 个村子,还是在同省栾城县(据杉之原舜一氏等人的调查)的 143 个村子中,同姓村落都只有 1 个。

作为同族集结机能的宗祠、族田及族谱 以往像华中华南那种同族集结的数量大、程度高的地方,可以看到同族用于祭祀其共同祖先的祠堂或者宗祠(如是同族共同祭祀其远祖则称之为大宗祠或者总祠),在数量和规模上都有增大的倾向。据说,还是在清朝时,广州上千人的族有数十个宗祠,即使不满百人的族也有数所(《广东新语》,又请参照《佛山忠义志》之类的记载)。在这样一些地方,为了筹集祠堂或者宗祠的祭祀费用,设置有祭田(广东省所谓太公田),有以提供坟墓祭祀费用为目的的护茔地(往往被称为祭田),还有以其收益作为同族互助之用的义庄、义田等,这些为全体同族所有的族田、族产,其面积和规模都在增大(浙江嘉善地区的《续修枫泾小志》中在宗祠义田方面也显示出这样一种倾向),有扶助、救济以及提供无报酬的服务的意蕴。从范氏义庄和《袁氏世范》之类的例子来看,给族人配发了请米历子(券历、请米券),每月出示此历子,就可领取一定数额的米。族田则是让同族内的贫穷者耕种,而如范氏义庄,也有不让同族耕种而以异族为佃户的情形(同族享有收益权)。同族集结程度紧密的地方,族谱(也称为宗谱、家谱、家乘,如《苏氏族谱》、《范氏家乘》)的篇幅和内容也出现加大的倾向。族谱所收载的有同族的系谱、传记之类的人物谱方面的事项,也有家训、族约、义庄祭田规定之类的生活谱方面的事项,是与一族有关的全系谱,作为这样一种全记录,经过若干年就要改修。简单的也是有的,不过相当于一幅挂图大小,如果是大规模的,则多达几十册。

但在华北,拥有祠堂、族谱及祭田的同族不多,即使有族田,规模也不大,大多不过是围绕着坟墓的很小一块护茔地而已,甚至拥有这样一小块地的同族还不多。与这种情况相应,在最近迎来了土地革命的中国农村中,因这种族产被没收而受影响的程度,不用说,也是在华北较小,相反,在华中华南则颇为显著。

这种拥有宗祠、族田(义庄、祭田)、族谱等的大规模同族集结,一方面是官僚地主即官户发迹的立脚点,另一方面,则是无论社会层面还是经济层面都处于极不安定地位的农民藉以谋生的、自我保护的一种结合。如果反过来说,便是宋代以后大地主制所具有的自我矛盾的一种解决手段。义庄(据说以苏州的范氏义庄为其始)和祭田(为朱子所创始)、宗祠都是开始于宋代,族谱的起源,大体可追溯到门阀受重视从而家谱也受到尊重的六朝。在当时,政治上有势力的阶层是右姓大族,主要的官吏为这些姓族所独占,正如"上品无寒门、下品无势族"所描述的一样,门地的上下决定着官品的上下。而且在南朝,为了明确士庶之间的区别,甚至还导致了士庶不婚的身份性内婚制的成立。正是因为这样一些情况,记录家系的族谱(当时的所谓谱牒)受到重视,其编纂也得以盛行,而且为了确定家系的真伪,还由政府对家系进行了审查。不过直到近来仍在编纂着的族谱,则是自宋代族约结合有了新的起点以后才得以重新广泛编纂的。

同族部落的排他性——械斗 宗族不仅对于其内部在互助的意义上具有强韧的集结力,而且对于其外部在防卫的意义上也具有强韧的集结力。据说还在汉代、三国时代,例如像后汉的河南人樊宏,又比如像三国曹魏时的安徽人许褚,同族就业已建筑了堡垒,以抵抗外敌。就许褚的同族的情况而言,达到了三千余家。据说"父母之雠,不与同生……族人之雠,不与聚邻"(《大戴礼》),不用说无论先秦还是汉魏六朝时代,族人的复仇是难以避免的。据《韩非子》(《内储说》)所载,也可知族群斗争由来久远。在清代,特别是华中华南,无论是其内部,还是"沿江滨海"六省中所见之同族部落,他们以族人受到危害或者农业水利、边界、坟墓等方面的纷争作为理由,不,甚至不管是否有理,族人都在宗祠之前发誓,为了自己的部落而拿起武器战斗。这样一种血亲复仇 Blutrache 即是所谓的械斗,福建、广东的同族部落,平时就在构筑堡垒,一直在为械斗作准备。这是为了父系血族的争斗,以至阵前哪怕面对母族、妻族也不相避。如果是大规模的、两个以上利害相同的部落联合起来发动的械斗,就要酿成成百上千人的战争,连官府也无法处理。因械斗而死人的事并不少见,为了扶养他们的遗族,便以族田的收益拨充其用。不用说,为了开辟中国的新时代,必须打破这种血缘共同体,现在也一直在打破。族田设置的出发点这里暂且不论,不过我们看到,即使成为了天下义庄模范的范氏义庄,其后也往往因族田收益的处理而引发问题。正如马札尔也说过的,族田成为了族长的口中之物,不是因为外部的力量,而是从内部导致其解体、崩坏,而其土地的再分配以及土地所有的重新组合,即使在从前也曾经在某种程度上实行过。〔补〕参照补章第一。

文献

田中［萃一郎］教授　《义庄的研究》(《田中萃一郎史学论文集》,昭和七年［1932］八月)。

冈崎［文夫］教授　《魏晋南北朝通史》(昭和七年［1932］九月)。

宇都宫清吉氏　《关于唐代贵人的一个考察》(《史林》第 19 卷第 3 号,昭和九年［1934］七月)。

今堀［诚二］教授　《唐代士族的性质素描》(《历史学研究》第 9 卷第 11、12 号,昭和十四年［1939］十二月及以后)

戴炎辉氏　《祭田及祭祀公业》(《法学协会杂志》第 54 卷第 10、11 号,昭和十一年［1936］十月、十一月)

天野［元之助］教授　《支那农业经济论》(昭和十五年［1940］七月)

仁井田陞　《支那身分法史》(昭和十七年［1942］一月),《中国农村社会和家父长权威》(《近代中国的社会和经济》,昭和二十六年［1951］三月)。本节即据此二书撰成。仁井田《支那近世同族部落的械斗》(《小野武夫博士还历记念论文集·东洋农业经济史研究》,昭和二十三年［1948］五月),参照近刊的《中国的农村家族》。［补］该书于昭和二十七年［1952］初版,二十九年［1954］再版,请参照其"再版序"。还请参照本书"增订版序"三。

守屋美都雄氏　《六朝门阀的一个研究》(昭和二十六年［1951］七月)。

牧野［巽］教授　《近世中国宗族研究》(昭和二十四年［1949］七月)。该书是牧野教授有关宗族研究的论文集,其中包含了一些未发表的论文,除此之外,即使以往所发表的论文,也作了部分的修订,例如《明清族谱研究序说》中的宋本《世说新语》部分等。

平野义太郎氏　《作为北支那村落基础要素的宗族及村庙》(《支那农村惯行调查报告书》第 1 辑,昭和十八年［1943］十月)。

福武直氏　《中国农村社会的结构》(昭和二十一年［1946］十月)。

清水［盛光］教授　《中国族产制度考》(昭和二十四年［1949］三月)。

E. Stevens, Clanship among the Chinese: feuds between different clans near Canton(《中国人的宗族制度:广州附近的两个不同宗族间的世仇》), *Chinese Repository*, vol. 4, 1836.

R. F. Johnston, *Lion and Dragon in Northern China*(《北中国的狮和龙》), 1910.

D. H. Kulp Ⅱ, Country Life in South China(《南中国的乡村生活》)(*The Sociology of Familism*, Vol. Ⅰ), 1925.

［补］　D. C. Twitchett, Documents on Clan Administration(《关于宗族管理的文书》), *Asia Major*, Vol. Ⅷ, Part 1, 1960.

第二节　族　长　权　威

族长　族长(宗长)是同族的指挥统率者,通常情况下是同族中辈分(行辈)最高、同辈分中年龄最长的男子,即使在华北,在这一点上也和华中华南相同。族长的地位是终身的,在他生前,族长的地位是不能进行交替的,这是一般的通例。因此,甚至族人(中的男子)如果长寿的话,就有可能在什么时候按顺序轮到他自己来当族长,可见族长的地位并非只在特定的家系中传袭。这与士大夫的规范——即承认本家、支门的序列而由嫡长男即宗子来承袭一族一家中的祭祀权,在原则上是有区别的。当然,尽管在中国,或者尽管在华北,这样一种序列的士大夫规范就不一定不存在,但这样一种规范似乎是没有普遍性的。［补］关于族长罢免制度,参照"增订版序"三。

族长权威　族长是作为宗族共同实践规范的族约(宗约)的维护者,族内的纷争,是以族长或者包括族长在内的族内长老为中心,商定解决的途径,和他族发生纷争时,亦由族长负责交涉,根据情况也有由族长给他族支付赔偿的情况。族长是族内长老的首席 primus inter pares,不服从族长的指挥统率或违犯族约者,则须加以制裁,在明清时代的宗族关系中,这种情况也是常常能见到的,如明朝王士晋的《宗规》中即有这种事例。如果说到安徽(合肥)的例子,在清明、冬至二节,要在祖先的祠堂(宗祠)前举行祭典,同族的重要问题也在那里决议,还有水利等方面的族内纷争,则是通过族中的权威者来裁决。关于重大的事件,即使要上诉官府,官府也要征求族中权威者(族绅)的意见。如果有不法行为而伤及一族面子之时,就要召集同族会议,于宗祠中处分之。这里的制裁,或使其支付金钱,或使其摆设酒席,或处以杖刑,严重时据说甚至要处以绞刑(《中华全国风俗志》)。同族会议的领导者为族内的长老特别是由族长担任。像宋代会稽裘氏的族长,有竹制的笞杖代代相传,那是族长权威的象征。

而据近年来的农村调查,结合意识比较强的同族之间,族长具有很大的职权,并在族内规则中得到了认可。据说就是在同族结合上不紧密的华北,也不能不分区域一概而论,比如在河北栾城县,无论收养养子、婚姻,还是分家乃至家产的分割等,如果没有族长的许可,便不能实行。族长还要干预家长的选任甚至更替,而且照例充当族人间纷争的调停仲裁者。例如关于分家,农民说:"如果族长反对分家的话,那就不能分家。"如果问到:"为什么如果族长反对分家的话,就不能分家呢?"农民这样回答:因为族长"辈分高,有权力"。按照同族内的规范意识,如辈分高,就已经有了权力;如辈分低,就自然有义务服从辈分高的人。这些村落中,即使父亲健在,其家产也不是经由父亲之手,而是经由族长之手来分割。而且农民说:"即使由父亲分割,也必须得到族长的许可才能生效。要说家里的事,也是族长比父亲更有势力。"另外,关于家长的确定,其资格、先后次序虽说是根据家庭内规则来决定的,但作为手续,必须要向族长申报并得到其许可。而且违背族内规则的事族长也不允许,对于这样的事,同村的农民会说"我们族长不许可"。

从这些情况看来,家庭内拥有权力的人并非家长一人。而家庭内部权力之分为家长权和父权(亲权),并不是在后世才开始的,早在周汉之际就已经出现。就这一点来看,则中国的所谓家父长权,也并不是像罗马当初的家父长权那样有着统一源头而且是排他性的权力。不仅如此,如果说,无论家长还是父亲,有关其家里的事都必须在某种程度上服从族长权力的话,那么,只要是在这样一种情况下,家长权就更加缺乏排他性了(清代直隶省清源县的习惯中,也有与之相同的情形)。但是近年来在河北省顺义县和山东省历城县等地的农村中,族长权力在家族内的影响力可以说几乎不存在了,家父长权也不再受族长权力的影响了。[补]根据16世纪以后的各种事例可知,族长虽是族内长老的首席者,却也不一定就是最高辈分、最年长者,作为最根本的义务,族长要服从族内的规则,对同族要公正、忠实。

文献

广池[千九郎]博士　《东洋法制史本论》(大正四年[1915]三月)。天野教授《支那农业经济论》(昭和十五年[1940]七月)。

仁井田陞　《支那身分法史》(昭和十七年[1942]一月),《中国农村社会和家父长权
　　　威》(《近代中国的社会和经济》,昭和二十六年[1951]三月)。本节即据此二书撰
　　　成。又最近出版的《中国的农村家族》。[补]该书"再版序"。

R. F. Johnston, *Lion and Dragon in Northern China*(北中国的狮和龙), 1910. 又请参照
　　　前节所揭 Kulp 的著作。

第三节　亲族范围的限定及亲族等级

亲族的分类和范围　中国古来的文献中"亲族"也写作"亲属",它与
宗族有异,是基于血缘主义的(不过亲族和亲属有时也区别使用)。因而
亲族不像宗族和日耳曼古法中的 Sippe(氏族)那样仅仅贯彻男系血亲的
单系主义 unilateral 的关系,而是不问男系女系的双系主义 beilateral 的关
系,自己的血族和准血族(自然血族和法定血族)以及妻子和妻子的血族
都包含在内。如果按传统的标准试对亲族进行分类的话,则有如下的区
分方法:(一)是以姓或者血统为标准的区别,有内亲(本族、本宗)和外亲
(外族),或者父族(父党)和母族(母党)的区分;(二)是以因婚姻关系而
产生的身份为标准,有婚族和姻族,或者夫族和妻族(妻党)的区分;
(三)是基于有无丧服,而分为有服亲和其外的亲属(宋代以后的所谓无
服亲),若详而言之,则有五服亲、祖免亲和无服的亲属(无服亲)的区分;
(四)是根据亲疏程度,有至亲、近亲和远亲、正亲和余亲之间的区别。

　　亲族原本不是根据法律创设出来的事物,而是自然产生的社会性存
在之物。但亲族在法律上——和亲族关系的法律效果(见后述)的关联
上,却被限定在一定的范围内。也就是说适用于亲族法的人的范围,是有
限定性的,因而自然的同时也是社会的亲族,就不一定和法律上的亲族是
同一的。在这种亲族范围的限定上,中国法自古以来采用了两种方法:一
个是总括性(抽象的)限定法,此外就是在一个个具体的场合中分别确定
亲族范围的个别性限定法。不过即使在采用总括性限定法的场合,同时
也必须考虑与之并行的个别性限定法(唐律),因此,从一开始就只采用

个别性限定法的法律(明律),就立法技术而言,可以说是更进步的。另外在明清律中,例如像在其中的亲族相殴、亲族相盗、奸淫、藏匿犯人等场合中所见到的那样,只要发现有血缘,总是无限制地作为亲族来对待(无限血族亲)。不过这类规定作为一种日益增强的倾向,乃是宋代以后的事。

亲族等级　即使在东方,计算亲族等级时也有使用罗马法的计算方法的,旁系亲之间的亲族等级,也有以上溯至共同始祖的世代数总和来进行计算的情形,比如朝鲜就是那样的(广池博士)。李氏朝鲜时代,关于直系尊属和旁系亲族中的兄弟、姊妹、侄、侄女,除了称呼各自所固有的亲族名称以外,另还有用"寸"来表示亲族等级的。而且这种旁系亲之间的亲族等级的计算方法,是以从旁系亲双方到共同祖先的世代数之和来表示的。因此,甲如果是乙的九寸叔的话,那么甲就相当于乙的父亲的三从兄弟;甲如果是乙的八寸孙的话,则甲就相当于乙的再从兄弟的孙子(参照下表)。[补]只是李氏朝鲜的五服制度仍是中国方式。另外,《经国大典》中的继承法,侄和侄女也称之为三寸。

　　　九寸叔计算法

　　　$5+4=9$

　　　　　4
　　　　　‖
　　共同祖先──┬─曾 = 3─祖 = 2─父 = 1─甲
　　　　　‖　　└─高 = 4─曾 = 3─祖 = 2─父 = 1─乙
　　　　　5

　　　八寸孙计算法

　　　$3+5=8$

　　　　　5
　　　　　‖
　　共同祖先─┬─高 = 4─曾 = 3─祖 = 2─父 = 1─甲
　　　　　‖　└─祖 = 2─父 = 1─乙
　　　　　3

　　而按照中田博士的意见,中国固有法中计算旁系亲的远近,并不是根据罗马法的计算法,而是根据与日耳曼民族中所实行的 Vetterschaftssystem(堂、表兄弟体系或旁远亲体系)相同的计算方法。本来,Vetterschaftssystem 仅仅是对于和自己有着最近的共同始祖的世代数相同的旁系亲的分类,也就是一种将那些相对于自己的直系尊属,和自己属于同一世代数的亲兄弟姊妹之外的旁系亲,依据世代数的远近排列在和自己相同的横线上的分类。第一类是以祖父母、父母①作为共同始祖的从兄弟姊妹(第一 Vetter),第二类是以曾祖父母作为共同始祖的再从兄弟姊妹(第二 Vetter),第三类是以高祖父母作为共同始祖的三从兄弟姊妹(第三 Vetter)(以下相同)。累世旁系亲之间的亲族等级,要从两者溯及最近的共同始祖,在其间的世代数中,依那个长的来数。中国也有所谓"行辈",根据祖、父、己、子、孙各自的"行"也就是根据世代而分的亲族,在各行中,横向排列着祖、父、己、子、孙各自的(甲)兄弟、(乙)从兄弟、(丙)再从兄弟、(丁)三从兄弟(以下相同)。这样一种横列上的亲族分类,就是中国法的 Vetterschaftssystem。中国的 Vetterschaftssystem 最明显地体现在五服制度也就是五等的丧服制度上。五服的第一等服是斩衰(为父亲所服的最重的丧服。本来为母亲服齐衰一年,但在《开元礼》和《元典章》中,为母服齐衰三年。至于母亲的地位更为提高、父母亲都服斩衰三年,则是比这更后的时代。);第二等服是齐衰(齐衰又根据其服丧期间等更加细分为三年、杖期、不杖期、三月等四个级别,但在后世没有了三年这个级别。);第三等服是大功(服丧九月);第四等服是小功(服丧五月);以及第五等服缌麻(服丧三月)。其中对于直系尊属的丧服暂且不论,若列举旁系亲丧服的话,则由齐衰不杖期(略称期)、大功、小功、以及缌麻四等构成。而且对于和自己有着共同始祖、同一世代数的旁系亲,也是按照其世代数的远近:(一)兄弟为期亲,(二)从兄弟为大功亲,(三)再从兄弟为小功亲,(四)三从兄弟为缌麻亲,被顺次、准确地排列在一起。这些就是五服制度的原则所显示的所谓 Vetterschaftssystem 的分类。而与自己有着共同始祖但世代数有异的旁系亲,则不拘世代数之远近和自然的血缘之亲疏如何,而仅仅按照与共同始祖的远近来分类。对于同属祖系的伯叔父,虽本着与尊者(父)同为一体之理,特地当成了期亲,但他们本来是与从兄弟相同的大功亲。属于曾祖系的从祖祖父②、从祖父的排位,是

---

① "父母"二字疑衍,若是以父母为共同始祖,则是亲而非从兄弟姊妹了。

② "从祖祖父",疑为"从曾祖父"之误,下列"亲族等级图"中"从祖祖父"或系同误。

与再从兄弟相同的小功亲,属于高祖系的族曾祖父、族祖父、族父的排位,都是与三从兄弟相同的缌麻亲。这些都明确显示了即使在中国,异世旁亲的亲族等级也是可以依照世代数长短来计算的。而且就是关于五服亲之外的疏亲,也仍然可以使用与五服亲相同的亲族等级计算方法。作为原则,旁系卑属每降一代,亲族等级也就相应地降一等。但是兄弟的儿子,本来应该是作为大功亲的,但因其是地位号称"犹子"的近亲,所以特别被当作期亲。直系亲由于加进了种种特别的因素,所以就不一定是依据世代数、严格地按照顺序来确立亲族等级。兹将亲族等级以下图示之。

亲族等级图(父系亲的丧服)

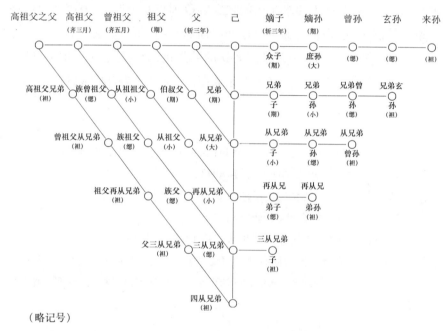

(略记号)

斩＝斩衰　　齐＝齐衰　　大＝大功　　小＝小功　　缌＝缌麻　　袒＝袒免

亲族间的法律效果　　上述亲族之间,还产生了如下所述的法律效果。若就行政法、刑法、诉讼法之中的情形而言,同一个官僚机构中,不能同时任用某种范围内的亲族。审判官如果是被告的亲族时,应予以回避,按照唐代法,这种场合中的亲族范围,至大功亲(例如从兄弟)为止。但按宋代法,则较之有扩大,如果是同居的场合,直到无服亲为止。状告或者告发亲族,作为原则是不允许的,但这种场合中的亲族范围,也从大功亲扩展到包括缌麻亲(例如族父、三从兄弟)。又,刑的加重、减轻,则因是尊属亲还是卑属亲而定,也有对亲族的犯罪行为担负责任的情形(关于缘坐、族刑,参照第四章第一节)。关于所谓的私法方面的效果也是有的,如亲族间的婚姻障碍(禁婚亲),亲族间的扶养义务和亲族间的遗产继承权,其他还有亲族先买权(关于先买权,参照第十五章第一节第一款)等。唐宋时代,法律上作为亲族扶养者的范围和亲族遗产继承权者的范围,都扩大到了近亲(大体上相当于大功以上之亲)。对于认为以往中国社会的亲族纽带很强的设想者来说,也许这个范围还是使他们感到出乎意料的狭窄。当然,法律上要求亲族间扶助的范围只及于近亲,但就超出这一范围的情况来说,则是有赖于道德和习惯的制约,而不是法律的干预。但在后世,义庄的设立等,以及亲族间扶助的强化,成为社会上一般的期图,与之同时,法律上负有扶养义务的亲族范围,也被认为有扩大的倾向。

文献

中田[薫]博士　《古法制三题考》(《法制史论集》第 1 卷,大正十五年[1926]三月)。

仁井田陞　《支那身分法史》(昭和十七年[1942]一月)。

广池[千九郎]博士　《东方法制史本论》(大正四年[1915]三月),特别是其中的《韩国亲族法中的亲族等级制度的研究》。

牧野[巽]教授　《支那家族研究》(昭和十九年[1944]十二月)。

[补]　仁井田陞《东亚诸国的固有法和继受法》(《思想》第 463 号,昭和三十八年[1963]一月)。高丽的亲族等级计算法似乎也和李氏朝鲜的相同。参照"增订版序"四。

第十三章　家　族　法

第一节　家族构成和家族分裂

家族的大型和小型　根据洛辛·巴克和李景汉二氏为首的诸位学者对中国农村家族①成员数量所作的调查,在各种各样的农村家族总数之中,一家 10 人以上的所谓大型家族占不到一成;与之相对,不满 10 人的所谓小型家族占压倒性多数,九成有余,特别是 3 人、4 人、5 人左右者居多。然而这样一种现象却不是后世突然产生的。在中国,早在公元前 3、4 世纪左右的记录就表明,与那种一家 10 人以上的大型家族相并列的不满 10 人的小型家族,已告成立。不用说,比如像《丧服·仪礼传》之类的古代文献中,也有一些记事至少是以 20 人左右的家口数作为前提的。《韩非子》中,有一家 5 子 25 孙、3 世同居、人口超过 30 人的家族构成之例。即使在此后的记录中亦有载述:或如后汉河南的樊氏之累世同居(《后汉书·樊宏传》);或如北魏时李几家之 7 世同居同财,其家有 22 房、198 人,共同生活在一起,大型家族就是这样一些小型家族的复合形式;或如唐代张公艺之 9 代同居,他认为同居同财最根本的秘诀就是"忍",并在唐太宗②面前书写百余"忍"字以呈,正是所谓"百忍的故事"

---

① 就以血统关系为基础的社会组织单位而言,家族和家庭基本相同,唯规模有大小而已。日语"家族"及中国古代的"家族"一词均兼含现代汉语的"家族"、"家庭"之意,故此书中的"家族",除非特别必要,翻译时一般照录原文,实际上其中有的应为以婚姻和血统关系特别是以婚姻关系为基础的"家庭",特此说明。

② "高宗"原误作"太宗",迳改。

使他流传后世(《旧唐书·孝友传》)。又据史传:宋代有陈昉家,13 世同居,家口达 700,家族的全体成员总是一起进餐,包括上百只狗也一样,只要有一只没来吃,其他的狗也就不食(《宋史·孝义传》);宋代又有裴氏二十多代同居,刘氏 10 世同居,都是拥有数百口人的大家族,刘氏也是一犬不来,余犬皆不食(《嘉泰会稽志》);明代有安阳杨氏,也是 5 世同居,居住在 648 间房屋里,所居村庄被命名为杨家村(《安阳杨氏族谱》)。这种累世同居同财的情况一定不只这几例。尽管如此,已见于孟子井田学说中的作为土地分配对象的古代农业家族,若就其人口数而言,乃为 9 口、7 口、5 口之家,也就是说都是不满 10 口的家族。还有,《荀子》(《性恶篇》)中也已用性恶来说明兄弟之间的家产分割。其后,即使在六朝时期(5 世纪前后),通常父母还健在时就频频出现家族分裂之事,而且也不限于农民(《日知录》)。即使唐代以降(7 世纪以后),这种倾向也同样存在。唐律中,甚至对于父母生前的分居分财——只要不是别籍即另立门户,就不是绝对地禁止,而在后世的法律中,就变得更为宽容了。或因此故,即使在汉唐这样的古代社会中,也才会出现大型家族(至少)占一成左右、小型家族占九成左右的对比吧。由此看来,就不一定能说旧来占压倒性多数的大型家族是直至近些年才开始崩坏的。

大型家族和小型家族的同质性　　不过这里所谓的小型家族,并不是指那种夫妇和未成年子女所组成的作为婚姻群体意义上的小家庭,即所谓 Kleinfamilie(小家庭)或 familie conjugale(夫妇型家庭)之类。我所说的小型家族,即以井田说(见上文)中所见的人口数作为大体的标准;这里我要说的所谓大型家族,即是人口数超过这个标准(10 口以上)者。虽然大体上分为这样的小型、大型,但二者之间的界限是难以划分的,特别是在性质上,二者间更难区分。家族类型尽管有小型,但在家族结构上小型的往往与大型的相同,因为它并不仅仅限于那种所谓小家族(家庭)意义上的夫妇或者夫妇与其未成年子女组成的婚姻群体。其构成中还包含成年子女及其配偶,从其家长方面来看,既有重叠的直系三代,又与旁系相连结,这种情形并不鲜见。因此之故,就不能说:只因为它是大型的,所以就没有近代性;假若是小型的,就有了近代性。大型家族的情况,即使原本是小型的,也能成为复合型的,仍属于大家族即所谓 Grossfamilie(由几代人组成的大家庭)的范畴。

家族分裂的条件　然而在中国农村家族中,如《颜氏家训》中所见,谷物、麻、绢之类自不用说,从家具到灯烛芯及蜡,也都迫于必需,应做到自给。后汉的樊氏家族,据说其自给性之强,以至于号称"闭门成市"(《东观汉记》)。即使到后世,比如像明代广州府南海的霍氏和庞氏,也不能不说是自给程度很高的家族(《霍渭厓家训》、《庞氏家训》)。至于这些家族都已形成为大型家族,更不待言。但是如《孟子》(《滕文公》)中即已显示的那样,中国农村尤其是农民经济生活上的封闭性、孤立性,自古以来就遭到了破坏(魏特夫教授),因此,在一个家族之内为保证必需品自给所需要的劳动人手,很久以来就已经不必那么完备了。另外,土地开垦以及其他特别需要集结家族劳动力的场合姑且不论,如果没有这类情况的话,也就相应地没有了共同生活的必要。中国社会自古以来就具备使小型家族得以成立的条件。学者们以秦商鞅的家族分裂政策作为家族分裂开始出现的动因,但显然不能将单纯的政策看作分裂的条件。商鞅如果决定要实行这样一种政策的话,必定是看到社会上已经具备了能够实行的条件。

另外,近年来(1940年前后)到中国旅过行、或者对农村家族作过调查研究的人们,原本认为中国农村家族应该是大型的,但看到的却多是小型的,大型的很少,于是就容易作出这样的解释:大家族制度突然崩坏了。但从历史上看,这种看法也是不稳妥的。这样一种崩坏说,不仅仅没有看到这不过是已形成的家族成员小型化的继续,更严重的问题还在于忽略了小型、大型的同质性。如果说现在的家族制度因为小型化而崩坏了的话,那么中国的家族制度早在一千年、两千年之前就崩坏了,而且还在继续崩坏。不用说,家族分裂倾向的缓急因地区(条件)而异。特别是因为现在的革命,以至农村的家族呈现出急速分裂开来的倾向,对之我也不想否定。

这样的大型家族一方面持续存在,另一方面,小型家族之占统治地位自古以来就开始形成,于是家族分裂的频度便自动显示出来。不用说,一定程度上规模大些的家族类型,从家族成员间的协作来看,劳动力更经济,收益更多,从而就在农业经营上形成优势,在消费上也能更节俭,就更加增大了优势。同居同财也就是家族共产在某些情况下是补救贫困的途径之一,因而并不仅仅是名教上的问题。与之相对的家族之分裂为小型,同时也就是家产之分裂成小型,从家族劳动力的分散和耕作面积的零细化方面来看,恐怕会给农家的经营带来困难。但即使有这样一些情况,一旦觉得继续共同生活不合算时,人们总是作出分裂的选择。分裂的契机中起决定性作用的,或是妯娌间的不和,或是姑嫂间的不和,或是兄弟之间、父子之间的不和。不过有时也是为了预防、规避不和而实行分家。如所见到的那样,尽管这些不和的主要原因大体上限于感情方面,但经济上的利害关系构成深层次原因的情形也并不少见。诸如兄弟中有一方的子女多,兄弟们的儿子中有谁花费了过多的教育费用,兄弟中有一方懒惰,或者花钱大手大脚之类,就会发生纷争。农民也是精于得失算计的,他们的心里总是在打着小算盘。关于这样一些算计,由兄弟们的妻子各自来表达。日常生活中感情上的分歧,特别是妯娌之间的分歧,使共同生活出现裂痕。南宋袁采(《世范》)曾说,为了维持共同生活,就要"不听妇女之言",还有以累世同居同财而著名的元代浦江郑氏的话(《元史·孝友传》、《五杂俎》、《日知录》),都是这类心理的表达。也有对共同生活中产生出来的倾轧尽量忍耐,使困难得以克服,从而继续维持共同生活的情形。如果不能保持倾轧和忍耐的平衡,就会走向分裂。分裂究竟发生在什么时候也不是确定的,如果父母同意的话,在他们健在时分家,法律上也是允许的。在父母生前,例如有趁儿子结婚的机会进行分家的,但父母死后分家的当然也不少。分裂也不光是内部原因,还有将分家作为逃免赋役负担、甚或作为规避盗贼损害的手段来选择的。这种事在以往任何时代都是不变的。

分裂家族的状态 作为中国的家产分割原则,是平均分配意义上的细胞分裂(参照本章第四节)。这种几乎是没完没了的分裂,即使对于农民来说,也成为使其陷入贫乏的主要原因之一。原因同时也成为结果,结果又进一步成为原因,二者间相互缠绕、周而往复,于是造成所谓的原因、结果的对应性即互为因果、恶性循环。均分主义作为家产分割乃至财产继承的形式，从生存条件的均等保障上来看，我想大体上是自然的，但生产力低下的农民，由于实行均分主义以致农家经营受到限制，从而成为他们在财富蓄积上陷于极度困难的原因之一，于是农民日益陷入贫困中去。而且还要受到毫无节制的剥削，如果生产有所增加的话，剥削也就相应地增多，因而蓄积财富是很困难的。即使生产增加了，或因受到残酷剥削，或因花销相应地增多，所以留在农民手里的依然是什么也没有。处于这样一种贫乏状态之下的农民，为了摆脱经济困境，用尽了一切手段。落后的农民经济虽然处在这种艰难状态中，但仍在谋求一种合理化的途径。而对于农民来说，要寻觅最合理的途径，还是要着眼于家族劳动方面。

文献

仁井田陞　《支那身分法史》（昭和十七年［1942］一月）。《中国的家——中国农业家族劳动力的规则》（《东方的家和官僚》，昭和二十三年［1948］十二月）。《唐宋法律文书研究》（昭和十二年［1937］三月）。《华北农村家族分裂的实态》（《东洋文化研究》第 4 号，昭和二十二年［1947］六月）。本节即是据上述诸研究综合而成的。另请参照近日出版的《中国的农村家族》。［补］《中国的农村家族》再版（昭和二十九年［1954］十月）"序"。《中国社会的法和伦理》（昭和二十九年［1954］二月）。

牧野［巽］教授　《支那家族研究》（昭和十九年［1944］十二月）。

［补］　仁井田陞《旧中国社会中的同行团伙主义和家族——兼论团体性所有的问题》（法社会学会编《家族制度研究》，昭和三十二年［1957］四月）。参照"增订版序"三。

第二节　家父长权威和带有家庭奴隶性质的家庭成员

农村家族劳动力的构成　中国农业生产的特质之一，是对人类直接的体力劳动——手工劳动的依靠占据压倒性优势。中国农业的集约性经营方式对人力有着极大的需求，尽管也使用农具却并不依赖机械力，尽管也使用役畜但也决不仅仅依靠畜力。家境特别宽裕的地主及一部分农民,虽然对役畜劳动力的依赖程度要比其他人高一些,但人类劳动力仍在总体上一直发挥着畜力所远远不能比拟的重大作用。据《齐民要术》所载,即使在六朝时代,"春耕寻手劳,秋耕待白背劳",①灌溉则使用带有辘轳的井户。如果说到人类劳动力,恐怕自然地要想起雇农和奴隶等劳动力。然而季节性的劳动力不足姑且不论,对于使用有偿性的雇佣劳动力,农民总是极力避免的。即使劳动力不足时,农家也更乐于采取相互间等量交换劳动力的"换工方法"。从根本上说,奴隶也不一定就是便宜的劳动力。特别是在劳役中总是消极怠工的奴隶,不仅仅是不经济的,没有生产力的,而且没有能力饲养役畜的农民,自然也养不起奴隶。况且奴隶也未必总是可以求得的,当农民自身从农家经营的第一线退出之后,不可能从奴隶中寻求在第一线继续经营下去的人选。从这一点而言,家人特别是子女,其中又特别是儿子——再没有比儿子更能直接地满足农民所向往的农家经营的劳动力条件了。他们有类于雇佣,却不是有偿的;有类于奴隶,却不会怠工,并且在劳动力的供给上不会临时断绝。而且,作为家族的重宝,可以期望儿子将来代替自己接管农家经营并继续下去。谚语有所谓"养儿防老",《韩非子》也说过养儿子就是为了父母老后的赡养,虽然这并不限于农家。总之,对于父母来说,儿子就是养老保险。家族性或者说身份性法律关系,即家长和家人,父亲和儿子、女儿、养子、女婿、儿媳妇,乃至夫和妻等各种关系,不妨说,在很大程度上就是以对这些劳动力的持续控制、或者以对这些人的支配为目标而制定出来的规纪。只是当贫穷的农民不希望养育儿子特别是号称赔钱货的女儿时,或者为了避免财产分割的零细化时,就实行所谓溺儿或者溺女之类的习俗亦即杀害新生儿,尽管大多要遭受宗教上、伦理上的非难。在日本称之为"间苗"的杀婴,在中国也是自古以来就使用意为除掉田里的草的"薅"字,而称之为"薅子"(《宋会要》所引福建之例)。

家父长权威　而家长——往往也被称之为当家或者当户、当家的,其

①　按此处"劳"即"耰",一种木制的大椎,用以碎土、平地的农具。从作者对《齐民要术》这段话的日译,似乎将这里的"劳"理解成劳动力的"劳"了。

用例在古代可上溯至《史记·秦始皇本纪》——在户籍制度及其他的公的关系中,被称之为户主。家长是家族共同体的指挥统率者,家族共同体的事务中,除了属于主妇职责范围的日常家务事以外,其他一般性的家政、家务等,照例都由家长负责。这些一般性事务,包括以交易为首的外部关系和农业家族中特别体现为制定生产、消费规纪的内部关系。家庭成员不能不经家长之手而任意处理家产,没能取得家长同意也不能缔结可能使家产遭到损害的契约。拥有这种职责的家长,按照常例是家庭内部辈分和年龄最高的男子,小型家庭中通常是父亲,大型家庭中或者是祖父,或者是伯叔,或者是兄长。由这种辈分、年龄最高的男子来充当家长,是因为他们有经验、知识和能力,总归是希望由这样的男子来担当。但从地方上的具体例子来看,却常常不一定是这样的。若就农业家族的情况而言,从作为家长的具体指挥、统率能力及对外的才识、智力来看,如果要说最适合的人选(最博闻多识、最能干的人)的话,被选为家长的往往不是侄子(兄弟的儿子)就是弟弟。父亲亡故后由母亲出任家长之例在有些地方的习惯中也能找到。

　　一般来说,由这样的尊辈当家长,因其年长,此外又因其见多识广,有经验,有才干,有能力,从而有利于强化作为家长的地位和权威。即使是农业家族中,也要有那样一个规范家族生活的自治规纪,而在所谓的士大夫家族中,则作为家范、家训、家规之类被确定下来,而且有不少是作为成文规范的。如果要举出其中有名的几例,则有北齐的《颜氏家训》、宋朝司马温公的《司马氏居家杂仪》、赵鼎的《家训笔录》、元朝的《郑氏规范》、《郑氏家仪》,以及明朝的《霍渭厓家训》等。家训之类,是家长或者包括家长在内的家族内的权威所制定的家族共同的实践性规范,它们中的大多数与《温公家范》、《袁氏家范》之类不同,不仅仅是处世训戒、道德训戒,而且还有具有强制力的规条。对于违犯规条者,家长要进行制裁(笞罚)。不过在家族生活中,最具有权威性的并非是作为家长的时候,而是作为家长同时又作为家族共同的父、祖的时候(参照本章第九节)。家长权不一定是排他性的支配权,也有与父权(亲权)相并立的可能,这种情况早在汉代以前就已见到。父对于其子,不只因为是家长,毋宁说就因为作为父亲，便已然具有直接、强大的权威性。（就是关于夫权，也有与家长权并立的可能，与"父为子天"并列的，还有"夫为妻天"。）儒教伦理自不用说，对农民的信仰生活具有全面支配力的道教伦理，也是主张这样一种意义上的家父长制、家庭奴隶制和孝（儿子对家父长单方面无限止的、非对等的服从）的。不过儿子的身体竟能被当作父母的所有物，很容易具有生产手段的倾向，这些想必都不仅仅是农民的贫困所带来的结果吧。另外，家长的更替也不能用来作为推卸债务的手段（父债子还，见第二章第一节）。

儿媳妇　　就是在农业家族中，维持家族秩序的也是家父长的权威，而这种家父长的权威和家族成员间的从属关系，体现出一种很强的倾向，即可以从管理家族劳动力的规纪上推导出来，对之前文已略有提及。因而，比如有关家庭成员的婚姻、养子等亲缘关系的缔结，当事人总是处于被动状态，虽然关系到自己的身份变动，有关处理却并不取决于其个人意见。特别是当家庭成员作为家族劳动中现在或者将来的骨干力量时，出于获得或维持劳动力的需要，也就是从家庭劳动力方面来考虑，故而父亲或者家长在家庭成员身份的变更上一直被赋予了最强有力的、最终的决定权。对于男子来说，作为其配偶的女子，他必须这样认为："只要不是秃子或者白痴就行。"（A. Smith, *Village Life in China*,《中国乡村生活》, 1899）。未经父母同意，女子也不能自由地决定婚姻的对象。所谓"婚姻"，归根结底不是当事人之间的结合，而是家庭与家庭之间的结合（参照本章第七节）。当然，在新中国社会，旧的传统秩序已从根本上被动摇，但不用说，新的问题也正在发生（参照本章第七、八两节）。不过，如果按照以前的农民所说的："自由结婚是无用的。如果那样做的话是要挨揍的。"那么，《中华民国民法》（第972条）所作出的规定，即男女间的结婚是基于男女双方婚姻上的自由、自发之上的，便不可能原封不动地全部实现。又，当山东省历城县的农民被问到"为什么要给儿子娶媳妇"时，他们回答说："为了做饭，为了缝衣，为了干农活"，"因为人手不够，如果不为儿子娶媳妇的话，就必须要依赖短工（雇工）"，而娶媳妇"要比雇短工便宜合算"。这样一种情况并不限于华北农村，如薛雨林氏等人的调查中所见到的那样,即使华中华南的农村中也是同样的,"女儿如果能尽早出嫁的话,那样就会相应地节省食物",如果就娶媳妇一方而言,就会说娶媳妇"比雇佣雇工有利"。如果要问山东的某个农民,"为什么要给一个13岁的男孩子娶一个跟他相差5岁的儿媳妇呢",他这样回答:"因为娶这样一个女子是必要的,娶她做帮手好。"像这种为幼小的丈夫娶年龄大的妻子的奶婚(奶媳),并不限于华北农村,直到近来的中国农村中,还是很普遍的。因此,尽管《中华民国民法》规定,订立婚约,男子需要满17岁以上,女子满15岁以上(第973条);结婚,男子需要满18岁以上,女子满16岁以上(第908条),但这在迄今为止的农村中,同样也没有实现的可能性。

童养媳　作为确保劳动力的手段,较之通常的娶儿媳妇来说更为露骨的是买来幼女,以备将来作为男孩子——有时候还是估计要出生的男孩子的妻子,这样的事例并不稀见。如果是幼女的话,所支付的聘礼,相对于成年女子来说就没有必要那样重,而且还能从小就使唤这个女孩子作家务劳动。一般来说,这个幼女就是一种被称为童养媳的女奴隶。"儿子出生之前养的媳妇就是插入瓶中待开的花"——正是在这种意义上,江西有些地方将童养媳称之为"花等女"。而且这样一种童养媳自古以来就通行于全国,其由来之古远,在记录上可以追溯到宋元时代(10～14世纪)。元代戏曲中号称最大悲剧的"窦娥冤"杂剧中的窦娥,就是这样的童养媳。在近来的小说中,比如郁达夫的《雪朝》、赵树理的《小二黑结婚》等,亦屡屡出现童养媳(参照本章第七节)。在以前,官府禁止虐待童养媳,近年来在解放区内,无论是否虐待,对买娶童养媳本身,就是严禁的。不过作为生产手段的带有奴隶性质的劳动力,却不仅仅是童养媳,下面要谈到的所谓养子、入赘女婿等,也都是作为获得劳动力的手段的,就生产手段这一点而言,所有这些几乎都没有什么不同。

养子　如果没有男孩子,或者男孩子少,收养男子就成为增加家庭劳动力——在这种情况下是作为主要的农耕劳动力的一种途径。从前有关养子制度中的养子,特别是所谓过继子、过房子之类的养子,往往都被认为是为了延续祖宗的祭祀。事实上,如果从农村的习俗来看,其一,毋宁说那是财产继承的形式。在农村中,如果没有财产的话,就没有立过继子的必要,因而有这样的说法:没有财产"就是来了也是饿死";其二,就收养一方而言,养子是获取劳动力的手段,同时又成为获取儿子的方法。

养子作为获致子孙的手段,最露骨的例子恐怕是江西省石城县的所谓"分出继"习惯。这种分出继,与罗马法的不完全收养亲缘关系(adoptio minus plena)有相似之处。罗马法的不完全收养亲缘关系是一种以财产继承为目的的收养结亲,该养子与自己的亲生父亲之间的关系并没有完全断绝,只是出于财产继承才进入到收养的家族中去。但作为中国的分出继,养子之进入被收养家,在作为收养者的后嗣同时,该养子将来如果有两个儿子以上的话,其原出生家仍保有分得半数儿子(平分其子)的权利。不过这种习惯恐怕还不能说已广泛推行到所有的地方。

赘婿——劳役婚　另外,家里有女儿不出嫁,反倒将男子迎到女家作女儿的丈夫,这种婚姻,中国自古以来就称之为招婿,所招女婿也称为赘婿,而这种旨在取得劳动力的招婿并不少见。赘即疣,也就是多余的东西的意思,此外还有赁质的意思。在所谓赘婿中,为了取得劳役而以支付聘财作为代偿的劳役婚、役婚(marriage by service, bride-service),也就是所谓的雅各式婚姻,屡见不鲜(参照本章第七节)。这在中国,自古以来直至近年,一直在广泛实行(古代的例子,可见《史记·滑稽列传》、《汉书》之《贾谊传》、《严助传》及以上诸传的注释)。

寡妇的处境——招夫和改嫁　仍旧生活在亡夫家的寡妇招迎后夫(接脚夫)即招夫,乃是常有的事,甚至直到近些年,仍流行着所谓"招夫、养子,实不得已"的俗谚,而这种招夫,也是旨在获取劳动力的手段。近来陕西省有些地方的招夫文书中特地写明:"招夫不可懒惰、浪费。"寡妇离开亡夫家改嫁他人即再嫁,也不少见。据说特别是宋代儒家学者中的某些人,对寡妇再嫁加以非难,于是有一种说法,认为这之后,寡妇的再嫁就变得困难起来。姑且不说那些所谓的士大夫以及和他们的思想意识相类似的人们(参照鲁迅的小说《祝福》),在农村,诸如非难寡妇再婚——无论招夫还是改嫁,以及拒绝这种再婚者参与祭祀祖先之类的事,大抵不会发生。因为寡妇的再婚对她们来说是活得下去还是活不下去的问题。

只是农村的寡妇在再婚上，也多少会遇到一些障碍，因地方而异往往有给付井钱、买路钱之类的习惯，大抵也就到这种程度吧。比如有这样的习惯：甲村的寡妇和乙村的人再婚，甲村的人要让乙村的人支付井钱，也就是寡妇此前使用甲村水井的使用费，假如不付这笔费用，婚礼就要受到阻碍；又比如寡妇要通过村子里的路平安地走出村外，同样也要支付买路钱。这些习俗也是因村而异的。

妻子的质典和租借　陷入食不果腹的困境时出卖妻子，早已见于秦汉时的文献中，也见于以后各个时代的记录中。据《民商事习惯调查报告录》，甚至到了近些年，在浙江、福建及其他各地，质典妻子亦即所谓典妻，乃至于租赁借贷妻子亦即所谓租妻，仍一直在进行（参照第十五章第十一节第二款）。不用说，这种现象无疑显示出了典押或者出租妻子一方的极度贫困；反过来，就其内在意义而言，对于典取或者租取妻子的一方，也是一种从根本上解决贫困农民家族劳动力问题的方法。关于典妻、租妻的时间，典妻为十年八年左右（有时是三年五年），租妻多少要短一些，为十年五年左右，据说原夫从后夫那里得到的金额，也是典妻的场合要多一些。典妻的情况，一般来说，属于质权人占有作为质押物的人妻的占有型质典（不过，典妻似乎也有采取非占有型质典的）。另外，出质（妻子）者（债务人）可以不必给质权人（债权人）支付借款的利息，也就是说，这种质典的形式，与收益型质典中的利息型质典是相当的，因此即使要返还借款，也只要返还典价亦即本金就可以了。并且不必同时偿还本金、利息的这种本金利息抵偿型质典，似乎是收益型质典的一种形态。但是，还有这样的习惯有必要同时考虑进来，即使到了可以请求回赎的质典期限之后，只要还没有偿付本金，典妻就成为任何时候都不能请求回赎的永久性质典了。作为收益，质权人方在质押期限内使用别人的妻子，若让她生育子女，这子女也是作为质权人方的子女的，因此，在考虑质典的收益时当然也还要从这方面着想的。总而言之，即使就质押人妻者或者租借人妻者这一方而言，也不一定就是生活上宽裕的。毫无疑问，其中也有那种陷入绝望的贫困者，他们甚至直到年老，连最基本的一夫一妻制的一妻都没能娶到手（参照本章第四节），因此他们不仅要通过典妻或租妻以补充直接劳动力,而且还要使她们为自己生儿育女,以期传宗接代,延续自家香火。此外,还不得不想方设法,以保持自家劳动力的持续供应。按照中国的思想,据说得不到祭祀,鬼(祖先)就要挨饿,就要因之作祟,害及子孙。所以出于祭祀祖先的必要,一直以来都有这样一些说法:如未生孩子(男孩子)的妻子应予离弃呀,或在妻子之外要另外纳妾呀,没有儿子的人如果不那样做就是大不孝呀,等等(第十三章第五节)。但相对于这些理由,农民想要儿子,首先还是为了自己不挨饿。

作为天然果实的儿子的地位　如上所论,在儿子出生的同时,不,还在出生之前,就被视为生产手段。只就这一点而言,就不是把他作为人来对待的。又岂止是儿子可能被当作物来对待呢,在现实中,像这种如果不以"物"的意识作为媒介便不可能来到这个世界的习惯,是普遍存在的。无论是以往的中国法,还是习俗,都没有关于一定期间内禁止再婚的规定(至于为亡夫服丧的期间则权当别论),离了婚的妻子自离婚之日起就可以再婚,即使该女子业已有孕在身,也不妨碍她再婚之后所生孩子成为其后夫的孩子。与之相同,所典妻子在典质期间内所生孩子,即使在典质之前即已怀孕在身,也仍然成为质取方的孩子。反之亦然,已过了典质期限并且质出方已从质取方手里赎回了妻子,其后所生的孩子,即使是在典质期间所怀的孕,那仍然是质出方的孩子,质取方不能以之作为自己的孩子。总之,在孩子离开母胎的那一时刻拥有取得孩子的权利的人——可以称之为具有收益权者,即是孩子的所有者。孩子类似于天然的果实(《中华民国民法》第69、70条中所谓的"天然孳息"),而果实从母本上分离、未分离的时点,便决定着果实的归属。这种法律,与有关动物如家畜或者奴隶的法律是相应的,为资参考,特摘述如下。印度古代的《摩奴法典》称:"孩子属于丈夫。……有人称丈夫的工作就是作为田地的所有者";"家畜即使生育了幼崽,但生出幼崽的家畜并不是这些幼崽的所有者(只有家畜的所有者才是其所有者),这种情况也正好类似于人家的妻子";"尽管与人家的牝牛交尾并使之生下了百只小牛,但使其怀孕的牡牛却不过徒费精力而已"。考底利耶的《实利论》亦称,"播在他人所有的田地上(即女人)的种子,其果实乃是属于田地所有者的"(参照中野教授的译本）。类似这样的事情，只要是古代社会，在任何一个地方都是可以找得到的，但在中国，这类事情并不是轻而易举就能彻底弄清楚的，因而迄至近年，仍是有待研究的课题。

"父为子天"、"夫为妻天"　把儿子视为生产手段而否定其人性即不当人看，和把生育儿子的妇女（妻）视为手段而否定其人性这二者间，可以认为是相互联系在一起的。儿子之于父亲，与妻子之于丈夫的关系，具有类似性，都带有所谓隶属性的倾向，是相对于"死财产"的"活财产"。家父长、父乃至夫，是所隶属的子女或妻子的保护者，要保障后者的生存，在后者受到第三者攻击时要予以保护，后者所受保护的代价，则是必须永久地履行单方面的服从义务。而家父长的所谓仁慈，则并不作为义务，也不作为子女、妻子的服从义务的条件。

就是在古典文献中，父对于子，以及夫对于妻，也都被认为是高高在上的"天"。家父长因惩戒而打儿子，偶尔还有杀死儿子的，虽然这种行为有违社会正常秩序，被认为不是良俗，但在实质上却不具备违法的性质。这是极具古代特征的。家父长在家内人口（劳动力）有剩余时，或者虽无剩余而迫于维持生计之需时，还可能会卖掉子女（特别是女儿），不仅于此，甚至连妻子也可能质典、出租，不用说，还有可能永久性卖断。家父长——丈夫，还拥有对妻子的制裁权。山东有位农民说："妻子如果不听话，丈夫就要打。"（不过，"因为丈夫打，家长就没有必要打了"，所以公公不打儿媳。）所谓"夫为天"的说法，不仅见于儒教的古典，甚至在农民们的谚语中也是有的，这恐怕并不足怪。不过也有这样的倾向，即农民的贫穷，反倒有利于保护妻子的地位。这是因为，付出沉重代价才娶来的妻子，即使因贫困潦倒，甚或因妻子与人通奸而一怒之下将其休掉的话，都是很不合算的（费孝通氏）。儒教经典和法典中所谓的"七出"（休妻的七种原因），几乎不可能成为贫苦农民们的规范。这是因为，如果以那样的原因赶走妻子的话，就会缺少做家务劳动的人手，为了补充劳动力，便要花费金钱再度娶妻成婚，而这对于农民来说，不可能是那么容易的（这一点费孝通氏在华中农村调查中也已谈及）。但是丈夫如果执意要与奸妇离婚的话，也是可以的，按照元明清诸朝的法律，如果丈夫当场一并捉到奸夫、奸妇的话,即使对之处以私刑,也不会受到处罚。"养汉要双"即是反映这种情形的法律谚语,同样的谚语也见之于《水浒传》等书中,而且直到近些年还在流行。这些也是极具古代特征的(参照本章第八节)。

从这些情况来看,中国古典文献及俗谚中所谓夫妇同体、一体、二体一心之类的说法,或者夫妇在生活上"同甘共苦"、"同苦同甜"之类的说法,与前述丈夫竟被当作妻子的天的意识,或者女子的三从、三从四德的思想(见于《仪礼》及班昭的《女诫》等),似乎是矛盾的。实际上二者之间并不矛盾。丈夫作为妻子的天的意识和夫妇同体意识之间,反倒具有相互依存、密切关联的倾向。所谓"共"、"同"以及"同体"、"一体"之类,乃是具有单方面的支配和与之相对的单方面的完全从属的意义内容的,可以说这并不是所谓的 separate existence scheme 夫妇别体主义,而是类似于欧洲各国法中所谓的 coverture scheme 夫妇同体主义。

由此看来,儿子、妻子都被当作家庭劳动的主要成员,被当作生产手段,而妻子还被当作生育生产手段的工具,这样的属性是很显著的。当然,尽管处于这样一种家庭关系中,也不能说家父长就仅仅是权力的代表,家庭成员就仅仅是家父长所利用的手段、工具本身而已,别无其他属性了。特别是在家庭生活中,即使就所起作用、对于家庭共同体所作贡献而言,如果说儿子和妻子无论什么时候都被置于相同的地位上,那也是有问题的。与各自的职能、贡献相对应,家庭成员各自获得了自己的地位:如作为家庭生活支柱并不断成长起来的男子;掌管钥匙的主妇,也就是"带钥匙的"(把持钥匙的人);有了孩子的妻或妾(已成为母亲者),特别是寡母,等等。即使同样是所谓儿子或者所谓女儿,却也不一定就能够相提并论的。这就特别有必要进一步地究明家庭关系的历史变迁过程。

文献

仁井田陞　《支那身分法史》(昭和十七年[1942]一月),《中国的家——关于中国农业家族劳动力的规纪》(《东方的家族和官僚》,昭和二十三年〈1948〉十二月)。本节主要根据后者撰成。参照前节所揭文献。[补]前节的[补]。

Hsiao-t'ung Fei, *Peasant Life in China*(《中国农民的生活》),1939.

第三节　家族共产制

火、食、居的共有——共有财产　家族的共产生活,就是共同使用爨(灶),吃一个锅儿(釜)里的饭,同火、同食、同居。"同居同财"在《礼记》时代就已用所谓"同爨"一词来表述,而作为"未别火食"的状态,也已见于六朝时期梁代亦即6世纪的文献(《文选》)中,明代小说《醒世恒言》中则说成"合锅儿吃饭"——吃一个锅里的食物。与之相反,家族共同生活的分裂亦即"异居异财",则是爨、火不同,分爨而别火,也就是所谓的异爨、异烟、分烟、析烟之类。异烟之事,亦见于记述六朝时期历史的文献(《南史》)中。这些正如中田博士所阐述过的那样,日耳曼、斯拉夫或印度的家族共产,也同样是火(烟)、食、居的共有、共用,其家族的分裂则是火(烟)、食、居的分裂。如果说到法兰克时代的情形的话,当时的家族共产生活据说就是过的"共一个粮升、炉火和面包"zu einem Scheffel, Rauch und Brot的生活,而在法国的中世纪,当时的家族共产生活,据说也是"同一个炉灶和同一个面包"à un feu et à un pain的生活。

即使在中国的这样一种家族共产生活中,也未必就不允许私财、私产亦即特有财产的存在——比如妻子的陪嫁财产即妆奁。另外,也不是没有秘密贮藏私财的情况。(尽管就文献记载而言,这类事例在唐以后为多,但私财一语,早已见之于《礼记》。)不过祖先传下来的财产,无论是动产还是不动产,都是用于维持全体家族成员共同生活的财产,都是作为家产的组成部分。家族成员自己取得的财产,原则上也被纳入到家产之内,为了家族的共同目的而支用。相对于罗马法以父亲专有制、安南黎律以父母共有制为基础,从而赋予遗嘱继承制以极重要的功能,中国的家产法则有着与之不同的原理。安南黎律虽然也受到中国法的影响,但同时又体现出了自己固有的特色。

家产共有者的范围　家产共有者的范围中无疑是包括子弟的。唐律等所谓的"同居同财"、"同居共爨",旁系亲属间自不必说,尤其指父子祖孙间的家产共有。在明令中,父亲将其儿子视为"同居共爨的家小",妻子和女儿亦即在室未婚女子也是同样的。只是关于妾,无论唐代法还是宋代法,都明确地将其排除在家产共有亲属的范围之外。从奴隶方面来看,所谓主人是指共同拥有家产份额的人,而且其中也仅仅是将妾和媵特别排除在外(《唐律疏议》云:"其媵及妾,在令不合分财,并非奴隶之主。"又《后村先生大全集》有云:"妾无分法。")。家产共有者中并不排除儿子和妻子,女儿也是作为共有者的。不过在后世,也不是没有将女儿排除在外的例子。

女子的家产份额　不过虽如上所述,女儿也是家产共有者,但她们并不能拥有与儿子同等的家产份额。近年来的成文法认为男女在法律面前都是平等的姑且不论,就是在近年来流行于农村中的法律谚语,仍称"男承家产,女承衣箱"、"男承家产,女承吃穿(吃的食物和穿的衣裳)"。即使从唐令来看,作为家产共有者的也是兄弟等男子,但在有些场合,女儿从共有家产中除了得到平时所必要的扶养费用外,分割家产时还可以分得儿子所受聘财的二分之一作为嫁资(陪嫁财产)。不过女子的这样一种地位,在历史上也不是固定不变的。根据南宋时代也就是12、13世纪的法律和包括淮河以南、长江流域的地方习惯,女儿所得家产的比例为儿子的一半(《后村文集》:"在法,父母已亡,儿女分产,女合得男之半。")。这就是所谓男子用双手、女子用单手来接受家产。因此在家产的分割中,获得的份额和祭祀继承人之间,虽然不是完全没有关系,却也不一定就有关系。女儿尽管不是祭祀的继承人,却不一定被排除在家产共有者之外。这种女子分割家产的习惯,至少在上述地带,恐怕是从唐宋甚至更早的时代继承下来的吧。只是北宋的法所继承的是唐王朝的法,而唐朝是以华北作为权力和法的基础的,唐朝的法又多是根据北朝系统的法的,因此华中华南地区的法律习惯对于这一时期的基本法的影响力是很小的,也完全没有显示它们存在的迹象,我想,这不正好说明通过这些基本法是不能明了南方地区的法律习惯的吗?不过在15世纪中叶李氏朝鲜初期所编纂的《经国大典》中,分割家产时,作为祭祀继承人的那个儿子,在份额比例上较之其他儿子要多得五分之一,除了这一增额,其余的家产则不问男女,一律平等地加以分配。在安南黎律中也有同样的规定即以家产的二十分之一作为增额给予长子，以充香火费用（祭祀祖先），其余的家产则在兄弟姊妹中均分（据牧野教授）。在日本令的继承法中，养老令与大宝令不同，在家产分割上承认女子可分得男子份额的一半。从上述情况来看，不能单单将南宋时代关于女子分割家产的规定作为例外对待。［补］有一种说法以"宗教的理念"作为立论的出发点："家产作为祭祀祖先的证据，从父亲传到儿子手里。在没有儿子的情况下，家产就是一具失去了作为有机体的生命的残骸，没有继承祭祀祖先之职的女儿，不过是这具残骸的接受人而已。而如南宋时期的女子分割家产法，则是游离于习惯之外的极具任意性的国家法律。"不过我认为，如果一定要像这样立论，其出发点还是有问题的。

家产的共有关系　如果拥有家产份额的儿子们的数量大体是固定的，并且可以预测其数量不会变动，那么，即使在分割家产之前，也不是不可以预先就明确制定一个有关家产分配份额的标准。然而关于家产的分配份额，由于儿子们的出生和死亡（此外还有出为他人养子，或者养子回到其本家，以及出家、还俗，等等）本来就是可以变动的，而且就是在现实生活中分割家产的当场，所得份额也不一定就是确定不变的，这一点也是应该考虑在内的。而就这一点而言，家产的共有关系，正如中田博士所说过的那样，其分配份额应该是可以变动的，可以说是一种伴随着生存者财产权（right of survivorship）的合伙共有（joint ownership 或 die gesammte Hand）关系。南宋令中所谓"诸户绝财产，尽给在室诸女"，即是反映这样一种共有关系的规定：一家之内若因无男子而造成户绝，根据生存者财产权，其全部家产都应由共有者之一的在室女继承之。

共有家产的管理处置　作为家族共产的家产，其管理权的执掌者，也就是"总管"家产的人乃是家长，对于子、孙、弟、侄之类家族成员来说，家产虽然同样为"己有"（《大明律法全书》等称"同居共财，凡财产无非己有"），却不能任意消费和处理，未经家长同意也不能与他人缔结可能给家产带来损害的契约。不过当家长作为旁系亲的时候，也不具有任意处理家产的权力，他如果要处理的话，有必要征得家族成员的一致同意，唯有家长作为家族共同祖先的父、祖时，可以不必如此。以唐律和金律，或者以元代法和明律为首的旧时法律，就其立法原则而言，不用说，家产都是用于维持家族共同生活的目的的,家产也并非家长一个人的专有财产,而是作为家族成员共有财产的"同财"、"同爨",这不管充当家长的是父亲还是祖父,或是其他任何人,都是如此。虽说如此,但旧时法律中对家长和其子孙的关系也有如下设定:"直系尊属对于子孙拥有绝大的教令权,从而使得他所拥有的共有财产管理权自然而然地与这种教令权相混同。由于二者之间的区别难以判明,所以他即使有恣意处理共有财产之事,其子孙也不能对之提出任何的异议。"这是中田博士的高见,我一直以来也都是承袭、遵从这一观点的,即使今天也表示赞同。不过这种观点仅仅是所谓旧时法律的原则,至于是不是认为一般的社会规范意识也和这种观点相一致,自然是另外的问题。我在很早以前就一直是这样认为的。学者们或许鉴于现实社会的法律习惯中,存在着家产全部是作为家长的父、祖的专有财产这样一种情形,因此想要将旧时法律也和这种情形相提并论,对之我是不能赞成的。还有一种意见认为,由于有父子一体的意识,父子之间不可能成立共产关系,所成立的财产关系也不过全属父亲而已。我认为这样一种说法,不仅不能充分理解现实社会中的家产意识,而且作为对旧时法律的理解,也是有问题的。汉代的文献中,已屡屡见到所谓"父财"一词。到了宋代,戴溪按照自己的理解方式,将《礼记》(《曲礼》)中的"父母存,不有私财",解释为"发肤以上皆亲之体、粒粟缕丝以上亦皆亲之物"(又请参照《宋史·程迥传》)。特别是像宋朝司马光(温公)的《司马氏书仪》和清初人张文嘉所编《齐家宝要》,也都引用了《礼记》(《内则》)所谓"子妇无私货、无私蓄"云云,并进而声称"人子之身,父母之身也,身且不敢自有,况敢有财帛(私财)乎"。于是不要说财产,甚至连"子女的身体为子女所专有",他们也都不予承认。这就使得家族共同体最终都要被否定。对于士大夫意识中家父长权威之如此强势和所有意识之如此强烈,恐怕都是不能视而不见的。只是这样一种权威、意识,无论作为士大夫阶层,还是作为农民阶层,都有体现。但是,如果只是热衷于从这样的角度来理解家产的话——而且也无论是作为士大夫还是作为农民,恐怕都是非常不得要领的。现在即使从司马光和戴溪等人按照自己意见所引用的《礼记》中,也不一定就能读出由家父长专有家产的结论来。在汉代和唐代的《礼记》注释书中,至少从字面上看,家父长也仅仅不过是家产的管理者。

家产共有意识和家父长专有意识　有关家族共产制,学者间争论已久,就杉之原舜一等各位先生的华北农村调查资料所涉及的范围而言,作为家长的父亲对家产的管理权虽然得到认可,其自由处理权却往往不被承认,即使在父亲的自由处理权得到承认的场合,父子共有意识也不一定就会因之而完全丧失。只拥有处理权的人,不一定就是所有者,这是不待说的。据河北省昌黎县侯家营庄的一位农民对安藤镇正氏所说,即使是父亲作家长,也没有不经家人同意而任意处理家产的权限。如果那样任意处理的话,就是"盗买盗卖",也就是没有任意买卖权限的人,其任意买卖就是违法行为。如果家长是同居同财的兄弟时,与兄弟们进行"商谈"乃是家产处理的必要条件。即使从支撑家族经济方面来看,兄弟们也都起着大体平等的作用,自然不能忽视他们的意见。家长如果是家人共同的父亲的话,做到所谓"公开"也是必须的。这种"公开",就是以全体家族成员亦即"全部家里人"都能知道的方式来进行商谈。家长不可以只同一部分家人比如只同妻子进行商谈。如果有儿子的话,也要同儿子商谈。总之,家长的意向,不仅仅要使作为直接的商谈对象本人知道,还要使全体家人知道,知道家长意向的家人要以某种形式表达他们对这种意向的意见,藉以显示出这种意向是在家族生活的氛围、场景、环境之中所达成的共识。[补]不可否认,子女在家产处置中的这样一种地位仍然是以恪守孝道为基础的。

河北省栾城县寺北柴村的一个农民,此前也曾作过村长,调查当时,他对婚姻自由持否定态度,交谈口吻中往往流露出家父长的权威,尽管如此,据他对佐野利一、安藤镇正二氏所说的话可知,家长不管是作为一家的父、祖,还是作为伯叔兄弟,家产都是家族共产,而且不管是谁当这个家长,都没有自由处理家产的权限。诸如家产处理之类的事,要召开"家族会议决定",不与"家人商谈的,一百家中大约只有两家左右",甚至还说到与家人商谈乃是"村里的风俗"。也就是说,被认为属于全体家人的财产,即使是父亲,也没有自由、单独处理的权限,而这似乎已成为这个村子里居有支配地位的农民意识——"村里的风俗"。不过即使在这种情况下，当与外界进行交易，比如签订土地买卖契约书时，由于家长是作为家族团体的代表者，所以除了家长在契约书上署名以外，不一定还要连署家人的名字。但是在父子共产的情况下，即使连署父子之名，也并不是特别不可思议的事。就是在清朝的土地买卖证书中，父子同为买主或者同为卖主，其证书正文中记有"父子合口商议"，作为卖主的父子在署名时将父亲名字列为首位，这样的情况为数不少。而且父子作为卖地钱的共同受领者也被记录在案。

但在家产共有上，有的场合也反映出了家父长权威的强大，不应该否认的是，还有体现出家父长的家产专有意识的，比如像河北省顺义县沙井村，那里的农民认为家产是"家长的财产"、"父母的财产"。家产的管理处置权几乎都掌握在家父长的手里，甚至当家父长对家产的处理损及家族利益时，也几乎没有牵制的手段。同样是上述地区农村的农民，还有分家时甚至不给儿子分割家产的情形。农村调查的询问笔录中记有"权利"字样，但与其说是"权利"，还不如说是"权力"更为合适。子女挣的钱也必须交给家长，并不是因为共财的缘故，也不是以维持共有作为理由或条件的，剥夺子女挣的钱，表明了家长所拥有的剥夺权力是无条件、无前提的。然而一方面是一个如此强烈的家父长专有意识的拥有者，另一方面，在这同一个人的意识中又可以看到家族共产意识的竞争，比如：财产也是"全家族的财产"；家父长虽可任意处理，但"卖掉土地的事仍须和家人商谈"；如果是出于维持家族生计之类的理由姑作别论，"在无理由出卖时，如果遭到其他人反对的话，家长是不能出卖的"（据本田悦郎氏的调查），诸如此类带制约性的说法和意识，总是不可回避地存在着的。这两种意识的竞争，不用说，总是出现在家父长专有意识更低弱的地区。［补］这种意识的激烈竞争的背后实际上是实力角逐关系，有必要从历史上来观察。

总之，规范意识以家族共产和家父长专有为两极，反映出细微差别，其展现也有阶段性。在这种情况下，勉强地单单择取其中的任何一极都是不当的，比如只承认父子共产，或者反之，认为父子共产不能成立。此外，在立场上也不必生硬地偏于某个原理，力图整齐划一、快刀斩乱麻般地解决问题。这样一种不同的立场或者阶段性,有必要深加注意,予以分辨,使之处于合理的位置,而这也是我多年来的主张。像中国父子之间这样一种不平等者之间的共有关系,也就是支配性团体 herrschaftlicher Verband 内部的共有关系,是不像同伙、同辈也就是平等者之间的共有关系那样单纯的。

文献

中田[薰]博士　《唐宋时代的家族共产制》(《法制史论集》第 3 卷)。

仁井田陞　《唐宋时代的家族共产和遗嘱法》(《市村博士古稀记念·东洋史论丛》,昭和八年[1933]八月);《〈清明集〉"户婚门"研究》(《东方学报》[东京]第 4 册,昭和八年[1933]十一月);《唐宋法律文书研究》(昭和十二年[1937]三月);《支那身分法史》(昭和十七年[1942]一月);《华北农村家族分裂的实态》(《东洋文化研究》第 4 号,昭和二十二年[1947]六月);《中国的家庭——关于中国农业家庭劳动力的规纪》(《东方的家和官僚》,昭和二十三年[1948]十二月)。另外还请参照最近出版的《中国的农村家族》。[补]参照第一节所补文献。

戴炎辉氏　《近世支那及台湾的家族共产制》(《法学协会杂志》第 52 卷第 10、11 号,昭和九年[1934]十月、十一月)。关于台湾,又见《台湾私法》第 2 卷下(明治四十四年[1911]八月)。但在这部《台湾私法》中,如果家族的共同祖先尚在世的话,则家产为其单独所有。

滋贺秀三氏　《中国家族法论》(昭和二十五年[1950]四月)。

喜头兵一氏　《李朝的财产继承法》(昭和十一年[1936]三月)。[补]关于高丽的继承法,有旗田巍氏的论文,见《东洋文化》第 22 期。

[补]　利谷信义氏《仁井田陞〈中国法制史研究〉(奴隶农奴法、家族村落法)》,《法律时报》第 34 卷第 12 号。

第四节　家产分割——包括遗产继承

均分主义　无论是成文法还是习惯上,家产分割在原则上一直都是采取均分主义,而排除某一个儿子居有优势地位(比如唐代《户令》"应分"条)。不过有时候也承认长子长孙的份额(长分)要稍多一些,这种嫡庶异分主义的习惯也是因地而异，并不是没有的。即使在金代法和元代法中，也根据嫡庶异分主义原则而确定家产分割比率：嫡子占四成，庶子占三成，而所谓奸生子占一成（《元典章》）。在明代，只有为祭祀祖先而承祭的"宗子"之家才享受"祭需"的增额，如果不为"宗子"提供增额的话，据说就要由均分家产的各位兄弟家族均等地负担祭费（《大学衍义补》）。而且在实行家产均分主义时，在同辈分也就是同世代的人比如兄弟辈之间——如果兄弟辈已全部过世，则在他们的儿子辈之间，不问年龄及嫡庶如何，一律照例均分（不过也有像《安阳杨氏族谱》那样似乎是根据血族分支来分割的例子，见《支那身分法史》）。不用说，儿子代替亡父、没有儿子时由遗孀代替亡夫来参与家产分割，可以分得其父或者其夫所应得的份额。"子承父业"和"妇承夫业"一样，都是古往今来的通则。

在以往的家产分割制度中，相对于男子，女子一直都处于劣势地位。虽然也有像12、13世纪南宋时代那样的情形，法律承认女子享有在中国来说比例相当可观的家产份额，但无论是唐代法还是明清律中，家里如果有儿子，女儿除了从共有家产中得到必要的扶养之外，再就是从中取得嫁资而已。虽说在《中华民国民法·亲属承继篇》得到施行的情况下，在现实社会中女子的地位几乎仍处在跟原来一模一样的落后状态中。这个问题的解决只能留待以后了。

中国的家产均分主义，自古以来，大凡可分之物，原则上都要算入总财产中，一一加以均分，无论是农田、住房、役畜、农具，还是其他的财产，以至于碗、碟之类的器物，全部都要分割。明恩溥曾说过："其至要确定每一个豆粒或者粟粒有没有在分割中被遗漏掉、被隐瞒了。"这是一种彻底的原材料式的均分，连一个破饭锅、烂锅盖都在分割之列。只是一头牛马、一株树木、一眼水井，这些在物理上无论如何都不能分割的东西，也就是所谓"不可分之物"，最通常的情况下也仅仅是这些东西，才继续维持共有。（伯希和探险队在敦煌发现的兄弟间家产分割文书中，有关于一头牛各分"一半"即显示出分割比例的记录。）这类难以分割之物比如连一株树都要均分的事例，可以举出汉代田氏兄弟所谓"紫荆憔悴"的故事（这是说的一株盛花期的紫荆树，得知将被兄弟三人分剖为三份的消息后便枯萎了,后一听说家产分割事取消,即刻就又繁茂如初的故事。)。而且直到近些年,可以说仍是尽可能地以这种彻底的均分为目标的。有时候也有将家畜作价分割的,或者给没能分到家畜的人予以价格相当的补偿,但几乎都是在这种例外的情况下才进行价值的均分。因此,一个成年农民尽管需要三亩农田才能维持生活,但直到近年,"兄弟10人分5亩农田""兄弟5人均分3亩田",都是很普遍的。所以虽然曾经是自耕农,也因而变成了佃农或者雇农,或者不得不远走异乡,出外打工谋生。反过来说,无论多么勉强,终归还是找到了一条生活下去的途径,正因为如此,农田的细分化就变得更加彻底。

单独继承制的不成立　如上所述,均分主义即使在土地方面也是一以贯之,几乎没有例外。比如像德国中世法中所谓 Anerbenrecht(一个儿子单独继承的农业产业继承法)那样的封建的一子继承制,不用说在中国农民的家产法中,就是在所谓士大夫的家产法中,也是始终不会产生的(关于封爵的继承则是另外的问题)。即使在德国,日耳曼法中本来的继承制也不是 Anerbe(单独的),而是所谓的 Ganerbe(共同的)继承,由一个儿子独占土地的继承制乃是封建时代以来的继承法。由于分头继承造成土地的细分化,使得农民贡赋能力降低,从而造成了不利于领主的结果,所以仅仅在土地继承上,分头继承被禁止,被继承人只能让一个儿子继承土地。不过这也因地而异,有的是由长子继承,有的则由末子继承。于是,除了这个继承人之外,其他兄弟也要得到相应继承份额的补偿。即使在中国,父母在世时已娶妻的儿子,也要一个一个相继分家(古代的例子,见《汉书·地理志》《汉书·贾谊传》注等)。而分出去的人,在分家之际都要从家产中分得土地,即使各位兄弟都已分家,最后只剩下末弟,从而形成末弟与父母同居的状态,但仍然不属于那种由末子独占土地的继承制,并没有形成那种意义上的所谓末子继承。一般而言,在中国也不可能产生出继承份额的价值补偿制度。不用说,就是在中国社会中,甚至还有像汉代的封邑继承那样,产生出了单独的继承制,我也不拟否定这一点。不过,如果说所谓 Anerbenrecht 之类的继承制并没有成立,总体来看缺乏像欧洲中世那样一种意义上的封建的性质特征,恐怕也得承认才好。

这样一种农田分割如果反复进行的话,终归要把农业经营的规模逼到极限,不,即使逼到极限之后,分裂仍在继续。总而言之,沉重的公私负担,最大限度的剥削,加上中国低下的生产力,以致农民手里完全没有蓄积。不仅如此,以积欠好多年分的课税为首,农民身上还压着一层又一层的深重债务负担,使他们无法从中摆脱出来,这些就成为家产特别是土地均分制度永久占居支配地位的一个支柱。在我看来,均分的支配地位之所以在历史上得以长期延续,其原因就在于绝对的贫困化即毫无蓄积使价值均分、即对没有分得土地者进行价值补偿的作法很难实现,从而使土地均分的彻底化臻于极限。从这样一种均分主义的原则来看,家族分裂是一种均等分裂意义上的细胞分裂,而这宛如罗马的家族分裂那样——家长死后摆脱了家长权的各位儿子们在独立、对等关系下的分家,是一种在均分意义上连续进行着的细胞分裂。分家时取得作为一家一族系谱的族谱(家谱)和祖先牌位之类以及存放这些物品的祖屋的人,不过是在家产分割时抽签抽中了的人(关于抽签下文再说),就是族谱、牌位的归属者也不是预先就确定了特定的人选,这种情况也见于近年来的华北农村调查中。这和抽签分割家产一样,可能都有古老的历史,限于笔者所知,作为具体的历史资料,仍可追溯到 12 世纪南宋初期的文献。当时男子不待言,即使女子(按照南宋的法,女子虽较男子在家产份额上要少,却明明确确地属于共产亲之列),代替亡夫的寡妇,也都参加签分家产,以致所谓士大夫之家,其家庙落于谁手,据说也是不能预先确定的,这也就是说连家庙都很有可能落在与祖先祭祀无关的女子手中(《戒子通录》所引 12 世纪宁波人高子业的戒子文)。

而且在中国,家格也是通过比较家产而决定的。如果家产对等的话,便是所谓的"门当户对"(这种情况亦见于《还魂记》、《醒世恒言》、《红楼梦》等明清时期的文学著作),婚姻便是在这种门第相同的家族之间联结。不过,虽然同样都有很大的家产,但在家格上,儿子人数少的家要高出儿子人数多的家,二者便不是门当户对了,那是因为预测到将来要分家特别是均分财产的缘故。正是因为实行了这样一种均等的细胞分裂式的分家,所以分裂后的家族之间容易形成横的对等性的亦即实力平均化的同辈关系。与之相对,如果没有其他因素的话,纵的血缘家族之间就不容易产生出支配性关系,也就是本家和分出的家族(家庭)之间难以形成上下统属关系。不用说,自古以来,建立宗子的所谓宗法的家系在中国也是有的。另外,有些地方的习惯,主要是委托长子来祭祀祖先,这样,在家产分割时,仅仅长子(有时是长孙)被认为可以多少享受一点增额,这样的地方习惯直到近些年都还存在,这一点也是必须承认的。不过这种增额一般来说都是非常少的。家产分割的主要目标在于保障生存条件的均等和经济生活的对等。因此,我还不知道有这样的法律或者习惯,认可长子以外的儿子在分割家产时没有份额,通过牺牲他们来保障一个儿子独占家产。尽管这样,令人意外的是瓦格纳在他的《中国农书》(W. Wagner, *Die Chinesische Landwirtschaft*, 1926)中,竟然说家产与其说是分割,不如说是归于单独继承人之手(Anerbenrecht),其他的子弟连婚也不能结,他们继续依存于单独继承人(Haupterbe),成为其仆婢,依附其生活,从而形成一种支配从属关系。我想这是瓦格纳的误解。如果因家族分裂太过度以致出现了物极而反的情况的话,那么瓦格纳所说的这种情况也是非常少见的例外。然而与之相反,倒是家长由于极度贫困,导致其一直没能结婚从而错过了适婚期,只有其弟或侄才娶有妻室,农民中像这种事例为数不少(如在河北省栾城县进行的调查中,就发现了这种情况,参照本章第二节)。不仅仅是瓦格纳,埃斯卡拉的《中国法》(J. Escarra, *Le Droit Chinois*, 1936)也认为"家产由一人即作为祭祀继承人的长子独占性地继承,这个长子以外的人没有财产继承权",而且附有如下但书:"不过,也有将所继承财产中的一部分弃让给兄弟姊妹的自由。"埃斯卡拉则有双重甚或多重的误解。关于家产的份额,并不限于农民,中国人通常都是很敏感的,一般来说,恐怕不要指望会出现他人作出牺牲、放弃份额而让一人独占家产的那样一种轻松的心血来潮式的放弃之事吧。

老人的家产份额——养老田 家产均分亦即家产分割的原则,与老人的家产份额也有深切的关系。家产分割后,要么老人依次、轮流到子孙家里就食(即轮流管饭,《汉书·陆贾传》中的记事与之相似),或者由子孙提供生活费(养老粮)。如果不是这样的话,便要预先从家产中为老人保留土地也就是养老田,后面这种情况不仅近年来还是如此,而且早已频频见于宋元时代特别是 12 世纪以后的古文献中。而这恰恰与德国法史上老人的家产份额即所谓的 Altenteil 相类似。但德国法史上的 Altenteil,是老人将财产让渡给单独继承人时为自己有生之年所保留的财物的使用权益,这些财物作为权力客体,其本身并没有从继承财产中分离出来,而是仍然在继承财产之中,从这种意义而言也没有否定财产的分割。与之相对,在中国,作为老人的家产份额的养老田,是为了老人而分割出来的独立财产,也就是说与儿子的家产份额是相分离的,儿子的份额和老人的份额是各自相对而成立的。特别是近年来的资料表明,父母对于他们的养老田是拥有任意处理权的。儿子们在父母死后,将全部养老田或者其中一部分出卖,用于葬礼费的开支,如果还有剩余的话,则重新加以均分。分割主义乃至均分主义是无论如何都要坚持的。

家父长权威和均分主义 日耳曼古法中,财产的继承者是按照血缘关系自然确定的,并不是像罗马法那样,是通过遗言来指定继承人的。在中国,在兄弟共产的情况下,家产通过兄弟们相互协议、若父母在世的话则根据父母之命(包括遗命、遗嘱也就是遗言)来进行分割。但如果认为家产的分割份额是随出生而自然确定的,应平等地给予维持生存的经济保障,那么,无论是家父长还是其他任何人,都不能在其生前或者根据其遗言来变更家产分割份额。不过在旧时代的法律中,即使家父长任意变更了分割份额,子孙也不能在法庭上争辩,晋代就有像石苞那样未能平均分割家产的父亲(中田博士)。但与此同时,家父长也要尽量避免那种任意的分割,而力求分割公平,这是防止子孙之间日后发生纷争的有效途径,而家父长不公平的家产分割是很容易引发纷争的(《袁氏世范》),尽管子孙不能因之向法庭提出申诉。就是从明代的几例家产分割文书来看,父亲也是以均分家产作为原则来考虑的。即使近年来的农村中,对于家父长来说,在诸子间均分家产仍然是原则,多数情况下他们都没有变更分割份额的自由。因此即使有家父长的遗言,子孙们也不一定要遵行。特别是河北省栾城县的情形,那里的家产分割不是经父亲之手,而是经族长之手。而且在该省顺义县,是由没有血缘关系的人作为中人来进行分割的。中人不公平而出现了问题，那就砸坏了他自己的面子（脸面、声望）。因此，如果分割不公平的话，首先是中人有不可推卸之责。中人为了尽力顾全自己的面子，于是就力图做到公平，尽管如此，如果出现了争议，中人即使丢了面子，也还要负责任。另外，在接受分割的一方，为了顾全中人的面子，也就会避免争议。家产均分的原则，就是通过中人的面子而得到坚守。无论如何，家长在家产分割上是不可以自由任意的。儿子们一方面从属于家父长的权力，另一方面，儿子们也根据其力量、年龄而决定其各自的相应地位。在家庭劳动构成中居有重要地位的成年男子，不能无视他们的意见，这样的倾向恐怕是很自然的吧。特别是关系到儿子们的生存及经济生活保障的家产均分原则，就是父母也不能任意破坏，强迫儿子们为其中的某一个人作出牺牲，他们是不会甘心为之的。当然，我也不准备全盘否定家父长的权威，只是认为不能对这种权威过于抽象化，在注意到农民的和睦生活气氛的同时，对于农民工于算计的精明心理，以及强调生存条件上平等的自我主张，也不能视而不见。因此，近年来有的学者在遇到这样一种农民意识时，总是喜欢很快就下结论，认为从前很强大的家父长权威已崩溃，甚至认为从前的家族制度已解体，然而在匆忙下这种结论之前，对那些被认为业已崩溃、解体的从前的习惯、理论乃至规范意识的实际情况，仍有必要从历史上作一下审查和反思。这样一种崩溃、解体，应该具备一些前提条件，无论是近年来的农村家族还是一般的中国家族，究竟是不是已实际具备了这些条件呢？持已崩溃、已解体说的人，其自身的先入之见和现实情况之间，究竟有没有差距呢？在家产法方面，对家父长权威持否定性说法的农民，反过来又否定婚姻自由，甚至于片面强调亲权的永久性和无制约性（即使因惩戒而杀害子女，也不认为在实质上具有犯罪的性质），而这两种说法都出于同一个农民之口，那么，在何种程度上来认识和把握那里的崩溃、解体呢？这仍是个问题。我并没有打算说家父长家族关系是永久不变的，而且也不否认，那些解放地区乃至新中国社会中的家族已经发生了崩溃、解体，只是对于直到近年来农村中意识的变革，如果认识错了的话，那么，恐怕对于新旧两个社会永远都只会作出错误的历史评价吧。

分割方式　家产通过家父长或者通过族长之手,此外就是通过中人之手,来进行分割,多数情况下都是通过抽签决定各自所得份额。签放在银或陶制的瓶子里,然后从长子开始依长幼顺序抽取(不过据明恩溥所说,按照礼仪由年龄最小者最先抽)。据雅各布·格林所述德国法史上的家产分割,由年龄大的分配家产,而由年龄小的先行挑选。之所以如此,则是考虑到年龄大的有足够的辨别能力,而年龄小的尚属天真烂漫之故(J. Grimm, *Deutsche Rechtsaltertümer*,《德意志法古事志》,Ⅰ)。这较之《亚述法书》中由末子分配家产而由长子先挑选,要更符合情理一些(原田教授《楔形文字法研究》)。各自份额一旦决定,就要制作家产分割文书。近年来这种文书又称为分家单或者分单。家产的抽签分割称为"探筹"或者"阄分",故分割文书便被称作"分书"、"关书"、"阄书"等,这在宋代的文献中就已屡见不鲜。而所谓分书,在敦煌所发现的家产分割文书中也可以找到其用例。在进行家产分割时,亲戚和邻人都要在场,分家单书写完毕后,所有相关的人都要一起吃告别饭,这在近年来被称之为"散伙饭"。所谓散伙,就是同行团伙或者团队组合之类的解散。

遗产继承　将中国的家产分割与遗产继承相混同的学者也不是没有,但还是应该考虑二者的区别。关系到特有财产(私财),不用说,那是适用于遗产继承的,不过遗产继承的原则和家产分割的原则是相同的。当家产被视为父祖的遗产(父财)时,其继承同样以均分为原则。另外,关于特有财产,虽然可以根据遗言处分,但遗言的方式却并不是严密的。不过至少应是"治命",而不可以是"乱命",也就是说,因疾病或精神状态不良而缺乏自我意识能力的人的遗言,是不可以的("治命"、"乱命"出自《左传》。又斯坦因探险队发现的唐代遗书中,有"不是昏沉之语,并是醒苏之言"云云)。另外,与唐律、明律不同,安南黎律以父母共财制和遗言继承制作为原则,法规则以无遗言法定继承作为内容。

文献

本节主要根据前节所列仁井田的各篇论文。作为参考文献,前节所揭之外,尚有如下诸篇。

A. Smith, *Village Life of China*(《中国的乡村生活》), 1899.

西山荣久氏　《有关支那的家产分配的法规和习惯》(《东亚经济研究》第 12 卷第 3
　　号,昭和三年[1928]七月)。

第五节　家 的 承 续

祭祀的继承　在中国,要保证家的承续,若就祖先祭祀方面而言,那
就是祭祀的承续(以经济侧面为中心的承续方面,请参照本章第二节、第
三节)。按照旧来的信仰(例如《左传》,请参照),死了的祖先——鬼,承
受着子孙(男)的供养,倘若没有供养,他们甚至要挨饿。未得到祭祀的
鬼要给人世间,不,是要给子孙带来灾厄,这样的民间信仰由来已久。因
此之故,大凡有孝顺之称者,不仅父祖生前要侍奉之,父祖死后也要供养
之,对父祖生前的敬畏,直至其死后都要始终不渝。于是祖先崇拜就成为
家族结合的原理,在这种意义上,中国无论是家族还是宗族,都属于祭祀
共同体(Kultgemeinschaft)。但这种祭祀与其说是为了祖先,不如说是为
了子孙们自己,以免未得到祭祀的鬼给他们带来灾厄,妨害其幸福。

　　正像在农民中所见到的,主持祭祀者并不是特定的嫡长子一人,所有
的儿子各自都要拿出同等的经费,或者轮流主持祭祀,或者各自独立地进
行祭祀,在上述情况下,也就没有必要规定祭祀(宗祧)继承人的选取顺
序了。如就农民中的事例而言,正像上节中所谈到的,祖先的牌位及族谱
(家谱)之类,长子也不一定能够得到,收藏这些东西的房屋的归属者,有
时甚至是通过抽签来决定的,当然,这也并不妨碍分家后的兄弟们各家分
别举行祖先的祭祀,或者各自带着经费集合到其中某一个人的家里举行
祭祀。不过诸如士大夫们往往有着特定的祭祀继承人,在这种情况下,其
继承的顺序就有必要预先作出明确的规定。这种祭祀继承人的选定方
法,也就是立嫡(这种情况下的嫡是指继承人,与嫡长子的嫡意义不同),
自古以来有两大类型。其一,作为祭祀继承人的地位,首先是传给嫡妻长
子(即嫡长子,《史记·越世家》等称之为家督)、嫡长孙(嫡孙承重);如
果没有的话,这才传给嫡妻长子、孙的同母弟以及庶子、孙的兄弟,此乃嫡

系主义。其二，不管有没有嫡孙，次于嫡长子的祭祀继承者，首先是与嫡长子同辈分也就是同世代的兄弟（嫡妻长子的兄弟），如果没有的话，这才传给孙子辈，这就是所谓的行辈主义。这两种类型各自被采用的程度，因时代不同而有高低。

如果没有作为祭祀继承人的亲生儿子的话，就要择取与儿子辈分相当的同宗（父系血族）或者昭穆相当的男子作为养子（参照第九节）。

死者如果没有这样的子孙（男），而且也没有遗孀的话，便谓之“户绝”，这一户（家）就被称之为“绝户”。又，如果死者没有前面所谈到的养子的话，那么，既有死者妻子从那些与养子资格相同的人中为死者选立一个继承人（立继）的，也有死者的父母或族长以同样方式为死者任命一个继承人（命继）的。对于立继、命继也就是所谓“继绝”，法律根据不同情况对其所得家产份额作了相应规定。12世纪以后，如果根据南宋的法，被立继者所得份额与儿子相同（若无在室女则可取得全部家产），被命继者所得份额，在没有女儿的情况下为家产的三分之一，如果有女儿的话，其份额便有了变化。

在清代，还有所谓兼祧，就是由一个人同时继承父亲两兄弟两个家庭的祭祀（双祧），或者父亲三兄弟三个家庭的祭祀（三祧），这种情况不仅见于士大夫家，而且也见于农家。就是在农村，兄弟两家或者兄弟三家中，哪怕只要有一个儿子，这两家或者三家就都不会绝后，正是在这种意义上有所谓“一子两不绝”或者“一子三不绝”的法律谚语流传。比如在河南和陕西等地，还有所谓“一门有子，十门不绝”的谚语。而各家都是娶妻的，一个丈夫可以同时有两妻、三妻甚或更多。另外，所谓“一子”，是指男孩子。

于是在中国，有关家的承续就采用了上述种种方法，但不可忽视的是，这些方法实际上都与财产继承有着深刻的关联（例如《大学衍义补》，请参照）。也就是说当没有财产时，无论是养子还是立继、命继、兼祧等事情，多数情况下都是不会去做的。特别是说到农家的例子，由于土地只遗传给血缘近亲，又由于要尽量避免土地的零细化，这些因素都要作为兼祧的实质性内容而加以考虑。

封爵及实封的继承　封爵制，在周朝为五等爵，秦汉为二十等爵制，在晋为王、公、侯、伯、子、男，在隋唐为国王、郡王、国公、郡公、县公、县侯、县伯、县子、县男九等爵制，其制历代不同。

在前汉，只有亲生儿子才允许袭爵，如果没有亲生儿子，即使有孙子和养子，也要"国除"。前汉末，与养子及孙子获准袭爵的同时，确立了嫡孙在袭爵上优先于嫡妻长子同母弟及庶长子的"嫡孙承祖"制，也就是嫡系主义。六朝时期，曾一度不允许养子袭爵（北魏，4~6世纪），但唐代（7世纪以后）的法律仍以嫡系主义为原则，不过如果没有儿子而有养子，只要养子是兄弟的儿子，那就可以获准袭爵。然而如果养子也没有，则要"国除"（又云"爵除"）。嫡系主义在原则上为以后的王朝所继承，但在现实中，即使很早的时代，也往往承认旁系亲的袭爵。按照清代法，如果没有子孙，便准许弟、侄之类的旁系亲袭爵。

汉代（公元前3世纪以降）的封爵，多数仅为称号，这种情况下就给受封者发放俸禄。如果不仅仅是称号，且授予封邑（采邑）的话，受封者便能取得封邑的租入。在唐代（不，还包括唐代以后），不仅封爵，而且封邑亦即食封的拜授也都是荣誉性的，很多情况下都是这种所谓的"虚封"。如果受封者能够真正取得封邑内的课户作为封户所缴纳的租，那么，这种封邑便被称为"实封"或"真食"或"真食邑"。关于封邑，实行的是单独一人继承制，但在汉、三国时期，为了削夺诸侯的势力，也曾实行分别继承制。唐代的食封继承制不是单独继承制，但也不是均分制，而是根据嫡庶异分主义。对于同时又是祭祀继承人的封爵继承人，要给他授予两倍于其他诸子份额的食封户数，也就是说嫡子的份额为两份（其中一部分为祭祀费），其他诸子各继承一份。如果食封者没有儿子，也允许其女儿在一定程度一定范围内予以继承。

文献

牧野[巽]教授　《汉代的封建继承法》（《支那家族研究》，昭和十九年[1944]十二月）。

仁井田陞　《支那身分法史》（昭和十七年[1942]一月）。[补]参照"增订版序"三。

《台湾私法》第2卷下。

第六节　主妇的地位和掌管钥匙的权力(Schlüsselgewalt)

拿钥匙的人　家长被称为"当家"的,同时被称为"当家"的还有主妇。所谓当家,即指家事的担当者,大凡家事(家政、家务),不管是日常事务还是其他,均由其负责。而自古以来,中国的主妇,不管是在所谓士大夫的家族里,还是在农业家族里,其主要的任务,一直被认为有以下三个方面。其一是负责饮食之事,即所谓"中馈";其二是织纫之事,即所谓"女工"、"妇工";其三是宾客接待之事。而且由于负责饮食之事为其最重要的任务,所以若讲到"中馈",自古以来都是指的"主妇之务",于是"中馈"也就成了主妇的异称。这与日本某些地区的农业家族中以饭杓象征主妇的地位,以及主妇被称为"掌饭杓的"或"拿饭杓的"的,实有相通之处。但在德国法史上,主妇的地位是以钥匙来象征的——而且为了处理日常家务而赋予主妇的独立处理权,学者们亦称之为 Schlüsselgewalt(钥匙权)。在日耳曼人中,妻子作为主妇对家庭主要事务负有全责,自古以来并无变化,据格林的研究,钥匙即为主妇地位的象征。而且不仅仅是日耳曼人,就是在罗马人中,也已经是儿媳妇掌管钥匙,妇女离婚后,则被要求归还钥匙(J. Grimm, *Deutsche Rechtsaltertümer*,《德意志法古事志》,Ⅰ)。像这种从离婚后的妇女手中收回钥匙的事例,亦见之于德国古法中(H. Brunner, *Deutsche Rechtsgeschichte*,《德国法史》,Ⅰ)(承久保教授示教)。易卜生《玩偶之家》中的娜拉也是将钥匙留在夫家后出走的。就是在契诃夫的《樱桃园》中,女地主的养女瓦丽雅也总是将一串钥匙挂在腰间,当她一听到樱桃园被卖掉了时,立刻从腰间解下钥匙,并将钥匙扔在客厅里的地板上,然后离去。于是,作为樱桃园买主的农奴之子罗伯兴,一边说,"那人已将钥匙扔在这里走掉了啊,当然她已经不是这里的主妇了啊",一边捡起钥匙摇得叮当作响。在中国各地,这样的习俗虽然还不能说普遍存在,但正如山东省恩县的歌谣(参照青木教授的《江南之春》)中所见到的那样,以钥匙象征主妇地位的习惯在中国的某些地方也能找得到。钥匙为仓库的钥匙,钱箱的钥匙,以及衣箱(箪笥)的钥匙等。在中国，转交钥匙也就是转交家务，所谓"带钥匙的"（掌握钥匙的人），即为主妇的别名。这在古代就已经是如此，唐朝李光进的母亲，在娶了儿媳妇后她便转交钥匙，让儿媳妇作主妇，则在此之前，钥匙是掌握在她自己手中的（出自新旧《唐书》及《温公家范》）。"如果发现儿媳妇保管钥匙很适合的话，那么，婆婆为什么不能放弃钥匙而将之传授给儿媳妇呢？"（见明王世贞《弇州山人四部稿》）。宋朝的赵彦霄，据说他与分了家的哥哥一旦再次合家，便立刻将钥匙交给了嫂嫂（《阴骘文集注金鉴》）。清初学者朱彝尊在其文集中，曾就"当时世禄之家，多是妻子（主妇）掌管钥匙，丈夫连少许金钱之出入都不能作主"，而大发感慨。在《金瓶梅》中，也是由主妇吴月娘掌管钥匙，平时就放在床铺的被褥下面。《红楼梦》里掌管钥匙（钥匙串）的也是主妇（或其代理人）。不过如《元曲选》中的杂剧《老生儿》里所见，不管是谁，只要他当家，钥匙就交到他手里，若只就《元曲选》中的例子而言，当家的不一定任何时候都是主妇。〔补〕同为《元曲选》中的杂剧《酷寒亭》，其中仍由主妇掌管钥匙。

钱稻孙教授（浙江省湖州人）曾就我的问题作如下回答。"婆婆让儿媳妇担当日常家务，这样一件事怎样说呢？——就说，叫某某管家务（让谁谁主持家务）。""没有别的说法吗？——还可以说，将钥匙交给儿媳妇（交钥匙给儿媳）。这与'叫某某管家务'的意思相同。"又，朱熙年教授（河北省深县人）也作了如下的回答："作为主妇，而又不以主妇相称，那么应该以什么样的名目来称呼呢？——将主妇称为当家或当家的。""如不称为当家的，还有什么别的称呼吗？——称为带钥匙的（拿钥匙的人）。这是当家的别称，当家的也就是带钥匙的。主妇总是将钥匙带在身上，嫌麻烦时，便放在自己座席的垫子下边。"

钥匙的交接　　虽说如此，但在中国，作为妻子，不一定就能够同时取得主妇的地位。如果夫家没有主妇时，新娘进门即为主妇，也就由她自己掌管钥匙。但在大型的家族团体里，原来已有主妇，比如婆婆（有时是嫂嫂），这与我国"虽然出嫁了却不具备当主妇的条件"，情况是相同的。于是就形成了信州所谓"结婚六年有了孩子，儿媳仍未掌饭杓子"的民谣，信州还有所谓"嫁人三年未持家"之语。在远州，更有所谓"客居夫家二十年"之语。在江户时代的川柳,还有所谓"儿媳妇到了阴间才掌饭杓"的说法(据家永博士)。就是从近年来流行于中国农村中的习俗来看,在这方面也是同样的。另外,母亲在作为家长的父亲死后,也不一定就将钥匙交给儿媳妇,上揭朱、钱二位教授也是这样回答的。正像在河北省昌黎县农民某氏家中所见到的那样,父亲死后尽管还有近四十岁的儿子,寡母却仍然不让他当家长,而是自己当家长。父亲生前作为家长所担当的一般性家务,以及寡母作为主妇从过去以来就一直担当着的日常家务,都一并由寡母自己担当,继续掌管着钥匙,尽管这样,却也并不违背所在村庄的习惯。婆婆什么时候将钥匙交给儿媳妇都可以,甚至一直都不交,也不会受到社会的谴责。但是,一旦将钥匙交给新主妇后,不用说,老主妇就要同时转交钱箱,也不能再对饮食事务发号施令了。不过也有这种情况,就是儿媳妇虽然掌管钥匙,但她仅仅是作为主妇的代理人,代替主妇承担家务而已。

日本的"篦增"(年长于丈夫的妻子)和中国的相关情况　在日本,据桥浦太雄氏称:"篦(饭勺)也就是主妇,其本事大、威信高,在料理家务方面就会取得好的效果,因此,出于这样的希望,自然就认为妻子的年龄比丈夫大为好。(或许还不能这么单纯地解释。其他民族中也有老婆年长的实例,因此将来有必要联系这些情况进行考虑。)在仙台地区,将妻子年长者称为'篦增',称大丈夫一岁的老婆为一把饭杓,这被认为是最好的。另外在青森地区,则有'一把饭杓,踏破铁鞋难找'之类的谚语。"而据我所听到的,会津地区也有"一把饭杓当一粮仓"的说法。而在《金瓶梅》中,偶尔也说到夫妇之间的年龄差,"妻大两"或者"妻大三"被认为是恰到好处的差距。书中记下了"妻大两,黄金日日长,妻大三,黄金积如山"这句自古以来就有的谚语。而且不仅仅是《金瓶梅》那样的以往时代,就是近年来,这样的谚语也仍然在流行。一般来说,在中国的农村家庭中,出于家庭劳动力配置方面的考虑,父母在物色儿媳妇人选时,也有选择比自己儿子年龄大的儿媳妇的例子,甚至比儿子大上五岁、六岁的也并不少见(参照本章第二节)。不过正像前文所讲到的"妻大两"或者"妻大三"一样,对于这一点还要考虑到其他方面的问题。如果不限于农村家庭的话,就不仅仅要考虑到劳动力的配置方面,恐怕还要加上上面所说的作为主妇的能力,以及有利于持家等方面吧(关于箧增和交饭杓等,尚有中川教授和江马三枝子氏的调查研究)。

同甘共苦和同体主义　据说唐朝的宋若莘(一说"若华"),也曾在所著的《女论语》中如是说:"女子出嫁,将夫比天。车机纺织,熨贴缝纫(缝补破绽并以火熨斗熨烫),莫教寒冷,冻损夫身。家常茶饭,供待殷勤,莫教饥渴,瘦瘠苦辛。同甘共苦(若是兄弟的情况,则作'分甘共苦',已见于《晋书·应詹传》),同富同贫,死同葬穴,生共衣衾。能依此语,和乐瑟琴。""同甘共苦"或者"同穴同衾",听起来似乎很有道理,但就思想性而言,较之北齐的《颜氏家训》,并没有什么特别的发展。不仅如此,这种说法与公元前的《仪礼·丧服传》之一边声称所谓"夫为妻天",一边又声称"夫妻一体",在思想意识上不无共同之处。这是对夫妇间相互平等关系的否定,是对相互间支配与从属关系的肯定,由于一方的完全从属,因而是同体的、一体的关系(关于同体主义 coverture scheme,请参照本章第二节)。正是在"女子慎勿为好"(《世说新语》)、"男子有德便是才,女子无才便是德"(《女范捷录》)等谚语所揭示的这样一种意义上,夫妇得以同体。

日常的家事和"牝鸡之晨"　而在古语中,有所谓"牝鸡之晨"的妇戒(《书经》)。这是阻止妇女干涉作为一般家政的"夫政"、攘夺"夫权"的箴言(《书言故事大全》)。说到底,就是意味着要使妇女远离交易关系。另外,对于妇女,无论中国还是印度都是相同的,都有一种传统的、永久性监护的思想,即妇女的一生,始终都要置于某个人的监护之下。这就是《仪礼》等书中所谓的"三从"(参照本章第十节)。既然这样的话,那么,在与处理日常家务密切相关的交易关系中,妇女一直以来究竟处于一种什么样的地位呢? 作为农业家族,从来都有着很强的自给性经济的倾向,尽管如此,早在周代,完全的自给性便已遭到破坏(魏特夫教授),在其后,还更有甚之。必须仰赖于外部供给的盐、针之类的日用必需品,即使在农业家族中,甚至直到后世,也不在少数。何况在士、工、商等家族中,自然更有甚之。因此,虽说有所谓"牝鸡之晨"的妇戒和所谓"三从四德"

的监护妇女的思想,而且还有与家之外的交易必须通过家长之手的原则,然而在从前人们的思想中(即使近年来也是如此),至少是,只要与主妇处理日常家务有关的,都自当别论,而不成其为问题。在中国,自古以来,不用说身份关系,也不用说交易关系,凡与所谓私法领域有关的事项,在国家的法律中都很少有涉及,在这里存在着为道德和社会习惯所支配的广大空间。即使在与日常家事处理有关的主妇的交易方面,这种交易关系也仅仅为社会所认可、所保护,而没有像德国法史上那样为中世城市法等法令所规定。但尽管如此,我还是认为,中国主妇的地位有时居然以钥匙来象征这种现象,与德国法史上所谓的 Schlüsselgewalt(钥匙权),是有某种相通之处的。而且她们之担当日常家事,乃是为了家庭、家族共同体,是她们作为"当家"在伦理上所应负的使命,应尽的职责。正像家长之处理一般性家务并不是为了家长本人的个人行为一样,主妇之主持日常家事,也不是作为家长或作为其丈夫代理人的行为,即她们的行为,是为了家族共同团体而发生效力的,故对于第三者的责任,被认为也要由家族团体来承担。

文献

仁井田陞　《中国法史上主妇的地位和钥匙》(《国家学会杂志》第 61 卷第 4、5 号,昭和二十二年[1947]十月、十一月);《带着钥匙的中国主妇——以〈金瓶梅词话〉为例》(《法律时代》第 4 卷第 6 号,昭和二十五年[1950]七月)。参照近刊《中国的农村家族》。[补]该书昭和二十九年[1954]十月再版。

第七节　婚　姻

变革期的婚姻法　无论是法国革命,还是俄国革命,都是在革命事业的最初,实行了婚姻法的本质性变革,旧的婚姻制度被迅速抛弃。中国革命的婚姻法(1950),也是将妇女及其子女的解放——包括结婚与离婚的自由、男女平等、一夫一妻、保护妇女及其子女的正当权力,以及禁止童养媳等,纳入到其基本目标之中。法国和俄罗斯革命时期婚姻法的主要目标之一,就是从宗教中解放出来,也就是婚姻法的世俗化、还俗。而中国自古以来的婚姻,宗教性倾向就很淡薄,正因为如此,所以需要大力解决的就不是这类问题,要求最强烈的乃是从儒教主义以及家父长制的婚姻中解放出来。所有与妇女及其子女的法律主体性原则相矛盾的事物,都在被排除之列。

旧社会的婚姻法的特质　旧中国社会一直以来所实行的婚姻法,如果与上述那样一种新形式的婚姻法进行对比,那么,对于前者,可以举出三个显著的特征。第一,在旧中国社会的婚姻法中,婚姻的缔结并不是为了男女当事人的,而是为了家族或者为了祖先,其性质是超个人的,属于家族与家族之间的结合。婚原本就是称呼妻子的父亲或者父母的,所谓姻,则是称呼夫婿的父亲或者父母的(见《尔雅》、《礼记》郑注等,不过《唐律疏议》则谓妻父称婚,婿父称姻)。祖先祭祀是由男方家系的男子来实行的,对于农业家族,不用说,在家族生产生活中有赖于男子的力量和责任之处甚多,在这样一个时代,为了家族的将来,显然有必要通过婚姻来得到男子,不,对于农业家族来说,迎娶妻子本身也是为了增加劳动人手(参照本章第二节)。另外,既然婚姻是在家产及其他方面条件对等的也就是"门当户对"的家族之间缔结的,而且这种情况也不限于士大夫家族和农业家族,那么,就这一点而言,婚姻的缔结也并非取决于男女双方的意志。(土地改革对这种"门当户对"意识可能带来很大的影响吧。)而婚姻关系的一夫多妻制形式,以及仅仅丈夫被赋予离婚权,乃至于法定离婚原因本身,也都能够从婚姻的这种超个人性质中得到解释。于是旧中国社会的婚姻法,便成为家族法构成中的主要内容,而本书之所以将婚姻法作为家族法这一章中的一节,其理由也正在于此。第二,婚姻也是为了父母的,正因为这样,所以父母才是婚姻缔结的当事人。男女双方,特别是像女方,纵然可以说是婚姻缔结的客体,却不能说是当事人。第三,婚姻被认为是以男方(夫)作为中心的。作为婚姻关系的形式,是一夫多妻制,婚姻是采取把女方娶过来的方式,婚姻的仪式原则上也是以男方为中心来举行的,而作为通例,也同样是在男家经营婚姻生活,也只有丈夫才握有离婚权。

婚姻关系的形式　中国自古以来,婚姻关系的形式一直都是采取的一夫多妻制(polygamy)。不过虽说是一夫多妻,但仍以所谓一夫一妻的单婚制(monogamy)作为基本形式。特别是在普通百姓中,其实效性姑且不论,若只就法律上的规定而言,有时候甚至在原则上只认可这样一种单婚制(《明律》)。然而那也只是说庶民纳妾一类事情太偏离正轨了,而不是出于想要维护一夫一妻关系本身,不是在这种意义上作出的规定。至于官吏想纳妾(又曰媵,其后又称之为次妻)或不想纳妾,则自任其意。妾较之妻,其地位要低,妾和夫之间的夫妇关系,通常被认为是次要的婚姻形式,这样一种次要的形式虽说也是合法的形式,但在妻之外无论娶纳几房妾(或者次妻之类),都不会触犯重婚的禁令。所谓重婚,是指已有妻子另外又娶妻子的情况。不过中国自古以来,这种已有妻子另外又娶妻子的事情屡见不鲜。古代的这一类事情,已见于《战国策》等书中,自北魏(4世纪)以降历经唐宋金元各朝代,遗留下来的有关这方面的资料之多,实出乎意料。特别是4世纪的晋朝,这种情况就已见载于户籍,敦煌发现的唐朝天宝年间(8世纪)的户籍中,也有不少有别于妾的二妻(两妻)、三妻的事例(另外,关于兼祧情况下的二妻、三妻,请参照本章第五节)。即使是居于妻和妾的中间地位的次妻,相关资料也屡屡见于宋末即13世纪以后的文献中,比如《元典章》和元代的戏曲《琵琶记》、《西厢记》等。跟儿孙满堂一样,妾或者次妻或者二妻之类,正是官吏、富豪、大地主阶层所拥有的财富、权势的标志和象征,而这对于连一个妻子都未必能够娶得到的那种一般农民来说,是没有干系的。而劝有钱的丈夫娶妾,则是作为有妇德的妻子的常识。

婚姻的形态　就是在近些年,婚礼也一如"婚"字亦即"昏"字所表示的那样,是在天黑以后才举行的(后世若在白天举行,婚礼的行列[即迎亲队伍]在行进时也是提着没有点火的提灯)。有一种说法,认为这种习俗来源于趁夜间到女家掠夺女子成婚的掠夺婚 connubial capture。但作为掠夺婚的证据,仅仅只有这些似乎还是不充分的。但是所谓"匪寇婚媾"(《周易》)之类的例证,也许有助于证明这种风俗的存在。

在中国,自古以来一直居于支配地位的婚姻形态,如果从婚姻缔结的方式来说,那就是给可能成为妻子的女子的父母支付与该女子等价的补偿费这样一种婚姻形态,也就是所谓的买卖婚。或者作为聘财给女子的父母交付物质,尽管这还称不上是等价补偿,但仍被认为是变形的等价补偿。特别是娶妾的场合,于礼于法都被认定为属于人身买卖。作为买卖婚的一种形态,还有劳役婚、役婚(Abverdienen der Frau)。正像有名的雅各式婚姻中所见到的那样,这是在没有能力支付聘财或者女子的等价补偿的情况下,男子自身到女家服一定期间——三年或者数年的劳役,一直到能够用这些劳役抵销掉聘财为止,于是这个男子最终便成为某种形式的债奴 abdienende Schuldknechtschaft。正像这种情况在各个民族中均有其例一样,在中国也是自先秦(公元前 3 世纪以前)以降直到后世,都长期存在着的(古代的例子可见《史记·滑稽列传》)。在中国,将这种债奴性的男子称之为"赘婿",根据这个名字,可以将这种婚姻称为赘婿婚(参照本章第二节)。不过,就是通常招的女婿,也是用赘婿这个词来称呼的。另外,在婚姻成立之后,也可以根据经营婚姻生活的场所是在男家还是女家,来辨别婚姻的形态是嫁娶婚还是招婿婚。

婚姻还可以根据其通婚范围亦即对配偶者选择圈的限制,区分为内婚制(endogamy)和外婚制(exogamy)。罗马、日耳曼和印度的古代法中所见到的那种不同身份者(处于不同社会集团中的人们)之间的婚姻禁限亦即身份性(阶层性)内婚制,也曾实行于中国。六朝及唐初所实行的士庶不婚制也是与上述相同的内婚制的一个例子(5 世纪的资料,见《文选》等),这样的内婚制,其显著例子就是那种良贱不婚制(参照第七章)。作为中国的外婚制,也有禁婚亲的制度,其中有名的是同姓不婚制。在中国,对同姓婚的回避传统久远,但其作为国家成文法之最终出现,据说已是 4 至 6 世纪的北魏时代。

婚姻的成立　按照中国自古以来的法律以及礼制,婚姻成立的实质性要件有如下数端。首先是(一)适婚年龄,男子为十五、六岁及以上,女子为十三、四岁及以上。这些只是作为大致的标准,并不一定被遵守。(二)同姓不婚是硬性规则,也是俗谚,不过关于婚姻回避同姓(同宗)的原因,古文献中谓之"不繁"、"不殖"(《左传》、《国语》），而这被理解为妇女不育之意（戴炎辉氏）。（三）婚姻中还有身份方面的限制，这就是士庶不婚制和良贱不婚制。这种士庶不婚制是与六朝乃至唐代的世族门阀的盛衰、命运共始终的（第七章）。（四）不仅仅是同姓不婚，而且即使是异姓，如果是与自己有尊卑关系的人或者是应该相当于这种尊卑关系者，则禁止与之结婚。另外按照中国法，妻子死后与亡妻姐妹结婚的 sororate（姐妹同夫婚俗）并不认为是问题，但根据唐律及其他法律，却禁止死者兄弟娶死者妻子的 levirate（寡妇嫁亡夫兄弟婚俗）。不过我也并不认为这种禁规有多么大的实效性。直到近些年，自古以来一直就有的娶纳亡兄弟遗孀的收继婚（兄弟转婚）等习俗，仍在各地广泛地存在着。（五）已有妻子者又要另娶妻子（重婚）是不容许的。（六）先奸后婚也就是相奸婚是被禁止的，唐令中也有与之相关的规定，就可以充分证明这一点。不过这也与 levirate 一样，该法律的实际效力是很值得怀疑的。（七）婚姻的成立须有祖父母、父母之命，也就是需要得到主婚者的同意。即使也有征询子女意向的，但最后的决定权仍掌握在父母手里。特别是寡妇的祖父母、父母，他们甚至强夺寡妇守节之志，逼令其改嫁，而法律也不予干涉（不过清律是例外）。宋代学者曾谴责父母给其幼儿成亲之事，不用说，这不仅仅是宋代的问题。特别是所谓养媳或者童养媳之类，对于那些无法筹到聘财以及聘财之外的婚礼费用的贫困家庭，为了儿子将来能够成亲，便将他人的女儿收为养女——不如说就是女奴隶，这样的事例为数不少（参照本章第二节）。由于婚姻是父母出于自己的考虑而决定的，其结果便导致了罔顾男女之间的年龄差距等方面的事例出现。让未满 10 岁的男子与 20 岁左右的女子成婚的所谓奶婚之类，也是直到近年来才没有的（参照本章第二节）。这种婚约的缔结时期，终归要在男女双方出生之后进行，这种出生之后的婚约多少还说得过去，而所谓的指腹为婚，则是有怀孕妇女的两家之间，在子女出生之前所缔结的婚约，这也见之于 1 世纪乃至 3 世纪的文献中。指腹婚又被称为割衫婚，那是将一件衫襟分为两半，由缔结婚约的两家各自保存一半，作为婚约的信物，割衫婚即因之而得名。不过另一方面，也不能忘记诸如"中①春之月、奔者不禁"（《周礼》）以及《诗经》中恋爱诗歌之类记载的存在。

在中国，为了将婚姻和仅仅是事实上的男女结合区别开来，婚姻成立的形式性要件，自古以来就确立了若干程式。这些程式分为定婚（婚约的缔结）和成婚（举行结婚仪式）两个阶段，如果更细地说，则是由六个阶段构成的所谓六礼。这种六礼分别为：男家请媒人到女家提亲，这时（一）要送礼物（这就是所谓纳采）；（二）要请问女方的出生年月日即问生庚（问名）；（三）这时若卜卦得吉兆，要向女家报告此事（纳吉）；（四）男家要向女家赠纳作为婚约缔结凭证的聘财（纳征即纳币）；（五）由男家确定结婚吉日，然后征询女家，有没有什么不便（请期）；（六）婚礼当日新郎前往女家，迎娶新娘到男家，举行共牢合卺之礼（亲迎）。

这种六礼之制，无论是在唐代还是在宋代，都没有变化。特别是《文公家礼》（《朱子家礼》）——似乎是在朱子死后、13世纪左右的南宋时编纂成书的，仅以纳采、纳币、亲迎三礼为基干，试图与当时的潮流相调合。但是民间的婚礼习俗，却也没能根据这种简易化的家礼臻于统一。《文公家礼》对于宋以后士大夫社会的婚礼仍有影响，不仅元明时代的相关法律以之为基准，而且对于朝鲜也产生了很大的影响。

在礼制上，自古以来婚约的缔结在原则上应该请媒人出面，作为中介。所谓无媒之婚，照例是一种应该受到世人谴责的行为。据元代的戏曲《琵琶记》，斧和秤是媒人的象征。斧作为媒人的象征，其出典为《诗经》。媒人的职责就是在相均衡相般配的男女两家，也就是被称为"门当户对"即两个家格对等的家庭之间作媒，而秤据说就因其保持均衡之意从而成为了媒人职责的象征。不过无媒之婚亦见于《诗经》和《周礼》。

关于婚约的成立，如果从唐宋以后的法律规定方面来看，已制作婚书，以及有私约或者虽未制作婚书而已有聘财的授受时，婚约即告成立，不能违约。根据唐宋金元法律的规定，女家违约可予以处罚，而据明清律，男家违约也要给予处罚。以聘财的授受作为婚约的成立，还在唐代以

---

① "中"，原文误作"仲"，迳改。

前的晋代法中,就已见到。今日所能知道的婚书形式的最古资料,是发现于敦煌的唐宋时期的文书。婚约成立之后,要约定吉日,举行结婚仪式亦即花烛(华烛)之典。而花烛之典一语的由来,即因在婚礼烛台上点着用金银绘饰成花模样的大红烛(蜡烛)。因为多数情况下婚姻都由父母决定的,所以不少男女新人是在举行结婚仪式时才与自己的配偶初次见面。

婚姻的仪式　中国的婚姻自古以来就是所谓仪式婚,不存在以登记作为婚姻成立要件的登记婚。其仪式和古代希腊、罗马及印度的婚礼相同,由在女家举行的仪式、从女家到男家的行列(即迎亲队伍)、在男家举行的仪式三个阶段组成。其仪式和行列,或者在男家举办的婚宴等,都具有宣布婚姻的公示作用。若就唐宋时代而言,在新郎家举行的仪式中,新娘到了新郎家,下轿以后要足不履地,故预先铺着地毯,在家门口的门槛上放着马鞍,新娘要跨越马鞍进屋(这已见于宋代的《东京梦华录》等文献中)。据说"鞍"与"平安"的"安"相通,而且据说有新娘进门时若脚接触到门槛便会带来不幸的民间信仰,与之相类似的民间信仰也一直广泛流行于欧洲和亚洲各地。婚礼上也有一些象征性行为,如可以理解为表示新郎新娘结合的合髻、结发(将头发绾结在一起,男子绾在左边,女子绾在右边,一般是左表示阳,右表示阴)之礼等。不过作为使男女结合仪式化的、中国自古以来一般都举行的礼节,仍是共牢合卺之礼。"共牢"是共食一牲的仪式,"合卺"是将一瓠(葫芦)从中剖开,分为两瓢,新郎新娘各执一瓢以饮酒的礼节。如没有瓠时,便用金杯或者银杯,其杯足上系着彩色的绢之类(《东京梦华录》等)。这种共牢合卺之礼是近年来仍一直在流行的习俗。珀尔·布克(赛珍珠)的《大地》中,就出现了共牢合卺之礼。而且像上述新郎新娘那样共进饮食的婚姻仪式,在以古代希腊为首的意大利、挪威以及其他为数众多的民族中,也都是有的。

中国的婚礼因地方不同,存在着种种的风俗习惯。交杯(合卺)之后,因期望子孙繁荣而有吃半生不熟的"子孙饽饽"的习俗,据说"不熟"的"生"又与"生育"的"生"相通。旨在多生多育的巫术不限于此,如在新娘所带去的被褥的四只角里预先放进枣子或花生或桂圆(一种浆果)或核桃之类;或者让新娘带去里面装有五谷和二枚元宝、如意的泥金画花瓶——宝瓶;或者在新娘的脚刚踏进新郎家时,让她口里咬着苹果,继而把花瓶交给她,诸如此类甚多。放置谷物和果实都是旨在多生多育的巫术。这种习俗不仅仅存在于中国,也流行于印度及其他地方。

婚姻的效果　婚姻作为身份上的效果,是妻子进入到丈夫家庭。但是其姓氏并不改从夫姓。不过因地方而异,作为妻子所使用的姓,也有在娘家姓氏前面再叠加上丈夫姓氏的习惯(《台湾私法》),就是在《中华民国民法》中也还是这样规定的。夫妻在法律上并不是处在平等的地位上。《仪礼》中有父为子天、夫为妻天的说法。将丈夫作为妻子的天的思维方法,普遍存在于旧中国社会中,通常情况下记录中的"所天",也就是用来表示"丈夫"之意。妻子的陪嫁财产亦即妆奁田之类,一般也是归丈夫管理的,不过属于夫妻共有,在分割家庭共产时,是要从分割财产中刨除在外的。丈夫对于妻子,具有妻子所不具有的制裁权、离婚权。如就唐律等而言,有夫之妇的通奸构成了加重刑处的原因,和奸的男女各被处以一年徒刑,唯有有夫之妇的奸通被处以二年徒刑。

妻妾的地位　夫妻的地位相差悬殊,而妻的地位又远远高于妾。根据《唐律疏议》等法律,妾有别于妻,甚至被比作奴隶,被排斥在人的同类之外。即使是儒家的经典《礼记》,也公然认可买妾,而根据其注文,竟然称"其近禽兽"。而且在夫家财产中,妾被认为没有份额(参照本章第三节)。另外,妾对亡夫应服三年丧,对正妻应服一年丧;但对妾,丈夫自不用说,就是正妻也不为之服丧。不过妾如果生了孩子(儿子),在实际生活中的地位则因之而提高,如果其子成为家长,就要更高一些。不过日本律令和唐律令中妾的地位,有着显著的差异。日本律令中的妾,并非类似于奴隶,而是与妻同为丈夫的二等亲,其地位相对于妻,也没有像唐律令中那么悬殊的差距。

文献

陈顾远教授　《中国婚姻史》(中华民国二十五年[1936]十一月)。

仁井田陞　《唐宋法律文书研究》(昭和十二年[1937]三月),《支那近世的戏曲小说中所见之私法》(《中田先生还历祝贺法制史论集》,昭和十二年[1937]三月),《支那身分法史》(昭和十七年[1942]一月)。《关于中国的新婚姻法》(《法律时报》第23卷第1号,昭和二十六年[1951]一月)。[补]《中国的农村家族》(昭和二十九年[1954]十月再版),《新中国的法律制度(婚姻法)》(《季刊法律学》第17号,昭和二十九年[1954]一月)。

有高[岩]博士　《关于元代的婚姻法律的研究》(《东京文理科大学文化纪要》第10期,昭和十年[1935]十二月)。

第八节　离　　婚

天合和人合——丈夫的专权性离婚　即使在基督教之前的欧洲社会中,男女两性的结合,也是男性单方面所有权的取得这样一种意蕴上的婚姻确定,而两性的分离,也同样是男性单方面所有权的放弃这样一种意蕴上的婚姻解除。比如在基督教流布之前的法兰克时代,合意离婚之外,也有单意离婚,虽然丈夫可以以妻子通奸、不育为理由而与妻子离婚,但妻子却没有这种单意离婚权。婚姻所拘束的仅仅是女方。中世纪基督教的婚姻不可解除主义,对于这种男性单方面的自由具有制约作用。所谓"神予以配合的,人不可将其分开"(《马太福音》)的原则,即使凭借教会之力,要在实质上贯彻也是不容易的,不过虽说如此,它对于男性方面的专权性离婚,还是带来很大的制约。即使在中国,自古以来,两性的结合也一直被认为是"天合"——是天让其结合的。"两性结合并非人合而是天合"这一观点,起源于西历纪元前亦即先秦时代的诗歌(《诗·大雅》云"天作之合")。不过这种天合,与基督教的神合原则是不同的,对男性的专权离婚并无制约作用。古代的思想家以天地比拟两性,以夫为天,以妻为地。而且作为天的丈夫,可以按照自己单方面的意愿放弃、逐出妻子,但作为地的妻子,即使作为天的丈夫有恶行败德,也不得离弃之(《白虎通》)。虽然是所谓天合,但归根结底,它不过是在丈夫不受拘束、唯有妻子受制约这种意义上发挥作用而已。将离婚说成弃、出、去、逐、遣、放、放出、弃放、离弃、休妻等,都是以丈夫一方将妻子逐出家门的行为来表示离婚。清初学者钱大昕(所著《潜研堂文集》)不把夫妇看作天合,认为父子兄弟才是天合,是想分开都不能分开的,夫妇是人合,既因人意而合,亦可因人意而分,可以说这里的"合"者即是"分"者,均出于丈夫之"意"。在这种意义上,是肯定丈夫专权离婚制度的。这样,就只有丈夫能随其心愿,具有按照单方面意志逐出妻子的权利(权力),与之相对的妻子则不具有类似的权利。

作为离婚原因的七出　　在古代,只有丈夫才被认可的离婚权,不用说也已受到了一定的制约,而且丈夫就算有这种权力,却也未必能付诸实施。对于离婚,无论根据古代的礼制(比如《大戴礼》),还是根据唐代法,或者唐以后的法律制度,都需要有被认为是正当的具体离婚原因即七出(七去),就是七个作为离婚原因的事由。所谓七出,就是无子(指没有儿子,女儿是不算入"子"数的)、奸淫、不孝、饶舌、盗窃、嫉妒、恶疾等事由(皆属有原因离婚)。而且即使是七出的情况,也有所谓三不去,即曾经为丈夫的父母服过丧的妻,(结婚时丈夫贫贱而后富贵的)糟糠之妻,已无家比如无父母家可归的妻。这三种情况下,除了因义绝之事而为法律所强制离婚以及奸淫、恶疾的场合外,是不准许离婚的。而且就是在这七出中,奸淫、盗窃以及对丈夫的父母不孝之类姑且不论,诸如无子、嫉妒、饶舌乃至于恶疾(癞病)之作为离婚原因,即使在士大夫社会中也是有异论的(比如元末明初人刘基的《诚意伯文集》,主张五出而非七出的明朝王祎①的《王忠文公文集》)。而且清初学者钱大昕就曾说当时"七出之法不行",那么,这种情况在今天就更有甚之,便不待说了。特别是关于离婚,对七出各种事由的范围、界限的认定,就构成了问题。丈夫方面只要对之不予追究,也就不被当作问题。反之,丈夫方面如果想要当作问题的话,则往往取决于他如何认定,那就有可能成为问题了,甚或动辄以七出作为借口,使之理所当然地成为所谓的有原因离婚了,而在实质上,无原因离婚的倾向却表现得非常明显。总之,七出一方面在现实中其范围是被限定的,另一方面其范围又被肆无忌惮地超越,从而其意义就具有被否定的倾向。这就使得七出虽因其超时代的持久性在制度上一直延续到了后世,却又因这种两面性倾向,不得不长期停留在这样一种古老、单纯

---

①　"祎"原误作"纬",迳改。

的思想形态上而固定不变。

合意离婚　自古以来只有丈夫才被认可拥有这样一种离婚权。汉代朱买臣的妻子曾有"弃夫"的故事,虽说终归是丈夫被弃,恐怕或是丈夫同意被弃、或是采取以夫妇合意为要件的合意离婚(协议离婚)方式吧。无论在唐律中,还是在元代法、金代法乃至其后的法律中,合意离婚都被称为"和离"或者"两愿离"。不过就算是采取的这种合意离婚方式,被称之为"放妻"即逐出妻子的事例还是为数不少。

离婚和农村经济的制约　不过即使在农村,被士大夫理想化了的七出制度也几乎得不到支持。与其说农村里没有实行传统的七出,还不如说存在着阻碍离婚本身的重大原因,那就是经济方面的制约。如果有人以妻子有过错为由,或者不管有没有这样的理由,动辄要与妻子离婚,那么,这毋宁说是出于官僚、地主——可称之为士大夫的人的考虑,他们看清了,即使离了婚,生计也无困难,有钱还可再娶。如果一旦离婚便从此为家务料理犯愁,没有钱从而也无再娶的打算,由于妻子是被逐出的还得支付赔偿,所有这些都是农民经济特别是那种规模零散细小的农民经济很难承受的负担。对于农民来说,较之妻子通奸等所受的打击,逐出妻子后所受的损失是更加沉重的打击,因而即使有妻子通奸这类最易于成为离婚契机的原因,农民也往往出于不得已,对之视而不见,噤口不言。至于妻子的盗窃、不孝之类,就更要忍耐了。于是对于妻子的地位,在生计艰难的农家反倒存在受保护的倾向,而在家境宽裕的家庭中反而存在不受保护的可能性。无论是旧法律还是习惯,丈夫对于妻子都拥有制裁权,如果妻子犯了通奸罪,正如所谓"养汉要双"的法律谚语(《水浒传》及其他旧小说中也有这类事例)所说的那样,丈夫如果在现场,即使将犯事者砍成两半或大卸八块,也可以不因这样的私刑而负法律责任,"捉奸捉双、捉贼捉赃"即是反映这种情形的法律谚语。就是在那样的场合,经济条件对当事人的制约的强弱,也很有可能对妻子的生杀起决定性的作用吧(参照本章第二节)。不过即使在农村,丈夫方面只要是决意离婚,也是可以的。

近年来农村社会中的离婚习惯,也还是像自古以来那样,是在女子处于劣势、男子处于优势的基础之上成立的。在这类离婚中,一种是基于丈夫单方面意愿的单意离婚,另一种是虽然采取了夫妻双方共同协议的形式,实际上往往还是丈夫单方面强加于人的合意离婚。而且在农村,妻子无论有什么样的理由,都不能单方面与丈夫离婚,即使出现了通奸的情况,也不能构成夫妻对等的离婚原因。从以往的农村习惯来看,被认为丈夫可以与妻子离婚的具体原因主要如下:妻子奸淫、妻子盗窃、妻子对舅姑不孝,也就是农民所谓的"三罪"。不用说,这几条在那七出范围之内都找得到,同属于七出事由的组成部分,但对于农民来说,七出中的不妊、饶舌、嫉妒、恶疾,全都不能构成离婚原因,这样的看法大抵是不错的。

新离婚法　在新婚姻法之下,情况正在发生变化。法律上的男女平等权、结婚及离婚的自由既被承认,于是只要当事者的男女合意,婚姻关系即得以确立,也只要他们合意,即可使婚姻关系解除,男女可以平等地提出离婚请求,这样就使自古以来的婚姻关系深受动摇。特别是,与过去的情况相反,由妻子提出的离婚要求多起来了。这也证实了妇女在土地改革等经济方面地位的变动。而且在新制度下,离婚时丈夫必须和妻子共同分割家庭财产,用家庭财产仍不能全部偿付的夫妻共同债务,必须由丈夫单方面偿还,这样,对于长期以来都一直按照法律、习惯单方面掌握着离婚权的丈夫来说,离婚恰恰成为新的威胁。而婚姻法施行后的一个大问题,恐怕还是离婚问题吧。

家父长的离婚同意权　自古以来在农业家族中,出于农业生活的管理规纪及统筹指挥方面的原因,作为家父长即家长的父、祖,对于家庭成员的配偶的选择具有最终的决定权,即使有关家人与妻子离婚,家父长也仍然有相当大的发言权。不用说,未经丈夫同意是不能离婚的,但作为家庭成员的丈夫即使想要离婚,如果不能得到家父长的同意,也是不可能实现的。

离婚和中人　另外,如果因妻子有过错而被逐出的话这里暂置勿论,如果要与对方协议离婚或者想使对方同意离婚的话,那么就要请中人也就是中介人,这种情况在过去是很普遍的。这个中介人,或者委托婚约的媒人,或者委托农村中有实力的人也就是头面人物充当。离婚时,如果丈夫一方没有正当的离婚理由,妻子娘家往往不会轻易同意,这种情况下无论中介人怎样努力,问题最终还是得不到解决(这一点,鲁迅的小说《离婚》也许可以作为参考,不过这篇小说讲的还是地主离婚的情况。)。

离婚书 离婚之际要制作离婚书。离婚书或被称为"休书",或被称为"离书",这里的"休"或"离"都是离婚之意。离婚书在从前究竟是不是离婚的必要手续,还是一个问题,因为表示离婚之意的必要手段似乎并不仅仅限于制作离婚书,但离婚书至少是证实离婚的手段之一,是离婚的证据文书,则是没有问题的。离婚书中大多都有表示离婚的文句,同时也有允许再婚的文句,因而离婚书也可以说是再婚许可书。据《水浒传》,林冲叫代笔人(写文书的人)写了一份内容为给予其妻再婚自由的离婚书,又亲自在上面签署花押,并且按了自己的手形印(打手模),然后将它亲手交给了岳父。虽然学者或认为(吉川教授译岩波文库本《水浒传》)这是一份合意离婚情况下的离婚书,但情况究竟如何呢? 毋宁说这是按照林冲单方面意愿的离婚,在小说原文中表现得非常明显。限于今日所能知道的最古老的离婚书,是在敦煌发现的,今从伯希和文书中举出宋开宝十年(977)的一份离婚书,试借此例以显示其大意。

> 盖闻夫妇之礼,是宿世之因,累(劫)共修,今得缘会,一从结契,要尽百年,如水如鱼,同欢终日。生男满十,并受(以上部分原缺,据斯坦因文书补)公卿,生女柔容,温和内外。六亲叹美,远近似父子之情;九族恺(邕)怡,四时而不曾更改。奉上有谦恭之道,恤下无傝无(偏)。家饶不尽之财,妯妇称延长之庆。何乃结为夫妻,六亲聚而成怨,九族见而含恨,酥(酪之类)乳之合,上(尚)恐异流,猫鼠同窠,安能见久。今对六亲,各自取意,更不许言夫说妇。今妇一别,更选重官双职之夫,随情窈宨(窕),美窜(齐)音乐,琴瑟合韵,伏郎娘子千秋万岁,布施欢喜。三年衣粮,便献药仪。于时开宝十年丁丑岁放妻。①

---

① 上引伯希和文书的日译限于当时条件,较原文书有所省略或脱讹。汉译今据伯3220、3536等号文书录文及图版,并补以斯5578、6537等号文书录文及图版。录文据沙知《敦煌契约文书辑校》中伯3230的录文,并参同书斯5578、6537文书的录文(南京:江苏古籍出版社,1998年,第470–471,483,486页)。图版见《法国国家图书馆藏敦煌西域文献》第22卷(上海:上海古籍出版社,2002年,第197页。);《英藏敦煌文献(汉文佛经以外部分)》第8卷(成都:四川人民出版社,1992年,第68页。),同上书第11卷(1994年,第92页)。

这与《水浒传》的情况不同,妻子方面对于离婚也是同意的,这种情况尽管大体上可以视为合意离婚,但还是被逐出的,其理由就是离婚仍然被写成"放妻"。交给妻子家的离婚书,有如元代和明代的戏曲小说比如元曲(《任风子杂剧》及其他)和《水浒传》中所见到的那样,上面有丈夫的署名,此外还要按上丈夫的手形(称为手模时是指五指)印。就是根据中华民国成立之后的实例,可以知道除了手形之外,也还有按足形印(足模)的情况(又,《沧县志》亦称"出妻用手模……今俗出妻……加以足模")。而且丈夫家所持的一份离婚书上,也有按妻子的手形、足形印的。如果是缠足的女子,则将其缠足的形状记载在离婚书上。农民一直都认为这种手形、脚形是具有可靠凭证的意义的。另外,就我所知有限的后世的离婚书,都不像敦煌文书(上揭)那样有着很长的篇幅并由优美华丽的词句组成,而通常是枯燥呆板的公文式的,内中不过写了"三行半"①左右的那样一种短文。

赔偿和扶养费 按照韦斯特马克的研究,从各民族的婚姻史来看,既无正当的理由又要离婚时,提出离婚的一方得承受经济方面的损失,与之相反,有正当理由而离婚时,有过错的一方承受经济损失的例子亦为数不少。在中国也是自古以来就有与之相类似的习惯(如前文谈到的敦煌所发现的离婚书)。而如今,即使按照近年来农村的流行习俗,作为离婚的结果,通常也都能发现有支付贴钱、赔贴的钱、赡养金或者离婚金之类的习惯存在(例如江西省九江县、福建省崇安县等)。也就是逐出妻子的丈夫,必须一次性地给妻子家支付赔偿或是妻子的扶养费,不过那笔费用多半是不足以赡养妻子的余生的。不过如果离婚是因为妻子有过错的话,丈夫的这一义务通常被免除。如果是夫妻两家合意离婚,最初提出离婚的一方,照例要给对方支付赔偿或者扶养费用。也就是说若离婚是由妻家发起的,则要给夫家赔偿结婚时所支出的包括聘财在内的费用;若由夫家发起的话,就要给妻子支付扶养费。其具体的数额,离婚时如果请了中介人的话,则通过他从中协商、斡旋。

---

① 按:"三行半"为日语"休书"的代称,以形容其简短。

离婚和妻子财产的归属　如果就近年来福建省崇安县的风俗习惯而言,一旦离婚,夫妇财产关系即因之而被解除。妻子的陪嫁财产,若无正当原因而将妻子逐出时,夫家需要将其返还给妻子娘家,妻子将其随身带走也是没有关系的。反之,如果妻子被逐出是因为她的行为有过错而引起的,则夫家可以扣留其陪嫁财产,这样的例子也是古已有之(《元典章》、《通制条格》等)。而且这样一种倾向,在近年来农村的风俗习惯中大概也不是完全找不到吧。但是陪嫁财产的归属是根据离婚的原因,而离婚原因究竟是怎样的,却不一定能作得出明确的判定,于是便出现了不管离婚是不是因为妻子有过错,夫家都要将陪嫁财产归还给妻家的倾向。如果是合意离婚,自然就更是如此,所以原则上是要返还的。

离婚和子女的归属　关于离婚之后子女究竟归属于两亲中的哪一方,即使是所谓的父系社会,也不能笼统地断言就与母系社会是相反的。但是按照中国的风俗习惯,很早很早以来,无论其性别、年龄如何,只要是在婚姻期间出生的子女,都归属于父亲,似乎这是作为原则的,即使按照近年来的风俗习惯,这样的倾向也是很显著的。不过,即使是在婚姻期间怀孕、与原夫有自然的血缘的子女,若是在离婚之后出生的,仍从属于母亲,原夫对于该子女没有任何的权力。而且再婚之后所生子女,不管是不是在前一次婚姻期间怀的孕,都成了后夫的子女,这种情况下的所谓子女,是不考虑他与后夫之间是否有自然的血缘的。因此离了婚的妇女哪怕当时就再婚,也是没有关系的。为防止血统混乱而在离婚后的一定期间内禁止再婚,那样明确的规定在风俗习惯中不一定找得到,法律中也不存在那样的规定。这种情况和前一次婚姻中所怀子女也成了后夫的子女的习惯,相互间是有着必然的联系的。在此还要指出的是,在丈夫死后的服丧期内禁止再婚,和上述情况大体上应作为不同的问题看待(参照本章第二节)。

文献

前节所列文献之外,请参照下列。

仁井田陞　《中国农村的离婚法习惯》(《中国研究》第 2 号,昭和二十二年[1947]十一

月),《中国的新离婚法》(《比较法研究》第 2 号,昭和二十六年[1951]五月)。前
节所列仁井田论著及其新近出版的《中国的农村家族》。[补] 前节的[补]。
内田[智雄]教授　《中国农村的家族和信仰》(昭和二十三年[1948]九月)。

第九节　亲　　子

三父八母　过去中国的亲子法,并不单纯是有关亲子的法律制度,而
是与宗族、亲族特别是家族法有着深刻关联、甚至是作为家族法构成内容
的法律制度。在以往的中国社会上,有好几个种类的父母,它们被称作三
父八母、六父十二母或者四父六母等。但在这些父母中,法律上作为亲权
者,而且子女对之负有扶养义务的父母,大概主要包括亲生父母、养父母
以及嫡母、继母、慈母(可以说是二父五母)吧。

亲生子女的种类　而亲生子女,则被称为"亲生子"或"亲子"等。虽
然也是作为父亲的子女,但父亲死亡之时尚未出生者则被称为"遗腹
子"。亲生子女之内,过去也有两类,即(一)基于合法婚姻所生的子女和
(二)婚姻之外所生的所谓婚外子(奸生子、婢生子)。即使(一)类情况
的亲生子女中,也还有反映其生母身份的嫡庶之别,在涉及到封爵继承顺
序时,嫡是位于庶之先的(参照本章第五节)。但在家产分割的份额上,
原则上两者是平等的。另外,在中国,自来尊重正当的婚姻,对非法男女
关系的排斥是严苛的,即使在所生子女上,上述(一)(二)两类情况的子
女在法律上所受的待遇是不同的。总的来说,根据中国的旧法律,婚姻外
的男女关系,无论双方合意与否,一律视之为通奸。因通奸而生的婚外子
即是奸生子,主人幸其婢女而生的婢生子,也是奸生子的一种。生父和奸
生子、婢生子之间的父子关系的确定,取决于作为父亲的自愿认可,父子
间的法律关系即是以生父的这种自愿认可作为前提的。不过即使有这种
认可,作为奸生子、婢生子的这样一种名称,也不会因而发生变化。

养子的目的　养子被称为"过继子"或者"过房子"等。养子,是把跟
自己没有天然血缘的人作为自己儿子的一种虚拟的亲子制,一种人为的
权宜之法。如果说这样一种权宜之法是为了供养祖先亦即祭祀的延续而

设置的,大体上是可以的。印度的摩奴法典有这样的规定:"不能自然地生育儿子者,为了保证家里的祭供不致断绝,可以收养一个儿子。"中国也有与之相同的思想。不过尽管如此,收养养子的目的,同时还包括诸如继承家产、收取养子的赎金、补充家庭劳动力以及养父年老以后的生活赡养等,这些也是不必否认的。不过在法律上,像允许收养 3 岁以下的弃儿(比如唐代法)这种出于养子利益也就是考虑到儿童的社会保护的情况,也是有的。不过实际上,终归不能说与养亲无关(有关义儿军,参照第八章第二节)。

养子的种类　在印度法史上,子女的种类之多是有名的,据说达 12 种,养子也有种类之别(J. Jolly, *Hindu Law and custom*,《印度的法和习惯》, 1928)。中国的养子也可以因收养的目的和收养形式等方面的不同而分为多个种类。

第一,据养子与养父是否属于同一个父系血亲,分为(甲)同宗(同姓)养子和(乙)异姓养子。异姓养子有的被称为"义子"或者"义儿"之类,又俗称螟蛉子。螟蛉原为桑虫,虽生育了子女也不扶养,而由蜾蠃(蜂的一种)扶育之,语出《诗经》,正是像这样来称说异姓养子的。

第二,据收养的目的,分为(丙)作为祭祀继承者的养子亦即过继子、嗣子和(丁)其外的养子。虽说同姓养子中(丙)类居多,异姓养子中(丁)类居多,但自古以来,(丙)类和(乙)类相一致的情况也绝不少见。中国自古以来,在制度上是以同姓同宗养子为原则的。即使印度古法也是相同的,收养子女,需要使养子与养父的身份种姓相同,血缘相同。不过,虽说都是血缘,却限于男系(同宗)之内,而避开女系。

如此看来,在中国,尽管收养子女是从同父系之内选择的,但是,《穀梁传》及《公羊传》中却有异姓立嗣的记载,异姓不养制从很早就已动摇了。收养异姓为子并使之继承祭祀,汉代已有其例,到了后世,也仍然是同样的。元代的情况更有甚之,据说有以前夫之子或者以妻与奸夫所生之子为嗣的,以至"民间氏族因之而丧失了真的宗盟"(《元典章》)。农业家族自不待说,为了经营家族生活,家庭里没有有能力的男子,就有必要从外部引进这样的男子。在这里考虑的并非是祭祀继承,抑或说祭祀继承已降至从属的位置。异姓收养为社会所谴责,法律上也要处以刑罚以强行禁止,这些都是为了醇化养子制度,但终究未能抑制住习俗的流传。直到后世,法律也不得不和习俗妥协。异姓养子使宗族丧失纯粹性,宗族之间结合的紧密程度也因之而薄弱。为了避免这种情况,明清时代的族谱(家谱)中,有的拒绝载入异姓养子(比如《大阜潘氏支谱》),不拒绝载入的也很多,而且在其中甚至还发现了以异姓为嗣子的例子(比如《凤岗忠贤刘氏族谱》)。并且还因情况而异,族谱中或者单为异姓另外作成"螟谱"(或称"螟子图传"),或者单为异姓立祠而称之为"螟祠",以便有别于宗祠,还发现了将这种区别之意记入到家谱中的例子(比如《姚江梅种沈氏族谱》)。

第三,养子还可根据收养行为是有偿的还是无偿的而加以区分,也就是(戊)无偿养子和(己)有偿养子(卖养子)的分别。养亲给亲生父母支付养子的代价(称之为礼银、养育费、哺乳银等,有时也称之为身价),虽然在法律上并不作为收养的要件,但有偿的收养形式却是常被采用的,而且不分同姓异姓;即使在以祭祀继承为目的的嗣子的场合,也仍采用这种形式,不过还是异姓养子时采用得更普遍一些,《元曲选》等书中所见买养子文书,仿佛就是卖人文书。获得家庭劳动力的家族团体则必须要给失去劳动力的一方支付补偿代价。而且在奴隶买卖被禁止的清末以降,虽然是奴隶买卖,但很多都是假借收养养子或者雇佣的形式进行的。

养子的收养 作为收养的要件,如果以祭祀继承为目的的养子为中心的话,则首先是收养者须为男子。要件之二,作为收养者的养父是没有(男)子的。因为女儿是不能算在子的数量之内的,所以即使有女儿也不妨碍收养养子,而且如果想要收养女儿的话,不管收养多少人都是可以的。其三,养子须为养父的同宗,故而有异姓不养的谚语。其四,养子即使属于同宗,也需要与养亲在辈分(世代)上昭穆相当,也就是在行辈上养亲要相当于父辈,养子要相当于子辈,这是出于想要选择与自然的亲子关系相接近的这样一种意图,但收养叔、弟、侄孙那样的昭穆不相当者,在现实中也是一直在实行的(见于《清明集》、《袁氏世范》、《元典章》等)。要件之五,养子不得为独子(单丁),这是作为原则的。之所以不让独子到其他家庭作儿子,可以从祭祀继承及家族经济生活的作用方面推断出原因来(只是也有所谓"绝次不绝长"的谚语)。不过独子也想出了巧妙地避开不得离开自己家庭的原则的方法,清代有一人继承两家以上的祭祀——实即家产的,这被称之为兼祧、双祧、三祧,族谱中表示家系的部分里显示兼祧之类的例子(如《八贤刘氏桂枝房支谱》)为数不少(参照本章第五节)。

养子从收养之日起,即取得了作为养亲嫡出之子的身份。养子进入养亲之家后,服从养亲的亲权,作为原则,在家产分割上也与亲生子享受同等待遇(这一点在敦煌发现的宋代的养子文书中也能看到)。不过在异姓养子的场合,他们在家产法上的待遇上还不能说没有变化。

亲权　汉代辞书《说文》解释"父"字时说:它是表示家长制权威的,是模仿手举着杖的样子。作为这样的一个父字,在公元前好几个世纪之前的被当作所谓殷代之物的甲骨文(发现于殷墟)中就找得到,如果当时就是按照上述说法来构字的话,那么,从那时起杖就已经成为家父长权的象征了。就是近年来一直广泛流行着的谚语中也有所谓"严父出孝子"、"棒打出孝子"(棒打造就出孝子来)。耶林曾说"惩罚已是成人的孩子的鞭子"乃是"中国特产的竹子"(《为了权利而斗争》)。就算不是中国的特产,以鞭子作为象征的权力支配,从古代直至近年来长期延续不绝,也确实是一个特征。而中国古来的亲权,和罗马法的父权同样的长久,即使子女已经成年,也仍然要服从亲权。只是罗马法的父权,一如其名地为父亲所拥有,后世虽因基督教的影响以致被修正,但仍然不是那种母亲也被作为权力主体的亲权(共同亲权)。与之相对,在中国,虽然不是和父亲对等的,但自古以来实行的就是一种母亲也是作为权力主体的共同亲权。家族共同的直系尊属作为家长的情况当别论,这种情况之外,如果说家长居于全体家族成员之上并在法律上具有所谓生杀予夺之类的强制性支配权,仅就所见资料而言,自古以来未曾发现其例。然而作为直系尊属的祖父母、父母教令或惩戒(即训戒)其子孙,即使惩戒时加以伤害,只要不杀害,也不具有违法性质。(传说舜因受父杖打,为了避免被杀害的危险而四处逃亡。甚至于堪称孝顺儿子代名词的曾子,尽管已处于被其父杖打至死的危险状态中,仍甘心受杖,却遭到了孔子的斥责。从这类逸事来看,也可以明白至少是儒家伦理对父子关系的理解方式。)另外,在南朝时期的宋(5 世纪)朝,如果父母想杀害不听教令的子孙,法律上也是允许的。即使在元代法中,杀害不孝子女的父母也不一定受到处罚。近年来河北省栾城县的农民也说,"老子打死儿子白打"(谁都可以杀死不听管教的儿子),即使打死了也"什么罪都没有"。这种大到几乎没有限制的权力,不能不说是极具古代特征的。父母可自由地将累教不改、不服管教的儿子及其妻子赶走(放逐)(见宋朝司马温公的《司马氏家仪》等)。近年来的农民也将逐出儿子称为"杆出去"、"赶出去"或者"打出去",不过当家长为旁系尊长时,则不能行使像父母对儿子所行使的那种驱逐权,他们只能采取所谓"分出去"即予以应得家产份额而使之分家出去的途径。不用说,这与那种驱逐权力的行使也并无不同。收养儿子家如果不是与养子本家相互合意,是不能断绝收养亲缘关系(出离、逐出)的,但不孝顺的养子,收养家则可根据自己单方面的意愿将其赶走。又,即使根据旧来的中国法,卖掉子女之类的处分行为是不允许的,但面对令人绝望的贫困、饥饿时,对子女的杀害、卖掉、质典也就难以避免了。出卖、租赁妻子之类的事情,在古代,见于《韩非子》《淮南子》,以及其后的史书、诗文等等,多不胜举。革命以前的吴满有,挣扎在苦日子中望不到头,迫于饥饿,不卖掉其女儿便生存不下去,曾卖掉年仅 3 岁的女儿,换来五升粟。像这种出卖子女之事,被认为是"父子两全之道"(参照本章第二节)。

子女的义务 按照中国法,作为子女的义务,自古以来便是对父母恭顺,无止境地恪尽孝养,亲子关系所强调的,仅此而已。不孝要遭雷打死、并不得收殓埋葬,天谴就是像这样的,这是见于《皇明圣谕训解》的话。无论唐律还是明清律,杀父母都是列入作为十恶之一的"恶逆"的,各个朝代都是处以该朝代当时所制定的极刑(按照元明清诸朝的法律,是凌迟处死)。在清代,杀害父母者所在的保甲,其所受教育的学校的教师,也都要受处罚。该逆子所居房屋要被毁坏,房屋场地的土要被挖走,直到挖成深坑。不用说,该逆子被处死后,其尸体要被焚弃,而禁止埋葬。杀害子女,法律上原本也是禁止的。但如果此人是为了尽孝养,以致要活埋自己的儿子——后因挖坑埋时挖出了一釜黄金而未遂(二十四孝之一,后汉的郭巨),则反倒作为孝子,芳名流传千古。无论是二十四孝,还是二百四十孝(胡文炳《二百四十孝图》等),尽管在献身方法是否严酷上不无差别,但全都贯穿着恭顺的原理。周作人的随笔中有题为《夏夜梦》者,其中开列有若干条款,要求刚出生的幼儿认可:"承认子女为父母之所有物。承认父母对于子女可以自由处置:随意处刑;随时变卖或赠与;制造成谬种及低能者。承认儿子之妻亦为父母的所有物。"但过去的亲子关系并不是《夏夜梦》所描述的那样。五四运动(1919)以后,谴责孝道之说兴起,呼声特别强烈,正是由于过去权威主义的压力特别强大,才致使对它的否定格外激烈。

文献

仁井田陞　《支那身分法史》(昭和十七年[1942]一月),《中国的家——关于中国农业家族劳动力的规纪》(《东方的家和官僚》,昭和二十三年[1948]十二月)。[补]参照本章第一、第三两节所揭文献。

桑原[隲藏]教授　《支那法制史论丛》(昭和十年[1935]十月)。关于教授的见解,本书第一章"绪言"曾略有提及。

第十节　监　护

未成年者的监护　子女的直接养育、保护者是父母,妻子的直接保护者是丈夫。而且家长、父母、丈夫三者的地位和职分,并不一定就归之于家长一人。因此当家长或者父母或者丈夫死亡时,为了家族的统率、家产的管理和未成年子女的养育保护(未成年者的监护),以及未婚成年女子及寡妇的保护(妇女的监护),就有必要开始考虑家长或者父母或者丈夫职分的代行者亦即监护人了。

过去中国家族的构成人员,不仅仅是父子祖孙,也包括旁系亲,可以说这样的家族形态是比较多的。但家里只留下孤儿(父亲死后留下的子女称之为"孤")的情形也是难以避免的,孤儿成为家长的情况也不少。

于是为幼弱的子女从家庭之外寻求代行家长或者父母职分的人,也就是监护人,就成为了必要。在应该作为监护人的候选者中,其先后顺序,作为特别的法律规定大概一直都不一定有的,但成为父母死后子女监护人的,通常是伯叔父。此外,便是兄长或者父亲的从兄弟成为监护人,有时还以乡党中的某个人作为监护人。被监护人最后的亲权者有的也实行所谓托孤(托孤之语,源出于《论语》中的"托孤寄命")方式,即在生前(临终)、或者在遗嘱中将孤儿托付给监护人。而且这种场合的监护人不一定就是有血缘关系者。作为监护人的职分,可以列举出来的,有对被监护人的监护、教育、惩戒,以及对其财产的管理等(比如《元曲选》中的《东堂老杂剧》)。但在被监护人财产的管理上,有一点值得特别注意,那就是大约 11 世纪以后在宋元时代实行的国家管理亦即公的监护制度。按照宋元时代的法律,孤儿在母亲也亡故的情况下,以某位亲戚作为监护人,其在各种监护事务中,负责遗孤的保护、养育,而遗孤的财产则由国家直接管理,并从中定期拨给遗孤生活所必需的费用,当遗孤长到成年时进行清算,支给后的财产余额须直接交还给遗孤。另外,直到遗孤成年的这段时间,由于所管理的财产有被花光的危险,所以在宋代,决定将一定部分的财产用于放贷,以收取利息。但这样一种监护制度,照例成为官吏中饱私囊的手段,于是公的监护制对于遗孤的利益维护,往往只能取得相反的效果。在被监护人死亡时,监护权遂告绝对终止,但在监护人死亡时监护权的终止则是相对的。而作为被监护人的未成年者,当其长大到成年期时,同样也成为监护权绝对终止的原因。至于究竟以什么时期作为成年期,在士大夫社会中,大概是以冠礼也就是举行成年仪式、取表字作为大致标准。《礼记》(《曲礼》)称,"男子二十,冠而字"(二十岁即所谓弱冠)。但对这样一个时期,法律上并未作特别的规定,不如说是听任于礼俗,而在礼俗中,关于这个时期也不一定就有统一的标准。在后世,如宋元时代的例子,则为 15、16 岁乃至 20、21 岁左右,即使不满 15 岁,也有举行冠礼的。按照 12 世纪南宋的法(宋《庆元令》),寡妇虽有儿子,但在其子 15 岁以下时,仍为户主(女户主),似乎要到其子 16 岁时,才能进行户主地位的交接。不过元代法则规定,当被监护人满 15 岁或者娶妻时,就要将国家管理的财产交还给被监护人(《元典章》)。据近年来浙江云和县等地的习惯,男子满 16 岁谓之出幼。

妇女的监护　印度的《摩奴法典》称:"妇女幼时服从其父,年长时服从其夫,夫死后服从其子。凡是女子皆为服从于人者。"不仅印度,希腊和罗马,以及日耳曼的古法中,都可以见到这样的规定:为失去父亲的未成年男子、未婚女子以及失去丈夫的妇女委托监护人,负责被监护人的养育和财产管理,而且与男子到了成年期即脱离监护相反,认为女子成年后仍要继续受监护(永久性监护)。而且上面所引的《摩奴法典》,宛如中国的古籍——《仪礼·丧服传》、《礼记·郊特牲》、《穀梁传》、《大戴礼》、《白虎通》、《释名》、《孔子家语》中所见的三从之义,二者实为异曲同工,大概任何人都会承认这一点吧。在中国古籍中,相当于"女子皆为服从于人者"之语,乃位于三从一段话的开首,与印度的法典相比,就只有这一点不同。①　印度的三从之义,《摩奴法典》之外,在《那罗陀法典》中也找得到,而在晋南北朝的汉译佛典中更是屡屡见到。中国的三从之义和印度的相比,在文献中究竟何者更早,还不清楚。但可以这样说,位于喜马拉雅山两侧的两个民族,自古以来在同样的社会条件之下,有着同样的妇女监护制度。

而在三从之义中,最成问题的或许是寡妇的监护制。总的来说,《仪礼·丧服传》等书中"夫死从子"(所谓"从",意为服从其教令)的意思,字面本身是说寡妇要服从亡夫的最近亲族(男系的儿子)的监护,可以说在这一点上是与雅利安诸民族法相类似的,即仅仅在"从子"上表述得不十分明晰而已。我想还是将"从子"和《释名》中所谓"老如子言"的意义合并起来加以玩味吧。也就是说这个所谓的"子",可以说是指已达到成年期的儿子。但是如果参考《礼记》(《曲礼》、《内则》)、唐律及明律的话,则母亲也和父亲相同,都是作为亲权的主体,而且是终生的,因此,如果将这种观念贯彻到底,那么,如上文中论述亲权时所言,恐怕不能一概

---

①　中国典籍中(如《仪礼·丧服》)相当于《摩奴法典》"女子皆为服从于人者"之语者,原文作"女子子适人者"。《摩奴法典》中"女子皆为服从于人者"位于相当于"三从"的文字之后,而《仪礼》等文献中"女子子适人者"在"三从"的文字之前。

说丈夫死后便服从儿子。不过在中国，在理念的另一面亦即实际的层面上，从来都存在着相辅相成、互为表里的情形。在这种场合中也是如此，一方面父母的教令被当作至高无上的，法律和礼俗也顺应这种理念而建章立制；但另一方面，儿子在经济生活中日益成为支柱，因此，寡妇在丈夫死后尊重业已成年的儿子的意见的一面（儿子也不能独断专行，而要征询母亲的意见），我以为是不能置之不顾的。

文献

仁井田陞　《支那身分法史》（昭和十七年［1942］一月）。

第十四章　土　地　法

第一节　所有权的界限

土地的上下和四方　据说罗马人将土地所有权所及范围称为"至天上",且"至地底下",而中国人也同样用所谓"上至天、下至黄泉"来表述。汉代的土地买卖契约中可以见到这样的例子。为人所有的土地,其东西南北境界称之为"四至",据说直到近年来,在山西省的某些地方,也还是将这种四至和天地合起来称为"六至"。另外,土地的境界处如果有水沟,则以水沟的中心线(沟心)为界限;如果宅地的界限是以墙壁构成的,那么这堵墙壁便成为两边相邻土地的所有者的共有物。

相邻地关系　如果按照近年来的习惯,墓地或者其他土地被他人的土地所包围,以致无法到达时(飞地),是允许从相邻土地上通行的。不过有时也需要为之支付代价。

让自然的流水从低地里流出,是被容许的(12世纪的土地买卖文书中也记载有这种情况),低地的所有者不得阻碍来自邻地的自然流水。但又不准修建那种直接向邻地灌注雨水之类的设施。也就是说,新建房屋时,必须留出保证雨水滴落在分界线之内所需的距离(明朝的《刘氏人谱》)。

即使在汉代,当树木的阴影投落于邻地而妨碍农作物的生长时,则有必要砍掉树木(《汉书·食货志》)。按照近年来的习惯,当树木或竹子的根侵入邻地时,则负有应邻地所有者的请求而砍掉木、竹的义务。

第二节 土地所有权
——无限期永久性的和有限期的

所有权也是历史的范畴 Auch das Eigentum ist eine historische, keine logische Kategorie(Gierke). 如上引基尔克所说,所有权不是一个逻辑的范畴,而是一个历史的范畴。它离开了所处时间、地点的社会、经济基础便不复存在。中田博士在日本土地法史的研究比如关于日本班田制口分田的研究中,曾对这一点反复加以论述(《法制史论集》第 2 卷)。罗马法和近世法的所有权是在各自所在时间、地点的条件和基础之上产生的,因此之故,它们肯定在那个时间、那个地点起到了最适合的作用,但不能以它们为标准来把握中世法或者东方法中的所有权。尽管近世的法学家将所有权理解成绝对性的、无限性的,但那不过是对应于资本主义社会的所有权,仅仅限于这样的意义上,而不能以之作为理解日耳曼法以及前近代的东方法中的所有权的钥匙。

均田法 而在中国,有一种说法认为,先秦的各个王朝实行了一种耕地分配法,也就是所谓的井田法,它和贡赋制度一起被整合到了一个体系中。或许有可能实行了在某种意义上类似于这种田制的某种制度,但是否真正存在着传说中的那样一种制度,我是宁愿持否定意见的。对于学者们所乐意引用的证实井田法存在的资料,例如所谓"六十归田"(《汉书·食货志》)之类,我想这恐怕是后世的作伪吧。秦国在商鞅之前并不存在井田法,当然也就不存在商鞅破坏它。认为是商鞅破坏了井田法,乃是那些诽谤他的儒家学者的虚构。因而不能拘泥于这样一些偏见:(一)自古以来一直实行着的土地公有制度,(二)后由秦全部破坏了,(三)于是私有制度因之而开始出现。但土地私有制至少在战国时代就已实行,这是没有疑问的。整个前汉和后汉时代,官吏富豪的大土地所有得到无限制的发展,历史上亦昭昭可见。不用说,西汉也有限制土地私有制的各种政策,只是并没有实行的机会,但新朝的王莽(公元 1 世纪初)却得到了实行的机会,他企图复活所谓的王田制,将天下的田名为王田,奴隶称为私属,都不准买卖,不到八个男子的家庭,禁止拥有一井以上的土地,但这也没能得到大地主等阶层的支持,天下的土地虽然最终还是称为王田,但其先不准买卖土地的禁令却不得不取消。

王莽之后,对土地私有进行限制的是晋代。其基本制度是:男子占田限于 70 亩,女子限于 30 亩,限内占田为政府所认可;又官吏方面,允许拥有 50 顷乃至 10 顷不等的私有土地(同时也伴随着限制即对客户也就是衣食客和佃客的数量的限制)。若据另一说,则晋代实行的是均田制,亦即班田收授。另外,要表示对土地的支配,自古以来都称之为"占"或者"有"(比如汉代表示土地所有时的"名有")之类。虽然我认为两者之间原本就没有分化,但今天如果要对两者作出区别的话,那么,占是有的外延,大概是表示直接地、事实上地支配着土地这样一种关系吧。晋代的土地法中虽然也是说的占田,但这种表述的是从对土地的外部形式上的事实上的支配这一侧面着眼的,并不意味着对土地的私人所有的否定。在晋王室南迁江南之后的东晋时代,不用说,这种制度没能维持下去,即使在此前的西晋时代,要完全按照规定实行,大概也是很成问题的。东晋以后,江北沦为战乱之地,由于流亡的农民很多,为了使之安定下来,并作为促使赋税收入增加的手段,北魏施行了均田制。北魏的孝文帝采纳李安世的进言,制定了土地分给之法(485)。据之,男子 15 岁以上授给种植谷物的所谓露田 40 亩,麻田 10 亩,女子给田分别为男子的一半(与之相同的女子给田亦见于日本令,却不见于唐令),年至 70 岁时这些土地原则上要还公。奴隶也给露田、麻田,数额与良民相同,耕牛每头也给露田 30 亩,限 4 头(一说 4 年),均授给其所有者。从给奴隶和耕牛的所有者授田便可以知道,虽说是所谓均田,却并不是一种对地主具有否定意义的土地制度。这在北齐等朝代也是同样的。在北魏,上述之外,作为不回收的土地,还要给男子 1 人授桑田 20 亩,使其种植桑枣榆,良民每 3 人,奴隶则每 5 口,分配宅地 1 亩。这样一种均田制度为北齐及北周等北朝诸王朝所继承,下及于隋唐,尽管其间也有变化。如根据唐代的田制,丁男及年满 18 岁以上的中男,给口分田 80 亩、永业田 20 亩,年满 60 岁时口分田的一部分回收,如果死亡则全部回收。此外,根据良贱身份分给一定数额的宅地。永业田和宅地则不能回收。官吏方面，虽说另外也有定额，但根据官位高低所分给的官吏永业田为数甚大，多达 100 顷，少的也有 60 亩，又随时赏给赐田等（唐代的土地制度中另外还有职分田之类）。而且唐代诸朝的土地制度，影响及于日本、朝鲜和安南。在日本，不是像唐朝那样每年分给土地，而是每 6 年进行一次，6 岁以上就给田，受田年龄定得低一些。日本并不像唐代那样，对工商及僧侣之类授给土地。唐代奴婢不分给土地，但奴婢之外的贱民则分给土地，这一点在日本是相反的。若说到朝鲜方面，据说"高丽田制，大抵仿效唐制"。而作为分给土地的口分田，在安南的黎律（15 世纪的法典）中也有相关规定。不过在安南的口分田制的背后，存在着村落的土地分配、轮流耕种制，因而它未必和中国的均田制是相同的，这是必须予以注意的。

正因为北魏均田法的实施与当时社会的要求在某种程度上一致，所以它比较具有实效性。但在北魏以后的各个王朝，这一点大概也出了问题。不过唐王朝的专制权力和与之相应的军事力量，是建立在对均田农民即租庸调和府兵（征兵）的承担者的支配之上的，因而王朝的当权者，在必须紧紧控制在手里的河南、陕西、四川等地区内，有必要尽可能地抑制作为国家权力对立物的大地主势力，将那些可能沦为大地主势力的依附者的农民掌控在自己的权力之下（松本善海氏）。当时的农民，被国家夺走的东西相对于他们所得到的东西，在比例上无疑要大些，因此在均田制的实施上，尽管被认为还有很多的困难条件，但有一点是必需要首先考虑到的，那就是唐代的均田制对于统治者来说，仍在政治上、军事上、经济上具有极大的意义和作用。唐代的均田制，同时还有租庸调制和府兵制，特别是在安禄山叛乱（8 世纪中叶）之后日趋崩坏，于是两税法兴起，取租庸调制而代之，府兵制废止，改行募兵制，均田制瓦解，新的大地主体制从而农奴制普遍成立的倾向日益显示出来，而这些都是相互关联的具有同样时代特征的现象。

无限期的永久性所有权和有限期的所有权　在中国，自古以来就有王土思想，如所谓"普天之下……莫非王土"（《诗经》），而且不仅仅只是古代，即使在中世后半期也就是明清间，私人所有的土地甚至也还被称之为"受田"。我也不是要否定这样一种王田思想的存在,只是认为不能因王土思想的存在便迳以天下之田皆为王有(公有),不要以为私有的思想是不容许存在的。并不是只有罗马法和近代法中的所有权才是超越时空而存在的所有权。中国也和日本的情况一样,历史上存在着无限期永久性的土地所有权和与之并存的有限期的土地所有权。比如像北魏北齐以及隋代的露田和唐代的口分田的所有权,虽然也还是有限期的,但是它们也和北魏北齐的桑田、隋唐的永业田和宅地的无限期永久性所有权一样,在当时都是被视为私人所有权的。问题是不能用近代的所有权概念来理解这种所有权,而应该注意当时的人们是如何考虑以及如何处理的。唐代无论是立法者还是法律学者,都将所有权有时期限制、买卖处分亦有限制的口分田,等同于所有权无限期永久性的、买卖处分亦无限制的土地,将之视为私田,将其权利所有者称之为田主(本主)。口分田并不是官地,口分田主也不是官地的借地人。对于这样的意见,只要看一下唐律的官撰注释书中所谓"居官挟势,侵夺百姓私田者"、"将职分官田贸易私家之地"、"私田宅各有本主……借得之人既非本主"、"地主口分"(《唐律疏议》)云云,也就是"百姓的口分田并不是职分田之类的官田,而是私田""无论永业田还是口分田,说到底都是所谓私田,因而都有本主",大概就没有争议的余地了。有的人因为土地要被回收、买卖等处分亦被禁止之故,就将这种土地——北魏北齐及隋代露田和唐代口分田之类,理解成公有地。但回收和处分的限制,决不能否定这种土地的所有权的私有性质。诸如买卖处分的自由,绝不是所有权概念的恒常要素,特别是被允许买卖处分的田如果是私田的话,那么像北齐的露田之类就不能不说是私田了。这对于将露田称之为公田的学者来说,是自相矛盾的。关于北齐的露田,附有某种条件的买卖即帖卖,是被允许的。据中田博士的研究,这种帖卖即相当于日本固有法中的"本钱返"、德国中世法中的Verkauf auf Wiederkauf(附有赎买条件的买卖)。这种露田从自由帖卖再进一步即不附加条件,便几乎可以自由买卖了。唐代的口分田在某种条件下也被允许买卖,因此学者认为它与作为确凿无疑的私田的永业田是相同的。即使是近代的所有权概念,要想与前近代的所有权概念完全切割开来,也是不可能的。中国古代、中世的所有权是不是有时期限定性姑置勿论,尽管在这种所有权的背后王土思想意识无处不在,但同时还必须着眼于它作为私人所有权的一面。近代以前所谓的所有权,毋宁说都是这样的。不仅仅是中国和日本,在朝鲜法史上也并存着无限期永久性的所有权和有限期的所有权,黎氏安南的口分田,其买卖处分也是被禁止的。顺便说一下,孙文在其三民主义中,有所谓"将土地给予从事耕种的农民"(耕者有其田),那以后,就进一步向土地改革发展。但孙文并不主张土地公有,土地改革也不是要使土地变为公有。暂且不论共同体的所有,将来如何也姑且不管,中国历史上实行所谓土地公有主义的时期,迄今为止还未曾有过。[补]参照补章第三。

北魏

无限期永久性的土地私有权

桑田:男子1人给30亩,使其种植桑枣榆,原则上禁止买卖。只有当一家之内的土地超过应受田部分时,其超过部分才允许买卖。

宅地:良民每3人给1亩,奴婢每5口给1亩。

有限期的土地私有权

露田:男子15岁以上给40亩,女子给20亩,70岁时还公。奴婢也给露田,数额与良民相同,耕牛每头也给露田30亩,限4头(按清水教授的说法,4头作4年),均授给其所有者。禁止买卖等处分。又有易田制。

麻田:男子15岁以上给10亩,女子给5亩,如果年满70岁,则以之还公。奴婢也给麻田,数额与良民相同。

北齐

无限期永久性的土地私有权

垦田:允许官民垦田。

桑田:每丁给20亩,使其种植桑榆枣。

麻田:不适宜种植桑树的土地,给麻田以代替桑田。

有限期的土地私有权

> 露田:男子满 18 岁时,给 80 亩,女子给 40 亩,66 岁或者死亡时
> 还公。奴婢也给露田,数额与良民相同。只是允许受田的
> 奴婢数量,根据奴婢所有者的身份高低而有差别,规定亲
> 王限止 300 口,庶人限止 80 口。① 耕年也一头给 60 亩。

北周

> 丁男给田 100 亩,有妻者给 140 亩。此外还分配宅地。

隋

无限期永久性的土地私有权

> 诸王以下至都督的永业田:从 100 顷到 30 顷(或云 40 亩)。
>
> 丁中的永业田:使其种植桑榆枣。
>
> 园宅地:良民每 3 人给一亩,奴婢以 5 口为单位给一亩。

有限期的土地私有权

> 露田:丁男中男给田,达到一定年龄或者死亡时还公。

唐

无限期永久性的土地私有权

> 官人永业田:王公以下官人给 60 亩到 100 顷。
>
> 赐田。
>
> 户内永业田:丁男、18 岁以上中男给 20 亩(商工业者给其半
> 额),使其在上面种植桑榆枣。诸如无丧葬费或移居宽乡
> 之类场合,允许买卖永业田。
>
> 居住园宅地:家庭成员在 3 人以下者给 1 亩,每 3 人增加 1 亩,
> 贱民每 5 口给 1 亩。

有限期的土地私有权

> 口分田:丁男、18 岁以上中男给 80 亩(商工业者给其半额),老
> 男等给 40 亩,寡妻妾给 30 亩,瘠田称为易田,给授倍额(休

---

① 《隋书·食货志》作:"(北齐)奴婢受田者……七品已上,限止八十人;八品已下至庶人,限止
六十人。"《通典·食货·田制》所载亦同。此处称"庶人限止八十口",当误。

闲法）。如死亡则全部口分田还公，如移居宽乡者之类，允许买卖口分田。

文献

玉井［是博］教授　《唐代的土地问题管见》（《支那社会经济史研究》）。

仁井田陞　《古代支那、日本的土地私有制》（《国家学会杂志》第 44 卷第 12 号、第 45 卷第 2、7、8 号，昭和四年［1929］十二月至昭和五年［1930］八月）。这篇论文中包含有批评玉井教授的土地公有说的内容。直到近年来，仍有唐代均田制崩坏以后土地遂归于个人私有的说法（加藤博士《支那经济史概说》，昭和十九年［1945］二月）。这与我的见解有极大差异。［补］参照"增订版序"二。

铃木俊氏　《敦煌发现的唐代户籍和均田制》（《史学杂志》第 47 编第 7 号，昭和十一年［1936］七月）。

W. Willians, *Middle Kingdom*（《中国总论》）, vol. Ⅱ ; Douglas, *Society in China*（《中国社会》）. 虽然也有如上揭书中的见解，即对中国历史上的土地所有权加以全盘否定，而作为与之相对立的观点，可以举出下注中所揭弗兰克的说法。

O. Franke, *Die Rechtsverhältnisse am Grundeigentum in China*, 1903（有清水金二郎氏译本《支那土地制度论》）。［补］关于这一点，另请参照秋泽修二氏《支那社会构成》（昭和十四年［1939］二月）。

戒能［通孝］教授　《法律社会学诸问题》（昭和十八年［1943］一月）

"井田法"　据传说，夏王朝时期所实行的是授给农民 50 亩耕地的贡法，殷王朝时期是授给 70 亩的助法也就是井田法，周王朝时期是授给 100 亩的彻法。那种所谓的贡法，就是对数年的收获量进行平均，将其平均数作为平年 1 年的收获量，以平年收获量的十分之一作为每年——无论丰年凶年——的租税额，这是一种定额的税制。那种助法也就是所谓的井田法，就是将正方形的耕地分成井字形的 9 等分，将周边的 8 等分分给 8 户农家，中央的 1 等分作为公田，由 8 家共同耕种，以其收获作为租税，这种租税制度就其共同耕种这一点而言，被称之为助法，而就等分地的形状而言则被称之为井田法。据《孟子》所说，井田法不仅实行于殷朝，而且亦实行于周朝。那种所谓彻法，就是将每年收获量的十分之一作为租税额，这是一种固定比例的分成制税制。但见载于《周礼》的是一种与此有异的田制。关于先秦时代的田制，请参照加藤博士《支那古田制研究》（大正五年［1916］八月）。

［补］　山本［达郎］教授《敦煌发现计账样文书残简》（《东洋学报》第 37 卷第 2、3 号，

昭和二十九年[1954]九月、十一月）。

《西域文化研究》第二《敦煌吐鲁番社会经济资料》上（昭和三十四年[1959]三月）。

第三节　双重所有权——一田两主制

一田两主的历史特性　所谓近代的所有权，虽然也要受到社会的限制，但大体上可以说是一种普遍的而且是全面的支配权。与之相对，中国以往的所有权可能是作为一种片面的支配权的。近代法之前的土地上重叠着种种的权力，土地的支配关系是分散的，近代法对之进行了梳理，限定其类型，强化土地所有权的效力，所谓的自由所有权 freiss Eigentum 终于被确立下来。物权法定主义即是为实现这一理想而产生的，另外，这一点还要反映在登记簿上，以期投资交易的安全。在《中华民国民法》中，与我国的民法相同，不仅不承认特殊的物权，而且土地所有权——即便它延伸到了土地的上和下，也不是以土地本身分为上下两层、这两层分别属于不同的所有者这样一种情况作为前提的。然而据《中华民国民法·物权编施行法》，关于民法施行前所发生的物权，因其原则上是不适用于民法规定的，所以在民法施行前有关土地方面习惯性地存在着的各种关系，仍旧得到承认，以前的习惯照样有效。这样，土地法的近代化几乎就等于没有被提到议事日程上来，于是在地域上广泛实行于江南地区、在时间上可以追溯到比明代更早的时代就一直在实行的一田两主乃至一田三主习惯，便没有遭到激进性改革的冲击，从而停滞不变。今后的土地改革，一定会给这种双重的所有关系带来极大的影响吧。另外，《中华民国民法》中还有关于永佃权的规定，这是一种利用他人土地的权利，与这里所说的田面权、田底权有异。但永佃和田面，在事实上也有难以分开之处。

一田两主及其成立　而这种一田两主所表示的是一种习惯上的权利关系，即把同一块土地本身分为上下两层，被分开的上地（称为田皮、田面、皮业、小业等）和底地（称为田根、田骨、骨业、大业等）分别为不同的人所有。上地上的权利和底地上的权利相并列，是一个永久性的独立物权。底地所有者所享有的权利,是每年可以从享有土地使用收益权的上地所有者那里收取地租(规定的获利),但地租的拖欠一般不构成解约的原因。另外,上地、底地的所有者各自买卖处分其土地时,相互之间,既不给对方以任何牵制,也不受对方的任何牵制,这是通例。也就是说,即使将上地转让租借,也可以任意为之,底地所有者是否同意并不是转让租借的要件。而且上地、底地各自所有者的异同变化,也丝毫不会引起另外一方所有者权益的消长。总之在一田两主的场合,可以看到直接生产者的地位正在显著增强。无论是上地(皮业)还是底地(骨业),在其作为"业"这一点上都是等质的。所谓"业"这个概念,一般来说,是以具有用益权同时又具有买卖处分权作为其内涵的,又因其意指用益、买卖处分权的客体,所以也使用"产业"这个词汇(当然,也有像唐代的永业田那样的情况,即在买卖处分上虽然受到限制,但仍然是作为"业"的)。所以因为某种理由而失去业,便被称之为"失业"。而通行这种一田两主的地带,包括江苏、浙江、江西、安徽、福建等地,波及的范围无疑十分广泛。江苏通常称上地为田面,底地为田底。在江西,也因地方而异,很早以来就流行着田皮田骨、皮业骨业、大业小业、大买小买、大顶小顶、大根小根之类的名目。福建也将上地底地称之为田皮田骨、田皮田根、皮田骨田,并将各自的所有者称之为皮主骨主等。不过在福建,也有一些地方在上地底地的表述方式上正好与上述称谓相反。台湾也有称之为地皮地骨或者大租主小租主的这样一种土地的双重所有关系。

这样一种一田两主习惯的形成,各地情况并不是一样的。首先是江南地区,按照当地所通行的习惯,在开垦或者改良属于他人所有的土地时,其开垦者、改良者可以拥有独立于土地所有权的上地即田面权。比如江西,因其土地半数为山麓,从与其接壤的福建或者广东来到这里开垦山麓的人很多,开垦之际,这些开垦者根据与地主所订契约,可以有偿地取得所垦土地的田皮、小业的权利。又如江苏的崇明县,该地原本是由泥沙冲积而成的岛屿,其冲积地的面积与年俱增,唯其如此,岸边由泥沙淤积而成的沼泽地即所谓"荡"在成为可耕地之前,政府便开始课征税粮(国家赋税),并承认税粮负担者的土地所有权。但这个地主并不一定直接去新开垦那块土地,有的是让佃户去开垦的。佃户投入自己的劳动力和其他必要的经费,在荡的周围筑堤(圩),以防止水侵入,如果土地高低不平,则平整土地。但在这种情况下,对于佃户为开垦土地所付出的必要经费,地主也有可能不予偿还,而是在"买价"(土地)本身的上部设置一个称之为"承价"的层面,以此作为开垦土地的报偿,给予开垦者。这样的话,地主只不过拥有土地下层部分的产业管理权。在这里,就能发现所谓一田两主或者与之相近似的重复的支配关系。福建开垦土地,向来也是也把田皮作为报偿给与开垦者,从而形成田皮、田骨二重所有关系,亦即皮主、骨主关系。但在遭遇变乱导致土地抛荒的情况下,这些荒地的开垦者与地主之间也会产生皮主骨主关系,而道光末年以来,因为连续十几年(1851－1864)的太平天国动乱,导致广泛的地域内出现了那样一种农田抛荒的情形,于是双重土地所有现象之产生于各地,就是显而易见的事了。不过土地双重所有关系的成立史,可以追溯到远比太平天国为早的时代。土地所有权的双重归属也就是将土地本身区分为上下两层,并将它们各自看作一个独立的不动产,当二者中的任何一个地主单方面处分其田产时,所谓"皮骨分卖"也就产生了。

一田三主　所谓一田三主关系,出现于福建漳州府。该地区在明代就已经产生了这样的一田三主关系,指的是作为土地所有者的小租主(小税主),从土地所有者那里有偿取得征租权的大租主,和给土地所有者支付粪土银从而取得土地永久性使用权的佃户这三者之间的关系。以负担粮差(国家赋税)为条件,从回避粮差负担的土地所有者那里有偿地取得征收田租即每一年所规定的获利的权利的,是大租主,这种权利的有偿取得以及转移,也可以被称作买卖。在明代的漳州府南靖县,由于战乱,许多农民放弃土地而流亡他乡,在那些农民走了之后,来到这里将其耕地收归己有的是其他地方的土豪。他们虽然掌握了县内七八成之多的耕地,却回避以自己的名义负担粮差,而是叫那些大租主来负担粮差。小租主,正像他们被称为"业主"或"田主"、或者又被称为"粪主"那样,是土地所有者,尽管他们从佃户那里征收租税(使用土地的对价),又向大租主支付租金,但是不承担国家赋役。小租主的权利可以自由处分自不待说,大租主也同样可以自由处分其权利,大租主或小租主的变更,都不会造成另外一方的权益的消长,这和汀州府等地的皮主骨主的权利是相同的。和大租主、小租主一起构成所谓一田三主关系的佃户,其权利虽然也是永久性的,但这只不过是对他人土地的使用权而已,当佃户欠租(使用土地的对价)时,就会产生地主的解约权。不过在事实上,佃户即使欠租,地主也对之莫可奈何,由于有佃户强占耕地的现象,所以有了"久佃成业"的俚谚。而且这种佃户也算作一主,从而有一田三主之说。

和欧洲的分割所有权的比较　说到一田两主,恐怕就会联想到欧洲中世纪的所谓分割所有权(双重所有权)那样的所有权的双重归属。当然,上地(田面)的所有者,是现实中的土地使用收益者,地租的承担者,就这一点而言,其权力大体相当于欧洲中世纪的下级所有权。底地(田根)的所有者,如果从享有收租权这一点来说,其权利也大体相当于欧洲中世纪那种所谓的上级所有权。但如后所述,这只不过是一种大致的比拟,两者的性质并不相同。在欧洲中世纪的分割所有权中,作为土地现实的使用收益权的下级所有权,为家臣乃至农民所有,包括每年从那块土地上征收贡赋的权能、土地买卖处分方面的同意权以及先买权及复归权(Vorkaufs- u. Heimfallsrecht)等内容的上级所有权,为领主地主所有。因而,相对于一田两主中所见到的对权利客体本身的区分,在这种分割所有权中所见到的则是对权利内容的质的分割。而江南的一田两主关系,在土地上一分为二的两个所有权中,包含着可以自由处分各自标的物的权能,这与在德国中世纪的分割所有权中所见到的情况不同,那种下级所有权中并不包含自由处分的权能。另外,在德国中世纪,一般而言,土地所有权是关于土地方面可能存在的多种支配权的综合,其中包括身份性支配和庇护之类的人身依附关系。分割所有权也在权力主体的身份、土地的使用收益方面存在着各种限制,这就表明这种所有权仍然未能摆脱封建性。与之相对,在中国的一田两主关系中,上地(田面)的所有者虽说大体上似乎与所谓下级所有权者相当,但是如果考虑到下级所有权者总是家臣和一般农民的话,那么情况就会大不一样了。也就是说,在中国的一田两主关系中,相对于客体的主体即土地所有权者,其身份并没有固定性,底地的所有者不用说无非大地主、土豪,上地的所有者往往也正是大地主,甚至还有土豪。不仔细斟酌以上这种差异,一般性将上地(田面)的所有权推定比附为下级所有权,将底地(田底)的所有权推定比附为上级所有权,那不过是简单的形式上的类比而已。由此看来,中国的这样一种一田两主关系,处于这样一种实际状况中:土地本身分为上下两部分,土地的支配关系并不结合身份性关系,即使有结合,其程度也很低;但这二者间相互是有联系的,上地和底地(田面田底),都可以由各自的所有者在相互间既不牵制对方也不受对方牵制的情况下,自由处置;对上地底地的这样一种自由处分,也很容易造成上地或者底地各自所有权的集中化。

一田两主和征租问题　底地所有权中并不包括对上地让渡租赁的同意权和上地买卖的优先权,上地所有权中却包含了自由买卖处分上地的权能,上地的所有者(利用者)可以不考虑底地所有者的意向而任意更替,上地所有者的欠租也不构成解约的原因。上地所有者几乎完全从底地所有者的牵制中解放出来,这往往导致底地所有权的征租功能在现实中有其名而无其实。作为国家赋役承担者的底地所有者,当其不能充分实现其征租功能时,结果自然就是不能圆满地完成所承担的赋役任务。在这种情况下,政府就要对一田两主习惯进行干涉了。出于同样的理由,政府也要对一田三主习惯加以干涉。把这种一田两主称为恶习,并想将其纠正成一田一主,或者想要对一田三主关系进行整顿,都是政府为了方便赋税征收而设计出来的举措。不过把这种习惯说成是恶弊本身,说到底就是一种官吏意识。对同一块土地上的这种重复起来的支配关系进行整顿,自然会使所有权的效力因之而强化,但是政府乃至官吏企图整顿这些习惯,并不是直接以强化这种所有权的效力或者确立近代所有权亦即普遍的全面的支配权为目标的。在官吏的思想意识中无论如何也不可能发现近代化的意识和构想。如果与征税无关的话,就不想过多地触及习惯秩序,这是政府和官吏历来的一般态度。尽管如此,不管哪里的地方政府及其官吏,既然以征税为目的,其做法就大致上是相同的。于是,各个地方政府及官吏尽管地各一方,却自然地带着同样的目的,企图强行改变人民的自律性秩序,使之归于一律。而这不管在哪里,从一开始就没有成功的希望。征税问题,也可以说,与旨在把自己解放到狭义的隶农 Hörige 地位上的农民的"抗租",是有着诸多联系的(参照第八章第一节)。

顺便一并提及,在我国的明治初年,土佐等地曾经想要整顿上地底地关系,也同样是为了征税的方便。不过梅博士称:"以今日之时势,作为土地制度,承认在所有权旁边有一个与之相并存、相类似的永久性权力,就公共利益而言是无论如何也不可以的。"则是作为公共利益方面的问题来处理的。

文献

仁井田陞　《支那近世的一田两主习惯及其成立》(《法学协会杂志》第 64 卷第 3、4 号,昭和二十一年[1946]三月、四月)。[补]参照"增订版序"二。

P. Hoang, Notions Techniques sur la Propriété en Chine(《中国特有的产权观念》), *Variétés Sinologiques*, No. 11, 1920.

池田静夫氏　《关于支那的永久性租佃制度》(《东亚经济研究》第 24 卷第 3 号,昭和十五年[1940]九月),此文对崇明岛及启东县等地的有关情况论述详细。

田中忠夫氏　《支那物权习惯论》(大正十四年[1925]一月)。

天野[元之助]教授　《支那农业经济论(上)》(昭和十五年[1940]七月)。

陈翰生氏　《租佃制度》(《中国经济年鉴》,中华民国二十四年[1935]),以及《民商事习惯调查报告录》等。

[补]　傅衣凌氏《福建佃农经济史丛考》(《文史丛刊》之二,中华民国三十三年[1944]八月)。

第四节　永久性租佃(永佃)

在中国社会中,与一田两主习惯并行的有永佃亦即永久性租佃习惯。永佃的产生,与一田两主的情形大抵相同,都是产生于土地的开垦等,二者间在有些方面难以作出严格的区分。永佃虽然也属于使用他人土地的权利,却是一种与所有权相近似的永久性权利,就其地租(佃租)比较少这一点而言,又不同于一般的租佃。永佃是一种既可以继承又可以出租、让渡的权利,这些并不需要地主的承诺,除了欠租之外,地主是不能将其土地收回的。另外,根据近年来天津县等地所流行的谚语即所谓"东换不换佃"(即使地主更换了也不更换佃户)、"倒东不倒西"(其意义同上)之类,可知地主的更替并不会影响到佃户的权利,这一点也和一般的租佃不同。而且在清代,河北省(直隶省)以外的地方有旗地,是给予应该成为清朝保卫者的旗人的。旗地的所有权是一种身份性所有权,那些旗地上的租佃关系虽然发生原因不同,但在法律性质上仍与永佃相类似。

直到近年来仍流行着的永久性租佃习惯,其存在的历史究竟可以追溯到什么时代虽然还不清楚,但据明代永久性租佃契约的样文,永久性租佃契约中对地主、佃户双方有如下约束:佃户要请作为地主和佃户之间的中人(保人、引进人),交付保证金(赔偿细丝银),每年收获后应将佃租交纳到地主的仓库里;佃户除了自己归还土地之外,只要交纳了所定佃租,是可以永久性地佃种所租土地的(不限年月佃种),而且当佃户归还土地时,可以要求地主返还先前所交付的保证金。但由于永久性租佃权并不是所有权,所以不可以对土地实行可能造成永久性伤害的改造和变更(例如明代刊行的《五车拔锦》)。这可以看作是清代以来被称作永佃(天野教授)的租佃方式的源头。

文献

天野[元之助]教授 《支那农业经济论(上)》(昭和十五年[1940]七月)。其他方面,如有关中国近年来的永佃权,《台湾私法》、《满洲旧惯调查报告》等可资参考。

"旗地" 旗地,壮丁(旗籍农民)一人,其初给地六晌,后给地五晌。这是所谓的圈地。也有广大的庄田。因为旗地是免税地,所以一般人(汉人)想要免税,也将其土地献给旗人(带地投充),相对于圈地,这些土地被称作带地投充地。旗地是禁止买卖、质典(典卖)的,但旗人因生活所困,遂出现卖掉旗地的现象,导致禁令有名无实。关于旗地的研究,有周藤吉之氏《清代满洲土地政策研究》等。

在华北的山西等地,计量土地的面积,是以一天内所能耕种的土地面积为标准的,这一标准面积被称为"晌"或者"垧"之类(1 晌大约相当于日本的 6 反)。像湖南、江西之类的水田地区,是根据播种分量即所谓几斗几石来计量的。江西省的新建县、丰城县等地,则是以用于灌溉的水车的数量来计量土地面积的。

第五节 租 佃（佃）

租佃和地域 中国的租佃也就是所谓的"佃"，有佃种地主的土地和佃种典押的土地亦即佃种质典土地之别，前者又分两种，一种是永久性租佃（参照前节），一种是无期限租佃及有期限租佃（即期限不确定的无年期租佃及期限确定的有年期租佃）。但这里所论述的，只是后一种即无期限租佃及有期限租佃方面的问题。根据洛辛·巴克等人的调查，近年来，在华中华南的水田地带租佃土地的很多，其中又以广东省最为普遍，占整个耕地面积的六到七成。因而佃田耕种的农家所占比例，也是以广东省为最高，超过了八成。与之相对，华北的旱田地带租佃土地的则很少，河北、山东、山西等地，据说只占整个耕地面积的一到二成。不过在河北，比如种植棉花地带的栾城县等地，租佃土地亦占压倒性多数。

租佃关系 不过佃户向地主租佃土地，一般都不是直接交涉，而是要请中人作媒介的。如就近年来的例子而言，在得到地主承诺的情况下，佃户带着酒、肉、鸡、果品等去拜访地主，于是地主就和中人、佃户一起进餐。不过也有由佃户方面准备酒席的。在无期限租佃及有期限租佃两种方式中，好像前者一直都是最普遍的，敦煌发现的租佃契约似乎大多也是无期限的。限于我的见闻，元明时代的租佃契约样文集中，也没怎么见到有期限租佃契约。但无限期租佃和永久性租佃不同自不待言，地主可以随时将耕地收回。根据近年来的调查，有年期租佃的期限，短至一年的例子也不在少数，三年或者五年的例子似乎相当多，但有时也有长达十年、二十年的。地主在期限满时，即使要更新契约也是可以的，是否更新完全取决于地主的意愿。租佃契约，无论是地主方面还是佃户方面，双方都要制作的，这不仅在近年来是如此，而且在明代的契约样文中也发现了这两种契约。不过佃户制作的恐怕多一些。此外，根据近来的调查，可知不制作契约的也有不少。租，即佃租，虽然还是实物租也就是交纳实物占统治地位，但货币租也就是交纳钱仍是仅次于实物租。另外，劳役租也就是以服劳役作为地租，直到今天仍零星地残存下来，而伴随着徭役劳动的佃种则随处可见,诸如农忙时,佃户要为地主无报酬地干活。实物租有分成租和租额固定的定额租之别,分成租的比例或预先确定,或根据当年收成决定。收获物的分割比例,因耕地肥瘠、佃户对地主的依存度(如是否借用了地主的耕牛、农具等)而异,如就近年来的例子而言,既有主七佃三、主六佃四的比例,也有与之相反的佃六主四、佃七主三。根据明朝等时代的租佃契约,佃租要用地主的升来计量(见《五车拔锦》等),而且禁止佃户将所租土地又出租给他人(转租)。因此当佃户欠租或者将土地转租他人时,即使是有期限租佃,地主也可收回耕地。在敦煌发现的租佃契约中,有这样一种对违约进行惩罚的文句,即:违约者无论是地主还是佃户,均须"罚上羊一口",赔付给对方,但在后世的租佃契约中似乎没怎么见到这样的例子。当租佃土地被卖掉时,如果是像宋代李诚庄的情况,则佃户的地位不受保护,当买主要求收回租佃土地时,佃户也无法强调、坚持自己的租借权。也就是说,中国也有"买卖优先于租赁借贷"(Kauf bricht Miete)的原则。有关佃户随同土地一起被买卖的"随田佃客",我在元明时代的租佃契约样文中,还没有发现这方面的资料(参照第八章第一节)。

另外,根据孙文遗志而制定的有关二五减租(将佃租减去25%)的法规,自中华民国十六年(1927)广东省首次公布以来,江苏、浙江等地也先后公布。不过,其实际成果不是仅靠公布法律就能取得的,人们的期待寄托在法令公布以后的执行情况上。

文献

L. Buck, *Land Utilization in China*, 1937 (三轮孝、加藤健两氏译《支那农业论》); *Chinese Farm Economy*, 1930(东亚经济调查局译《支那农家经济研究》)。

刘大钧氏　《我国佃农经济状况》(中华民国十八年[1929]九月)。

陈翰生氏　《租佃制度》(《中国经济年鉴》,中华民国二十四年[1935])。另外,陈氏关于华南农村的调查研究,我国有如下的翻译:井出季和太氏译《南支那农业问题研究》、佐渡爱三氏译《南支那的农村社会》。

金陵大学农学院　《豫鄂皖赣四省之租佃制度》(中华民国二十五年[1936]六月)。

田中忠夫氏 《革命支那农村的实证研究》（昭和五年[1930]二月）。

天野[元之助]教授 《支那农业经济论》（昭和十五年[1940]七月）。

满铁调查部 《北支那的农业和经济(上、下)》（昭和十七年[1942]十一月）。

川野[重任]教授 《租佃关系所见北支那农村的特质》（《支那农村惯行调查报告书》
第 1 辑,昭和十八年[1943]十月）。

矶田进氏 《北支那的租佃的法律关系》（《支那农村惯行调查报告书》第 3 辑,昭和十
九年[1944]一月。又《法学协会杂志》第 60 卷第 7 号及以下诸号）。川野、矶田
两氏的研究,是基于杉之原舜一氏等所作的中国农村调查。

仁井田陞 《中国社会中的“封建”和封建主义(feudalism)》（《东洋文化》第 5 号,昭和
二十六年,1951）、《唐宋法律文书研究》（昭和十二年[1937]三月）。[补]参照
“增订版序”二、三、四。

第六节　山川薮泽——农田水利

山川薮泽　中国在周朝末年土地私有制就已成立,但山川薮泽等依然不为任何人所分割,是任由农民共同利用的土地（《礼记》云:“林麓川泽以时入而不禁”）。不过这与日耳曼古代村落的 Allmende（公有地）和我国江户时代的入会地一样,是不是仅仅限于特定的村落民才能够利用它,仍是一个问题。《礼记》所说的那种山泽,根据六朝时期的记录,出现了渐被地主等独占的倾向。按照唐代法,山川薮泽之利,据说要“与众共之”、“公私共之”。总之,山川薮泽几乎都是从利用方面来考虑的,其所有关系并不直接构成问题。我想,这就是说,以农田水利为首,余如采获杂草、枯枝、鱼鳖、螺蚌、莲荷之类的利益,都不容许个人独占,还就妨害这样一种众利的事项,订立了罚则（《唐律》等）。

农田水利　在中国,虽然治水、水利工程绝不可能仅仅是国家的事业,但作为国家的事业自古以来就见载于文献,无论治水还是水利工程都得以在国家主导下举办的地理条件,是存在的。在秦代,由于郑国渠的修建灌溉了 400 顷荒地,又如汉武帝时,白渠的建成使农民因之而富饶,遂有赞颂的歌谣流传下来,这些例子都是特别有名的。即使在唐代,可以说,卓越的地方官都热心于水利工程的建设,以灌溉农田。而水法,肯定

也是自古以来就存在的,及至唐代,则制定了像水部式那样的水法。为便于民众使用,唐代的川泽是开放的。关于灌溉用水的利用,须从下游开始("用水自下始"),上游不得堵截水流以独占用水。对于河流,只要没有妨碍这种农田灌溉以及放排(筏运)、渔猎之类的利用——在此前提下是可以用于其他目的的。这其中最受重视的是碾硙水利。所谓碾硙,是用于碾米磨粉并利用水力作为动力的石臼(水碓)。作为唐代水利法的主要着眼点,水的利用是以一般大众的利益为主,以个人的利益为从属。但这样的法律目标却不一定能够得到实现。特别是在唐代,对精加工米、粉的需求旺盛起来,据《旧唐书·高力士传》所载,用五轮碾硙,可以"日破①麦三百斛"(一个臼的日磨粉量为 60 斛),远远超过了奴隶和牛马的生产能力。由于碾硙带来的收益巨大,以唐代的大土地所有为背景,碾硙的修建如雨后春笋,对农田水利的破坏非常严重。宋代法也认为,江河、山野、陂泽、湖塘、地滦之利应与众共之,故对一般大众是开放的(《庆元条法事类》),而不允许为一人所有。农田水利方面,用水也是先从下游开始,相对于旱田,水田在用水上享有优先权,对水利有妨害的碾硙应予拆除(同上揭《庆元条法事类》)。但是在宋代的长江下游地区,特别是在河流中间筑堤而形成的作为耕地的围田,比这范围更广的、有大规模堤防的、周边达数里的圩田,以及应该称之为湖中围田的湖田,都在接二连三地建造,尽管政府下令禁止,但这些水利田仍集中到大地主的手中,构成所谓庄园的一部分(《宋会要》)。谚语中也有所谓"湖水寸、渠水尺"(《宋会要》),即湖水之利要远远大于渠水之利。由于这样的湖为大地主所夺占,遭受所谓"盗湖"之困的农民,在水利方面受到的损害非常严重。这种情况在宋代以后,乃至于元代,也是同样的(例如《金华黄先生文集》卷三十二)。

另外,在后世,农民有因争夺灌溉用水而导致了部落间的械斗(其例请参照《福建省例》),而在唐代的资料中,也见到有关争夺用水的记录,而且还有关于用水的"均水法"的记录。争夺用水不仅仅是部落与部落

---

① "破"原文误作"碾",迳改。

间的问题,如果涉及到大型水利,还会酿成数县之间的争斗(《临川先生文集》卷八十九)。

文献

仁井田陞 《唐宋时代的水利权》(《史学杂志》第 43 编第 7 号,昭和七年[1932]七月),《敦煌发现的唐水部式研究》(《服部先生古稀祝贺记念论文集》,昭和十一年[1936]四月)。[补]参照补章第一。

周藤吉之氏 《关于宋元时代的佃户》(《史学杂志》第 44 编第 10、11 号,昭和八年[1933]十月、十一月)。

那波[利贞]教授 《关于唐代农田水利的规定》(《史学杂志》第 54 编第 1 号,昭和十八年[1943]一月)。

玉井[是博]教授 《唐代的社会史考察》(《支那社会经济史研究》)、《宋代水利田的一个特异现象》(同上)。

西嶋定生氏 《碾硙的另一面》(《历史学研究》第 125 号,昭和二十二年[1947]一月)。

第十五章　交　易　法

第一节　买　卖

第一款　买卖的各种形态

买卖的法律性质　在旧中国社会中,买卖要么是动产买卖那样的即时买卖,要么是土地交易中所见到的那种要物契约,即使到了近些年,对诺成契约也还是不熟悉。在中国古时候,作为支付手段,使用的是绢、麻、布或者谷物之类的实物货币。即使在铸币已经流通的汉代和唐代,铸币也不是唯一的支付手段。因而从这一点来看,买卖和交换的区别并不是明显的。

至迟从晋代以来,根据买卖标的物的种类,有需要在法律上采取特别形式者(须申报官府、领受税契的手续)和不需要采取特别形式者之别。普通动产的买卖属于后者,土地、房屋及奴隶、牛马、骆驼之类主要动产的买卖属于前者。在中国的旧式法律中,将具有移动性的物品称为移徙物,不具有移动性的土地、房屋称为不移徙物。不过即使是移徙物,却将其中的家畜称为畜产,其他的普通动产也被称为资财或财物之类。不过"物"的原意,和 chattel(有形动产)的情况一样,就是表示家畜的。

普通动产的买卖　资财也就是普通动产的买卖,用货物和货款当场交换的即时买卖是最多的。其他的买卖形式中,也有赊卖和预付定金的买卖。斯坦因探险队在敦煌、还有以赫定为领导的西北科学考察团在居延所发现的大量汉代木简中,包括好几件公元前 1 世纪的衣物类买卖契约，其形式、内容与不动产买卖契约相类似。只是这样的买卖在当时是不是要式行为，可以作为一个问题预先提出来。

不动产的买卖　土地、房屋的买卖契约为要物契约，其成立，除了买主卖主双方合意之外，还必须有提交标的物或者货款或者交付定金这样的事实。这样的买卖，还要请中介人或者见证人，他们在汉代、六朝时被称为时旁人、傍人、时人或者"证"、"任"之类，其后被称为保人、中人、中保人、知见人或者引领人之类。订立买卖契约的当日，还要和邀请的邻地主人、亲族一道，测量土地及实地勘验边界亦即四至，作为见证（"卖田问邻，成券会邻，古法也。"出《棠阴比事》）。契约中，除了写明东边到哪儿、西边到哪儿的四至之外，还要写上表示所有权界限的"上至天下至黄（泉）"。卖主的亲族和邻地主人亦即所卖土地的邻地的所有者，一直以来都被认为拥有优先于他人购买所卖土地的权利，亦即先买权 Vorkaufs-recht。近年来，对买卖处分的限制，即这种具有前近代性质的限制，尽管一直都有趋于名义化的倾向，但在文献记载中，无论如何，至少上溯到唐代，都是可以证明它的存在的。上述见证人等相关人员如果一致同意、没有异议的话，那么，就可进行标的物的交付和货款的支付，契约也就是契、券便制订完成了。契约交付之后，卖主和买主都没有解约的自由。这也体现在契约中的守约文句（参照第二款）中。作为契、券的契约不用说，不动产及奴隶牛马之类的特殊动产的买卖，自古以来就是必须要订立契、券的要式行为，而且，契约的交付就意味着所有权的转移。这也有如近年来河北农村的法律惯行调查所显示的那样，例如昌黎县的农民就说土地"在立契之日即交给了买主，契约订立之后就是买主的东西了"。在罗马买卖法的原理中，也有所谓的交付优先 Priorität der Besitzübergabe。既然没有接受交付，买主也就不是货物的所有者。如果卖主在交付前再度出卖，先接受交付的人，标的物便成了他的所有物。在中国的买卖法的原理中，契约的交付就意味着标的物的转移，法律上也禁止两度处分（重复典卖），对之要视同盗窃犯起诉、处罚。在进行土地买卖时，有关土地上的木、石、地下的"宿藏物"（埋葬物）的处理被写进契约中，自古以来就颇有其例。不过"树当随宅"的法律谚语也是自古以来就有的，所以并不认为有必要将宅地上的树木单单分离出来,为之另外付出代价。但还不能断言土地上的树木之类和土地一道处分的原则业已普遍确立。特别是近年来,耕地上的农作物(青苗)和耕地被分开来各自处理的例子似乎是有的,卖青田的习惯就明白无误地存在着。卖青田的起源虽然不详,想必是在租佃关系发展起来的宋代以后,那些无缘以土地作为担保的佃耕者(佃户)所独有的一种融资方法吧。在契约中,中人等也要和卖主一起连署姓名。买主和卖主都要给这个中人和契约书的代笔人支付谢礼,按照后世某些地方的习惯,有所谓"中三代二"的谚语,即从卖价中抽出百分之五,其中三分给中人,二分给契约书的代笔人,以充礼金,从而成为谢礼的标准。契约订立当日,买主单独、或者买主卖主共同出资,举办酒席,款待见证人等。按后世的地方习惯(如山西、陕西等地),将之称为"吃割食",或者"会邻割事"、"吃割事"、"中人酒"之类。这与我国的江户时代,在订立买卖契约之后,作为契约成立的确证,当事者相互拍手饮酒的"手打酒"习惯(据中田博士),以及德国中世纪末期的 Weinkanf ——收取定金者与买主及证人一起以定金买酒而饮的习惯,是相类似的。而且在中国,这样一种习惯的起源似乎很是古老,上溯到汉代也就是公元前 2 世纪至 1 世纪的土地买卖文书中,亦屡屡出现"沽酒各半"的字样,这恐怕就是作为买卖契约成立的确证或者为了使契约成立形式化而举办的酒宴,并意味着买主和卖主平均负担酒宴的经费吧。居延发现的汉代木简契约中,特地写着"皆饮之"。另外还有谚语称"买业不明可问中人,娶妻不明好问媒人"。

契税手续　中国自先秦以来,买卖契约之类的契约,不管是哪一种,都称为券或者契,买卖契约也就是卖地券的制作,也是在汉代就已经有的。而根据记录,东晋以来宋、齐、梁、陈各王朝的法律规定,土地、房屋及奴隶、家畜的买卖契约订立之后,需要将其事由要旨申报官府,交纳税金(契税),其额度为买卖价格的百分之四,也就是一万钱的话,卖方按规定交纳三百,买方一百。这种制度称为"散估",这是文献中所见的最早的契税制度。①

---

① 据《隋书·食货志》,所谓"散估"指"无文券者"即未立契约者所交商税,为 4%。立文券者所交商税为"输估",虽然也是 4%,因其立有契约,故可以说是契税,散估因未立契,故是一般商业税,不能称为契税。

唐代法中也同样需要履行申报手续,如果疏于履行,则契约不能有效成立。总之,根据田令的规定,当典卖亦即买卖或者质典不动产时,须以文书申报官府,官府即据之从卖主的田籍里除去所卖土地,而加附在买主的田籍上。如果疏于申报,没有官府的文牒(公券)而擅自交易,则买主不得追讨所付买地款,还必须让他将土地返还给原来的所有者。即使根据唐代的不动产买卖制度(五代以后也是相同的),在没有取得官府公券之前的契约也是不完全的,标的物所有权的转移也被认为是附有解除条件的转移。但唐代是否有征收契税的制度,还不明确。五代及宋以后,如果仅仅从制度上来说,则在履行契税缴纳手续时,官府要审查其合法性,即是否有双重典卖之类,如果是合法的,就发给盖有官印的印契,据之而行的买卖,便被赋予了其作为买卖所具有的决定性的效力。如果没有合法性便擅自授受土地和货款,须使买卖双方相互返还。如果家庭成员未经家长的许可而擅自处分家产,或者处分亲族的家产,则要处罚当事者及作为中介者的牙人。也就是说买卖契约一旦在买主卖主之间订立,伴随着契约的授受,所有权也就大致上转移,但是官府如果拒绝发放印契的话,这个契约理所当然就是无效的,因为这是作为附有条件的法律行为,其所有权也是作为附有解除条件的所有权。而且,这种情况在后世也是同样的。即使在宋元时期,也是由官府征收印契钱,并发给盖有官印的税契(印契、印券)。当时已将这种盖有官印的契称为红契、赤契等,这在清代也是同样的。与之相对,未履行契税手续、没有官印的契,则称之为白契,无论宋代还是后世也是同样的。契约制度在明清时代也是实行的。在清代,主要是在买卖土地房屋之际征收契税。因为印契乃至红契,需要审查买卖是不是合法的,要在确认没有任何纰漏的情况下才发放的——虽是这样说,往往都没怎么好好地调查就发放了,但我想这至少是给契约赋予了公证力的,但是否就因之而赋予了公信力,则尚难明确断言。这与其说是出于保障交易的安全(动的安全),似乎还不如说旨在保护真正的权利者的权利(静的安全)才是重点所在。但这大体上还是具有藉以明确权利关系的作用。买主将契保存在手里,在权利转移之际交给取得者,一个一个往下传。这种证明权利传承的卖地契,称之为上手契或者老手契,或者只称作老契,土地所有者将一连串的上手契连缀在一起,以备他人对其所有地进行追夺。这与我国的所谓"手继"(代代相传承的)契约文书和英国的 title-deeds(房地产所有权契据)具有类似的功能。但在现实的交易中,因未曾办理税契手续,所以买主通常接受到的自然也就不是那种由官府审查发放的所谓印契乃至红契。而对于政府来说,税契的主要目标是作为税收手段。即如宋代,根据 11 世纪左右的记录,作为政府征收的契税,比例已占买卖价格的千分之四十,后又增加到千分之六十,其后又相继增加,加上其他的各种手续费用,征收比例之高,竟已接近于两成。而且办理契税手续,需要购买官方印制的用纸,上述费用之外,买这种用纸时还必须向胥吏行贿,为了避免这样一些繁多的开销,从事交易却不办理交纳税钱手续的人多起来了,从而被称之为"白契"(白券)的契约文书便增多了。就是在宋代以后,也还有这样一种相同的倾向,即就清代所见之例而言,连缀在一起的上手契中,也能发现相当多的白契。不过在不动产的交易中,有些地方的习惯是照例不交接上手契、老契的,根据近年来在华北农村进行的法律惯行调查可知,如果新的契税手续业已办妥,那么上手契便成了废纸,因此就将其烧掉了。据说在这样的农村地区,土地买卖时如果将作为证人的四邻请到现场的话,那么将来就可避免发生纠纷。

奴隶家畜的买卖　无论是秦汉时代还是之后,奴隶、牛马或其他家畜在市场上交易的事例都很多,在大城市也有奴隶市(人市),是和牛市马市之类列在一起的,在市场上的交易是一种通过中介人的交易,中介人被称为牙人之类。当然,这样的交易也不一定仅仅只在市场中进行。正如所谓的"卖买有保"(《唐律疏议》),这种交易要请保人,订立契约。东晋以来,有关奴隶和牛马骆驼的买卖,与土地的买卖相同,交割了买卖的标的物或者支付了货款,并交付了契约文书,契约便告成立,大抵是在所有权转移之后,就必须要向官府申报,缴纳契税。唐代法也规定,"卖买已讫"之后,就应该去履行这种申请手续。官府在办理申请时,要审查买卖的合法性,在确认没有欠缺的前提下,便发给"公验"。宋代以后的法律同样规定,在进行奴隶牛马之类买卖时,一旦成交后,就需要办理发放印契(红契)的手续。奴隶家畜的买卖也和不动产买卖相同,一旦被官府拒绝发放印契,所订立的契约也就要失效,已大体上转移的所有权也就不过是附有解除条件的所有权了。只是没有履行这样的手续而进行交易的例子也很多。特别是在买卖本来不是奴隶的人口时,这样的买卖既然是被禁止的,所以也不会去办理发放印契(红契)的手续。另外,卖妻之类的买卖契约中,往往还要盖上卖主的手印、脚印,故有所谓"卖妻凭了人,还要脚墨和手印"的谚语。

定金　在中国的六朝和唐代,也流行定金买卖,当时定金被称为"赙"(据宫崎博士)。在宋代以后,定金也被称为定钱或者定银(定钱一词亦曾见于 12 世纪初的资料中)。如就元代的例子而言,不仅仅是买卖契约,比如在订立制帽以及其他的包工契约之际,也要交接定金。定钱、定金的"定",大概是定约的"定"的意思吧,我想这就意味着,定金是一种给契约赋予约束力的手段,对契约的履行起着担保和强制的作用。因此在定金交接之后,当事者就负有遵守所缔结的契约的义务,失去了仅凭单方面意愿而解约的自由,即使是定金领受者也要受到限制,从而不具有自由处分契约标的物的权力。根据近年来的地方习惯,定金是契约成立的手段,契约因定金的交接而告成立,于是就被理解成了所谓的成约订金,或者被当作强制性履行契约、使当事者双方都不再具有解约自由的手段(山东省海阳县)。然而只要还没有交接定金,仅仅只是口头的承诺,则是没有拘束力的。在这里,所谓"契约既然称为契约所以就必须遵守"的规范意识还没有产生。即使在中国,也和德国法史上的 Reugeld(违约金)或其他地方的例子相同,定金甚至有如后世一样,竟具有解约的作用。也就是买主在解约时,据说不仅要将定金返还给卖主(甘肃省和湖北省的一些县),而且据说买主解约时定金便被当作赔偿,卖主解约时,则必须双倍地返还定金(比如上海的惯例为"卖主悔约,定银倍还")。这与日本的"手附损"("手附流"[放弃定金])以及"手附倍损"("手附倍戾"[双倍赔偿定金])的习惯是相同的。不过在中国,我想,定金之最终成为解约定金的过程,当因不同地区的经济条件而有差别。虽说在某些地方的习惯中,假如放弃定金也可能会解约,但能不能直接无条件地解约,其间还留有证人出面调停的余地(陕西省各县的惯例)。定金额度通常是价款的一成左右。还有,尽管预付款和定金是必须要加以区别的,但在性质上,较之于残留未付款,定金通常是作为预付款的。

赊卖 主要是动产的买卖,其价款的支付迟于买卖标的物的交付的所谓赊卖也并不稀见。在中国,自古以来就将这种赊卖称之为赊或赁,或者赊赁,或者用买卖和其他文字连缀组合,如赊卖、赊买、赊贷等。所谓的"民无货,则赊赁而予之"(《周礼·司市》郑注),或如"赊,买物未与钱也"(唐末宋初前后的书《俗务要名林》),即是有关赊卖的明确解说。这种赊卖,不用说,是一种与《宋会要》等所说的"见钱卖买"(见钱为现金之意)相对立的交易形态。在宋代以后,是那些将茶、砂糖、丝织品等从生产地贩运到需要地的客商、经纪人、铺户等从事大笔买卖的商人,在进行交易时所特别采用的方式。其货款的支付日期,正如被称为"远约期限"一样,是在交易之后的一年或者半年左右。若就后世的交易惯例而言,一年中的结算日期,正像下述那样:有旧历端午、中秋、岁末的三次(即夏节、秋节、年节等三个季节),或者依据四季的四次,或者每月末,或者每月十四日、三十日,或者端午、中秋二节,或者年末一次,是根据城市、乡村之别或者根据交易的具体情况来决定的。在农村,由于农民的收入是在夏秋收获时节,所以当农民向商人赊买棉花和布匹时,商人便要求在夏秋二季结算。

永久性买卖和赎买 如果看一下土地、房屋买卖契约,可知唐宋契约中所显示的买卖,也是作为永久的、无条件的交易。12、13世纪左右的判决集《清明集》中,亦有"断卖"、"断骨卖与"、"断根卖与"等语,就是在后世的契约中,也特地用"绝卖"、"杜卖"或者"杜绝卖"、"杜卖尽根"之类的辞汇,来表示买卖是绝对的,没有任何保留的。正像契约中所谓"一卖百休"或者"一卖千休"那样,明确记载着东西一旦卖出便万事皆休,与原主了无关联。但尽管如此,不允许赎买作为买卖标的物的土地、房屋的意向,以及在后世的契约中不允许要求增补卖价款亦即"找价"、"添价"的意向,都要在契约中另笔载明。比如《清律条例》等法律,对于没有任何保留的绝卖,是禁止添补卖价款和赎买(找贴)的。但在现实中,这些要求作为习惯一直都在相当广泛地流行(其例请见明代的《五杂组》)。情况严重时,则表现为一次又一次地要求找价,没完没了,永无止境之日,以至于每逢年末,卖主或是牵走买主的驴、马,或唆使家里的老人到买主家里去吃、住——一种住下来催讨价款的方式(例如近年来安徽各省的习惯)。另外,据说有些地方虽然在契约中明文规定不允许找价,但按习惯买主之不能拒绝找价要求仍达三次之多(浙江省寿昌县等地的习惯)。这些都显示出了权利关系的不稳定、不确实,而这也就是前近代权利关系的最大特征。

当然,在买主卖主之间预先附有保留条件的也并不稀见。与日本固有法中的"本钱返"、德国中世纪法中的 Verkauf auf Wiederkauf(可赎回的出卖)大致相当的附有赎买条件的买卖,在中国似乎也拥有古老的历史,作为六朝时文献的《关东风俗传》中即可见到这种性质的"贴卖",也就是所谓的"钱还地还"(中田博士)。在近年来的地方习惯中,附有赎买条件的买卖——活卖,包括不动产的质典(旧质)或者抵押亦即指地借钱(新质),都相当广泛地流行着。例如在买卖契约中所粘附的纸片上,记载着约定的赎买条款,这种情况俗称"死契活条"(山西省应县)。另外在卖契里记有赎买的字句(安徽省绩溪县),这叫做"死价活约"(安徽省蒙城县),而在有些地方则称之为"死卖活尾"(河南省开封县)。不过说到绝卖杜卖,便是表示永久性买卖,说到与之相对的单纯买卖,则通常是表示附有赎买条件的买卖,不管是作为不动产买卖还是作为人口买卖,这样的情况都不在少数。然而契约的首句虽然写着杜绝卖契,却又附记以三年作为回赎(请求赎买)期限的约定条款,有的地方将这种情况称为"死头活尾"(浙江省嘉兴县,此外还有开化、蒲江等县),被称为"杜头活尾"的情况也与之相同(江苏各县)。虽然就契约的整体来看属于卖契,但在其末尾的空白之处却写着回赎字句,这称之为"卖头典尾",也称之为"截契活卖",这样的例子也是有的(江苏省遂昌县)。上文中所谓死契、死头、死卖的"死",乃是表示无条件的绝对的买卖的词汇,所谓活条、活尾的"活",则是表示附有保留条件的买卖的词汇,而后者,大体上是可以理解成附有赎买条件的买卖的。但附有赎买条件的买卖(活尾)和质押(典)之间,在现实的法律生活中却不一定是有意识地加以区分的(参照本章第六节第二款)。关于这一点,从上面所举的最后一例用语"卖头典尾"

亦可明白。

文献

仁井田陞　《汉魏六朝的土地买卖文书》（《东方学报》[东京]第 8 册,昭和十三年
　　[1938]一月),《唐宋法律文书研究》（昭和十二年[1937]三月),《斯坦因、伯希和
　　两氏从敦煌带来的几种法律史料》（《东方学报》[东京]第 9 册,昭和十四年
　　[1939]一月),《明清时代卖人及典人文书研究》（《史学杂志》第 46 编第 4、5、6
　　号,昭和十年[1935]四月、五月、六月)。另外,仁井田陞《中国买卖法的沿革》
　　（《法制史研究》第 1 卷——《法制史学会年报》,预定于昭和二十七年[1952]刊
　　行)所根据的资料,远古的有自居延发现的汉代买卖契约,乃至近年来的《民商事
　　习惯调查报告录》和《支那的民事习惯汇报》（《满铁调查资料》第 165 号),以及杉
　　之原舜一氏等人所作的中国农村惯行调查等资料。关于《玉篇》等书中所见的定
　　金之语,见宫崎博士《定金的故事》（宫崎博士《法制史论集》)。关于赊,见加藤博
　　士《关于宋代的商业习惯"赊"》（《东洋文化研究》创刊号,昭和十九年[1944]十
　　月)。[补]《法制史研究》第 1 卷（昭和二十七年[1952]七月)。"增订版序"二。
玉井[是博]教授　《支那西陲出土的契》（《支那社会经济史研究》)。
小林高四郎氏　《唐宋牙人考》（《史学》第 8 卷第 1 号,昭和四年[1929]三月),《宋代
　　地券考》（《社会经济史学》第 2 卷第 10 号,昭和八年[1933]二月)。《台湾私法》
　　第 3 卷上（明治四十四年[1911]一月)。
清水金二郎氏　《契的研究》（昭和二十年[1945]十月)。
中田[薰]博士　《买卖杂考》（《法制史论集》第 3 卷)。即使关于中国的买卖方面,此
　　书亦可资参考。
　"鱼鳞图册"　如果还是根据明清律的话,与契税手续并列的,按规定还必须以土地
　　登记册上所有者的名义办理过户手续（过户割粮,也称为割过)。宋代以来,土地
　　登记册或被称为"鱼鳞图",或被称为"鱼鳞图册",或被称为"鱼鳞册",不过它也
　　不一定是全国性地统一制作的。请参照《台湾私法》、梁方仲氏《明代鱼鳞图册
　　考》（《地政月刊》第 1 卷第 8 号)、仁井田陞《支那的土地登记册——〈鱼鳞图册〉
　　的历史学研究》（《东方学报》[东京]第 6 册,昭和十一年[1926]二月)。[补]参
　　照"增订版序"二。
　"出诉期限"　在中国,经过一段时间后诉讼权即告消灭的诉讼时效方面的规定,也
　　是自古就有的。例如根据《宋刑统》等,在唐宋时期,当家长、证人均已亡故,契约

也不明确时,有关地界争讼,诉讼时效为 20 年。关于典当土地的回赎请求,如子孙犹存、有契约并且条款明确者,是永远都可以请求收赎的;请求收赎的期限届满之后已过 30 年,而且没有契约,或者虽有契约但难辨真假者,即有诉讼也不予受理。贷款的场合,诉讼时效也是 30 年。根据不同情况,也有 10 年的。《清明集》中,买卖、典当契约不明确,买卖、典当之后已过 20 年,而且契约当事人双方有一方又已亡故的话,即使上诉官府也不予受理。关于家产分割方面的诉讼时效,规定为 3 年;关于遗嘱,为 10 年;关于先买权,为 3 年(仁井田陞《〈清明集〉户婚门研究》,《东方学报》[东京] 第 4 册,昭和八年[1933] 十一月)。另外,在中国,正在实际支配着某物的占有者,从来都被推定为该物合法的权利者(占有的推定),但与这种情况相对应的时效制度,则是没有的。

[补]　J. Gernet, La vente en Chine d'après les contrats de Touen-houang(《敦煌契约所反映的买卖关系》) , *Toung Pao* Vol. XLV. Livr. 4 – 5. 1957.

第二款　买卖担保

瑕疵担保　瑕疵担保制度,也就是关于货物的瑕疵的担保,其由来已久(《梁书·明山宾传》),在今日家畜交易的习惯中依然存在。根据唐代的《杂律》,奴隶及家畜的买卖,应在买卖契约签订后的三日之内向市司申报,请发给公验,就可以将其作为市券(盖有官印的买卖契约)了。如果买主发现作为买卖标的物的奴隶、家畜有旧病而想解除买卖契约的话,只要是在订立市券后的三日之内,是允许的。而且,对于尽管没有旧病却声称有旧病而要求解除契约的买主,以及虽知道有旧病却不接受买主解除要求的卖主,规定都要处以笞刑。根据 12 世纪初也就是北宋时期的资料,牛马的买主在接受卖主交付的牛马之后,试着饲养两三天,如果发现有病的话,是可以解除契约的,经过了试养期间之后,就不允许解除契约了。斯坦因在敦煌发现的宋淳化二年(991)的卖人文书(奴隶买卖契约)中,明确记载:如果买主发现奴隶有旧病并想解除契约的话,在买卖后 10 日之内是可以的,在这期间之后则不可以解除。法定解除权的持续时间不一定和习惯是一致的。不过根据元代以后的家畜买卖契约的样文,其中即有这样的内容:"家畜好也罢坏也罢,买主既看走了眼,就只好自认倒霉了。"另外,即使从近年来北京的骡马及骆驼的交易事例来看,也仍有这样的习惯:尽管发现有瑕疵也不能因之解除契约。还有,按照唐代法,一般商品如果发现有行滥(质量粗恶)、短狭(分量不足)之类的瑕疵(包括权利方面的瑕疵),即承认买主的解除契约权,对卖主处以杖刑。按照明清律,也是处以笞刑。

违约担保(违约处罚)　当货款已支付,货物也已交付,买卖全部完成之后,还要在契约里写上意为当事者双方不得违约的守约文句,这已见于汉代的土地买卖契约中,而在唐宋前后的买卖契约中则已成为通例。特别是写有对违约者进行惩罚性文句的契约,在唐宋前后更是屡见不鲜。约定条款的内容,一般来说还不像亚述法的违约惩罚那样苛酷。作为这样一种约定条款,其古远者有先秦时代的例子("我既付散氏湿田墙田,余又〈有〉爽变,锾千罚千。"——散氏盘铭文)。不过这还难以确认一定是买卖行为。北魏正始四年(507)的土地买卖契约中,就已有违约者应出绢五匹的条款。据唐元和九年(814)的土地买卖契约,其中有这样的内容:"地价款既已如数交付,故卖主不得因吝惜而回赎,如果要回赎的话,买主要打卖主九千下,而且还要使卖主成为奴隶。"不过这种契约,是以土地神作为卖主的墓地买卖契约,其中的违约惩罚被过分强调从而显得非常苛酷,现实中买卖契约的形式当然不会是这样子的。敦煌发现的宋淳化二年的卖人契约载称违约者要罚绫一匹①,同为敦煌发现的未年家畜买卖契约亦称罚麦三石,付给不违约方。当时无论是土地交换契约,还是使用借贷、租赁借贷、出卖养子、家产分割乃至其他类型的契约,都要写上这样一种违约惩罚文句。作为违约惩罚的谷物或者家畜或者金钱,不一定都是由违约方赔付给不违约方,契约中也有记着入官的,或者记着充作军粮的,由官方作为违约处罚物的接受者的情形,也不在少数。例如敦煌发现的参年丙辰岁的屋舍买卖契约,上面写有"罚黄金叁两,充入官家",即是其例。同样的例子在清代的契约中也找得到。这就是所谓的罚充国库(Fiskalmult)。违约处罚给契约赋予了拘束力,如果支付了罚金(翻悔钱),就可以单方面解除契约,这样的情况在中国法史上也不是没

---

① 原契约"罚绫一匹"之后,尚有"仍罚大羯羊两口"云云。

有例子的。《老乞大》所载元代时期的家畜买卖,就是其中的一例。

第三者追夺担保 当买主所收购之物他日为第三者所追夺,或者有可能被追夺时(权力的瑕疵的情形之一),买卖契约中就要写上追夺担保的文句,这在中国也有相当久远的历史。汉光和七年(184)的土地买卖契约中,若所卖土地一旦为"吏、民、秦、胡"中的某人所"名有"即作为自己的土地而进行追夺时,作为卖主有义务自己出面进行防卫,以解决纠纷,而且如果防卫失败的话,恐怕还有赔偿的义务。北魏的土地买卖契约中也有所谓"其地保无寒盗、若有人识者"云云,这是约定,如果有关买卖的标的物的来历受到来自第三者的争竞、追夺的话,卖主应负有防卫和赔偿的义务。含有"寒盗"一词的追夺担保文句,在唐代家畜买卖契约中也屡屡见到。如果从唐代以降的买卖契约事例来说,无论是土地、奴隶还是家畜,对追夺的赔偿必须与被追夺之物是同等的,在唐宋时代,这样的赔偿称为"充替"。关于交易的所谓"买者不明卖者抵当"的法律谚语,大概就是表示的追夺担保责任当然还包括瑕疵担保责任等。另外,如果从唐代以降的事例来说,包括亲族及邻地所有者所享有的土地先买权,或者双重买卖、他人之物的买卖、数量不足等各种问题,使得汉代六朝以来的契约中,与这些所谓权利的瑕疵相关的担保文句变得非常复杂起来,仅仅是这些担保文句的篇幅,就要长达整个契约的一半页面。担保文句如此之复杂,我想除了国家权力的干预以外,也还与当时不得不由自己来寻求权利保全之道的社会环境有关联。另外,第三者权利追夺担保也见于土地的交换和典押场合。

亲族追夺担保 如果亲族追夺买卖标的物,卖主对于这种情形,理所当然有防卫和赔偿义务(实例可见唐代以后的买卖契约)。由于亲族所拥有的先买权及家族共产制原则,对土地的买卖处分存在着制约。

恩赦担保 敦煌发现的唐宋时代的房屋及奴隶买卖契约中,常常见到即使遇到恩赦也不承认其命令效力之意的担保文句,也就是恩赦担保文句。所谓"即或有恩赦流行,亦不在论理之限"之类,即是其例。这种恩赦与日本的德政相同,我想对交易的发达当不无妨害。

文献

参照本节第一款所列仁井田的论著。

第二节 交　　换

交换被称为博、易、换、贸易、博换等。不动产的交换,与买卖的场合相同,要请中人,制作契约,也要交接上手契,交换之后要设酒席,给中人支付谢礼(鞋金)。而且和买卖的情况相同,交换者要为对方承负各种各样的追夺担保责任。如遇追夺,不管来自什么人,都有以相等之物"充替"也就是赔偿的义务。交换之后相互间都不允许违约,对违约者要处以违约惩罚,这也与买卖的场合相同。如就敦煌发现的土地交换契约之例而言,规定以罚麦充作军粮(罚充国库),而在明代的家畜交换契约中,则记作应将罚银交付给不违约的对方。

文献

仁井田陞　《唐宋法律文书研究》(昭和十二年[1937]三月)。

第三节 赠　　与

有偿主义　据日耳曼古法,赠与行为是带有有偿性的。也就是受赠者对于赠与者负有给予某种报偿的义务,如果没有履行这种义务,那么赠与者便拥有随时收回赠与物的权利。而且据说在以后,赠与者便具有了请求报偿的权利,如果受赠者没有履行报偿义务,便可以请求其履行,或者请求其返还赠与物(久保教授)。与之相对,在中国法制史上,赠与行为是否也具有这样一种意义上的有偿性,则还不能清楚地加以确认。但在中国,自远古以至后世,一般而言,还不能说赠与就是一种不期望得到任何回报的无偿行为。给予、付出,在原则上是有与之相对应的回馈和报偿的预想的,这样一种意义上的有偿主义,也是旧中国社会的规范意识。"投我以木桃,报之以琼瑶,匪报也,永以为好也。"这虽是公元前好几个世纪的《诗经》时代所咏唱的,但在后世,作为对等者之间,受赠者给赠与者回赠礼物,已成为惯例(如受赠建昌之橘即报以淮南之蛤之类),而且赠与者还期待着回礼,如果期待落空,受赠者是免不了遭谴责的(安阳告示)。利玛窦曾说过,"给友人馈赠物品而希望得到回礼,这不是赠与,而是买卖(交易)"。而在旧中国社会,这样一种意义上的、作为交易的赠与并不少见。对于寺院之类的赠与也就是捐献,被称之为施或者舍之类,而这中间也有为自己或者为死者种善因、得善果的期待。

附有条件的赠与 赠与虽然一般是永久性的赠与,但往往也有限于受赠者一生的附有期限条件的赠与,还有在买卖、典押等处分方面加以限制的,这些情况在近年来的习惯中也能见到(比如江西省南部)。

追夺担保 即使是赠与,赠与者也要为受赠者承担与赠与物有关的追夺担保责任。特别是在唐代和五代也就是 8 世纪以至 10 世纪时期给寺院捐赠土地的捐献文书中,常常能见到如下的咀咒文句:凡是追夺、妨害所捐土地者,无论是捐献者的亲族,还是第三者,现世自不用说,甚至于直到来世,都将患上无药可治的万劫不复的大病。

文献

仁井田陞 《唐宋法律文书研究》(昭和十二年[1937]三月)。另外,按照金元时代的法律,禁止给寺院和道观捐赠奴隶及土地、房屋(参照《元典章》),这似乎是沿袭唐令的规定。但在所有这些朝代,现实中仍普遍流行着捐赠,而农民这种出于免除赋税而进行的捐赠,促进了大土地所有的发展。

第四节 消费借贷

无利息及附有利息的消费借贷 消费借贷契约,约定借方所归还的物品,应与接受自对方的物品在种类、品质及数量上相同,正是由于接受了这些物品,契约才得以成立(要物契约)。在中国,这种契约也是自古以来就有的,其标的物有钱,或者米、粟、麦、麻、绢、丝(绢丝)、褐之类的替代物。无论是唐代法还是宋代法,都将无利息的消费借贷称为"负债"，附有利息的称为"出举"。但根据各种史料，"负债"也不一定仅仅用于表示无利息的场合，自古以来，一般都是将债务称为"债"，而将负有债务称为"负"。"贷"、"借"、"借贷"、"假贷"等，也都是被广泛用于表述借贷关系的词汇。另外，作为这样一种用语而出现于契约中的，还有"便"，比如"便粟"、"便绢"，即是这种用例。如下文"票据"一节中所述，也有将汇兑票据称为"便钱"的例子。在唐以及宋代的法律中，消费借贷因其利息之有无而在法律上的处理有异。即只要是没有利息的借贷，便由债务的数额和延滞归还的天数来决定给债务者处以相应的刑罚。不过在西域发现的唐以及宋代的这种无利息消费借贷契约中，如果超过了偿还期限而未归还，有的是要附加赔偿利息的。另外，尽管那些契约表面上看起来似乎是没有利息的，但因为有的好像是预先取走了利息，所以仅仅看契约表面是难以判断有无利息的。

　　附有利息的消费借贷，早自先秦时代就已被称为"称贷"、"称"，唐宋时期则称为"出息之债"、"举债"、"举息"、"举粟"、以及"举钱"等，通常称为"出举"。所谓"出"，是出借本金之意；所谓"举"，则是借贷附有利息（以获取利息为目的）的钱或粟之类的替代物之意。另外，如果有担保时，也将附有利息的消费借贷称为"质举"等。

　　利息　儒教的经典并不禁止高利贷，孔门十哲之一的子贡也是货殖的名人，故儒家中人也不一定就认为高利贷应该受到谴责。早在先秦时代，高利贷就已经很有势力。曾贷钱给民众的孟尝君，派遣冯谖去催讨贷款的利息，结果冯谖竟将券（借钱契约）给烧掉了，这是很有名的故事。无盐氏的故事暂且不提，汉代高利贷几乎是无限制的，一年的利息达到十成（倍偿之息）左右也不是什么稀奇事。

　　利息（支付利息）只要没有特别的约定，原则上应该支付与原本相同种类、品质的代替物。也就是当原本为钱、绢、丝、粟或者油时，利息通常也分别为钱、绢、丝、粟或者油。如根据唐及宋代的利息法，财物出举和粟麦出举之间是有区别的。后者如其名所示，是谷物出举，与之相对的前者是粟麦以外的动产，也就是金钱之类的出举。按照当时的利息限制法，财物出举时，利息为月利，亦即每月计单利，而不允许计算复利，法定利率以每月六分乃至四分(分为百分之一)作为限度。金朝及元代的法,上限为月利三分,这是通例,而且利息总额不允许超过本金数额,按照元明清时代的利息法,这称之为"一本一利"。所谓粟麦出举的期限,以一年为限,限制期间过后,旧本上不能再叠加利息,另外也不允许计算复利。如按照宋代的利息法,贷出谷物的场合,规定每年的利息不能超过五分(《庆元条法事类》)。无论是宋代还是其后,在农村的金融实例中,都是在春天借,在收获期的秋天还,也就是以"一熟"作为期限。

当时的这样一种法定利率虽说也绝不算低,但高利贷的实际利率则更高。也不能仅仅以契约表面所载为准,因为这不一定靠得住。西域发现的唐代借钱契约中,月利达六分以上,甚至高达一成。绢布或者绵布之类的借贷,如据敦煌文书,采取的也是同样高的利息率。南宋人袁采,在其《世范》中这样说:"质库月息,自二分至四分(年利二成四分乃至四成八分);贷钱月息,自三分至五分(年利三成六分乃至六成);贷谷以一熟论,自三分至五分。取之亦不为虐。"但是他又说:"典质之家(附有担保的借贷),至有月息什而取一者(年利收取十二成)。江西有借钱约一年,偿还而作合子立约者(谓借一贯文,本利共还两贯文)。衢(浙江)之开化,借一秤禾而取两秤(年利达十成)。浙西上户,借一石米而收一石八斗(年利收取达八成),皆不仁之甚。"这样的情况不仅仅是宋代,宋代以后也是同样的。即如元代之例,一年期收取利息或十成或五成,倘若在期限之内不能支付的话,利息也要转入本金之内,次年连本带利一起征收利息(《元典章》)。在近年来的山西省各县,有如所谓"钱不过三、粟不过五"的谚语所表示的利息习惯,据说就是以月利三分作为借款利息、年利五成作为借贷谷物利息的上限。而且将滞纳的利息转入本金、或者出借时先扣除利息后再交付本金的习惯,亦随处可见。例如湖南省武冈县所流行的所谓"九出十归"的谚语,就是指的预先扣除本金的一成作为利息,借出九成而要借方归还十成的这样一种习惯。近年来所推行的所谓"减租减息"(降低田租和利息),即是以这种高利息率的存在为前提的。

文献

仁井田陞　《唐宋法律文书研究》(昭和十二年[1937]三月),《元明时代的质典契约研究》(《蒙古学》第 3 号,昭和十三年[1938]十二月)。[补]参照"增订版序"二。

第五节　融资互助组织(无尽)

为了在残酷的剥削下生存下去,在旧中国社会中,相互扶助性的合作组织(会、合会)也成立了不少。与日本的融资互助组织"无尽"相当的钱会、银钱会即为其中之一。这类钱会的名称或与其成员数量相应,称之为三星会、七贤会、十六君子会、十八学士会等,或根据其金额数量,称之为五十元会、一百元会等。钱会组织的发起人称为会首,一般成员称为会友。这样一种互助组织的目的是成员相互之间融通资金,钱会成员每年定期出资,集为会款,第一次所集会款,借贷给发起人使用,其后通过摇骰子(两个以上)或者通过抽签等方式,决定钱会成员接受贷给的次序。为了会款的债务安全,也有提供担保物的。

文献

池田龙藏氏　《关于支那的无尽的研究》(昭和五年[1930]十二月)。

天野[元之助]教授　《支那农业经济论(中)》(昭和十七年[1942]八月)。

《台湾私法》、《民商事习惯调查报告录》。此外,杉之原舜一氏等人的《华北农村惯行调查报告》中也公布了相当有价值的资料。

第六节　租赁契约——租赁借贷、雇佣与承包

租赁契约的法律结构　将骆驼及其他家畜、奴隶、碾磑(磨粉用的臼)或者土地、房屋之类的占有权让渡给对方,使其利用一定时期并要求其支付利用报酬的有偿性双务契约——如果按照今日的说法就是租赁借贷,在中国也是自古就流行的。如果说到土地方面,就是"赁富人之田"(《汉书》颜师古注)之类,而且其报酬也被称为"赁"。所谓"赁",首先就

是表示这种契约关系的词语。不用说,在无偿的场合时,跟使用于借贷契约或消费借贷契约的相关场合时一样,同样使用所谓"贷"、"借"等用语的例子也很多。但尽管同属于租赁借贷范围,碾砣、房屋及土地的场合,却又被称之为"租","租"还有租用的赁金之意。与之相对,家畜、奴隶及车、船的场合,则有"雇"、"庸"、"佣"之类的用语,在这些场合,所谓"赁",以及其他的"雇金"、"雇价",又指雇佣的报酬。顺便说及,在今日我国,作为表示劳务报酬而被使用的所谓"劳赁"或者"赁金"等词汇,在中国也经历了上面所说的历史沿革。然而在中国,更将约定由当事者一方完成某件事、约定对方对这一件事的完成付给报酬的双务契约——如果按照今日的说法就是承包契约,也称为"赁"或者"佣",这种情况的报酬也称为"赁"。作为唐代的实例,有文字誊缮和房屋装修的承包等。作为明代的实例,有货物运输的承包也就是雇脚夫等。尽管按照今日的法律概念,租赁借贷、雇佣和承包三者之间是被区别开来的,但从中国以往的法律体系来看的话,它们都属于同一范畴,是同一法律结构之内的事物,它们之间是没有被严格区别的。而这与罗马法的租赁契约(locatio conductio)中,租赁借贷(locatio conductio rei)、雇佣(l. c. operarum)和承包(l. c. operis)三者间之尚未分化,正相类似。本节题名租赁契约,而将租赁借贷、雇佣和承包一并包括在内,即是出于上述的考虑。

租赁借贷 租赁借贷中,最成问题的是租佃(佃)。有关这方面,因考虑到与永久性租佃(永佃)也有关联,故决定放入土地法的一章(第十四章第五节)中论述。另外,关于地主和农民的关系,也已作论述(第八章第一节)。关于房屋的租赁借贷,如根据明代的契约,得知有的情况是没有期限约束的,而且还知道一年的房租费是可以分成两季度来支付的。

雇佣 各个民族中的雇佣有两种形式,其一是从人身质典发展而来的,其二是具有人身租赁借贷的性质。中国的雇佣,据中田博士的说法,乃与罗马和巴比伦尼亚的相同,均属于后者。但罗马法的雇佣(locatio conductio operarum),是劳动的租赁契约,和作为物的契约(l. c. rei)是属于同种类的契约,其标的物主要是奴隶的劳务(operae illiberales)。想必在罗马,自由人自身是不能得他人的报酬而提供这种劳务的,律师、医生

以及教师等提供的劳务也不允许用金钱来评价。但是不仅奴隶,连家族
成员(自由人)以及他们的劳务,都是实行租赁借贷的,于是模仿他们,独
立人也实行"租赁借贷其自身及其自己的劳役"之事。在巴比伦的法律
中,不仅自己的子弟,而且自己也和物品及奴隶一样,订立租赁借贷自身
的雇佣契约。中国的雇佣也属于人身的租赁借贷,而且在中国雇佣的标
的物,并不像罗马那样主要限于奴隶,一般的良人自古代以来也一直都被
当成雇佣的标的物的。中国有关自由人的租赁借贷,见于周代末年也就
是公元前3、4世纪以来的古史料中的,为数甚多。地主雇"庸客"耕作
(《韩非子》)并非例外之事,秦朝末年自立为楚王的陈涉,曾经一边慨叹
"燕雀安知鸿鹄之志哉",一边为地主"庸耕"。汉代初年被封为侯的栾
布,曾以其身"赁佣"于酒家(以上并见《史记》)。作为"举案齐眉"故事
主人公的后汉梁鸿,据说也曾以其身"赁"于人,为人舂米(用臼舂稻)。
今日从敦煌发现了大量的10世纪前后的雇佣契约文书,据之可见,劳动
力不足的地主乃至农民,乃通过雇佣农民以补充之。雇佣期间为一年,也
有从二月份到九月份的八个月,其报酬提前交付一部分,余额则到收获时
节的秋天再给付,同时也适当提供一定数量的衣物,此外由受雇者自备。
倘若怠工,要处以罚金(劳务懈怠处罚),若因疏忽而丢失雇主家畜、损坏
农具,由受雇者予以赔偿。若受雇者盗窃他人物品或者逃亡,其亲族必须
予以赔偿。当事者双方须共守约定(守约文句),如果违约,作为违约惩
罚,违约者须交出一头羊给对方(违约惩罚文句)。其他还有一些严苛的
约定,大体而言,虽说是所谓契约,终归不能称之为对等者之间的约定。
明清时代有关长工的契约(雇长工契)中,也可看到与之相同的倾向。

　　唐代以前,也就是7世纪以前的各种史料中可以看到:(一)父母和
丈夫将属于自己权力之下的家族成员租赁借贷给他人,在《淮南子》的一
个版本中即有"赁妻鬻子"这样的例子。(二)独立人以租赁借贷自身的
形式为人雇佣的例子很多。不用说,这只是由于资料的偏颇,才使得当时
家族成员的租赁借贷显得比其他方面为少,恐怕这并不意味着在中国,自
己租赁借贷自身的现象就领先于对家族成员的租赁借贷。约8世纪之后
的史料表明,无论上述第一种情况,还是第二种情况,都为数不少,诸如

"雇男鬻女"、"雇妻卖子"、"以男女佣雇于人"或者"以男女佣赁于人"之类的例子,一点儿也没有变少(另外,关于所谓的"典雇",参照第十一节第二款)。以上所述的人身的租赁借贷也就是雇佣之中,第一种情况有持续性雇佣和非持续性雇佣的区别,这无论是所谓佣,还是所谓赁,以至所谓佣赁,都同样有这种区别。既有以身赁于酒屋长达十五年者(《后汉书·杜根传》),也实行以日为单位的雇佣契约"日雇","日佣","日雇"、"日佣"有受雇一日的意思,同时又有一日的工资的意思。

但在德国法史上,直到中世纪之前,雇佣仍然是人身的租赁借贷。在中世纪时代,雇主和雇工之间成立了忠诚契约,也就是雇佣关系中被导入了人格主义,这样,封建主从关系的结构就成为了一种范型,与之相对,中国则没有这种应该成为范型的忠勤关系。[补]宋朝初年,主人有对受雇人加以黥刑的,杀害受雇人的量刑也比普通杀人为轻。

承包 承包在后世,与所谓的租赁、佣、雇之类的情况是有别的,它又被称为"承揽"、"包"或者"包办"等。承包人负有完成所承担工作的义务,若未能完成的话,原则上不能请求报酬。而且关于工作上的瑕疵,承包人还负有修理、赔偿的义务(按照陕西省澄城县等地近年来的习惯)。一旦进行交易之后,与交易方的个人关系便固定下来,往往还不能变更交易方。若就近年来景德镇的瓷器收购承包之例而言,交易者本人,不,而是直至其子孙,都仍然要受这种承包关系的约束。虽因地方而异,但从被行会所统制的理发业和顾客之间的关系中也看到了同样的情形,就是按照湖南省长沙市的习惯,如雇佣木工,以及为了制作其他器物而雇佣工匠时——大概不管是雇佣的场合还是承包的场合,在这一年期间雇主都要雇佣这些木工、工匠(即使先前的工作已经做完),而且其他的木工、工匠,据说也不敢答应到那里去做雇工。

还有,即使是收税官吏的征税事宜,不,即使是一般官吏的行政事务方面,以往也都曾广泛实行承包制度(包办)。

文献

中田[薰]博士 《德川时代的卖人及典人契约补考》(《法制史论集》第3卷)。

仁井田陞　《唐宋法律文书研究》(昭和十二年[1937]三月),《斯坦因、伯希和两氏从
　　敦煌带来的几种法律史料》(《东方学报》[东京]第 9 册,昭和十四年[1939]一
　　月)。[补]参照"增订版序"二、三。

第七节　委托保管

　　委托保管是约定为他人保管物品、并以接受该物品为生效要件的契
约,委托保管在唐律和明清律中称为"受寄财物"、"受寄财产"。将委托
保管之物随意消费掉从而不能返还的受委托者,要坐赃(非理取人财产)
罪,如诈称委托保管之物死亡或丢失,则须以诈欺取财(唐律)罪或视同
窃盗罪(明清律)进行处罚。不过,"委托保管责任最古老的形式是不法
行为责任,而不是契约责任。如不能归还受托保管的物品时,虽然以不法
行为作为理由可以追究其责任,但由于契约所规定的乃是归还义务,故按
照这样的理由,便可以不被追究责任。古代日耳曼法正是这样的"(原田
教授《楔形文字法研究》)。在中国,按照唐律等法律,委托保管的责任不
单单是作为契约责任被追究的。另外,如果以近年来的习惯为例,则如
下文:"接受他人委托保管的物品者,要妥善保管受委托的物品,必须与
自己的所有物一样加以注意。如果随意花费掉,或不按规范管理以致
损坏,或者亡失,则受委托者要负赔偿之责。"(陕西省澄城县的习惯)
(参照本章第十节)。

　　尽管在道教的道德规范中,也严禁侵吞他人委托保管的物品,但在旧
中国社会,则是"对自己的东西像宝贝一样地珍视,与之相反,一旦成为
别人的东西,便如泥沙一般地加以糟蹋"(这是见于《庭书平说》等书的记
载)。特别是在个人即私人意识尚未确立的前近代思维中,要求分开自
己和他人的领域,是很难的。受委托者总是下意识地将受托保管之物当
作自己的东西,将其花费掉也不认为是多么大的罪恶。

第八节　互助合作组织(合股)和股份公司

互助合作组织　　中国一般的企业形态,无论是清代还是近年来

（［补］革命前夜），要么是个人单独经营，要么是所谓合股或者合伙形式的共同经营。合股（股或伙为股份，即出资额之意），即有二人以上的出资者，以共负盈亏的形式共同经营一个企业，与出资额相应，对合股债权者负有无限责任的一种互助合作组织。［补］据今堀博士称，地主、佃户之间实行的也是一种合伙制。

合股经营形式，与欧洲中世纪末期以意大利各城市为中心的陆上商业中所发展起来的共同企业形态的会社（societas），以及竟能将那些并没有企业经营愿望的资本吸收进来从而使资本的大规模集中成为可能的康曼达契约（commenda），是相类似的。合股的起源不一定就已考察清楚了。在后世的合股契约中，管仲和鲍叔之间那种合伙经营和共同分配利益的"管仲之交"（出《史记》）尽管被引以为例，但合股的起源恐怕还不至于上溯到诸如先秦那样早的时代吧。若根据今日所能知道的明代的合股契约证书，其目的仅仅在于保障与营业有关的共同利益。家产分割之后，若未对企业进行实质性分割，仍然由单独一家继续经营，那么就得采用合股经营形式。合股契约的成立并不一定需要制作证书（如天津地区的"口头契约"）。按照中华民国法，互助合作组织的财产并不是成员各自拥有份额的共有，而是该组织全体成员合伙共有（Eigentum zur gesamten Hand），互助合作组织是被当作独立于组织成员之外的另一个独立的存在来对待的。另外，如果出资者不愿意公开自己的名字时，则采取匿名合伙组织亦即隐名合股的形式。和公司的情况不同，被称为财东的出资者通常不是第三者，而是所谓亲戚、同乡之类的有血缘地缘关系者，或者友人，也有作为企业实际经营者的经理（管理者），他们为出资者所信赖，并接受其委托。那些作为财东的出资者所提供的资本，称为财股、钱股等，与之相对，作为经理的投资则称为人股、力股、身股。前者为固定资本，后者为流动资本（作为财东的出资者和经理有时候也为同一个人）。总而言之，出资者凭赖个人的人情、人格联系，紧密结合成亏损分担、盈益共享的同行团伙组织。作为一般社会状态的封闭性、孤立性，同样露骨地表现于同行团伙组织之中。而作为经济产业的发展阶段，同行团伙组织与早期的商业手工业阶段也是相对应的。企业的规模虽然比较小，但只要是处在一个不因其规模小而感到不便的社会中,便意味着它的继续存在是有意义的。另外,个人资本或者合股资本,在经营金融业的同时又经营其他各种各样商业的所谓联号,也形成了。

股份公司　尽管如上所述,但在清末,面对列强资本主义的攻势,中国工业如固守以往的传统企业形态,无论如何是难以招架的。关于中国对这一危机的克服,须将目光投到作为新的企业形态即外国已然发达的株式会社、中国所谓股份有限公司的采用上来。随着产业资本急速的大规模的集中,也就是资本主义的企业结合(资本集中)的急速进行,对合股的依赖亦为势所必行。不用说,必须突破血缘地缘之类的框限,募求不认识的第三者的投资。但这在当时,对于成功与否尚未可知的这样一个新事业(比如作为股份公司股东的责任就是有限的),并没有人来投资。在中国,初期出现的股份公司,是号称进步官僚的李鸿章等设立的官营企业,其部分资本金的筹措来自于政府的资助,其他不足部分,则强制性地分摊给官吏,并没有来自民间的自由投资。然而在日清(甲午)战争之后,外国人资本家利用不平等条约所规定的特许优惠,在以上海为首的各开埠城市兴办公司、工厂,蔚然成风。其后又兴起利权回收运动,与之相应,中国人自己亲手建立的股份公司也为数甚多,但作为公司却难以期望取得完美的成功。不过在第一次世界大战时,除日本之外的列强缓和了对中国的侵略,当此之际,中国的股份公司也紧紧抓住了这一稍纵即逝的发展机会。

光绪二十九年(1903)公布的商律中所包含的公司律,作为公司法,在中国是最早的。这是中华民国成立之后的会社法亦即公司条例或者公司法的前身。政府对于开设股份公司提供保护和奖励,对不超过出资额的负债,法律也予以承认。不过,即使取代合股而最终采用了股份公司形态,合股究竟在实质上从公司里退出到何种程度,也仍然是一个问题。投资家不过是利用股份公司股东的有限责任这一点而已,公司的内部依然是合股,这样的例子为数不少。在那里,企业的投资者依然有着血缘地缘关系,并不想从广泛的不认识的第三者手中取得资本。极端情况下,有的公司,至少在实质上,乃是由唯一一个出资者所建立的一人公司。于是,个人企业与公司企业,简直就成了随便用的名义,而公司也不能不被视为极危险的投机性企业。在这样的情况下,公司即使倒闭,责任也是受到限定的。而且,如果资本是来自于不认识的第三者的话,经营者也不一定会保卫这些股东——作为不认识的他人的利益。像合股场合那种投资者和经营者之间通过人格结合而形成的应被遵守的道德规则,在这里就不一定是通用的。在这样的情况下,股份公司也就常常以失败告终。即使看起来好像是作为股份公司取得的成功,究其实质,很多情况下都是合股,即合股性质的股份公司所取得的成功。不用说,即使在中国,企业自身也因其前资本主义性质而给经营带来不便,所以与企业的发展相对应,合股正在从实质上向股份公司靠近,而股份公司也正在逐步地革除其合股性质。特别是出资者的死亡或离退不会给企业带来任何影响、资本的基础也不会因之而动摇等股份公司的优点,在银行业、保险业以及其他特别需要企业安全、稳定的行业中,得以培植起来。总的来说,股份公司是近代经济中典型的企业形态,作为其前期形态的合股中的人格主义、人格结合,是在被排除之列的,这样一种人格主义未能得到清除的合股性股份公司在中国的出现,可以说显示了中国社会经济进程中的一个阶段性发展。

文献

《台湾私法》第 3 卷下(明治四十四年[1911]一月)。

久保正三氏　《上海的企业组织》(《支那研究》第 18 号,昭和五年[1930]二月)。

根岸[佶]博士　《合股研究》(昭和十八年[1943]六月)。

田中[耕太郎]博士　《法家的法实证主义》(昭和二十二年[1947]十月),其中关于股份公司的部分。

幼方直吉氏　《关于中部中国的合股诸问题》(《满铁调查月报》第 23 卷第 4、5 号,昭和十八年[1943]四月、五月)。

饭冢[浩二]教授　《世界历史中的东方社会》(昭和二十三年[1948]六月)。

我妻[荣]、川岛[武宜]教授　《〈中华民国民法〉债权各则(下)》(昭和十三年[1938]十月)。

仁井田陞　《株氏会社》(载于《世界历史辞典》第 4 卷,昭和二十六年[1951]九月)。

[补]　今堀[诚二]博士　《16 世纪以后合伙(合股)的性质及其发展》(《法制史研

究》第 8 号,昭和三十三年[1958])、《中国的社会结构》(昭和二十八年[1953]十二月)。据之,合股亦见于 10 世纪的文献记录。

第九节 票 据

票据的起源 在中国法史上,与刑法的发达相并列而值得特书一笔的,是票据的发达。据说历史学家将纸、印刷术和火药的发明称为中国人的三大发明,再加上指南针的发明,便称为东方人的四大发明。但我还想在这中间加上票据的发明。《中华民国手形法(票据法)》中的所谓汇兑票据(汇票)、期票(本票)之类,其外如支票等,在中国也都有着古老的历史。在后世比如清代,山西省出生的商人们即兴办了所谓票号或者汇兑庄的汇兑事业,另外,还发现了与这些票号相并列的钱票或银票——一种开出期票的钱铺、钱庄。但是,应该称之为期票的唐代的飞钱、便换,以及应该称之为支票的唐代的帖(帖子),早在 9 世纪就已普遍行用,在宋代,仍能看到与之相同类型的票据的行用。应该称之为期票的宋代的交子,也已在 10 世纪的市场上广泛流通,而其起源,应当在唐五代时期。在欧洲,期票和汇票的出现年代为 12、13 世纪。若按照戈尔德施密特氏的说法,票据的原始形态是 12 世纪中叶出现的异地支付的期票,又从开出期票同时寄给支付人的支付委托书中,发展、形成为汇兑票据(Goldschmidt, *Universalgeschichte des Handelsrechts*,《商法全史》,1891。)。支票的出现时代也很早,在 13、14 世纪左右。如果是这样的话,那么在中国,上述诸种票据的出现就显然早于欧洲,要提前好几个世纪。中国的票据是以其发达的货币经济为背景的,活跃的商业交换逐步催生出了简易而且重要的交易手段。唐宋时代具有钱货(铜钱、铁钱)或者货币功用的金银块以及绢布或谷物,重量巨大,计算不便。此外,在处理上亦成本不低,特别是对于那种所谓"前月浮梁买茶去"(《琵琶行》)的茶商来说,搬运很是不便,输送途中,还伴随着盗贼等危险。诸如上述不便和危险,中国自古以来就是通过利用汇票或期票以及支票之类的一纸证券,来加以规避、克服的。

汇票 在唐代,汇票被称为飞钱等,这里所谓"飞"一词,可能是表现其轻便性的吧。飞钱上,无疑要明记开出人、接受人、支付人以及票据金额等。如据《新唐书》(《食货志》)关于飞钱"趋四方,合券乃取之"的记载,飞钱的开出人在开出票据同时也给支付人寄达了一封文书,支付人以该文书和接受人所带来的飞钱相核对,核对得上的话便确认飞钱是真实的,并支付票据上的金额。也就是说,就票据开出人和支付人不是同一个人这一点与期票等相比照,便显出了飞钱的特征。后世的三联单,也就是三页相连的文书,其右边一联自家保留,中间一联交付接受人,左边一联送达支付人,使支付人在支付之际两相对照,这样一种汇兑票据方式的起源,显然已见之于唐代(不用说,剖符以及合券之类例证,无论先秦还是汉以后均不乏其例)。在宋代,汇票也被称为飞钱或者便钱,还设立了所谓便钱务的官方机构,以处理汇兑事务。当商人交纳现金请求开出汇票时,就使便钱务来处理这类出票事务,并命令地方官府,如果商人呈交这种汇票并要求支付时,便要按照汇票上的金额,立即如数支付("商人赍券至,即如其数给之"。出《续资治通鉴长编》)。

按照近年来汇票的习惯,汇票有记名式的和无记名式的(持有者支付)两种。关于前者,票据上盖有"某某亲收"之类的印鉴,并记有"人单两认"之类的字样,旨在预防将钱款支付给了实际权利者以外的人。关于与之相对的后者,有所谓"认票不认人"的法律谚语(关于期票,这也是同样的),债务人将款项付给证券持有者,便可据以免除其债务,当该证券的持有者并非正当的权利者时,也是同样的。这样一种免责证券的性质,使支付更加简便易行,不用说,它是应交易上的要求而产生的。这种票据又有以下区别:见票即行支付的即期票据、即票,一定期限支付的定期汇票、期票,此外还有见票后一定期间支付的注期汇票、迟期汇票。即使是这些票据,也并不是不实行背书制度的。而且其最初的背书者如果禁止此后再有背书,则背书仅仅只能有这一次。如果遇到拒绝支付的情形,票据持有人可以直接向交给自己票据的人或者票据开出人请求偿还。

清朝时的汇票也称为会票(会票一语亦见于《红楼梦》)。清代中叶以后,出现了票号、票庄、汇兑庄之类的汇兑业名称,这些名称是因为从事汇兑票据也就是票、汇票业务而产生出来的。汇票的"汇"是水回流的形状,乃是以水的回流来比拟票据的回流。通过票号进行的汇兑业务几乎为山西人所独占,其中太谷、平遥、祁三县出身的同行伙伴所组成的行会有很大势力。也就是说汇兑业是以山西人的人格作为媒介来进行的,通过不同地区的山西人同行伙伴结合而成的关系网,汇兑得以在全国范围内交流。交通往往会被人为的或自然的原因隔断,币制或商业习惯也不统一,而山西票号的作用,就在于克服这种中世的不统一,带来一种中世的统一,其地位也是由此而形成的。票号通过存款(特别是官银和官员私人财产的存入)和贷出使其财富愈益增大。在清代的金融业中,无论是票号还是钱铺、典当铺之类,山西商人的地位都是牢不可破的。但因与清末经济的乃至政治的变革方向极不一致,票号终告没落。

期票 宋代应该称之为期票的,是四川的交子。在作为票据开出人的各交子铺里,都是使用同一质地的纸张,纸面上印刷有房屋、人物,其图案中隐密地显示了交子开出人各自的题号(商号),并亲笔签署花押作为私记,而且,上面记载了票据的金额。开出人亲笔签署和票据金额,是交子的基本要件,没有记载这些项目的交子自然是无效的。中国的票据印刷自古就很发达,即在于它运用了中国自古就已发明的印刷术。另外,四川的交子铺结成了团伙组织,票据发行者自身担负起首次履行票据债务的义务,对于未能履行的全部票据金额,作为连保者(共同保证人)的其他同行伙伴都负有相互辅助的连带责任。在宋代,交子之外,相当于期票之类的还有会子、关子,而据加藤博士研究,交、会、关,都是带有"对照"、"核对"之意的词汇。若据《宋朝事实》中所记官交子之语——"据合同字号,给付人户……其回纳交子,逐旋毁抹合同簿历",可知有如下手续:在开出交子之际,要在预先所备官簿和交子上,分别记上作为符号而分成两半的字的其中一半,如果接到兑换(支付)交子的请求,便对照符号,如果对得上,则应其请求支付,并随即抹消掉官簿上所记的一半字号。这样一种交子的形式,以及出票和支付的方法,直到后世仍沿承不变。我国江户时代的票据中,有一种所谓的寄存票据(中田博士),宋代的交子即与之相同,是民间中产生的兑换券之类。如果按照兑换券亦即期票的观点,则交子也属于期票的范畴,是无记名的、见票即行支付的期票。

按照近年来的票据习惯,期票中也有记名式的和无记名式的区别,另外还有不记载满期日、见票即行支付的即票和记载着满期日、被称为期票之类的。而且在后一种场合,即使在满期日之前,也可以通过票据贴现而兑换现款。

明代有作为票钱两换业的钱铺,清代的所谓钱铺、钱庄、钱店、钱局、钱号之类,似乎均为其后身。钱庄一语,在乾隆年间(1736－1795)行用于江苏、浙江、福建地区,后来得到普遍使用。及至清末,直隶山东地区的这种商店,其大者被称为银号,小者为钱铺。据加藤博士的研究,在清代中期,钱铺除进行两换外,还经营存款、贷出以及发行钱票、银票之类的银行业务。这些钱票、银票也属于宋代交子那样一种意义上的期票。

支票 唐代支票的样式,亦因其见载于《唐逸史》(《太平御览》①所收)——"钱付某乙,五百贯,具月日,署名于后",因而是明确的。从有出票人、接受人以及支付人这一点而言,其类似于期票,而帖则仅仅是作为支付的手段,即支付证券。

票据发达的限度 中国的票据产生得这样早,而且自古以来都是依靠自身的力量,从而发展到如上所述的程度,这些都是值得大书特书的。然而其发展,直到近代也没能超越一定的历史阶段。比如用以表示票据的票据名称(票据用语),就是不统一、不完全的,究竟是不是票据,是一种什么种类的票据,仅仅看一下名称是难以识别的。对于汇兑票据,也不仅仅称之为汇票,而且还使用汇券、汇兑券等名称,也有将使用借贷合同写作汇票的。期票也使用庄票、期票、本票、红票以及其他繁杂多样的名称。即使支票,也有支票、划条、拨条、兑条、支单以及其他的名称,并没有统一的用语。以往中国的票据形式,因地区、并且因开出人而异,往往是没有固定型式的。因此可以说,中国的票据,并不具备严格意义上的要式证券性质。又如期票,更多的场合下毋宁说是作为汇寄款项的手段而采用的。通过背书进行所谓票据上的权利转移(背书制度)的这样一种

---

① 似当出自《太平广记》,非出于《太平御览》。

流通性,也不被认为有多么重要。在中国,对各地有关票据的个别性习惯是放任自流的,以至于没有一个统一的票据法规和习惯。就国家成文法而言,可以说,票据法规几乎是完全不存在的。把统一性当作要件的票据,却缺乏统一性,其造成的不便,若是在一个崇尚更加简易迅速的商业社会里,人们可能会更加强烈地意识到吧。曾一度在欧洲很发达的、我国用作参考的票据,它的产生,相对于中国票据的出现年代,可以说是很晚的,但它相对于中国的票据,却是更为进步的。于是在中华民国十八年(1929),新制定了票据法,终于取代了那些不统一的、粗陋杂乱的票据习惯,然而在现实中,中国旧来的票据习惯不一定就被全部排除掉了。

文献

宫崎[道三郎]博士　《日本、支那古代的汇兑制度》(氏著《法制史论集》),《唐代的茶商和飞钱》(出处同上)。

加藤[繁]博士　《关于交子的起源》(《史学》第9卷第2号,昭和五年[1930]六月),《成为官营之后的益州交子制度》(《史学杂志》第45编第1号,昭和九年[1934]一月),《唐宋柜坊考》(《东洋学报》第12卷第4号,大正十一年[1922]十二月),《关于清代钱铺、钱庄的发达》(《东洋学报》第31卷第3号,昭和二十二年[1947]十二月)。

仁井田陞　《支那票据的发达》(收入田中、铃木两教授主编《中华民国手形法》,昭和九年[1934]八月),《唐宋法律文书研究》(昭和十二年[1937]三月)。

日野[开三郎]教授　《关于交子的发达》(《史学杂志》第45编第2、3号,昭和九年[1934]二月、三月)。此文之外,日野教授对汇兑票据之类的研究也很多。

陈其田教授　《山西票号考略》(《史地小丛书》,中华民国二十六年[1937])。

及川[恒忠]教授　《关于钱庄的发达》(《东亚经济研究》第6卷第4号,大正十一年[1922]十月)。

《支那经济全书》第3、第4辑(明治四十年[1907]四月)。

根岸[佶]博士编　《清国商业综览》第4卷(明治四十年[1907]五月)。

西山荣久氏　《山西的作为汇兑业者的票号的起源及其变迁》(《东亚经济研究》第11卷第1号,昭和二年[1927]一月)。

田中忠夫氏　《支那票据论》(大正十三年[1924]七月)。

《台湾私法》第3卷下(明治四十四年[1911]一月)。

第十节　不法行为

　　不法行为的成立,原则上是以故意过失为要件的。按照唐、宋等朝法律,除去故意的情况,因过失而对他人的生命、身体造成伤害时,则征纳赎铜,给予被害者之家,从而免除实刑处罚。按照元代法,不仅仅是过失,就是故意的场合,也可征纳烧埋银之类,给予被害者之家;不过故意的场合,不一定就能够免除实刑处罚。赎铜乃至烧埋银,并不是纯粹的民事上的损害赔偿,也还具有罚金的性质。按照唐律等,官物或私物的保管者,如果故意遗弃、损坏或者丢失,或因过误而损坏所保管之物,都要负赔偿责任。只有遭遇强盗的场合,才免除赔偿责任。如果是保管在仓库内的物品,除了故意遗弃、损坏的场合,是不负赔偿责任的。家畜对他人的生命、身体造成损害时,饲养家畜的主人如系故意,或有过失,则有赔偿责任。以上所提到的赔偿责任虽属法定责任,但法律并不是对所有的不法行为都预先认定有赔偿责任,法定的赔偿也不一定就能够完全抵偿所受实际损害。关于现实社会中所实行的赔偿,则须另当别论(参照第四章第三节、第六章及本章第七节)。

文献

仁井田陞　《唐宋法律文书研究》(昭和十二年[1937]三月)中的赔偿文书一章,请
　　　参照。

《台湾私法》第3卷下(明治四十四年[1911]一月)。

第十一节　债权的担保

第一款　保　证

　　留住保证　在中国旧法与其周边各邻邦的旧法的关联上,应该与刑法、土地法一同加以关注的还有一个问题,那就是保证制度。按照今日在

中国和日本所实行的保证制度的有关规定,保证人是次要债务人,保证人也负有与主要债务人相同的债务。但在唐代的《杂令》中,有"如负债者逃,保人代偿"的规定,这里的保人(保证人)不单单要保证债务人不得逃亡,还要小心提防,以免债务人逃亡,如果逃亡的话,应进行搜索,并将其带回原地。而且,倘若万一搜索不到,或者不能将其带回原地的话,保证人就负有代替债务人赔偿的责任。这里的保证就是学者们所说的留住保证(Stillesitzbürgschaft),从中也可以看到债务(schuld)和所谓担保责任(Haftung)之间的区别。当然,这里如果不以债务为前提,也就没有责任。债务人一般都负有履行债务的义务,而保人则与之不同,他要担保的只是债务人须停留在原地、不得逃亡——这样一种债务人的行为和不行为。保人并不负担与债务人相同的债务,所负担的是独立的、另外一种责任,而这一点正是留住保证制度应该区别于近世法律中的保证制度的一个特色。而且,在库木吐喇或和阗发现的唐代借钱文书中,还见到了可与上引唐令相印证的保证性文句,比如"如举钱后,东西逃避,一仰保人代还",又如"如身东西不在,一仰问取保人代还"等。这种保证据说在巴比伦尼亚的史料和荷马史诗《奥德赛》中也可以见到。

宋元及日本、安南的留住保证　不过与唐《杂令》相同的规定,在《养老·杂令》中也能看得到,这种保证文书在正仓院文书中也有存在(唐及日本法中的留住保证,是中田博士所发现的),其中可以看得到唐法的影响。如前文所提到的唐代保证文书,并非只在库木吐喇和和阗才有出土,据笔者的调查,在吐鲁番,在敦煌,也都有发现,而且不仅仅见于唐代法,无论是宋代的《关市令》,还是金代和元代的法令中,也都有相关规定。更有甚者,这样的保证制度在元代的契约文书中也有发现,及至明清时代,其优势地位虽然让给了新的保证制度,但终归还在继续行用。不过这种留住保证的法律规定在黎氏安南的刑律中也可以见到。黎氏刑律的完成年代,相当于中国的明代(15世纪),这种保证法虽然在明律中是看不到的,却也不能说没有受到宋、元法律的影响,它应当来源于唐代法,换言之,至少与唐代法有着间接的关系吧。为备参考,下面列出唐、宋、金、元、日本及黎朝法律中的相关条文:

　　《唐令》　诸公私以财物出举者,任依私契,官不为理。①……
家资尽者,役身折酬,役通取户内男口。……若违法积利,契外掣夺,
及非出息之债者,官为理。……如负债者逃,保人代偿。(参照《宋
刑统》所引《杂令》)

　　《宋庆元令》　诸负债违契不偿,官为理索。欠者逃亡,保人代
偿,各不得留禁(下略)。(据《庆元条法事类》)

　　《金泰和令》、《元至元杂令》　诸以财物出举者……若欠户全
逃,保人自用代偿。(据《事林广记》)

　　《日本令》　凡公私以财物出举者,任依私契,官不为理。……
家资尽者,役身折酬。……若违法积②利,契外掣夺,及非出息之债
者,官为理。……如负债者逃避,保人代偿。

　　《安南黎律》　诸负债逃亡者,咱保主代偿本分(下略)。

应该注意上述各种规定,都体现了有关债务人逃亡和这种情况下保证人
须代其偿还债务的制度。

　　支付保证　在唐代,一方面实行这样一种留住保证制度,另一方面,
如果遇到债务人死亡、无法偿还债务的场合,就要由保证人来承担代偿之
责了。总的来说,在留住保证制度下,保证人拥有控制债务人人身的权
力,如监视债务人的行动,若有逃亡之虞时便加以拘禁,已经逃亡则进行
捕捉,借助这些权力,是完全可以取得保证的实际效果的。然而留住保证
的这种原义,还在唐代就已被人们忘却,于是从债务人逃亡的场合由保证
人自己代偿债务,一转而变成了由于债务人逃亡以致债务无法偿还了所
以由保证人自己代偿债务,而且由于债务人死亡而无法偿还的场合,恐怕
最终也要以这种情况作为比照吧。进而言之,这种死亡代偿的保证制度,
是有可能转化成不管是逃亡还是死亡,也不管有什么其他的缘由,只要是
债务人事实上不能偿还的场合,就应由保证人自己代偿的所谓支付保证

---

① “官不为理”,原文误作“官为不理”,迳改。下列日本令中同条亦误,亦迳改。
② “积”,令文原作“责”。

制度 Zahlungsbürgschaft 的。这种支付保证制度在宋代似乎一直在实行，而且范围相当广泛。像王安石的青苗法中的保证制度，也是属于这种范畴的。新的保证制度，不能设想成扣押债务人人身、使其服劳役以偿债的那样一种麻烦的而且是古代奴隶制（参照下节）的方法，而应谋求以直接的物质财产来满足债权要求，对于债权人来说这是一种方便的满足债权的手段。这样一种新型的保证制度正在逐步地取代老的保证制度，在后世得到了广泛推行。只是留住保证制度，仍一直残存到 20 世纪。

作为中人的保人　不过必须加以注意的是，保证人（保人）往往不一定负有代偿债务的责任。特别是清代以及近年以来，这样的情况尤为明确，正如"媒人不能包生子、保人不能包还钱"（湖北省宣恩县）的法律谚语所说的那样，即使契约书里记载了保人、中保人或保证人之类，这些人也不一定总是负有担保责任。其所负责任单纯是作为中人、说合人的责任，也就是督促没有偿还债务的债务人还债，或者居于债权人、债务人之间进行调停、斡旋、说合，有的不过是专门负责解决两者间的争端而已。（如果他起坏作用的话，大概也就是充当那种高利贷者的跑腿吧，那样的事情曾作为"保役"被记载于《后汉书·桓谭传》中。）而且，这种依靠保证人调停斡旋的、即着眼于由保证人居间的三者间互留面子而委托的"权利"，总的来说，在支配领域上具有不明确性，而这正是前近代所谓"权利"的一般特征。

共同债务和共同保证　德国中世纪末年所实行的被称为 Gesamtschuld（共同债务）的、并与日本奈良时代的生死同心制相类似的一种共同债务，在中国也是自古以来就实行的。若就唐代的例子而言，单纯的共同债务（同借）和单纯的共同保证（连保）之外，还有一种共同债务制度和保证制度相结合的形态，说起来应该称之为连保同借。在那种情况，各债务人的债务负担多数情况下好像都是预先确定的，在第一次偿还时，各债务人负有首先支付自己分担的债务份额的义务。第二次时，就要代偿逃亡者或者无能力支付者所分担的债务份额，同保者若有数人的话，这些人就要共同负担全部的代偿债务。总之，这并不是所谓纯粹的连带保证。勒柯克探险队在吐鲁番发现的唐广德三年（765）二月的借粟文书，是有关贷付官谷的,据文书可知,借粟人五家为一组,结合成所谓的"五保",保内五家用同一份契约,各自借得常平仓的官谷,共同债务人各自有义务在十月秋熟偿还自己所分担的债务份额。而且在共同债务人中间,如果有未支付债务而逃亡的,剩下的共同债务人都负有代偿逃亡者债务的责任。王安石的青苗法也是共同债务制度和保证制度(只是该场合属于支付保证)的结合。当然,连保同借制度并不是只在官谷贷付场合实行的。在清代,连保同借被称之为连环借,这是由数人预先分割债务负担,并且标明每一个人都处在保证人的地位上,即互为保证人的关系。与这种连环借相并列的还有所谓的"连环保",这是保证人有二人以上时(共同保证),各保证人在第一次偿还时,仅对自己分担的债务份额负有责任,如果有其他的保证人不能偿还时,那么在第二次时,就要代偿他们所分担的债务份额。不过保证人的分担份额有时候也没有预先确定,我想在这种情况下应该是平均负担的。

文献

中田[薰]博士 《我国古法中的保证及连带债务》(《法制史论集》第 3 卷)。关于在和阗发现的唐代借钱文书,有沙畹的解说(A. Stein & É. Chavannes, *Ancient Khotan*)(《古代于阗》),不过如中田博士所指出的,对该文书在法律史学上的意义,还揭示得很不充分。

仁井田陞 《汉魏六朝时期债权的担保》(《东洋学报》第 21 卷第 1 号,昭和八年[1933]十月),《唐宋时代债权的担保》(《史学杂志》第 42 编第 10 号,昭和六年[1931]十月),《唐宋法律文书研究》(昭和十二年[1937]三月),《元明清时期及黎氏安南的保证制度》(《史潮》第 5 卷第 3 号,昭和十年[1935]十月)。《以唐为中心所见东亚之法律》(《东亚研究讲座》第 71 辑,昭和十一年[1936]十月)。[补] 参照"增订版序"二。

"画指" 以中国为中心的西夏、朝鲜、日本、安南等东亚地区一直广泛流行着作为代替亲笔签署的画指。它既不同于作为花押之一的略花押(在中国也称为十字花押),也不同于以日本、中国为首的各国所实行的那种按指印。它是不会写字的人使用自己的手指来代替亲笔签署,就这一点而言又与按指印有共通之处,但其表示方法和表现出来的形状则完全不同。若就中国的例子而言,画指是这样做的,

（将手指放在契券文书中自己名位下）在食指或中指的指节处画三个点来表示指节，或者在画指节点的同时又摹写手指的外形，或者一并摹写指节点和指长。画指在5、6世纪时就已流行，今日在敦煌、吐鲁番、和阗等地发现的唐代的卖买文书、保证文书等文书中，就有很多画指的例子。在元明时代的戏曲小说中也能见到"点指"。因为玉井教授《支那社会经济史研究》、仁井田陞《唐宋法律文书研究》（昭和十二年[1937]三月）等书中，关于画指多少有一些错误，所以仁井田在《支那古文书中的略花押及画指研究小史》（《书苑》第3卷第9号，昭和十四年[1939]九月。其英译载于 *The memoirs of the Research Department of the Toyo Bunko*, No. 11, 1939.）一文中对之作了修正。[补]参照"增订版序"二。

第二款　质　　典

质典的各种形态　近代法律中的抵押权、质典权等制度，是与资本主义社会相对应的制度。也就是说债权、债务关系和担保这种关系的抵押关系、质典关系，大体上被当作两种不同的关系。在债务人没有履行债务的场合，债权人自己将权利的标的物作价出卖，取得其价款，以抵偿债务。在那种情况下，成为权利的标的的，并不是标的物的所有权，而仅仅是其交换价值。不过在担保制度产生以前的社会里的金融方式，并不是出卖债务人的所有物。不用说在那种场合下，是附有条件的，有时候也是附有赎买条件的买卖。但是就金融方式而言，在这样一种买卖和近代担保制度中间成为连结二者的桥梁的，则是具有前近代意义的担保制度。德国中世纪法中所讲的旧质 ältere Satzung 以及旧质之后发生的新质 neuere Satzung，即是这种担保制度。而且无论是旧质还是新质，成为其标的的都不是近代担保制度中所见到的那种交换价值，至多也就是使用价值而已。中国的担保制度的历史大体上也是沿着这样一条路线发展的。只是中国在后世，在实行新质型的担保制度的同时，旧质型的担保制度仍然占据着优势，而且与此同时，也还在实行附有赎买条件的买卖（活卖）。并且在现实的习惯中，往往意识不到旧质型的担保制度和附有赎买条件的买卖之间的区别（参照本章第一节第一款）。

在旧中国社会中，担保的标的物无论是不动产，还是动产，或者是人身，将质押物的占有权让渡给对方的占有型质典的，自古以来也都是被称为质典的,不过在唐及此后的文献中,不管是质还是典,都是可以见到的。因此,质和典并不是根据担保的标的物是不动产或是动产或是人身之不同而加以区别的名称。例如《唐令》中有"以奴婢、六畜、田宅及余财物……质举"云云,即提供奴隶、家畜、田宅及其他动产作为担保而借钱(谷物),这些都称为"质举",并不根据担保物是什么样的物品而作出相应区别。这里的质也好,典也好,一般来说都没有达到转移担保客体的所有权的地步。另外还有仅仅指定担保的标的物而不将其交给对方的抵押,关于这种所谓的不占有型质典,也就是所谓的指当、指产或者"指地借钱"之类,是很普遍的。应该注意的是,这类质典和抵押,就是在名称上也是有区别的。但是和抵押同类型的不动产担保,即把文书交给对方一同作担保的文书型质典,在文献记录中也能见到被称为质典的例子。另外,典当,与 Haftung(担保)的意义相当,关于动产质典等占有型质典,一般都被称为典当,但有时候也将不动产质典(占有型质典)称为典当、抵当。

不动产质典　中国的不动产质典,在很早的六朝时期的史料中就有发现,唐朝以降其记录见多。作为不动产质典,自古以来就以占有型质典居于优势地位,变卖质押物型质典 Verkaufspfand 似乎不怎么实行。但是那种占有型质典,是作为占有型质典的收益型质典的。也就是,即使出质人在质押期限已满后仍没有提出回赎请求,质权人也很少将质押物作价以抵偿债务的,更多的是永久性地持续地取得质押土地的使用收益,并以收益充当利息,从而出质人的赎回权(请求回赎权)永远也不会消灭的所谓收益型质典或利息型质典或永久型质典的形态。所谓"一典千年活"、"当地千年活"(质典的土地即使过一千年也是活卖,甘肃省古浪县、陕西省朝邑县等地的习惯)的法律谚语,无非就是表示这种永久型质典的。这种不动产质典权,大体上是担保权(关于这一点,是根据宋代的记录和明律的注释书),尽管如此,交割的还是作为所有权之具体而且是主要内容的用益权,而无论是从失去用益权的出质人方面来看,还是从获得用益权的质权人方面来看,这种质押和买卖之间,并没有多少实质性的区别,从所谓质卖或者典卖这种用语上也可看出质典与卖的联系。法律上质典和买卖适用于同一规定的场合也很多,如地主的亲族四邻较之他人拥有优先典买其土地的权力,又如土地的双重出卖和双重质典是同时被禁止的,即是其例。

总的来说,无论是德国中世纪法中的 ältere Satzung(旧质),还是日本中世纪的入质,都是质权人获取使用收益的占有型质典。学者将之称为收益型质典 Nutzungspfand。因此前述 ältere Satzung(旧质),以及和日本的入质在性质上相同的以唐宋为代表的中国旧来的质典,在这种意义上仍然是可以称为收益型质典的。德国的收益型质典有两种形态。第一种是以不动产的收益充作本金及利息的抵偿,当收益得以抵偿全部的本金及利息时,即归还不动产。第二种是全部收益仅仅充当利息,直到债务人另外偿还了与本金金额相当的款项为止,一直继续收益,同时请求回赎权也得以无限期地存续下来。相对于前者,后者因为取得了代替利息的收益,所以称为利息型质典 Zinssatzung,由于请求回赎权的永久存续性质,所以也称为永久型质典 Ewigsatzung。日本中世纪的占有型质典也同样是本金利息抵偿型质典及利息型质典(据中田博士)。即使是以唐宋为首的中国旧来的质典,债权人在取得不动产的收益之外,一般也不另外收取利息的。在这样一种不动产质典的场合,通常与动产质典不同,质权人不仅仅要将担保客体留置于手,而且是将客体作为收益物接受过来的。一直以来,不动产质典还往往采用取得质典客体本身以抵偿债务的归属型质典(Verfallpfand)方式。

根据近年来的调查,质典农田的时间是在收获期之后,请求回赎的时间也是相同的,但质典时如果土地上已种植了作物,则请求回赎时,所赎回的土地也要是种有作物的,这些都是惯例,因而有所谓"当白回白、当青回青"的法律谚语流行(例如在河南省开封县)。这里所谓"青"是指作物,所谓"白"则是表示没有作物。另外,在清代,由于土地的质典不同于买卖,不需要交纳契税,所以为了逃避交税,虽然实质上是买卖,却以质典为名,而将质典期限拉长,以至有号称"老典八十年"(例如河北省徐水县)之类的情形。当质典的土地、房屋因为水灾、火灾之类灾难而致完全毁灭时,质权人不负赔偿责任,而同时债务亦告消灭。即法律谚语中所谓的"房塌烂价"或者"房倒烂价"之类,我想从中体现出了这样的规范意识,即质典被视为纯粹的物的代当责任 Reine Sachhaftung,质典的不动产被视为唯一的代当责任物。

不过,将占有权转让给对方的不动产质典,不仅仅出质人不能得到不动产的占有用益,而且即使是质权人也有不愿意从不动产中收益乃至不能从中收益的情形,那么,由于不方便,就仅仅指定担保的标的物而已,这就产生了标的物的占有权不能交给对方以资担保的所谓非占有型质典,亦即抵押形态的质典。这种质典形态还在六朝(梁)时代就被认为已多少存在一些痕迹,到唐宋时期就很流行了(参照《宋刑统》),及至清代,得到了更加广泛的利用。不过其流行的程度仍没有像占有型质典那么普遍。在非占有型质典的场合,由于债权者不仅得不到担保的标的物的用益,而且也不能以其收益充当利息,所以在本金中附有利息,就成为惯例。与抵押型质典相并列、应该是其中的一种形态的所谓文书型质典——权源证书的质典也有实行的。有关这种形态的古老记录也可以追溯到唐宋时代(例如《棠荫比事》所云"以庄券质西邻钱百万缗")。不过在旧中国社会里所实行的抵押权,当债务人在偿还期内不能偿还债务时,作为债权人的权利,可以接受对方移交的指定不动产,继续获得该不动产的用益,直到还清债务为止,这类情况似乎很多。那么,若就其共同点归结为一,则可以说无论是抵押型质典,还是不动产质典(占有型质典),均属同一形态。当然,在移交指定不动产之后,利息之附于本金的过程也就停止了。总体而言,旧中国社会的不动产质典制度的构成,是以标的物(物质)本身的支配关系以及用益关系为重点的。至于所谓的"指产"、"指当"、"抵当"或者"指地借钱"等非占有型质典,则是一种仅仅着眼于作为担保标的物的不动产的交换价值的担保形态,即使认为并未普遍采用,也可以肯定它是旧中国社会的担保法律构成中的一个部分。

动产质典　中国的动产质典和人身质典的起源甚为古老,即使就文献上所知,也可以追溯到周朝末期。《说文》(汉代的字典)中关于"质",也有"以物相赘"的解释,关于赘,则释为"以物质钱"。而如质库(当铺)、帖子(当票)则在六朝时代就已有据可征。这中间,动产质典形态,与将担保物的占有权移交给债权人的占有型质典一起，都属于归属型质典（流质）——也就是如果一定期限后没有被赎回（请求回赎）的话，质押物本身的所有权便代替债务偿还而为债权人所取得，乃属于通例。另外，在唐宋及元代的法律（唐令等）中，也可看到以质押物的卖价充当债务偿还的变卖质押物型质典。而据清代的事例，当票具有免责证券的性质（《福惠全书》谓"认票不认人"）。

　　人质　债权担保法，在巴比伦尼亚、亚述、希腊、罗马、德国以及日本等各民族的古法中，都是可以普遍见到的，不过，据说人的担保的产生是先于物的担保的，而且，据说保证制度也是从人质制度中衍生出来的。罗马古法中，债权者根据 nexum（债务口约），在担保履行债务的债务人（责任者）不履行债务时，享有将其拘禁并强制其服劳役、或者出卖到外国、甚或将其杀害的自由。在《十二表法》中，相对于这种苛酷的执行法虽有了几分缓和，然而到了 Lex Poetelia（博埃得里亚法）的制定，也仍然没有禁止这种出卖及杀害行为。在日耳曼古法中，对于不履行债务的债务人，任凭债权人自由处分，将其杀害或将其卖掉，都是债权人的自由。若据北方日耳曼的法源，债权者可以杀害、伤害这种债务人，则是很明确的。但是在这以后，债权人如此强大的权力受到了限制，尽管仍允许他们拘禁不履行债务的债务人，可以将债务人沦为债奴，但却没有了杀害债务人的自由。只是债奴的劳动仍然不能用来偿还债务。到了部族法时代，与不动产质典中的所谓死质（Totsatzung）相同，债务人将自己的身体作为人质交给债权人，用自己的劳动代还债务，如果偿清债务，就可以获得解放、恢复自由了。这就是所谓的暂时性债奴（zeitweiliger Knecht），所谓的劳动偿还债奴制（abdienende Schuldknechtschaft）。此外还有债务人以其妻、子作为人质的，不过即使是这种场合，也保留了可以请求回赎的权利。在旧中国社会中，人（良人）也是常常被当作担保的标的物的。人质在古代多被称为质，唐代以及其后的文献中，被称作典的场合增多，典和雇并列，称为典雇（典雇与江户时代的质物奉公［典当雇佣］相对应）。而且"典质妻子"、"典雇男女"、"典妻雇子"之类的例子也为数不少。历代中国政府，某些特定的场合除外，都禁止质典良人（自由人）。例如元代法虽然容许典雇自由人,然而,如果连妻妾子女也被当作典雇的标的物,则是决不允许的,仅仅只是允许自己典雇自身而已。而这种典雇自己本身的行为,不仅仅在元代,自古以来都是被容许的。还有,由于这种行为救济了一家的贫困,或者筹措到了亡父的丧葬费用,甚至被认为是孝义。在元代法中,只有有夫之妇不容许典雇,而夫妇同雇,也就是夫妇一边继续维持其共同生活关系,同时他们自己一起典雇(赁)其自身,这种情况按规定是不禁止的。然而不管如何加以禁制,妻妾子女之类的典雇总是在任何时代都盛行不衰。在元代,被认为是普遍流行的人质契约书的样文中,有父亲典雇其子、女,甚至还表明了使子、女各自为他人小厮及妾的意思。据其中的一件契约证书所称:"某人(甲)有亲生男子名某(乙),年几岁。今因时年荒歉,不能供赡,情愿投得某人保委,将本男(乙)典雇与某人(丙),充为丙小厮,甲自丙取得工雇钞(借款或者赁金)若干贯文。今后,乙在丙家须用小心伏事,听候丙使令,不敢违慢抗对无礼。又,不得搬盗丙宅财货什物,将身闪走等事,当然,如有此色,甲须搜索乙并将其带回,并有赔偿丙所受损害之义务。又,乙即使死在丙宅,并是天之命也,且某甲即无他说。作为后日之证,故于此订立契约书。年月日。父亲姓名押。保人姓名押。"

人质契约,还须将所质押之人交付给对方,方告成立。人质在多数场合是占有型质典,在后世,也见得到抵押亦即非占有型质典。即使是占有型质典,以人身的劳务偿还债务的形式亦即劳动偿还债奴制也是自古以来就相当流行的(例如《搜神记》中所见汉代董永的故事)。另外,劳务不能用来抵偿本金而是充当利息的场合也是有的。敦煌发现的9世纪前后的人质文书中,亦称"人无雇价,物无利头,便任索家(质权人的姓名)驱使"。典雇亦即质物奉公(典当雇佣)场合,不付工钱,而是以劳务来充当利息(利头)的。偿还型质典的例子在两汉六朝就已有很多,应该视为其中的一个形态的赘婿(marriage by service),也就是雅各式的婚姻,在远至公元前的文献中就有据可征,直至后世未曾消亡,一直存续下来。一方面是这种偿还型、收益型、利息型质典的存在,另一方面则是归属型质典的继续存在,这可以举出唐韩退之《柳子厚墓志铭》中所见到的例子(关于人质,参照第十三章第二节)。

文献

仁井田陞　《元明时代的质典契约研究》(《蒙古学》第 3 号,昭和十三年[1938]十二
　　　月),《明清时代的卖人及人质文书研究》(《史学杂志》第 46 编第 4、5、6 号,昭和
　　　十年[1935]四月、五月、六月)。又前款所揭仁井田诸论著。

杉之原舜一氏　《典的法律性质》(《法律时报》第 19 卷第 1 号,昭和二十二年[1947]
　　　一月)。此外尚请参照《台湾私法》、《满洲旧惯调查报告》、《支那的民事惯习汇
　　　报》(《满铁调查资料》第 165 号)。

“当铺法”　在元代等朝代,当铺也称为解库或者解典库之类,在清代,称为典商、典
　　　铺、当铺、质当铺等。根据清代的律例,因被盗、失火等灾难而造成质当物损失时,
　　　规定应予以赔偿(赔偿额则因情况不同而有差别)。若就近年来的当铺习惯而言,
　　　质当期限为二十四个月,利息为月利。期限满了之后也还有一个月的缓冲期,这
　　　一期间内若仍未提出回赎请求,即使买卖处分也是可以的。当票具有免责证券的
　　　性质,当票上写着“认票不认人”的字样。当铺虽负有保管质当物之责,若只是虫、
　　　鼠啮咬的程度,仍不予赔偿,由出质人自己承担损失。如果有超过以上程度的损
　　　失,则仍须赔偿(山西省武乡县之例)。又有这样的惯例,即当铺因失火而烧毁质
　　　当物时,要按其价格予以全额赔偿,若因战乱之类原因而造成损失,也有给予与债
　　　务多寡相对应的差额赔偿之例(河北省临榆县)。

第十二节　财产的私人扣押

私人扣押　与保证制一样,在东亚各国法的相互关联上,应该注意的
一个问题是财产扣押——财产的私人扣押制度。唐代的金钱、粟帛的消
费借贷中,有附有利息的和无利息的两种方式。在无利息消费借贷的场
合,当债务人不履行债务时,就要像见于唐杂律中的规定那样,由官方对
之科处刑罚以强制履行。但在附有利息的场合,即使不履行也不适用于
该法,而且官方对于这类契约的成立,也是不加干预的。但是,正如中田
博士所论,唐代的法律与欧洲法史上法兰克时代的 Privatpfändung(私人
扣押)相同,对不履行债务的债务人的财产,允许债权人经申告官府后以

自己的力量进行牵挈（挈夺），也就是这里所说的进行私人扣押。而且，债权人即使未经申告而扣押，如果所扣押的金额未超出债权额，也可不受处罚，只有超出债权额时，才得以根据杂律对之进行处罚。即使按照唐杂令的规定，在附有利息的消费借贷场合，对于在债权额的范围之内进行私人扣押，也是予以认可的。今天，在斯坦因探险队发现于和阗的唐代借钱、借粟契约中，无论是附有利息的还是无利息的，都记载有关于私人扣押的特别约定。其文字为"如违限不还，一任僧虔英牵挈霍昕悦家资牛畜，将充粟值，有剩不追"、"过月如上不付，即任牵挈家资，用充本利值"之类，即是债权人私人对债务人的家资、家畜进行扣押（牵挈），以充当本金及利息，有时候还有私人扣押（牵挈）额即使超出债权额也不返还的意思的特别约定。而且斯坦因和伯希和两探险队都在敦煌发现了这种文书。不过，即使通过这样一种财产扣押也不能使债权得到满足的场合肯定是有的，那么，在这样的情况下，债权人就扣押（拘禁）债务人家中的男子，如果没有男子的话就拘禁债务人自身，使其以劳务来代偿债务。在《宋刑统》中所引用的相当于唐代杂令的条文中，可以看到有"家资尽者，役身折酬，役通取①户内男口"的规定。也就是在唐及宋初的法律中，债权人拥有第一次通过扣押债务人的全体财产使其实现财产形式的代偿责任，第二次通过扣押债务人或者其家族成员的身体使其实现身体形式的代偿责任的权利，允许债权人通过这种现实的支配力量来确保担保 Haftung（担保责任）。事实上，在唐代，债权人作为强制债务人履行债务的手段，不仅仅是扣押债务人的财产，而且也常常扣押债务人自身及其家族成员。这是与古代奴隶制相对应的制度。与之相对，在南宋时代的《庆元令》中，不仅看不到扣押规定，相反，却订立了禁止扣押的规定；在条文上属于同一系统的元代法律条文中，没有扣押以及禁止扣押的规定；在明清律中，非但禁止扣押身体，甚至于连财产的私人扣押也被禁止。在国家的成文法层面上，私人的执行范围随着时代的推移趋于狭窄，以致最后被完全禁止。但在现实中，是不应该否定高利贷者和地主进行私人扣押的事

———————————

① 原文脱"取"字，迳补。

实的(特别是清代的地主,例如《江苏省例》中所见,请参照)。

日本、朝鲜、安南的私人扣押　唐律令中所见到的私人扣押法律,也被上述各国所继承。兹请参见如下所示的唐、日本、高丽以及安南黎朝的律文。另外,前节所揭唐令及日本令中所谓"契外掣夺"云云,亦请参照。

《唐律》:诸负债不告官司,而强牵财物,过本契者,坐赃论。

《日本律》:凡负债不告官司,而强牵财物,过本契者,坐赃论。

《高丽律》:负债不告官司,强牵财物,过本者,一尺笞二十,一匹三十……十匹徒一年……五十匹徒三年,仍勒依原契还主(顺便说明一下,高丽律的"一尺笞二十……五十匹徒三年"云云,与唐律的"坐赃论"意义相同)。

《安南黎律》:诸追偿不告官司,而强牵财物,过本契者,杖八十,计其财物偿之,余还负债者。

关于日本律令中所见到的私人扣押,中田博士已与唐律比较并作了论述,不过,与日、唐相同的私人扣押,无论在高丽的律中,还是在安南黎朝的律中(15 世纪),也都作了规定。而且,如前所述,中国在唐代以后,私人扣押制度受到限制,或者最终被禁止,而黎律则保存了中国法律的古代形式也就是唐律的面貌,由此不难看出,作为其源头的安南律中,是存在以唐律作为典范的内容的。

附——出世证文(兴隆票)①　当债务人在财产上出了问题时(商号倒闭、破产等),债权人一直实行的是拍卖债务人的财产并对其价款进行与债权额相对应的分配方法。但是根据近年来在中国的安徽、江西、湖北等地所作的习惯调查的报告可知,我国所谓的出世证文,在这些地方也得到了相当广泛的实行。债务人没有资力偿还债务但债权人又不愿放弃债权时,通过调停人在债务人、债权者中间斡旋,使债务人订立意为债务人他日恢复了还债资力应予以偿还的无利息的债务证书,也就是所谓的兴隆票(兴隆字),由债权人收存。它是以将来成功与否尚难预料的不确定

---

① 日本所谓"出世证文",即指债务人现在没有能力还债、以后成功了能还债时必定偿还的债务证书,即我国某些地区俗称的"兴隆票"。

事实作为内容的,却也不能说仅仅是附有不确定期限的法律行为(虽然可以确定是有期限的,但到来的时期则是不确定的)。因时机不同,而没有约束债务人的意义即没有作为借贷的法律效力的情形似乎也是有的。

文献

中田[薰]博士 《古法制杂笔》(《法制史论集》第3卷)。据中田博士的指点,即使关于私人扣押的文字方面,沙畹的见解也是有问题的。

仁井田陞 《唐宋时代的债权担保》(《史学杂志》第42编第10号,昭和六年[1931]十月),《唐宋法律文书研究》(昭和十二年[1937]三月)。[补]参照"增订版序"二。

补章第一　村　落　法

第一节　传统的所谓"共同体"及其责任承担者

问题点——支配机构　如果说到宋代以后即 10 世纪以后的社会情况,由于公的权威不能充分地保护人民的利益(包括农民生命赖以保护、培育的生产再生产的基础),与之相应,私的保障也就成为了必要。宋代以降同族的所谓"共同体",首先就是带着这样的任务登场的私的保障机构。另外,两个集团之间没有合理的调停机制,在利害关系出现对立时,力量的对抗,乃至于村落和部落之间的械斗,就不可避免。于是,对于他族,这种同族"共同体"就成为一个压制机构,而对于本族,则成为一个防卫机构。同族"共同体"就是这样一个为本族的利益提供私的保障的共同组织。但是在一般的村落中,因场合不同甚至就是在同族村落中,是不是就具有那样彻底的排他性、封闭性,还是有问题的。另外,中国的所谓"共同体",无论是在同族集团中,还是在一般的村落中,也绝不是平等者之间的结合,在其内部,存在着支配与被支配关系。中国的所谓"共同体",终究是作为支配阶级的利益机构在起作用的。因此,共同体就是这样一种具有内在相互制约关系的机构:它既是为农民提供再生产的平台并为这一平台夯实基础的体制,而且若夺取这一平台,则支配权力自身亦不能成立。于是在处理整个共同体的所有关系时,(一)共同体的土地所有以及(二)个人所有之上的"共同体"的限制规定这两点,大概应该成为主要的视点。围绕着土地的支配从而当然也包括水利的支配的问题,则成为"共同体"问题的重点。在这里考虑的是其中一部分相关问题。当然,10世纪以后的同族集团,也存在着与土地共有有关的问题,但这并不是过去的氏族共产制的遗制。

责任承担者 宋代以后的所谓"共同体",并没有贯彻平等原则。共同体之所以被称为共同体(概念界定),如果说是因其成员间有平等性,是那种伙伴主义意义上的共同体或者伙伴组织,那么这在旧中国社会中是成问题的。那些所谓的"共同体"中的责任承担者究竟是指哪个阶层,有必要加以认真推敲。而且,有的场合将他们锁定在支配阶层,有的场合又将他们扩展到被支配阶层,其间的关系必须要考虑吧。就是在明代,如从王士晋的《宗规》中所见,可以推知同族集团的规约是由地主利益来左右的(如防止不交、拖欠地租)。在清代,村的规约就是仅仅由村吏和地主聚在一起决定的。但是,村约是有规制效力的,"'正如朝廷有不干之典(不应违犯的法律),村有莫越之规(不可逾越的规则)',这些规约是通过村里的'公议'决定下来的,既经决定下来,就是作为约束村里人的规则"。虽然被称为"公议",但佃户是不参与商谈的,即使参与了,也只是作为让他们协力的适当手段而已。纵然在这里要讲所谓"伙伴",也明显是没有平等性可言的。旧中国有所谓"耆老一唱,而群和之"(据今堀博士的采访)、"过得乡场,过得官场"之类的谚语(《李家庄》中头面人物、有实力者的支配体制,与这些谚语所反映的情形完全相同。所谓"李家庄的变迁",完全可以说就是村里的审判的变迁。),这些谚语即显示了有实力者的支配乃至支配和从属的关系,并显示了有实力者支配的贯彻状况。所谓的"过得乡场,过得官场",究竟说的是只要有了作为公正合理的基准的"道理",就一定会赢得争讼胜利的意思呢,还是说只要有了财力、权力之类的"道理"之外的东西,就能万无一失地确保制胜呢?中国社会以往的实际历史是作出了回答的吧。

但在这里必须予以注意的是,农民,特别是明末清初以来已同流通市场有了接触的佃户,通过所谓抗租(地租斗争)的力量对抗(见傅衣凌氏、田中正俊氏、佐伯有一诸氏的研究),使他们自己逐步建立起了新的习惯并开始成立了自己的伙伴集团。

文献

仁井田陞 《中国的同族及村落的土地所有问题》(《东洋文化研究所纪要》第 10 册, 昭和三十一年[1956]十一月,又仁井田《中国法制史研究(家族法、村落法)》,昭 和三十七年[1962]三月)。本节及以下三节,即据上揭论文撰成。上揭论文执笔 之后,作为与所谓"共同体"有关系的论文又有多篇发表,如今堀诚二教授《中国历 史上村落"共同体"的展开》(《东亚经济研究》第 5 集第 1 号,昭和三十五年[1960] 九月),江守五夫氏《共同体的法律结构》(《法社会学方法论序说》,昭和三十七年 [1962]十月),以及佐藤武敏、森田明、宫坂宏、好并隆司、船川丰等氏的论文。

今堀诚二教授 《中国的社会结构》(昭和二十八年[1953]十二月),同氏《中国封建社 会的机构》(昭和三十年[1955]三月)、《关于清代的农村机构的近代化》(《历史 学研究》第 191、192 号,昭和三十一年[1956])。

西嶋定生博士 《关于中国古代帝国和共同体之间的关系的试论性笔记》(前揭仁井 田陞《中国法制史研究》,第 695 页)。

戒能通孝教授 《法律社会学诸问题》(昭和十八年[1943]一月)。

傅衣凌氏 《明清农村社会经济》(1961 年),《福建佃农经济史丛考》(1944 年)。

田中正俊、佐伯有一等氏 《世界历史》第 11 卷"摇摇欲坠的中华帝国"(昭和三十六 年[1961]九月)。

第二节　支配体制的目标和同族集团的重组

支配体制的目标　10 世纪、11 世纪在中国社会历史上是一大分水 岭。这不仅仅是说同族集团正在走向其兴盛期,毋宁说构成它的基础是 什么,以及其意义是什么,这才是问题之所在。

在中国,公元前 3、4 世纪的战国时代,土地已进入广泛的个人所有的 阶段。这里虽不拟涉及所谓氏族共同体的问题,可是,大概应被视为共同 体所有的山川薮泽,据《穀梁传》等古文献,也是普遍地开放的,在这种意 义上似乎实行的是公共土地制度。《礼记·王制》亦称"林麓川泽以时入 而不禁"。但是,对共同体所有的山泽实行共同利用的制度诚然是明确 的,山泽的地盘本身的所有权是否已达到独占的程度,却是需要仔细研究 的。直至后世也是同样的,山川薮泽的利用在原则上对天下万民是无偿地开放的,唐令(《唐六典》)所谓"山川薮泽之利,公私共之",即是这样一种意义上的规定。而且这种开放状态直至后世仍大体存续下来。但是被开放的土地,其管理状态混乱、利用无统一规则的现象屡见不鲜。战国齐都附近的牛山(见《孟子》),南北朝肥水北边的八公山(见《水经注》)之类,即是其例。此外,直到后世,同样的实例很多。在这样一类山上,树被砍伐,放养家畜,树根被掘起,连泥土也被刨走。山林荒废之后,以致屡屡发生土石崩溃、洪水泛滥的自然灾害。另一方面,有实力者,有时是豪族,有时是官僚、地主以及高利贷者等,向这些开放的地盘发起了肆无忌惮的进攻,以占为私有。与之相应,农民生命的生产再生产的地盘受到了严重的威胁。《宋书》《通典》《宋会要》《救荒活民补遗书》以及其他的文献中,这类"占山护泽"的记载连篇累牍,屡见不一见(参照第十四章第六节)。也有"湖一寸河一尺"(《宋会要》)的谚语。开放湖水,只要使湖水水位低一寸,作为河川的水位就要增加一尺。由此看来,湖的利用价值特别之高,是非常清楚的,然而,有实力者却连续不断地填埋湖泊兴造水田(所谓"盗湖")。会稽的鉴湖,鄞县的广德湖,萧山的湘湖,镇江府丹阳的练湖等,即是其例。尽管农民利用湖水灌溉农田以及采取水边的芦苇、水中的杂草等,均因之受到了妨碍,然而却无法阻止之,湖泊亦因之而消亡,唯有其历史残留于后世的文献记载中。于是,在保护农民再生产的基础方面因之而出现的不确定性、不安定性,也就从古代遗传到了中世。但是在中国,10世纪、11世纪也就是进入中世以后,至少,伴随着同族也就是父系血缘集团的重组,问题似乎正在发生着少许的变化。也就是在中国,关于保护农民的利益方面,几乎不再依赖于公的权威了,但是其他的保护农民利益的保障机构却是长久以来一直缺乏的,这就意味着具有私的保障机构职责的同族集团的历史性登场。与这样一种私的保障相关联的新的同族结合的成立,在培植农民生活的基础同时,还稳定了村落的秩序,归根结底是与保卫新兴的大地主体制亦即当时的支配体制这一目标联系在一起的。

集团的重组 当进入10世纪、11世纪时,在中国社会的内部,各种各样的集团,作为一种保护其自身利益或者使其利益得到发展的机构,得以成立，或得到发展，从而给中国的中世赋予了特色。行会即是其中之一，重组的同族集团也是其中之一。同族集团取代了古代的、其结集力看起来并不太强的血缘主义，重新全面广泛地登上了历史舞台。它并不是像有些人所说的那样一种氏族共同体的遗制，而正是在农村的共同关系急剧淡化过程中成立起来的集团。在当时的同族集团的各种活动中，最引人注目的是义庄（11 世纪以来）及祭田（12 世纪以来）之类的族田制。这是以族田的收益来扶养同族的同族间的互助组织。但它最终是当时的大地主体制的支柱（参照第八章第二节）。而且在后来，特别是在华南地区，这种族田制本身也终于演化成大规模的集团性的地主制度。作为义庄乃至祭田的目标，打的是同族扶助或者祖先祭祀之类的旗号，但是同族结合的机能绝非到此为止。同族集团在中世初期重新成立之际，是作为支配集团而成立的。集团中的支配被支配关系或者阶层、阶级关系的存在是毫无疑问的，"伙伴"的平等原则并没有贯彻其中（参照前节）。（所谓的伙伴集团倘若真正贯彻了如其名字"伙伴"所显示的那种平等意义的话，那么，集团的构成要么就仅仅由地主那样的支配者组成，要么就仅仅由农奴那样的被支配者组成了吧。）特别是根据后世的记录，同族集团内的支配层，一边以广大的同族共有地为其基础，另一方面又具有了无异于一般大地主的性质。同族集团的经济基础越是扩大，支配层为了其支配就越是不能离开集团，被支配层亦因其生活的根本手段比如佃作关系之故，也被置于不能离开同族集团的关系之中。

包括义庄、祭田在内的与同族全体所有有关的共同土地，应当作为同族集团全体所有制的一环来把握。为了使农民的生产活动得到充分保障，仅仅有耕地的利用是不够的，因而对于农民来说，确保肥料、燃料以及水的供给来源，便成了生产活动的先决性条件。肥料或燃料的供给来源掌握在有实力者的手里，农民就不得不支付很高的价钱。还有，水源只要掌握在有实力者的手里，农民就只好被迫从属于他们了。中世的农民，通常也共同利用被开放的山川薮泽等，以维持肥料、燃料的供给。即使不拥有共同利用的权利，也能通过共同利用在某种程度上满足生活的需要。但是适宜于利用的山川薮泽，不一定是无穷无尽的，如果一旦被某人所垄断,则显然不利于农民的利用。而面对切断其生路的有实力者,农民以单个人的实力是保卫不了山川薮泽的。就保卫而言,公的权力是完全不能依赖了,尽管如此,也没有其他的可资保卫的私的保障机构。就算农民可以共同利用向天下万民开放的公共地域,采取上面的草木等天然产物,却也不能支配(所有)那里的地盘,此外,可以保卫共同利用的基础条件也很薄弱。还有,农民之间的结合纽带软弱,是孤立分散的。因而农民面对实力者,几乎找不到对付的办法。在那里,同族集团肩负着私的保障功能而登场,便具有历史的意义。如果由同族集团出面,最终将那些排他性垄断性的地盘归于其自己所有,这样就能够培植农民再生产的基础。同族集团与其所有的地盘相对应,可以阻止来自于同族集团之外的支配。不过,如果每一个集团都要保护本集团的利益的话,就会加剧集团间的利益对立,那么,同族集团对其他的同族集团就成为压制的手段,同时又不得不成为作为防御机构的协作组织。于是,同族结集的必要性便出于其利己的动机而愈益加重。职此之故,集团成员也就日益离不开自己的集团,否则就无法生存下去。

义庄、祭田暂且不说,我所掌握的同族共同地的资料,尽管多数是17、18世纪以后的,但根据这些资料,在了解同族共同地方面,可资参考之处不少。对于同族共同地,只有同族的全体成员才拥有排他性的、垄断性的利用资格,如对于燃料、肥料之类的供给来源或者墓地等的利用。关于水利方面也是同样的。明代的资料中,有一族共有一个池塘以灌溉土地的例证。而且有关草场、水利、墓地以及其他方面的利益问题导致同族集团之间出现对立时,如按清代的情况,械斗便不可避免了。集团的成员为了集团,拿起武器,流血、拼命而战。据说械斗在沿江、滨海六省,特别是福建、广东,其中又以漳州、潮州地区,最为激烈(参照第十二章第一节)。不过水利设施的规模如果较小时,所成立的同族共有制,仅仅局限于一族之内,任由该族管理、利用。如果规模较大时,就成了一个超出单个同族集团的问题了,那就不是单独一个同族集团所能最终解决的。在那种情况下,一族和其他族之间,就要想办法对水的使用进行调整,商定用水量和用水日。不过无论如何,同族结合终归是大地主体制的支柱,一方面贯彻同族利己主义,一方面具有稳定封建秩序、村落秩序的作用,对于大地主来说,是利用农民的手段,而作为私的保障机构的协作组织,对于农民的再生产也提供了一个可靠的立足点。对于所谓血缘主义,往往都是在这样的意义上——仅仅被当作一种古代性质的、落后的、有阻碍作用的东西,来加以理解的,然而与之相反,中国中世的血缘主义却具有与中世的历史条件相适应的积极作用。在上述意义上,中世的同族结合是中国历史上划时代的基本现象。但它不仅仅是古代同族结合的接续,更不是古代的复活,而是中世历史条件下的产物。

　　不过所谓"共同体"的体制,恐怕没有必要仅仅从同族共同体方面来考虑(参照下节),但是在培植、保卫农民再生产的基础方面,相对于一般村落,我想同族村落在某些方面难道不是具有更好的条件吗? 只是这种同族"共同体",为了自己的长期延存而必需具备的充分条件是否能完全满足,则仍然是一个问题。

文献

仁井田陞　《中国的同族及村落的土地所有问题》,又仁井田《中国法制史研究》,请同时参照上节文献。仁井田《支那身分法史》(昭和十七年[1942]一月)。

中村治兵卫氏　《中国的土地改革和山林》(《农业总合研究》第 8 卷第 4 号,昭和二十九年[1954]十月)。

戴炎辉教授　《祭田以及祭祀公业》(《法学协会杂志》第 54 卷第 10 号,昭和十一年[1936]十月、十一月)。同氏《台湾暨清代支那的村庄及村庄庙》(《台湾文化论丛》,昭和十八年[1943]十二月)。

陈翰笙氏　《广东的农村生产关系与农村生产力》(《中国农村经济资料续编》,中华民国二十三年[1934])。Han-Seng Chen, *Agrarian Problems in Southernmost China*, 1936. 本书又曾以 *Landlord and Peasant in China*, *A Study of the Agrarian Crisis in South China* 的题名公刊。在日本,此书出版了两种日译本:井出季和太氏所译《南支那农业问题研究》及佐渡爱三氏所译《南支那的农村社会》。

第三节　同族以及村落的土地全体所有制

山川薮泽对一般人开放使用的历史很古老,其来历亦称久远。但是那种情况下的共同利用关系,是否可以直接理解为土地全体所有的结果,则仍是一个遗留问题。所谓全体所有,是一种人类集团对土地的支配、利用关系。要实现所谓全体所有,(一)必须形成这样一种人类集团,(二)必须由这种人类集团对地盘加以支配、利用。因而,仅凭放开利用这一点,是否就能确定这一地盘的所有主体、展现如此程度的具体内容,还是个问题。可是在后世同族集团的场合,似乎在某种程度上可以看到这种具体内容。关于义田、祭田自不用说,还有关于某种范围的山川薮泽——不是全国全部的,实行了同族"共同体"的所有,这些共同地的管理权、处分权掌握在"共同体"的手里。与之相对,"共同体"的成员则拥有利用的权能。我想,"共同体"不仅仅只限于大多数族人间的结合。一方面,"共同体"是由一个一个的成员支撑着的("共同体"和成员最终是不能分开的),而另一方面,成员自身也仍然是独立的存在。"共同体"与单个成员之间的交替没有关系,它始终是作为一个同一的而且是单一的人类集团延存下来的(集团的同一性、单一性)。因此,如果从这些方面来看,它不是像罗马的法人那样的集团,而且其成员也没有处分和分割的权能。我虽然是从同族"共同体"来考虑这种关系的,但这种关系在行会方面也是成立的,而据戴教授的意见,在非血缘的村落"共同体"方面,也是成立的。

"共同体"以自己的名义享有财产,在交易场所进行交易。在买卖处分其财产而与外部进行交易时,需要有成员们的同意,交易是在"共同体"的名义(所谓"通族"、"某某族"、"某某合族")下,或者是在同族的共同祖先的名义下,或者在其代表者的名义下进行的。通族、合族即是全族之意,共同祖先的名义则是"共同体"单一性的象征。

文献

仁井田陞 《支那身分法史》(昭和十二年[1]一月)。仁井田《中国社会和行会》(昭和二十六年[1951]十一月)、《中国的同族及村落的土地所有问题》、《中国法制史研

---

① "十二年",似为"十七年"之误。

究》,后两种著作请一并参照本章第一节所揭文献。

今堀诚二教授　《中国的社会结构》(昭和二十八年[1953]十二月)。

戴炎辉教授　《台湾暨清代支那的村庄及村庄庙》,出处参照上节所揭文献。

第四节　同族的以及村落的限制规定

共同地和限制规定　广泛、普遍开放的土地姑当别论,在牧场、水井、采土场、墓地(义冢)等地都存在着村内共用关系,在整个南北地区的非血缘村落内,都能看到这样的例子。在滦平县地区,仅限于甲乙两村之间,允许相互利用对方所拥有的山地,也就是今年甲村允许乙村村民到甲村所有的山地去割草,明年乙村允许甲村村民到乙村所有的山地去割草,年年间如此往复。以义田、祭田即太公田、坟山为首的共同地,虽说族人也不能单独当作自己的东西而任意利用,但在管理及利用上,还是要接受"共同体"的限制规定的。关于山川薮泽之类,若概而言之,比如像广东省翁源县农村中的同族集团那样,割草山地是共有的,对于割草的时间及所割分量是有限制规定的,在规定日期的前一天晚上进山割草,超过了分量则禁止再割(资料都是清代以降的,以下同)。

个人所有地和限制规定　另外,在"共同体"中尽管是属于自己个人所有的东西,在其利用上也必须服从"共同体"的限制规定,这样的情况是常常能见到的。在山西的潞城县,村中的臼和水井,不管其所有者是谁,在使用上对村里任何人都是开放的,不允许所有者个人对村民的使用进行限制。在湖南省的安化县,如果是在冬至以前,任何人都可以到他人的土地上去挖取竹笋。但在冬至以后,即使土地所有者本人也不能挖取。在江西的萍乡县,出产用作油料原料的茶树、椿树果实的山里,不到霜降节之后十天,谁也不能进去采摘。在湖南的浏阳县一带,不到霜降节之后十天,甚至连茶山的所有者也禁止进其茶山。

开叶子、柴草、落穗　在河北省的昌黎、良乡、顺义等县,有开叶子的习俗,规定高粱(粱)叶——它作为家畜的饲料是很贵重的——的采摘,只能在一定的期间内进行,在这之前,即使是高粱地的所有者也不能采摘叶子。开叶子习俗中的这类规定,据说实际上是出于防止村内的盗窃而制定的。而要求所有者也必须服从这种规定,则据说是为了避嫌疑。而在华北各地的村落中,不仅高粱叶子,而且落穗、柴草也是对天下万民开放的,在不开放的排他性的村落里——高粱叶、落穗也都是不开放的,但这种村落的数量据说是不多的。从开叶子习俗所看到的集团性质,"不是封闭性的排他性的",但"也不是协作性的",这就使得上述湖南的安化、浏阳和江西的萍乡诸县的习俗,乃至于中国各地从柴草的共同利用以至到拾落穗的习俗,都有必要从开叶子习俗所反映的问题这一角度来重新斟酌、探究了。在与之有关的旗田教授的报告中,关于对中国社会所谓"共同体"的全部构成这样一个大问题的思考,无疑给人以珍贵的启示。但是,那些有协作关系的场合却也不可以忽略。就对有关集团的这两种观察方法而言,恐怕不是取其全部抑或弃其全部的二者择一的问题吧。究竟应该怎样来考虑使两者得以成立的条件之间的差异,才是问题之所在。而且,恐怕还有必要将同族集团的共同所有、共同利用的排他性关系,也同时整合进来一并加以考虑。要之,一个是基于人与人之间关系的枯燥性、疏离性、社会结合纽带之脆弱性,一个是基于人与人之间关系的浓厚、强韧(包括同族集团的情况),从而各具特征。鉴于这些特征而产生出生产条件方面的关系,才是问题所在。只是那时候应该考虑的问题是同族结合的状况,尽管对外它具有强固的外壳,比如械斗时即显示了其坚韧性,但还应看到它在内部关系上所具有的异常脆弱性。例如在后世广东的集团地主性质的大地主制下,像那种地主的负责人和佃户(同族人)之间的关系,相对于一般的地主、佃户间关系,究竟又有何差别呢?

文献

仁井田陞　《中国的同族及村落的土地所有问题》、《中国法制史研究》。请同时参照本章第一节所揭文献。

今堀诚二教授　《中国的社会结构》(昭和二十八年[1953]十二月)。

平野义太郎氏　《北支那的村落社会》(昭和十九年[1944]八月)。《支那农村的偷盗庄稼》(《法律时报》第16卷第7号,昭和十九年[1944]七月)。

旗田巍教授　《华北农村的"开叶子"的习惯——村落共同体关系的再检讨》(《史学杂
　　　志》第 58 编第 4 号,昭和二十四年[1949]十月)。同氏《华北农村的协作关系的
　　　历史性质——看青的发展过程》(《历史学研究》第 139 号,昭和二十四年[1949]
　　　五月)。

福武直教授　《中国农村社会的结构》(昭和二十六年[1951]三月)。

李景汉氏　《定县社会概况调查》(中华民国二十二年[1933]三月)。

陈翰笙氏　《广东的农村生产关系与农村生产力》,出处参照本章第二节所揭文献。

戴炎辉教授　《台湾暨清代支那的村庄及村庄庙》,出处参照本章第二节所揭文献。

A. Smith, *Village Life in China*, 1899. 盐谷安夫、仙波泰雄氏合译《支那的农村生活》)。

第五节　同族以及村落内的审判与制裁

　　审判和制裁　"共同体"的成员,必须服从"共同体"的规则,来自"共
同体"外部的人,在进入"共同体"内部之后,也仍然要服从其规则。那里
实行的是"入乡随乡"的属地法主义原则。在宋代的《吕氏乡约》和明代
的《泰泉乡礼》中,最后是处以绝交的制裁。这虽然相当于日本的"村八
分"①,但制裁程度却没有像"八分"那样记载下来。在元代,由村长(社
长)审判(调解)民事方面的案件。在明代,即使是刑事案件,尽管如奸
盗、诈伪、人命之类的重案由州县管辖,此外的案件也应该由里老人在申
明亭进行审判。这种村内审判制度的影响仍长久地残留于后世。关于
"共同体"内部的审判和制裁,尚请参照第四章第三节、第五章、第六章、
第八章第二节、第十二章第二节。

　　特别是盗窃农作物等行为与制裁　明代的同族以及村落"共同体"
中,制定了各种禁约以防止来自"共同体"内外的盗窃作物(蔬菜,也包括
竹笋)及盗窃家畜、家禽的行为,并禁止放养牛马羊猪鹅鸭以免农作物遭
到其损坏,对违反者进行制裁,抵抗制裁者要处以相当于实际损害的十倍
的罚(赎)款(《三台万用正宗》中所谓"以一科十",《万书萃宝》及《万卷

① "村八分"是日本村落中对不守村落秩序者的制裁,即与其断交——断绝村落中十种集体交
　往行为中的八种,以孤立之。

星罗》中所谓"一以偿十")。巡视乡内时,如果发现了放养家畜家禽的情况,即使当场杀死畜禽也不负赔偿责任,且不许表示不满。关于这种盗窃农作物以及家畜家禽之加害农作物的情况,原则上是应遵从"共同体"内部的审判的。这类事情作为乡约中的一般条例在明代的资料中亦有体现。因为在多数的明万历刊本中甚至都有例证,所以其形式内容应该是从此前的时代继承过来的,大概没有疑问,而且这种情况又被清朝继承下来。例如,浙江地区的同族,一如绍兴山阴州《吴氏族谱》中的康熙二十六年"家法"所记载的:斧斤以时入山林,公认为王道之先,尽管如此,不遵守此规范者仍将严惩。另外,江西南昌地区的豫章黄城《魏氏宗谱》的"宗式"中,也制定了包括"一禁大盗小窃,一禁盗窃祖茔树木,一禁擅兴词讼,一禁骗害小族,一禁蹂躏禾苗盗木取杆,一禁私宰赌博"等条款在内的规约。而且据称对于盗窃,甚至还有规定要处以活埋、开除出族的制裁。近年来(革命前夜)的制度中,特别是关于看青(看守庄稼),相关的研究和调查不少。

但上文谈到的明代村落中的乡约,有哪些人参与制定,并不明了。就清朝咸丰年间的例子(戴教授所搜集)来看,据说参加者有村庄之内的负责人、里甲长以及庄内的地主,佃户是不包括在内的,这种规约是通过自己村庄的"公议"而决定下来的,既经决定,就在村中有约束作用。尽管盗窃庄稼、家畜糟蹋农田、借款租金的催收等事项都包含在规约之内,佃户甚至不能忝列公议末席,仅仅负有必须遵守的义务。因而不能仅仅从表面上来看所谓"公议"、"通力合作"之类的文字。前述明代的乡约中所谓"有无籍之徒"云云,其实这里所警惕的并不仅仅是来自于"共同体"外部的糟蹋庄稼行为,毋宁说对于内部也不能放松警戒。陈翰笙氏的报告称,就是在广东翁源县的村落里,糟蹋庄稼、族贼和外贼都是作为预设对象的。而且抓到族贼时的赏金,要比抓到外贼时的为多。我想,同族集团内的现实秩序,看来是出人意料地变得不那么适合于集团内有实力者来支配了。

文献

和田清教授编 《支那地方自治发达史》(昭和十四年[1939]十二月)。

平野义太郎氏　氏著请参照前节所揭文献。

仁井田陞　《中国社会的同族和族长权威——特别是明代以后的族长罢免制度》、《中
　　国的同族及村落的土地所有问题》、《元明时代村的规约和佃户契约等（一）、
　　（二）》（以上均见《中国法制史研究（家族法、村落法）》，昭和三十七年［1962］
　　三月）。

第六节　传统的所谓"共同体"的终结

终结　传统的所谓"共同体"的各种关系被逐步终结，是在新的革命
形势下发生的。我在这里想做的，不过是就一两个与终结相关联的问题，
略附说明而已。通过土地改革，同族共同地的义庄、祭田以及其他共同地
被没收，同族共同体受到了致命的打击。不过必须承认的是，在土地改革
之前，同族集团及其所有机构就一直蕴含着很大的矛盾。

如果根据马克斯·韦伯的说法，"新教伦理所成就的伟大的客观业
绩，就是突破了氏族的纽带，建立了信仰、伦理的生活共同体并使其确立
了比血缘共同体更为优越的地位"。但是，这样一种破坏血缘主义的东
西，却并不限于新教伦理，更不能认为（只有）资本主义的精神才能起到
这样的作用。中国的农民在这种社会变革的过程中发现，与其说他们一
直依赖于以往那种血缘及地缘的古老"共同体"体制的框架而生存，不如
说一向隶属于这种体制框架并仰赖其保护而生存下来的他们自身，已经
不能在这种状态下继续生存下去了。这是中国社会的历史进程中的一大
发现。这种血缘及地缘，岂但是早已不可凭赖，甚至已成了无意义之物。
在湖南、江西为首的长江流域以南地区，作为父系血族集团的同族部落很
多，非但是一村一姓，数村相连同为一姓的地方也不少。当事关同族利害
之时，则不管有道理还是没有道理，只因为是在这个村子里出生的这一偶
然缘故，作为道德，就要为了自己的部落而斗争。当然，那种早在出生之
前的祖辈时代就已在历史上结下宿冤旧仇的部落也为数不少。在这样的
部落中，甚至拿起武器（械）与异族搏斗（械斗）之事，也是不敢推辞的。
特别是通过抽签预先决定了为了部落而拼命的人的时候，抽中签者当然就

等于抛弃了一条生命（参照第二章第一节，第十二章第一节）。另外，在这些地区有所谓土客械斗，原本在这块土地上居住的土著民和从他乡迁来的客民之间也同样是常常爆发生死搏斗的。土著民占据着湖南、江西的平原地带，对占据山丘地带的客民实行残酷的压迫。在这样的场合，由外人来劝说，让他们放弃这种血缘封闭主义和地缘分裂主义，是不可能轻易奏效的。但是，一旦处于这种状态下的人民在对权力的共同斗争中，对于共通的，不，是对共同的利害有了切身的感触，此时，封闭主义、分裂主义就会被打破，新的平等主义的觉悟也会由此得到开启，依靠“共同体”保卫农民再生产地盘的必要性也就不复存在了。如果那样的话，被保护的必要性也同样不复存在。这种同族集团内部所建立的支配机构，对外部一直所主张的同族的利己主义，所有这些，都早已成为了故往之物。在那里，新时代的法律和习惯也就被建立起来。

同族结合的据点和历史性条件　牧野巽博士说：“我认为，宗族结合的最大也是最后的基础，仍然是宗族的地域性聚居制，也就是所谓的地域性的集中居住。只要这种制度没有完全崩坏，想要在不久的将来让宗族结合的势力从中国扫地以尽地消失干净的话，恐怕是不可能发生的事的吧。”牧野博士是从地域性聚居的侧面，考求出这样一种结合的最后、最大的据点。而与之相对，我的想法是试图从历史条件的侧面，来考察同族结合的基础。同族结合、形成某种势力，与其说取决于他们的聚居状况如何，不如说取决于历史条件的有无。如果没有条件，单纯的聚居也是不可能形成结合势力的。

文献

仁井田陞　《中国社会的法和伦理》（昭和二十九年［1954］二月）的第三部，《中国社会的“伙伴”主义和家族》（《中国法制史研究（家族法、村落法）》，昭和三十七年［1962］三月）的第六节。关于法和惯例，参照“增订版序”四。

补章第二　占有及其保护

第一节　所有和占有

　　有、名、占　在中国法史上,是否有与日本法史上的"知行"(占有),日耳曼法中的 Gewere(占有),以及罗马法中的 possessio(占有)相当的从总体上表示占有的词汇,还是一个问题。不过在周代末期,与后世意义相同的词汇"有"就已在使用。另外,2 世纪左右的汉代的土地买卖契约中所谓的"名有",就是指的在自己的名下所有土地。在汉代,这样一种在自己名下所有土地的行为,也称为"名田"。据后汉末荀悦(138 – 209)所著的《前汉纪》,上文中所谈到的"名田",荀悦用的是"占田"一词。这里的所谓"占",即是"牢固地占有"、"为免他人侵夺而妥加守护"之意。总之,即使在中国古代,也是先有对物(土地)的现实占有,之后才是不被他人侵夺。与之相反,如果离开了事实支配,可以想见,所有的社会性就很弱了。说到"所有",像这样把物紧紧地掌握在手里的占有,才是所有。在实现了这种事实上的占有时,人们便会尊重这种占有。"所有"与事实上的物的支配是结合在一起的。荀悦以所谓"占田"取代"名田",大概也是因为所有与"占"有着无法分离开来的关系吧。在古代,"所有"和"占有"并不是相对立的,恐怕应该是紧密相连的吧。我现在并不是想要在西岛、平中两氏之间提出折中之说,而是从古代法的层面考虑问题。

　　然而在汉代初期,从一般情况来看,小农经营被认为是占据支配地位的形态。毫无疑问当时也实行大土地所有制,但我以为,它并没有像以后的时代那样盛行。到了后汉、魏晋,进而到南北朝时代,大土地的集中,特别是并非基于合法原因的土地集中,引人注目。这种土地的支配,也和基于合法原因的场合相同,在当时都称之为"占"。也就是说,不管有没有支配标的物的正当权限——像所有权那样的应该占有的权利,"占"都是指的对物(土地)的事实上的支配,以至于"占"在这种意义上被广泛使用。在中国,大概和其他民族古法中有过的例子一样,也有一个所有和占有之间没有分离、即或有分离也不太明显的时代。或者可以说,两者间的关系,在大地主基于实力的大土地所有、特别是作为并非基于合法原因对土地事实上的支配的"占"的扩大的历史过程中,可以说仍是存在问题的吧。

罗马、日耳曼以及日本的占有 在下一节对汉以后的"占有"进行论述之前,姑且回顾一下日本和日耳曼法史上的"占有"作为参考。对于同一物的事实上的支配也称为"占有",在历史的经验中,既有(一)和权利的关系完全切断,仅仅从与权利相区别、相对立的事实上的支配侧面来把握的场合;也有(二)以这种支配作为权利的表现形式,看得到与权利的关联。罗马法中的 Possessio 制度为前者之例,日耳曼法中的 Gewere 制度为后者之例。而据中田博士的解释,日本庄园制以来的土地法中的"知行",也是与 Gewere 相类似的制度。罗马法中的所有权,是与现实的使用收益没有联系的抽象权利,与之相伴随的是无权利的占有者经过一定时间就取得权利的取得时效制度的成立,以及占有诉权制度(占有者如果不是基于所有权即他自己的实质性权利[本权]因而不能对占有进行证明时,在诉讼上允许恢复被剥夺的占有、请求排除对占有的妨害)的成立。不过按照日耳曼法中的 Gewere 制度,权利是和该物的直接支配权联系在一起的。Gewere 是不动产物权的外形,和作为其内容的实质性权利是结合在一起的,直接支配某物者被认为具有对该物的实质性权利。也就是说现在支配着该物的占有者,被推定为该物的合法权利者,对该物的占有是相对受保护的(权利的推定——Gewere 所具有的保护作用)。如果 Gewere 所体现出来的权利存在因反证而被否定时,Gewere(占有)即告消灭,但主张拥有实质性权利者,如果不能以强有力到足以破坏对方的占有的证据来证明自己所拥有的实质性权利时,则不能贯彻实行自己的主张。不过占有者既然被推定为这样一种合法的权利者,那么从占有者手中承受该物者,便与从作为实质性权利者的所有者手中承受转让物的情况相同,其权利应该受到保护。日耳曼法注重这样一种权利的推定性效力的结果,并不是产生出了时效制度,也就是决定是否得到权利的制度,而是产生出了所谓出诉期限制度,也就是某种事件发生之后若经过了一定期间便不能起诉的制度。而且 Gewere 制度不是像 Possessio 制度那样的排他性占有(否定双重占有),对于从土地中取得经济收益者——作为直接的还是作为间接的不作区别,无论是谁都是被承认的(例如征收佃租的地主和作为耕作担当者的佃户的双重占有)。总之,根据支配的内容如何,Gewere 被分成了各种各样的种类。

而在我国的庄园法以来的"知行"制度中,知行也是与 Gewere 相同的不动产物权的行使状态,是与不动产物权的行使形式相当的对土地的事实性支配。因此,即使有权利,如果没有实际行使,那也不是知行;即使没有权利,但如果进行表面上与权利行使相同的实际支配,那也是知行。知行是物权行使的外形,不过多数场合下和物权本身的行使是相互一致的。因此现在正在知行之人,在没有举出反对证据期间,便被推定为真正的权利者。从王朝末期到镰仓初期,产生了各种不动产物权。这些权利,就其都是"职"这一点来说,是同样性质的权利。而且,行使这些权利的最普通形式,就是取得来自土地的收益。

文献

西嶋定生博士 《汉代的土地所有制——特别是关于名田和占田》(《史学杂志》第 58 编第 1 号,昭和二十四年[1949]六月)。

平中苓次教授 《关于汉代的所谓"名田"、"占田"》(载《和田博士还历记念·东洋史论丛》,昭和二十六年[1951]十一月)。

仁井田陞 《中国法制史研究(土地法、交易法)》(1960 年,昭和三十五年三月)"土地法"第一部第一章。其中也包括对西岛、平中两氏的论争(上揭二篇论文)的批评。

第二节　占有保护

占有保护和北魏的均田制　根据中国的南北朝特别是唐代以降的各种记录,基于法律的占有也就是基于权利的占有被称为"占"。基于非法原因的占有虽然也被称为"占",但它又特别被称之为"占夺"、"夺占"、"侵占"、"擅占"、"强占"、"霸占"、"盗占"等。不过,权利在原则上与对该物的直接支配权结合在一起。占有是将无形的权利显示于外的表现形式,如果具体而言,也就是从土地中为自己取得收益。由于这种占有是以收益形式体现出来的,所以拥有这样一种占有的人便在诉讼上被推定为权利者。比如,因为这种占有所表现出来的权利的存在,虽然也能通过反证而被否定,但只要反证不能否定,占有就没有消灭。而且直到反证被举出,占有者如果要防御的话,亦居于优势地位。在中国的北魏时代,也就是北方的北魏施行均田法的时期,就是这种占有保护的问题成为一种突出的历史现象的时期之一。当时,由于越过草原南下的异民族的侵入,迫于动乱、饥馑的许多自耕农民流亡他乡,均田法的颁布(太和九年,485)就是为了使他们复归旧地。占有保护之成为问题大概不是在这个时期才开始出现的,但如何解决复归者和现在的土地利用者之间有关土地的争讼,其问题之重大,涉及面之广泛,这个时期或许是空前的。而且这个问题如果得不到解决,均田法的目标就不可能充分实现。当时的土地政策推行的困难性,在李安世给北魏孝文帝的上疏(《魏书·李安世传》)中可以看出。特别是关于占有制度,上疏中认为最紧要的,是所谓"所争之田,宜限年断,事久难明,悉属今主"这一点。这里所谓"宜限年断",似乎是一种具有出诉期限制度意味的规定。如果是这样,即使不是这样,所谓"今主"都是在现实中从土地里为自己取得收益的占有者——其收益是直接的还是间接的(比如租金)姑且不论,并且还不是单纯的占有者,而是具有被推定为合法权利者的前提的占有者。这种占有就算是事实上的支配,也是和权利的外观伴随在一起的,因其占有所表现出来的权利,只要没有通过反证予以否定,就不会消灭,是受到相对保护的,自然就是所谓的"事久难明,悉属今主"了。此前以冈崎博士为首的研究北魏土地法的历史学家为数不少。但占有保护作为一个问题点,仍旧没能弄清楚,被搁置在那里。我认为,李安世的上疏中所显示的问题,与日耳曼法中的Gewere制度、日本中世法中有关"知行"的规定相同,是占有中权利的推定问题即占有所具有的防御性作用。不过,当时的占有制度对地主和农民中的哪一方有作用呢?如果说到这个问题,我想,作为法律自身实具有两面的作用。不过面对地主的"占夺""侵凌"(见前揭《魏书》),农民要保卫自己的利益恐怕是不容易的。农民被卷入动乱而丧失耕地之事,在唐末五代和宋初的状况下成为一种慢性状态。当农民进入稍稍安定的时期想要在旧地安顿下来之时,就很容易与新的占有者发生纠纷。不过,占有保护之成为必要,也不仅仅限于流亡农民复归的场合。

占有保护制度的展开　占有保护的问题在唐代以降的法律中,特别是《宋刑统》《宋会要》及12、13世纪宋代的判决集《清明集》中,多次反复地出现。在当时的制度中,出诉期限也有明确规定。当时,特定期间之后的上诉之不被受理,究其原因,乃是占有中权利的推定作用被置于重要地位的缘故。而据宋代法,所谓"见佃"——也称为"管业"、"管佃"等,所谓"见佃主"——也称为"见主",即是表示事实上的支配亦即"占有"的词汇,占有者从其土地中取得收益。若据宋代法,现实中支配这块土地的占有者即见主、见佃主,在没有人举出反对证据的期间,被推定为合法权利者,在审判中也被承认居于有利的地位,直到被判决败诉为止仍享受作为权利者的待遇这一点(占有的防御性作用)是明确的。另外,从被推定为合法权利者手中承受其转让者,与从作为实质性权利者的所有者手中承受其转让的场合是相同的,其权利被认为必须得到保护。即使在中国,占有保护也被理所当然地扩张到了转让承受人的权利保护上。如果是明清时代的双重所有权(参照第十四章第三节),不用说,收益的重叠即双重占有的问题也就清楚地显示出来了。它与日耳曼的固有法(Gewere)和日本的固有法("知行")是相同的,相对于罗马法(Possessio)遂显示出特征。另外,直到宋代为止所见到的占有保护制度,正如在《读例存疑》《秀山公牍》及《汝东判语》之类文献中所见到的一样,在清朝也是一直实行的。不仅如此,在日本统治时代的关东州的法院判决中,如下文所示,也仍参考了那种土地法习惯。"申诉人等长年占有耕种之事实,除非有确凿之反证,势难否定其为业主,即令有与我法制相异之承认时效(规范),对二百余年间占有耕种之事实与夫时间之效力,以关系人所提出之证据亦未足以打破之。"认为存在这样一种占有保护制度,和不存在取得时效制度——不管是否与真实的权利一致、惟尊重真实状态的延续而决定其权利归宿的制度,两者是相对应的,后者是前者的归结。中华民国初期大理院的判决,也显示了与关东州法院的判决相同的旨趣,虽然是由不同条件下的法院所作出的判决,两者之间却没有矛盾之处。

　　清楚、正确地把握法律关系,以期不失事情的真相,这才应该是理想中的法律。不过如过于期求正确,势必拖长解决的时间,反而有害于农民生活的安定,即使要进行交易也不免产生阻碍交易进行的顾虑来,这一点也必定是要考虑的。即使在中国的法律史上,在这两者间保持平衡也往往成为难题。特别是因为容许随便举证,反而更难以期求正确了。在那种情况下,占有就被认为是最有力的证据了。没有伴随占有的所有就难以保护,有时候甚至不予保护。不过作为证据的契约的发达,在"所有"的确认上起了很大的作用。中国的买卖契约的历史可以追溯到公元前。不管是站在攻击的立场上,还是站在防御的立场上,我想在这两种场合契约都成了有证据效力的线索。在后世,关于质典,有所谓"一典千年活"、"当地千年活"的说法,这主要是指契约记载明确的场合。出诉期限之所以能够延续诸如二十年、三十年这样漫长的时期,就是因为契约在起作用。即使在中国,关于普通动产,我认为一般情况下都认可"即时取得"的原则(赃物的场合为例外)。

文献

仁井田陞　《中国法制史研究(土地法、交易法)》(1960 年,昭和三十五年三月)"土地法"第一部第一章。仁井田《〈清明集〉"户婚门"研究》(《东方学报》[东京]第 4册,昭和八年[1933]十一月)。参照"增订版序"四。

补章第三　土地改革法的成立和发展

第一节　孙文的"耕者有其田"和土地改革

"耕者有其田"和土地改革法的成立、发展　在我们生活的这个世纪中，而且是在短暂的时间内，展开了土地法乃至所有制的变革，这场改革正在创造着空前的历史，从法史的考察来说，是非常引人注目的问题。如果对之不作记述，土地法史乃至所有制史的主要部分恐怕就只剩下一片空白了。在这里，我想先仅就新的土地法及所有制的历史如何被开创出来的脉络作一叙述，以为法史考察之助。

孙文的三民主义中所倡导的"耕者有其田"（耕田的人拥有他的土地），作为中国革命的土地法的基本原则为后来所继承。自从 1927 年中国共产党第五次全国代表大会的农业纲领中提出没收地主所有的出租土地以来，以同年广东的海丰陆丰苏维埃没收地主的土地为首，1930 年的中华苏维埃暂行《土地法》和 1931 年的中华苏维埃共和国《土地法》中，都规定了没收地主富农的土地（富农的土地可剩余一部分），一律分配给农民。这些法律承认所分配的土地为农民私人所有，无论买卖还是租赁、借贷，均有自由。当然，这里的自由和资本家的土地所有中的自由不是同一个东西。这是在废除封建剥削的基础前提下成立的，富农对土地的投机性买卖也自然是被禁止的（这样的情况在其后的土地改革法中仍被继承下来）。

1937 年以降的第二次国共合作时期，乃至在二战后，对应于各种不同的具体历史条件，一直在制定土地法。在边区，例如陕甘宁边区，率先进行了土地改革,1942 年以降,遵照"抗日根据地的土地政策的决定",实行了减租减息,也就是降低地租和利息,首先是努力强化民主改革。当时还力求与富农进行合作,像吴满有那样的富农经营方式,作为劳动英雄政策的体现,受到了奖励。就是在晋察冀边区,1938 年 2 月也出台了《减租减息单行条例》,1943 年 2 月出台了《租田债息条例》,实行了降减地租和利息。1946 年中共中央下发的五四指示,提供了有关土地改革的一般性原则,根据这一指示,各个地区视其条件进行了有偿或者无偿的土地改革。例如同年 10 月山东省的土地改革办法中,试图确立"耕者有其田"的新民主主义经济,即使对于地主,仍可留下一定数量的土地、房屋等,强制征用时则对之给予补偿,对于分给他们的土地,也承认其有完全的所有权。另外,同年八月在山东省临沂县,也有没收地主土地之事,但据陕甘宁边区的地主土地收购条例,对地主所保有土地中超过规定的部分实行收购,并实行将收购原价的一半交付给没有土地的农民的政策。

中国土地法大纲　从那之后,到 1947 年 10 月,中国共产党公布了作为土地改革基本原则的《中国土地法大纲》,土地改革的全国性体制遂因之而完备,土地改革运动亦因之而推广到全国。据大纲所云,实行的正是"耕者有其田"的土地制度(第一条),废除一切地主的土地所有权(第二条)。此前长江(扬子江)流域以南地区所见甚夥的作为同族全体所有的族田(义田、祭田之类)也被废除。土地按照与乡村全部人口的比例,不分男女老幼,统一平均分配。没收了地主的家畜、农具、房屋、粮食及其他财产,对于富农,只征收上述各类财产的多余部分,将其分配给缺乏这些财产的农民及其他贫民,给地主也只分配同样的一份。另外,在乡村有家庭的国民党军队官兵、国民党官吏、国民党党员以及敌方人员,其家庭成员也分配给与农民同样的土地和财产。汉奸、卖国贼及内战罪犯不分予土地、财产,其家庭在乡村居住,未参与犯罪行为并希望自己耕种者,亦分配给土地、财产,分配所得财产视之为本人的所有物。山林、水利设施、芦苇地、果树园、池塘、荒地及其他可以分配的土地,按一般土地的标准分配之,为私人所有。只是大森林、大水利设施、大矿山、大牧场、大片荒地及湖沼等,为政府所管理。因为当时的富农中,也还有敌视革命势力的人,所以要依照现实情况采取对富农的政策。

1950 年土地改革法 1950 年 6 月公布的《中华人民共和国土地改革法》,基本上继承了《土地法大纲》的内容,明确表示废除封建剥削,实现农民的土地所有,并以发展生产、为工业化开辟道路为目标(第一条)。该法规定没收地主的土地、耕畜、农具、多余的粮食以及农村中为地主所有的多余的房屋,但是其他的财产不予没收(此点和《土地法大纲》不同)。农村中各种团体所有的土地如同族的族田之类,均被征收。只是伊斯兰教寺院所有的土地,在征得当地伊斯兰教徒的同意下可予以保留。保护工商业,比如虽是地主,其兼营的工商业及其直接用于经营工商业的土地、财产,依旧为私人所有,原样保留,不得予以没收。征收半地主式富农的出租土地,鉴于富农的中立化状况而对富农采取了保护政策。富农雇人耕种的土地自不用说,即使是富农所有的少量出租土地亦不予没收。没收或者征收的土地和其他生产资料,除了少数特别的物品以外,全部都统一地、公平合理地分配给无地或者少地以及缺乏其他生产资料的贫苦农民,任其私人所有(第十条)。对地主也分给同样的份额。另外,将土地分配给现在耕种这块土地的人,是土地分配上的原则。因此农民的自耕土地不能转入分配土地中,即不得抽出来分配。在分配农民租种的土地时也必须对原租种者给予适当的照顾。现在耕作的农民如果对所租种的土地有田面权(江苏等江南地区广泛实行的双重所有中的上地所有权)的话,在考虑该土地的分配时,必须给原租种者保留相当于当地田面权价格的土地面积(第十二条)。贫困的农民如果其家庭成员只有一两口人时,可以分得多出其人口数的份额。居住在农村,业经人民政府确定的汉奸、卖国贼、战争罪犯、罪大恶极的反革命分子,不具备取得分配土地的资格。只是其家属中未参加犯罪行为、希望从事农业生产者,可分配给与一般农民同等份额的土地。没收或者征收的山林、鱼塘、茶山、桐山、桑田、竹林、果园、芦苇地、荒地及其他可以分配的土地,应按适当比例换算成普通土地统一分配,为农民私人所有。但是大森林、大水利工程、大片荒地、大荒山、大盐田、矿山、湖、沼、河、港等,均作为国家所有,由人民政府经营管理。而且土地改革完成后,由人民政府发给土地所有证,承认一切土地所有者拥有自由经营、买卖及出租其土地的权利(第三十条)。作为剥削手段的土地私有在原则上是被否认的,但对私有本身则未予否认。还在这一阶段竟就不承认具有右的意味的私人所有,势必无视农民的希望,打消农民的生产积极性,这在私的方面自不用说,就是在公的方面也不是有利的事。

文献

野间清教授　《中国的土地改革》(《现代中国》第 26 号,昭和二十九年[1954]三月)。同氏《关于与中国土地问题有关的"五四"指示的笔记》(《爱知大学法经论集》第 23、24 合并号,昭和三十三年[1958]一月)。

旗田巍教授　《土地改革法》(《季刊法律学》第 17 号特集"新中国的法律制度",昭和二十九年[1954]一月)。同氏《中国土地改革的历史性质》(《东洋文化》第 4 号,昭和二十五年[1950]十一月)。同氏《新中国的土地改革——特别是关于富农经济的保存》(《都立大学人文学报》第 8 号,昭和二十八年[1953]三月)。

古岛和雄氏　《抗日时期中共的土地政策》(《东洋文化研究所纪要》第 10 册,昭和三十一年[1956]九月)。同氏《中国的农业革命和农民解放的实态》(载山田盛太郎氏编《变革期的地租范畴》,昭和三十一年[1956]九月)。

福岛正夫教授　《新中国农民的土地所有的性质——和苏联土地立法的发展的对比》(《东洋文化》第 17 号,昭和二十九年[1954]十一月)。

仁井田陞　《中国法制史研究(土地法、交易法)》(昭和三十五年[1960]三月)。

福地いま氏　《我曾是中国的地主》(岩波新书,昭和二十九年[1954]八月)。

平野义太郎氏编译　《现代中国法令集》(昭和三十年[1955]三月)。

沈志远氏　《新民主主义经济论》(山下龙三氏译,青木文库,昭和二十七年[1952]九月)。

第二节　土地改革后的土地法

宪法中的土地所有制　在 1954 年 9 月公布的《中华人民共和国宪法》中,明确了社会主义社会建设的目标。该宪法规定了有关生产资料所有制的各种形式:(一)国家所有制(全民所有制);(二)合作社所有制

（劳动群众集体所有制）；（三）个体劳动者所有制；（四）资本家所有制。集体所有制经济又分为：集体所有制的社会主义经济；部分集体所有制的半社会主义经济。而且部分集体所有制的半社会主义经济是向集体所有制的社会主义经济的过渡形式。宪法规定矿藏资源、水流、由法律规定为国有的森林、荒地及其他资源，都属于全民所有。又在宪法中规定，应对富农经济采取逐步消灭的政策。

合作社的土地所有制　不过作为土地改革的结果，正如宪法中也提到的农民的个体所有制成立了。于是，在废除以往的地主剥削制度的同时，也一度造成了以家族共同体为单位的团体所有制（家族共产制）中所见到的家父长支配关系的废止。但农家经营以家族为单位的方式并没有变，若依旧如此，则不可能更好地提高生产效率。为了提高，就采取了互助组（作为农民间相互帮助的季节性或者经常性的劳动组织）的方式。但即使是这种互助组，还是以家族经营为基础，表现出来的不过是生产资料和劳动力的某种程度的集中，避免不了经营的分散性、非计划性。为了克服这种非合理性，就从互助组体制进一步地向农业生产合作社（协作组织）发展。这里的经营具有集体性——而且劳动也是社会化的，从而决定性地颠覆了家父长支配的根基，合作社也在这种初级合作社的阶段，实行了仍然建立在私有制基础之上的收益分配，也就是在初级合作社的分配，与社员自己在合作社的投资土地面积和劳动天数是相应的。而且由于社员在退社时可以撤回自己的投资土地，所以从这一点，亦可见合作社的集体性受到了私有制的极大制约。与之相对，由于察觉到了初级合作社在发展生产上的限制——如灌溉设施和农场设施的建设利用因为私有制而受到阻碍即是一例，在1955年到1956年的社会主义运动的高潮中，所取得的成就就是高级合作社的成立。在高级合作社中，私有制作为孤立性、封闭性的所有意识被克服，最终实现了土地的集体所有。它不再是私有地的投资，而是将其所有权转移到了合作社，收益分配也与所转移的土地面积之多少无关，而是与劳动日数相应，也就是变成一种仅仅根据自己的劳动来进行分配的方式，于是土地分配的不均等和土地所有的不均衡就被超越了。而且农业计划的安排、实施由于没有了私有制下的那种妨碍最终得以实现。只是在这样一种发展过程中,终于实现了更高层次的集体所有制,那就是人民公社的所有制。

人民公社的三级所有制 人民公社是在 1958 年以后广泛而且急速的发展过程中探索出的一种"政社合一",也就是政治和经济的结合组织。不过它成立的发端,就像浙江省舟山群岛的蚁岛上所发生的情况那样,已属于数年之前的事了。鉴于农业生产合作社所拥有的劳动力和土地规模,如果不能进一步扩大劳动力的集中和实行更大规模的土地利用,就不可能进一步地提高生产效率,面对这样的情势,就不能不超越以往的合作社体制了。于是在人民公社之下,进行了修筑大坝之类的大规模水利建设,形成了包括农村工业在内的综合性生产体制。

但是说到人民公社的所有制,如果认为它一下子就过渡到了全民所有制,那就错了。今天所能见到的全民所有制有国营农场,人民公社也许在不久的将来会达到这一阶段吧,但今天的人民公社,则还没有具备实现这一目标所必须的充分条件。今后将显示出怎样的发展过程权当别论,在 1959 年当时,作为人民公社的所有制可以解释为如下的三级所有制。(一)是人民公社所有,广大的森林、牧场、大坝等。(二)是生产大队所有,对土地、耕畜、农具等生产资料的所有。生产大队是以前的合作社,它的所有在人民公社内部的所有结构中是最基本的。(三)是生产小队所有,增产奖励金、副业生产所得收入等,均归其所有。公社虽是由数个高级合作社结合而成的,但各合作社所拥有的生产条件,如劳动力及土地、耕畜、农具的质和量,都不免有差距。无视这些差距,将这些生产资料之类都掌握在人民公社手里,实行平均利用,均等分配,势必引起条件好的合作社的所属成员们的不满,从而影响生产。因此,在各生产大队的条件都得到提高之前,目前的生产大队所有的框限就要保持而不能去掉。另外,直到 1961 年的三级所有制,是以生产大队作为基本生产实体的,其后,就改成以生产小队(生产队)为基本的了。

当前,人民公社实行的是三级集体所有制,不过,因为不带剥削因素的家庭副业之故,又因为自给蔬菜的生产或者家畜家禽饲料的种植之故,社员被允许多少保留一点土地,这就是所谓的自留地。私有制的存在虽然在宪法中是有规定的,但在农村,这样一种生产资料的集体所有化在向前发展,而且就是资本家的企业,也在从资本家的个人所有向公私合营进展。在今天,资本家的私营企业也几乎没有继续运营的。在如上所述的今天这样一种状态中,国家的土地所有也就是全民的土地所有的实现,还只见于国营农场以及其他一部分,尚未全面普及。我想,正如初级以及高级的协作组织(合作社)的所有各自都是过渡阶段一样,今天的人民公社所有制,也属于通向全民所有制的过渡阶段。

文献

中国研究所　《新中国的农村共同组织》(《中国资料月报》第 86 号,昭和三十年[1955]六月)。同研究所《中国社会主义研究》(关于人民公社的分析,昭和三十四年[1959]七月)。

山本秀夫氏　《中国农业集体化过程的分析》(《农业总合研究》第 12 卷第 2 号,昭和三十三年[1958]四月)。

近藤康男氏　《新中国的足音》(昭和三十四年[1959]六月)。

野间清教授　《关于中国的初期农业生产合作组织设立时期的思想工作》(《爱知大学法经论集》第 40 号,昭和三十七年[1962]十月)。同氏《中国的初级农业生产合作社经营中的"两条道路"的斗争》(《亚洲经济》第 3 卷第 11 号,昭和三十七年[1962]十一月)。

山下龙三氏　《象征着新时代的人民公社运动》(《中国资料月报》第 126 号,昭和三十三年[1958]十月)。

横川次郎氏　《人民公社的集体所有制》(《中国资料月报》第 139 号,昭和三十四年[1959]十月)。《从人民公社所见政社合一的历史必然性》(《亚洲经济旬报》第 414、415 号,昭和三十四年[1959]十一月下旬号、十二月上旬号)。

福岛正夫教授　《人民公社研究》(昭和三十五年[1960]十一月)。

仁井田陞　《中国法制史研究(土地法、交易法)》(昭和三十五年[1960]三月)。

王录氏(福岛教授编)　《关于当前的人民公社的诸问题》(《亚洲经济旬报》第 411 号,昭和三十四年[1959]十月下旬号)。

补章第四　新婚姻法的成立和发展

第一节　婚姻法的发展阶段

基本目标　中国的革命政府自其组成，直到其后，都将妇女及其子女的解放树立为革命的基本目标。二战后，中华人民共和国先于刑事法，亦先于其他民法，于1950年5月1日最早公布并于即日起予以施行的法律，就是新婚姻法。不仅如此，革命政府早在江西省建立根据地的革命原初时期的1931年11月所制定公布（12月施行）的法律，仍然是婚姻法。

无论是法国革命，还是俄国革命，领先于其他任何法律而最早制定公布的，都是婚姻法。这也和中国革命的情况是相同的。三者殊途而同归于一，并不是偶然的，而是必然的。据说中国社会的支配权力有三种：其一是国家权力，其二是家父长的权力，其三是支配冥界的神权，然而唯有女性还要在其中加上夫权，于是便要服从四种权力。在革命的法国和革命的俄罗斯构成问题的是教会结婚的废除和婚姻法的世俗化（还俗）等，在中国，只因宗教对于结婚的束缚比较小一些，所以就看不出大问题。但是对于中国人民来说，由于处在列强的殖民地支配以及与之牢固结合的封建乃至家父长的权力支配的压迫之下，要从中解放出来，却也是极其困难的大问题。

发展的三个阶段　关于中国革命时期婚姻、家族法的发展，直至今日，可以考虑分为三期（三个阶段）。第一期，中华苏维埃共和国成立并实施其婚姻法（共23条）的1931年以降，到1937年抗日民族统一战线的成立，这一时期正是和列强的殖民地支配以及与之结合在一起的封建主义进行斗争的人民民主主义（新民主主义）初期。从这以后，直到1946年国共两党合作分裂、全面进入内战，是第二期。在这一时期，边区颁布施行了婚姻条例，比如1941年晋察冀边区婚姻条例、该边区1943年的条例（也是共23条），以及1946年陕甘宁边区婚姻条例（16条）等。从这以后进入第三期，这一时期从人民民主主义政权掌握了权力，到迈入社会主义社会建设的准备阶段的结束，国家一步一步地实现了社会主义的工业化，直到进入对农业、手工业以及资本主义工商业一步一步地完成社会主义改造的过程的现在。在这一时期，1949年中华人民共和国成立，1950年即相继制定公布婚姻法（27条）、土地改革法，宪法亦于1954年制定公布。诸如结婚以及离婚自由之类的基本原则之外，结婚登记制度、离婚调解制度、相对性离婚原因制度（关于离婚原因并未作全面统一的规定，关于离婚申诉的适当与否，也全凭审判机构裁决）、对离婚后妇女及子女的保护制度等，都是与以往各时期的婚姻法、苏联法有着影响关系的法律。但是，不管有没有这种影响关系，这些法律都是基于中国的现实问题并为了自己解决问题而制定的，从中可以看到在适合中国现实状态方面的创意，表明对法律的实效性给予了极大的关注。无论外表如何出色，没有实效性的规定都是不值得称之为法律的。立法总是以实践为目标这一点，乃是新中国法律的最大特色。比如，从实行婚姻自由这件事来看，就正在创造条件，使工农大众有可能实现婚姻自由。

革命时期的婚姻法，自1931年的婚姻条例之后，直到1950年的婚姻法，与各个时期的条件相对应，显示出了各种各样的变化。比如革命时期的婚姻法，如下所述，在保护妇女子女方面的规定很优厚，在关于1931年的《中华苏维埃共和国婚姻条例》的决议中，即特别强调："女子刚从封建压迫之下解放出来，她们的身体许多受了很大的损害（如缠足）尚未恢复，她们的经济尚未能完全独立，所以现在关于离婚问题，应偏于保护女子，而把因离婚而起的义务和责任，多交给男子负担。"于是，不仅女子和男子双方中如一方有离婚意向者即可离婚（第九条），而且按照当时的婚姻条例（第十八条），在离婚时，同居时所负共同债务的偿还义务也仅仅由男子负责。这与1950年的法律中没有根据一方意向即单意离婚的规定,而且至少在第一次离婚时要以共同生活期间所得财产偿还债务的规定,是不同的。抗日战争时期(国共合作时期)的《晋察冀边区婚姻条例》中,反映了战争时期的特点:离婚原因中,汉奸列在其中。1950 年的《中华人民共和国婚姻法》中,则体现出了作为完成经济建设准备、进入全力建设阶段这一时期的人们的特征:在"夫妇间的权力和义务"章第八、第九等条中,见到这样的规定:"为新社会建设而共同奋斗的义务","有选择职业、参加工作和参加社会活动的自由",这一点特别具体。另外,还包括关于离婚的调解制度等有特色的规定。

文献

仁井田陞　《中华人民共和国婚姻法》(宫崎孝治郎教授编《新比较婚姻法》I "东洋",昭和三十五年[1960]六月),仁井田《婚姻法》(《季刊法律学》第 17 号"特集・新中国的法律制度",昭和二十九年[1954]一月)、《中国新婚姻法的基本问题》(《比较法研究》第 18 号,昭和三十四年[1959]四月,亦为《中国法制史研究(家族法、村落法)》所收录,昭和三十七年[1962]三月)。

幼方直吉氏及仁井田陞　《中华苏维埃共和国婚姻条例》(《法律时报》第 27 卷第 9 号,昭和三十年[1955]九月)、《陕甘宁边区婚姻条例》(《法律时报》第 31 卷第 8 号,昭和三十四年[1959]七月)。

浅井敦氏　《中华苏维埃共和国婚姻条例》(《国际政经事情》第 19 号,昭和三十年[1955]六月)。

外务省调查局编　《毛泽东主要言论集》("中华苏维埃二年来的工作报告",1934 年12 月)。

平野义太郎氏编译　《现代中国法令集》(昭和三十年[1955]三月)。

陈绍禹氏　《关于中华人民共和国婚姻法起草经过和起草理由的报告——1950 年 4 月 14 日中央人民政府委员会第 7 次会议上所作》,幼方直吉、长谷川良一两氏译(《法社会学》第 2、3 号,昭和二十七年[1952]四月,二十八年[1953]一月)。

马起氏　《中华人民共和国婚姻法概论》(1957 年 1 月)。

芮沐氏　《新中国婚姻、家庭关系十年的发展》(《政法研究》1959 年第 5 号),大冢胜美氏译(《北九州大学商学部纪要》第 10 号)。

Bela Kun, *Fundamental Laws of the Chinese Soviet Republic* (《中华苏维埃共和国基本

法》），1934. London.

E. Snow, Red Star Over China, 1937. 宇佐美诚次郎教授译《中国的红星》（昭和二十七年[1952]七月）。

第二节 婚姻法的基本原则

基本原则的确立 贯穿于革命婚姻法中的基本原则,在 1931 年的婚姻条例中就已确立,那就是结婚以及离婚自由、一夫一妻制、法律面前男女平等的原则。因而禁止重婚、蓄妾,童养媳(参照第十三章第二节、第七节)、买卖婚,以及其他违背当事人意愿的一切强制结婚均在禁止之列。在中国旧社会,即使农民对其女儿不想撒手,甚至已为女儿说了婆家,也要直面无法抵抗地主及村里有权力者的支配而被夺走女儿的事态。由于以地主、佃户关系为首的旧支配体制照旧存在,所以不可能有婚姻的自由。土地改革和婚姻自由在这种意义上也是不能分开的。旧中国社会的"婚姻",并不是成为夫妇的男女当事人的结合,而是男女的父母与父母之间或者家与家之间的结合。既然主要是以财产、家格的对等(门当户对)之类或者家族劳动力作为问题,则男女当事人就不是婚姻的主体,而不外乎客体而已。在旧中国社会的婚姻中受尊重的"父母之命,媒妁之言"或者"门当户对"之类(参照前揭第十三章),即是 1931 年婚姻条例以来革命时期中国的婚姻法一直特别主张废除的"包办强迫"(承包代办的强制结婚)形式,或者其物质基础。

另外,中华苏维埃共和国时代以来,自然不会将中国国内的少数民族视而不见,置诸度外,《陕甘宁边区婚姻条例》中,特别对少数民族(蒙族、回族、维吾尔族)制定了特例,规定"只要不违反本条例,应尊重其习惯"(第三条)。我想这是该边区内存在大量少数民族的反映。1950 年的婚姻法也制定了使国内少数民族在婚姻法的施行上更具有伸缩弹性的规定(第二十七条)。

结婚及离婚的自由 在解放区,很早以来就从解决生产及劳动问题及盐、米、居住、衣服等生活问题中,逐步进入解决婚姻问题如婚姻自由、男女平等问题的过程中。据说:"在江西省的农民中,结婚自由的'由'字是作动词用的,通过自由结婚所娶的妻子称为'由妻',以区别于以往通过强制性结婚所娶的妻子。""以前娶妻子,钱是必须的,因而很多贫农没能娶妻。即使娶的话,要么是童养媳,如果不这样,则不到非常老的年龄是娶不到妻子的。如果好不容易娶的一房妻子死了的话,要再娶一房是非常困难的。现在,完全没有这样的困难了。"又,1936年6月在当时的陕西省北部这个很早以来就已苏维埃化的地区,其有关情况据埃德加·斯诺的报告中称:"结婚和离婚方面的变化,如果放在中国其他地方存在的半封建的法律和习惯这样一种背景下来考虑的话,这种变化本身是极端过激的。"婚姻法施行后,此前农村中并不很多的离婚案件开始频繁地发生了。特别是与过去的情况相反,不再是总是由丈夫提出离婚要求,由妻子提出要求的多起来了。甚至在1932年当时江西的苏维埃地区,离婚件数就已上升到很大的数量,离婚件数超过了结婚件数。而且据称,离婚中的大部分不是合意离婚,而是根据单方面意愿的离婚。伴随着所谓解放区的扩大,这样一种现象所发生的区域也在相应扩展。这对传统的制度给予了毁灭性的打击。不用说,土地改革所带来的妇女经济地位的提高,其效果在这方面也表现出来了。结婚以及离婚的自由,虽说不一定是仅仅由于客体条件的变化所造成的,支撑自由的精神层面的变革也是必须的,但是没有客体条件的变化,也是不可能造成的。由于离婚而必须分割财产对丈夫也是一个沉重的打击,在这种意义上,丈夫休逐妻子的行为也受到了限制。不过,依然有必要加以警惕的,是那些轻视婚姻从而想要恶意利用离婚制度的人——这可能有丈夫、妻子的父母以及其他什么人。新中国的离婚制度并不是完全无制约的,而是依据法律的理想给予了一定的限制。不如这样说:是区别自由和放纵,在责任和不负责任之间划出界限。在新的革命阶段的婚姻法中,因为要重视作为夫妇的当事人在婚姻上的意志能力和出于生理意义而禁止早婚,所以如前文所述,将结婚的法定年龄向上提到男子二十岁,女子十八岁。诸如《中华民国民法》那样以父母(法定代理人)的同意作为未成年人的婚姻的要件的规定,在任何时候的革命的婚姻法中都是不存在的。另外,没有婚约的规定,所以未成年人的婚约必须得到父母同意的规定不用说是没有的。革命的婚姻法中,并没有旧的家族制度的痕迹。中国革命时期的婚姻法中,婚姻的主体如上所述任何情况下都是作为当事人的夫妇,不管是结婚还是离婚都不需要家父长或者其他任何人的同意。而且夫妇是以独立平等的地位维持着家庭生活。《中华民国民法》中,除了未成年人的婚姻须得到父母同意的规定以外,还将妻子若虐待丈夫的直系尊属或者反过来受虐待以致无法共同生活作为离婚的原因,只有妻子需在自己的本姓之上冠以丈夫的姓,子女的姓亦随父姓。但是在中国革命时期的婚姻法中,这样一些规定是看不到的。《中华民国民法》中丈夫还拥有住所的决定权,妻子必须居住在丈夫所选定的住所中。中国革命时期的婚姻法里也不存在这样的规定。无论是在 1950 年的新婚姻法中,还是在革命初期的婚姻法中,都不以婚姻仪式作为婚姻成立的要件。相对于此,对婚姻是否基于结婚当事人自发意愿进行实质性审查的结婚登记制度,才是制定婚姻制度的着重点所在。

文献

仁井田陞等人论著,参照本章第一节所揭文献。

黑木三郎教授 《中国新婚姻法的基本性质》(《国际政经事情》第 20 号,昭和三十一年[1956]三月)。

第三节 婚姻登记制度

登记 中国的新婚姻法中有登记制度(第六条),结婚当事人必须亲自(不允许他人代理)到所居住地(区、乡)人民政府登记(《婚姻法》第六条、《婚姻登记办法》第二条)。对于符合规定的婚姻,登记机构必须发给结婚证。登记机构就是否基于本人的自发意愿、年龄及其他有关的实质性婚姻要件进行实质性审查(《婚姻登记办法》第三条),赵树理的小说《结婚登记》对此也有很生动的记述。通过登记现场的审查,不是基于当事人的自发意愿而是出于家父长等人的强制的婚姻、买卖婚、童养媳、幼婚、重婚,以及其他的如近亲婚(直系亲婚,当时是指五代也就是第八亲属等级之内的旁系亲属之间的婚姻)及不健康者(性病或精神异常之类)的婚姻,均被否决,不予通过。登记成为一大关口,特别是排除封建主义的一大关口。为了新社会的建设,为了培养在新的下一个时代担当大任的子孙后代,即使从建设健康的家庭方面来看,登记制度的作用都是很大的(见《婚姻登记办法》前言、第三条)。政府一方面向民众教育、灌输婚姻法的精神,一方面又劝说、督促那些懒于去登记的人们积极履行登记手续。

婚姻形式的二元立场　如果像上述那样,则有一个问题,即登记是婚姻的必要条件吗? 1950 年,新婚姻法施行的当初,中国方面的研究者曾经发表了作为必要条件的观点。但据近年来黑木三郎、浅井敦诸氏的研究,又公布了不同的资料和意见。另外,如果参考一下马起氏的《婚姻法概论》以及其他研究,就是中国方面的研究者,似乎一般的观点也是不视之为必要条件的。马起氏在论述"婚姻成立的条件"时没有说到登记,在"婚姻的法定程序"中则有论及。据马起氏所云:"结婚登记是确定夫妻人身关系最有力的公证性的法律行为,由主管登记机构审查,合于结婚法定条件时,发给结婚证书,即发生夫妻人身法律关系。同居没同居,举行没举行结婚仪式,于婚姻的成立无所影响。""在婚姻法公布后,在事实上已经结了婚,而仅仅欠缺结婚登记手续场合,应该承认这种婚姻关系是有效存在的。这就是所谓男女未经结婚登记而同居的'事实婚姻'。但并不是一切未经登记的同居关系都叫做事实婚姻。所谓'事实婚姻',必须具备以下三个条件。第一,须男女双方都有婚姻关系的确信……(下略)。"不过,登记"对于确定夫妇人身关系",虽然不是唯一的,却是"最有力的法律行为",夫妇当事人通过登记来确认他们所希望的那种法律效果,登记并不是用以证明婚姻关系的单纯技术手段。

中国的新婚姻法对婚姻形式的承认,是兼顾登记和社会事实两种情况。这种做法的好处,是使国家对强制婚姻、重婚(无论登记婚和事实婚的重复,还是复数的事实婚,均构成重婚)等封建主义旧婚姻的干预,不局限于登记,而且还能够渗透到其他方面,并使法律对于妇女及其子女的保护成为可能,可以说这是一种适应现实的举措吧。我认为,新婚姻法所体现的这种二元立场,展示了照顾当前具体情况的一个历史阶段。

文献

马起氏等论著,参照本章第一节、第二节所揭文献。

浅井敦氏　《关于中华人民共和国的结婚登记》(《东洋文化》第 21 号,昭和三十一年〔1956〕三月)。

《赵树理选集》　《小二黑结婚》(1943 年 5 月)、《结婚登记》(1950 年 6 月),均有小野忍教授的日译本,岩波新书版。又,《中国现代文学选集》九《赵树理集》。

第四节　夫妇间的关系和亲子间的关系

夫妇平等的原则　家庭生活中夫妇平等的原则,从 1954 年制定的《中华人民共和国宪法》第九十六条中即可窥一斑,1950 年的新婚姻法中特别规定:"夫妻为共同生活的伴侣,在家庭中地位平等。"(第七条)即明确提出了这一原则。从这样一种原则出发的新婚姻法,不像中国旧时代的法律那样——将丈夫和妻子分开、并在各条中制定了有关妻子的不同于丈夫的规定,而是规定夫妇处于完全平等的地位,特别是在"夫妻间的权力和义务"章,各条都是用"夫妻"二字起句。新婚姻法中,无论是关于姓名的使用,还是关于财产的处理,夫妻各自都拥有平等、独立的权利。而且还有这样的规定:"夫妻有互爱互敬,互相帮助,互相扶养,和睦团结,劳动生产,抚育子女,为家庭幸福和新社会建设而共同奋斗的义务。"(第八条)"夫妻双方均有选择职业、参加工作和参加社会活动的自由。"(第九条)尽管也看到了以夫妻为中心的规纪,但旧的意义上的家族规纪、身份关系规定和夫权制度却是看不到的。

父母和子女　1950 年的新婚姻法中,又称:"父母对于子女有抚养教育的义务。子女对于父母有赡养扶助的义务。双方均不得虐待或遗弃。"(第十三条第一项、第二项)新的亲子关系中不是以权力支配的"亲权"作为基本的关系,孩子当然也就不是支配权的客体。在中国,人自出生瞬间便承认其是具有人格者的制度,直到革命之前始终都未得到确立。

历史上杀害新生儿这种溺儿、溺女等现象频繁出现。1950 年的新婚姻法,对"溺婴或其他类似的犯罪行为,严加禁止"(第十三条第三项),之所以像这样将对象仅限于婴儿,特地明确地加以法律保护,则是因为它是以现实社会中如上所述的现象为前提的。另外还规定了"父母子女有互相继承遗产的权利"(第十二条①)。

子女平等的原则　而且,子女的继承权理当是平等的。自然不会因为是长子的缘故就增加其份额,也不会因为是女儿的缘故就减少其份额。"男承家产,女承吃穿(也作"女承衣箱","吃穿"指吃的食物和穿的衣裳)"之类的古谚语不再通用。尽管在 1941 年关于《晋察冀边区婚姻条例》的第 51 号指示中,指出要"反对轻视结婚之严肃意义的极左偏向",但仍然规定,对于婚姻外所生子女,应赋予与婚姻内所生子女同等的权利,不要就血统差异而设定任何的差别。1950 年的新婚姻法中亦规定:"非婚生子女享受与婚生子女同等的权利,任何人不得加以危害和歧视。"(第十五条第一项)

对生父的搜索　在新婚姻法中,还承认了那种婚姻外子女所谓"对生父的搜索":"非婚生子女经生母或其他人证物证证明其生父者,其生父应负担子女必需的生活费和教育费全部或一部,直至子女十八岁为止。"(第十五条第二项前段)也就是并不以父亲的意愿作为父子关系不可或缺的基础。父子关系的基础,须求之于客观的血缘事实。只是在这里,还未就父亲本身之随意指认子女作出规定。

文献

参照第一节所揭文献。

第五节　离　婚　法

革命的晴雨表　据说"离婚法是革命的晴雨表"。中国革命时期的

---

① 按"第十二条"应作"第十四条"。

离婚法虽然不是伴随着摆脱宗教的"还俗",却也仍然是革命的晴雨表,在作为衡量人的解放程度的标尺这一点上,是具有类似性的。关于革命时期婚姻法中离婚制度(离婚的形态及离婚的效果等)的沿革,由于在本章第二节中已作了某种程度的论述,这里仅就没有论述到的地方,主要是根据1950年婚姻法来进行讨论。

协议离婚 中国革命时期的婚姻法中,只要是夫妻在协议的基础上商定离婚的话,那就不管什么时候都是允许其离婚的(协议离婚)。夫妻合意之外的离婚,家父长的同意不再像此前习惯中所见到的那样必要,家父长也不能通过其强制使当事人离婚。离婚是夫妻间的问题,而不是家族和父母的问题。1950年的新婚姻法规定:"男女双方自愿离婚的,准予离婚。男女一方坚决要求离婚的,经区人民政府和司法机构调解无效的,亦准予离婚。"(第十七条第一项)不过这只是对允许离婚场合的一般性、概括性的表述,详细地讲,则还必须办理如下所述的手续:"男女双方自愿离婚的,双方应向区人民政府登记,领取离婚证。区人民政府查明确系双方自愿并对子女和财产问题确有适当处理时,应即发给离婚证。"(第十七条第二项)也就是离婚也与结婚相同,不仅要办理结婚登记,还要进行事实审查,以确认离婚意愿之有无(是否为丈夫或者舅姑假协议离婚之名而行逐出离婚之实),以及离婚之后子女的归属、子女的生活费教育费、家庭财产的处理是否适当等。

调解离婚(离婚的调停) 按照新中国的制度,即使提出了离婚申诉,审判机构也不是一下子就进入作判决的阶段的,还必须要竭尽全力进行调解。中国社会中的调解制度与其历史一样源远流长,"排难解纷"或"排解"之类词汇,均源出《史记》(《鲁仲连传》),记载的是公元前3世纪的事。尽管中国刑事法典的成立以及公的权威确立很早,但民众对公的权威非常不信赖,他们极力回避国家的审判机构和其他公的机构,转而依赖民间的调停和解,其主要原因一定是在这里。还有,在村落共同体中或者在城市的行会中所实行的调停,也总是回避不了权力者的支配。但是在旧中国社会,民众努力想要用自己的双手来解决案件的意愿,在新中国社会里大概也被继承下来了吧。不过这也不是在旧中国社会一直实行的权威主义的旧调停制度（这在赵树理的小说《李家庄的变迁》开卷第一篇中有最好的体现）的再版，不是原封不动地继承下来的。虽说也有继承，新的改造仍有必要吧。而且，我以为，这种离婚调解制度的着眼点，从苏联的婚姻法中可见一斑，其内容，可看与母子、婚姻、离婚相关的 1944 年 7 月苏维埃最高会议干部会令第二十五条中的"审判机关的调停和解处置"部分。

　　根据 1950 年的新婚姻法，离婚手续要经过两个审理阶段。第一阶段（第一审）是在区人民政府办理调停和解手续，如果在这里调解有效自然好，如果无效，作为第二阶段（第二审）就要被移交到县或者市人民法院审理。这里的审判机构当然应作出离婚判决或者驳回离婚申诉判决，但即使是这里的审判机构，在判决之前也要实行跟第一阶段相同的调停和解手续。而且在这第二阶段同时，一方面要抑制对婚姻的轻视即所谓的自由主义的轻视态度，另一方面也要阻止丈夫或者舅姑操纵的逐出离婚之类的单方面强制性离婚。不仅从女性的立场来看，而且就是从养育子女方面考虑，家庭生活也都与新的社会经济建设有着不可分割的关系，因此就必须尽力地避免家庭生活的轻易解体。而且审判机构的调解，在 1950 年新婚姻法施行之前就已在进行，陈绍禹氏亦称："根据上海市及济南市人民法院有关离婚诉讼的统计，其中经法院调解有效而重归于好的，大约有 20% 左右。"其中构成证据的资料，出自中央人民政府法制委员会所编《婚姻问题参考资料汇编》。

　　审判离婚　进行离婚手续的第二阶段，在调解无效的情况下，即进入判决程序。据 1950 年的新婚姻法，"如调解无效时，即行判决"（第十七条第二项）。根据这条规定，审判机构的"判决"，虽是离婚的必要手续，但最终还是夫妻中一方坚决的离婚要求，成了撼动婚姻关系的主要因素。基于离婚判决，婚姻从今以后被解除。判决是婚姻解除的宣言，具有形成效力，其效力对于离婚当事人自不用说，对于第三者也具有效力。不过在旧中国社会的法律中，作为法定离婚原因被列举出来的有所谓七出，即使在《中华民国民法》中也是法定的离婚原因，在有这些原因的场合，只要夫妻中的一方提出请求，即允许离婚（限定性离婚原因主义）。而且为了确定离婚原因的有无,审判机构的判决是必要的。只是在 1950 年的《中华人民共和国婚姻法》中,关于离婚原因,并不是全都作了规定。苏联的离婚法中,关于离婚申诉当否的认定,都是一任审判机构裁量,采取的是完全的相对主义。而且据说这是苏维埃法的特色。中国新婚姻法的相对性离婚原因,想必也是参考、取法苏维埃法的结果。而《中华民国民法》,则限定性地列举了离婚原因,其中除重婚、奸通之外,还加进来"妻虐待夫之直系尊属,或受夫之直系尊属虐待,致不堪共同生活"之类与直接的、当事人之间关系有别的事项,甚至与家父长支配相关的事项。与之相对,在 1943 年的《晋察冀边区婚姻条例》中,这样一种家父长支配关系当然是看不到的,不过也列举了汉奸、重婚、奸通、虐待、遗弃等属于夫妻中一方有责任的原因之类,呈现出的大体上是限定性离婚原因(第十五条)。但是在这个条例中,若夫妻的"感情、意愿在根本上不一致而不堪同居的场合"也就是夫妻生活破裂的场合,规定"可以向司法机关提出离婚请求"(同上,第十四条),则为相对性离婚原因,这一点不无特色。作为该条例前身的 1941 年的《晋察冀边区婚姻条例》中,一方面以汉奸作为个别性离婚原因加以列举(第十条第一号),同时又规定,当夫妻的"感情意愿在根本上不合,不堪继续同居的情况",一方可以请求离婚(同条第三号)。这也同样是基于相对主义的规定。1946 年《陕甘宁边区婚姻条例》中,也是在列举相对性离婚原因"感情意愿在根本上不合,无法继续同居者"(第九条第一号)的同时,又列举了重婚、通奸等个别性离婚原因。在上述各条例中,个别性离婚原因似是作为例子归入相对性离婚原因之中的,即使对此不予置论,也可以说:中国婚姻法史上七出制度所代表的古老的因责任或其他原因才可离婚的传统开始崩溃了,感情破裂主义理当要粉墨登场了。1950 年的《中华人民共和国婚姻法》又再进一步,较之于确认是不是有责任、有原因,夫妻生活的破裂在更大程度上左右着婚姻关系的命运,离婚申诉当否的认定,也完全诉诸审判机构的判断,终于站到了完全的相对主义、感情破裂主义的立场上。夫妻中的一方既有如此强烈的离婚要求,审判机构的调解既然也以无效告终,那么,审判机构就必须"即行判决"。不过,审判机构也不一定总是作出离婚的判决,虽说是离婚自由,但对于轻视婚姻、恶意利用离婚制度的现象也时刻保持着警惕。关于对方的强制性离婚,其理由也必须只有充足到能够强制的地步才行,否则,不管丈夫如何地想要离婚,对于无充足理由逐出妻子的行为,法律都要保护女方,不允许离婚。审判机构可以作出驳回离婚申诉的判决,而且这种场合也是"即行"判决。

文献

仁井田陞等人论著,参照本章第一节所揭文献。

大冢胜美氏　《中国离婚法研究》(《北九州大学开学(建校)十五周年记念论文集(人文科学、社会科学论集)》,昭和三十六年[1961]十二月)。

第六节　婚姻法和新集体体制

旧集体制度的终结　这个婚姻法中所反映的未来阶段的一个问题,在于"夫妇间的权力和义务"一章,主要是与夫妻或者家庭财产制度有深刻关联的身份性集体制度的终结和新的集体体制进展的问题。在革命后的中国,不仅在夫妻之间,而且全体家庭成员地位平等,于是实行"计划性生产和共同劳动",便成为了新的婚姻生活乃至家庭生活的目标。但是所谓计划性生产和共同劳动,在一家一户的框限中是不可能找到解决的办法的,而正在不断地突破一家一户的框限,通过在社会性的集体体制中发展起来的形式来解决。这对夫妻财产乃至家庭财产状况不能不带来很大影响。以往的"共同体"乃至家父长权力之下的"支配性团体"体制,在实行新中国的婚姻制度及土地制度过程中,终于走到了尽头。土地改革法连根拔掉了同族所有体制(族田制),同族的结合从而也丧失了存在的基础。"共同体"乃至"支配团体"关系对人的束缚的解除,和这样一种集体关系对所有权的制约的解除,就不得不同时实现。也就是说,主体条件的变革和客体条件的变革是相辅相成的。正如《中华苏维埃宪法大纲》第六条关于"土地政策"、第十一条关于"妇女的解放"的条文中已经反映的那样,土地改革法和婚姻法在中国革命时期,始终是联袂登场和不断发展的,而其最大根据,即在于主体条件与客体条件在变革中相辅相成。

新集体体制　但是所有关系的新发展也在与人的关系的新发展相呼应,促使新社会发育成长。土地改革之初,并不是以直接废除农民的土地所有权为目标的,非但如此,宪法(第八条第一项)甚至对之提供保护。在农民希望得到土地所有权的阶段如果不予以承认,反倒不利于生产力的发展,因此就要保护农民的这种愿望。在土地改革实行之初,也就是农家单独经营的阶段,土地不问男女老少,一律每人一份,予以平均分配,但那已不是服从于家父长或者丈夫的支配的家族共产。所谓的"面条不是饭、女的不是人"已是过去的事,现在新的谚语是"男女平等,一人一份(只要是人,不管是谁都有一份)"。家庭中女子的财产所有和管理处置等权能、女子自身对家庭的贡献,也都已明确化。但是土地改革所分配的土地,不但是合并在一起按家庭交割的,而且也是以家庭为单位经营的,从这一点来看,则从劳动以及消费、分配等各个层面,家父长制支配(父权、夫权)就不一定被根除净尽。即使从单独经营发展到农具、劳动力相互交换的互助组阶段,也是一样的。但是,一旦变成协作组织即合作社经营,特别是从初级变成高级合作社经营,生产的合作化推进,土地就要超越个体所有体制而转变为集体所有(宪法第五条和第八条),同时,劳动力亦社会化,从家族劳动转变为集体劳动。于是,贯穿于土地所有、经营以及劳动的组合和生产的分工等各个层面的合理性,就使得旧血缘主义、旧集体主义以及它们所赖以产生的最后依据最终消失,围绕着管制劳动力的规纪而建立起来的家父长支配——父权、夫权,其存在的余地也终于荡然无存了。如果现在人民公社集体所有得到进一步推进,将来达到贯彻国家所有也就是全民所有的阶段,那就更不待言了。夫妻乃至家庭财产状况,相对于旧中国社会的情形自不用说,就是相对于刚刚进行土地改革之后的情形,也会显示出很大的变化。无论是生产资料及其经营利用,还是劳动力和生产的分工,最终都不会封闭于一家一户的框限之内。

另外,旧的家族制度的终结,并不意味着就连亲子及夫妻之间的亲情、爱情也都随之消失了。

文献

仁井田陞　《中华人民共和国婚姻法》、《中国新婚姻法的基本问题》,出处均请参照本章第一节所揭文献。又,补章第一《村落法》第六节所列文献中,请参照有关所谓"共同体"的解体的论著。

幼方直吉氏　《中国的近代化及其矛盾——通过村和乡的关系来看》(亚洲地域总合研究组织《亚洲地域总合研究连络季报》第 2、3 号,1961 年 12 月)。

年　　表

公元	朝代	事项	日本年号	日本等（括号内为日本之外）事项
前403	周（战国）			前450 左右　罗马十二表法
前221	秦朝	前221　秦始皇统一天下		约前220？　印度摩奴法典
前206	西汉	约前220　汉九章律 前167　汉文帝改订刑法		
0·········		·········		·········
8	新朝			
25	东汉			
220	三国	→魏、吴、蜀三国分立		
265 317··········	西晋	**267　晋泰始律令**（翌年施行）		
	（东晋）			
420		→北魏、北齐、北周和宋、南齐、梁、陈		
		485　北魏均田制　492　北魏太和律令		
500	南北朝	········· 503 梁天监律令	······	········· （约510　萨利克法典） （约533　查士丁尼一世法学汇纂）
581	隋	约581 隋开皇律令		
618	唐			604　十七条宪法

（续表）

公元	朝代			事项	日本年号	日本等（括号内为日本之外）事项
				637　唐贞观律令格式		645　大化元年
				651　唐永徽律令格式　653　律疏	710奈良	646　改新之诏
				737　唐开元二十五年律令格式・**唐律疏议**		**701　大宝律令**
				738　唐六典 755 安禄山叛乱		718　养老律令
				839　唐开成格 853 唐大中刑律统类	794平安	（757 施行）
907	五代			**875　黄巢起兵**		834　令义解
960	宋			963　宋刑统・建隆编敕		927　延喜式（967施行）
1000…	…	辽		……………………………	……	…………………
			1115	1029　宋天圣令・天圣编敕		
				1069　王安石新法		
1127	南宋	金		1116　宋政和敕令格式	1192镰仓	
			1234	1131　宋绍兴敕令格式		
1279	元					（1215　自由大宪章）
				1201　金泰和律令格式（翌年施行）		（约1230　萨克森明镜）
				1203　宋庆元条法事类		1232　御成败式目＝贞永式目
1368	明			约1322　元典章　1313　通制条格	1338室町	（1492　哥伦布到达美洲）
				1397　明洪武三十年律		（1497　达・伽玛绕航好望角）
1500…				……………………………	……	…………………
				1502　明正德会典（1509 刊行）		（1517　宗教改革）
				1580　利玛窦抵澳门	1573	（1532　加洛林纳法典）

（续表）

公元	朝代	事项	日本年号	日本等（括号内为日本之外）事项
		1587　明万历会典	安土桃山	（1600　英国东印度公司成立）
1662	1616 清	1646　清律集解附例＝顺治律（翌年施行） 1690　清康熙会典 1740　清乾隆律例 1840　鸦片战争　**1851　太平天国战争** 1899　清光绪会典事例	1603 江 户 1868	1742　公事方御定书＝御定书百个条 （1789　法国大革命） **1867　王政复古宣言** 1870　新律纲领 1873　改订律例 （1917　俄国革命）
1912		1919　五四运动　**1921　阿Q正传** 1930　中华民国民法亲属承继编（翌年施行） 1950　中华人民共和国婚姻法、土地改革法		

索　引

（法律谚语索引条目后面标有＊者，为见于古典文献者。谚语索引及一般事项索引条目页码后面标有 f. 者，指本条目见于此页及下一页；标有 ff. 者，指见于此页以及下几页。原著一般事项索引和欧文索引之后各有"补遗"，今已合并编排。原著法律谚语索引和一般事项索引的条目排列依日语发音为序，今改为以汉语拼音为序。）

一、法律谚语索引

二、一般事项索引

三、欧 文 索 引

后　记

　　2011 年,仁井田陞此书作为上海古籍出版社的《日本中国史研究译丛》之一出版时,译者原拟写一篇后记,对作者其人其书作一简介,以便读者,这也是海外学术专著的中译者应尽的义务,甚至责任。后来由于各种原因,后记未能如期完成,而译稿亟待付梓,为了不影响整个译丛的出版周期,拟定中的后记只好放弃,长期以来不免遗憾在心。本书此次被纳入同社的《海外汉学丛书》再版,除对译文校订一过外,终于有了机会补写这篇后记。

一

　　译者所学专业为中国古代史,研究时段为汉唐间,于中国法制史素无研习,本科、硕士期间第一外语亦为英语,而承乏汉译仁井田此书,实别有机缘,主要与两位先生有关。

　　其一是业师唐长孺先生。唐先生是 1981 年国务院批准的首批博士学科点导师,却迟迟不肯招博士生,据称其理由是他自己都未曾读博士。当时“文革”后招收的首批硕士生毕业在即,八位师兄中固然有“文革”前大学毕业、读研前已有论著问世者,如张弓、李文澜诸兄,同时也有五十年代出生的王素、黄正建诸兄,其中有委婉提出想继续跟随唐先生读博士的,但唐先生说,该教的我都已教给你们了,你们出去工作吧。唐先生不肯招博,住唐先生楼上、号称“哈佛三剑客”之一的吴于廑先生也陪着不招,并称“唐公学问如此,他不招我岂能招”。时至 1984 年,学校相关领导登门劝说唐先生招博,称博士点三年不招即有取消之虞,而且吴先生也因之不招,则历史系两个博士点或将全军覆没云。兹事体大,唐先生终于同意招博,而当时译者行将硕士毕业。唐先生认为中国中古史研究要在理论上取得突破,须与西方中世纪史作比较研究,故招博考试科目中有"西欧中世纪史",请吴先生命题,试卷即复印吴先生手书考题。唐先生终于招博的消息传出,慕名报考者众,及知要考此科,或知难而退,或临场放弃。译者因本科时选修过几门世界史课程,包括历史专业英语和德语,故决意报考,不料最后竟成为硕果仅存的考生,最终被侥幸录取,实与此门考试科目有关。唐先生又强调日本的中国古代史研究,在许多领域领先于我国,研究上要创新,首先须深入了解、充分利用日本学者的成果,他希望所在之武汉大学中国三至九世纪研究所的研究生,都要通晓日语,故所里专门延请外语系的老师为我们开日语课(同时还延请了经济系的经济史专家开《资本论》研读课)。报考博士我选的是修习未久的日语,即因此故。专业考试科目"魏晋南北朝隋唐史"试卷中有一道 50 分的大题,大意为日本学界关于魏晋南北朝隋唐的时代性质有哪几种主要观点,各有哪些代表性学者,其所持主要依据为何,你认同哪种观点,为什么。博士生录取后唐师当面告我,这一题我答得极差,并嘱我务必下苦功夫学日语,以期全面、及时掌握日本学者的相关成果。读博期间,由于唐师只招了我一人,外语课之外(时无政治理论课),其他专业课程就是每周半天到先生书房受业,汇报读书进度、心得,请疑问难。先生兴之所至,往往谈及各种学术问题或学术史掌故,可能是针对我的知识结构,以评介日本学者的研究成果为多。唐师藏书中有大量日本同仁(及港台学者)的赠书,多为图书馆所无,唐师谈到某位日本学者,即命我从书架取出其论著,具体指授要义,有的还要我带回精读。

唐师多次提到日本学者在敦煌学、佛教史、法制史等领域的研究,不仅领先于我国,而且独步于世界。我印象特别深的,是唐师讲到仁井田陞早在三十年代即与牧野巽合撰长文《〈故唐律疏议〉制作年代考》(1931,汉译本约 16 万字),考定《唐律疏议》是唐玄宗开元二十五年(737)新颁《开元律》的律疏,而非历来所认为的高宗所颁《永徽律》的律疏。此说在日本学界已成为定论,但长期以来我国不少学者对此文及其价值缺乏了解,直到近年华东师大杨廷福教授发表《唐律疏议制作年代考》(1978)反驳仁井田说,指出唐代律疏的"撰定"仅有永徽四年一次,开元二十五年不过是"刊定"即部分修订而已,方才引起日本学者重视。杨说虽不足以全面否定仁井田说,但这迟到的回应和对仁井田说有理据的订正,毕竟为中国学界挽回了一点面子。唐师又谈到仁井田氏1933年出版《唐令拾遗》时,年仅29岁,此书迄今仍是唐史研究者的案头必备之书。这部千页以上的鸿篇巨制,从中日古代典籍广泛搜罗、复原唐令715条,约相当于原唐令的一半,其中从日本古代律令以及新发现未久的敦煌文献中所收集的唐令佚文,具有重要的资料价值。唐师还谈到一件事,说联合国教科文组织拟编写中国法制史方面的书籍,聘请的作者却是日本学者(此事具体情况不明,惜当时未曾细询)。总之,我对仁井田氏其人其学的粗浅了解,乃至对中国古代法制史的兴趣,即得益于唐师的教诲和启发。唐师督促我学习日语姑且不论,因要备考"西欧中世纪史"而恶补相关知识,对于翻译深受德国法制史研究传统影响,同时以比较中西法制史为特色的仁井田此书,亦不无裨助。

其二是日本的谷川道雄先生。1980年11月至次年3月,9—10月,唐先生先后应邀赴京都大学研究、讲学,出席学术会议、访问东京大学,此后三至九世纪研究所和日本同行之间的交流日益频繁。当时的京都历史学派,除了第二代代表人物、元老级权威宫崎市定之外,最活跃的是第三代人物川胜义雄、谷川道雄、砺波护、吉川忠夫等先生,他们都是六朝隋唐史专家。其中川胜、谷川二氏所创"豪族共同体理论",在国际汉学界影响极大,而中国学者却疏于了解。唐师给我开出的日本学者论著目录中,就包括川胜、谷川二氏的代表性著作,以及他们领导的日本中国中世史研究会所编论文集,书皆借自唐师,每本克日读毕归还,汇报心得后再借下一本。博士三年级上学期(77级本科及研究生皆冬季毕业)末的一天——1987年6月3日,以谷川先生为首的日本六朝史学者代表团,和以唐先生为首的武汉大学历史系中国三至九世纪研究所师生,在武大共同举行了题为"地域社会在六朝政治文化上所起的作用"的学术讨论会。会上武大学者皆循资格依次发言,卢开万先生发言之后,唐先生突然指名要我发言。我当时提交了一篇长达15000余字的论文,题为《略评日本中国中世史研究会的共同体理论》,其中对谷川先生所论贵族之"轻财好施"、"自我规制"在克服阶级矛盾、维持共同体方面的作用,提出了质疑,谷川先生即刻作了答辩,双方往复论难竟持续了一个多小时。日方学者所作的"座谈会记录"称:"牟发松博士生站起来,就'共同体理论'同谷川团长进行了磋商,因时间关系,对于这个问题有待于今后通过书信往来进一步解决。"可以推想当时译者无知者无畏、偏激固执的发言状态。而谷川先生在回应中所体现出来的理性、平等、宽容与优雅,不仅深深感动了译者,也给在场所有人留下难忘的印象,尤其能体现先生大师风范的,是译者这篇与其立异的肤浅之作,还被他收入所主编并在日本出版的论文集,以存其中一得之见。此后译者在学术研究中得到谷川先生多方面的指教和关照,并在其倾力帮助下多次赴日研修、出席学术会议。谷川先生自称"中国历史是我的情人",他正是带着满腔的挚爱,将自己的一生毫无保留地投入到了中国历史的研究中,通过与先生的长期交往,译者亲身感受到了他对中国的历史文化和这片土地上的人民的深情,领受到为学为人方面的无尽教益。

2004年,译者调入华东师范大学历史系未久,在筹办"社会与国家关系视野下的汉唐历史变迁国际学术研讨会"之际,谷川先生闻讯后主动提议所在日本河合文化教育研究所与历史系协办此会,予以慷慨资助,并亲率中村圭尔、东晋次、葭森健介、福原启郎等日本知名学者,组成豪华阵营与会。适逢先生的名著《隋唐帝国形成史论》中译本在上海古籍出版社出版,古籍社决定将该书的首发式放在研讨会上进行,同时作为会议协办单位参会,亦对会议解囊相助。赵昌平总编、王兴康社长、该书责编蒋维崧编审一行亲临会议,发表高论。赵主编是著称的唐诗研究权威,他在会议上的报告《原理、思辨与势——〈隋唐帝国形成史论〉读后》,对谷川著作的评价高屋建瓴,直中肯綮。他指出谷川先生大著主要是北朝史研究,隋唐帝国的形成实为北朝历史发展的"结穴",这种本源式研究的取径与陈寅恪先生的两部唐史"论稿"异曲而同工,如果"就题论题","惮烦做艰苦浩繁的溯源工作","结果只能是死于题下"。本源式研究实亦赵先生研究唐诗的经验之谈。在会议开幕式的致词中,赵先生认为就"'国

家与社会'视野下的汉唐史研究而言,制度史的研究尤其重要",谷川著
作正是以制度特别是兵制的演变为线索,而且"并非一种单纯的制度史,
而是将制度作为国家中各阶层人的意志与行动的复合物来探讨",从中
揭示出隋唐"国家形成的原理"。赵先生对该书研究理路及其特征的揭
示,深得谷川先生认可,戏称赵先生是自己为数不多的学术知音之一。正
是在华东师大访问讲学、出席会议期间,谷川先生拜访了古籍社,与赵、蒋
诸先生商议确定了"日本中国史研究译丛"这一意义重大的出版计划,并
由谷川先生选择推荐了一批代表日本中国史研究水准的著作。他还和古
籍社一起物色中译人选,并就中译本版权事宜分别同原著的出版商及著
作权人联系、磋商。前此刘俊文先生主编《日本学者研究中国史论著选
译》,谷川先生是六位日方顾问之一(唐长孺先生则为六位中方顾问之
一),而促成《选译》之"编译出版发挥了决定性作用的",则是谷川道雄先
生(刘氏为《选译》所撰《编者识语》)。《选译》所收为日本学者的重要专
题论文,古籍社《日本中国史研究译丛》所收则为日本学者的代表性专
著,二者在选题上相互交错,并行不悖,内容上相辅相成,互为补充。《译
丛》的策划、运营及顺利出版,谷川先生功不可没,同样发挥了决定性作
用。谷川先生曾要求我从《译丛》书目中选择一种翻译,我自然乐于从
命。当时我对增渊龙夫《中国古代的社会与国家》和仁井田《中国法制
史》二种最感兴趣,谷川先生则倾向我翻译后者。他特别强调了仁井田
氏在中国法制史领域的卓越成就和崇高地位,又谈到仁井田氏研究成果
极为繁富,而此书篇幅不大,却可视为仁井田氏法制史研究的集大成和浓
缩。后承蒋维崧先生示知,增渊氏著作的中译,已为留学日本多年、且于
增渊氏著作有专深研究的东京大学博士吕静女史承接,因此译者最后选
定了仁井田此书。待翻译完毕,始领悟到此书尽管在历史分期上与谷川
先生相左,然而其研究取径极其符合谷川先生确定的选书标准,即"在开
阔视野下关注社会与人文,或运用新的方法和理论并在实证研究中取得
成果的著作"(谷川先生为《译丛》所撰《总序》),而这正是仁井田氏著作
和谷川先生论著的共同特征所在。

　　以上述说译者翻译仁井田此书的机缘、本末,谈及与此译事有关、于

译者学恩深重的唐、谷川二位先生,油然而生的缅怀感念之情难以自抑,
不免行文枝蔓,有借题发挥之嫌。今年五月,满腹才学、温文风雅的赵昌
平先生亦偕其道德文章匆遽仙去,新知旧雨不胜悲恸之至。上文由仁井
田此书谈及《日本中国史研究译丛》,进而追怀为《译丛》出版作出决定性
贡献的谷川先生、昌平总编,似亦属题中之义,倘仍有离题之处,尚祈读者
鉴谅。

二

　　仁井田陞 1904 年出生于日本仙台,1925 年考入东京帝国大学法学
部法律科,1928 年毕业后进入大学院(读研究生),次年为东方文化学院
(东京)研究所助手,承担其导师中田薰申请的"唐令复原"课题,从此开
始了他 38 年的中国法制史研究生涯。仁井田氏被公认为日本中国法制
史学科的奠基人,实际上这门学科的诞生地正是在日本,当时中国方面的
研究远为滞后,而仁井田氏也是在大学开设中国法制史课程(1940,京都
大学)的第一人。正如他的师侄,也是与他长期激烈论辩的学术对手滋
贺秀三所云:"在日本,中国法制史作为一门学科确立起来,首先就是依
靠了仁井田陞先生的力量。……仁井田陞大力开拓前人未尝涉足的领
域,在日本研究中国法制史方面留下了巨大的足迹,这是为众所公认
的。"说仁井田氏是中国法制史学科成立以来——非徒其及身而止——
最为重要的学者,也不为过。他之后日本中国法制史领域的另一位标志性
人物滋贺秀三,在理论深度上如史料的深度诠释、中国本土法律命题的提
炼等方面,又有长足进展,但如滋贺氏自己所言,正是仁井田氏"资料丰富"
的"浩瀚"著述,使他可以节省寻找资料之功而将主要精力集中于法史重大
问题的攻坚上,如果没有仁井田氏对其旧著"再三执笔"批评和"严厉的论
难",也就没有他那本奠定其学术地位的名著《中国家族法原理》的产生。
从来"无所因而特创者难为功,有所本而求精者易为力"(赵翼语),可以说
滋贺氏是直接依凭仁井田氏的学术基础并续有重大创获的。
　　通常将仁井田氏的学术生涯分为二战前、后两个阶段。前一阶段的

重要成果是所谓"三大著"：《唐令拾遗》（1933）、《唐宋法律文书研究》（1937）、《支那身分法史》（1942），实际上还应加上前文提到的与牧野巽合撰的长文《〈故唐律疏议〉制作年代考》（1931）。这些论著皆卷帙繁重，第1、3两种均过千页，第2种著作（857页）加上合撰论文（255页），亦过千页。1937年前出版的三种论著，是仁井田氏"上穷碧落下黄泉"罗掘法制史资料并精加考证的代表作，他在三种论著中大量利用日本古代律令以及敦煌文献中所保存的唐令佚文，以及就《唐律疏议》成书时代所作的文献学、版本学考察，使他被誉为唐宋法律文书研究的开创者。正是在法史资料上投入的巨大精力，取得的卓越创获，使他的研究成果得以超越时代的推移和法史研究范式的转换，而永葆其价值。

　　后一阶段实际上从1940年代前半即二战中仁井田氏协助满铁对中国华北地区进行调查开始，其重要成果有依据调查材料撰成的《中国的社会与行会》（1951）、《中国的农村家族》（1952），1959—1964年陆续分册出版的《中国法制史研究》，当然也包括拙译之《中国法制史》。如果说前一阶段三大著中的《支那身分法史》，已显示出仁井田氏从法史资料的开掘、考证，法典、制度的复原，转向法与社会的关系，即通过考察宋代宗族的经济基础、历史特质来把握社会内部变化，那么后一阶段的前两种著作，则是将实地调查与历史文献相结合，解剖中国社会结构并把握其特征，从而带有显著的法社会学要素的成熟之作，极具原创性。多卷本《中国法制史研究》则是对以往论文形式成果的全面修订、分类整理、并不断加入新作的系统化集成，凡四巨册：刑法，土地法·取引（交易）法，奴隶农奴法·家族村落法，法与习惯·法与道德，3200余页。

　　据统计，仁井田氏共出版单行本著作16种，论文377种，其成果不可谓不宏富，其中深得学界好评的专著亦为数众多，而谷川先生选入《译丛》的代表作，却是作为"概说书"的《中国法制史》，如前所述，因为先生认为此书是仁井田氏论著集精拔萃的"浓缩"。仁井田氏在初版"自序"中亦称："本书是笔者以往研究的全面总结"，自1929年发表论文以来"各种研究的要点，基本上都被本书吸受"；1962年增订本"序"中又特别指出，1959年起陆续出版的四册《中国法制史研究》（时第四册即将出版)中的相关成果,也已增订进此书。但以往成果并不是被简单收纳和机械拼合进来,而是通过系统性的"总结"、"消化"和"吸受",成为他所构建的中国法制史新体系中的有机组成部分。

此书问世未久,中国法制史专家内田智雄等就在书评中指出,当时名为"东方(或中国)法制史"一类的书已经不少,此书却完全不落此类概说书的"俗套",创立了"全新的体系",这是此书"最亮眼的特色",达到了当时该学科前人未曾企及的最高水准。内田氏等所谓"新体系",首先就是犹如一根红线贯穿全书的宏大问题意识,即作者"试图通过法的历史来分析"、把握以中国为主体的东方社会的内部结构特征、历史发展过程乃至未来走向,这一根红线,就是"东方社会中长期居于统治地位的专制主义、家父长的权威主义",于是"与权威主义相关的各种问题"也就成了全书的基本框架(初版"序"),对以往成果的取舍,篇章的布局,也无不围绕着这一框架体系展开。可以说,讨论权威主义及其与东方社会结构、规范意识的关系的第二章,堪称全书的总纲。作者指出,由于政治与伦理或者说公的关系和私的关系未曾分化,维护家父长权威的家族道德观念(孝)被原封不动地贯穿到政治理念之中,形成一种"整体性的权威主义"也就是所谓东方专制主义,作为社会"内部秩序的主要支柱",社会结构和规范、道德意识也被赋予前近代社会结构的本质特征。无论家族内部的秩序问题,还是外部村社、行会的秩序问题,最终都指向"整体性"的权威秩序问题。从周末战国下至宋代,支撑权威主义的思想体系虽在不断发展、完善,但另一方面,抵抗和反对权威主义的学说也在不断发展,"而中国的变革,也将在对全部的传统权威的批判中通过构筑新的规范体系来完成"。因而作者对孟德斯鸠、黑格尔下至魏特夫等西方学者的东方社会理论,也就是东方社会被打上专制主义=奴隶制的永久烙印的停滞论,予以拒绝和批判,并在"再版序"和增订版中加以强调或重申,认为停滞论不仅不适合东方的过去,也不适合东方的现实状态。

从理论上进一步阐释中国社会结构特征及其变化的则是第七、八两章。第七章所论"身份制度",作者十年前即出版了专著,该章则明确指出秦汉隋唐时代具有"古代=奴隶"社会性质。秦汉时代"奴隶数量就膨胀到极其庞大的程度",六朝隋唐作为"私贱"(相对于官贱)的部曲"有相当大的增长",部曲是"半自由意义上的人",但部曲和奴婢一样都无移徙居住地的自由,都要从事农耕,而作为"国家赋役承担"者、属于所谓"自由人"的庶民,也"极具奴隶性",当然中国的"古代"是独具特色的,作为贱民的部曲乃至奴婢,都可以拥有财产和法律认可的婚姻,与罗马古法和日耳曼古法中的奴隶绝对没有人格,差异显著。第八章"'封建'和封建主义(feudalism)"则正面提出了中国的"中世=封建"社会的存在,明确指出设定这一社会阶段,是"出于对中国社会停滞性理论的批判"。他认为世界史上的封建主义,并非只有"欧洲的"、"日本的"封建主义,也有中国形态的封建主义。"封建主义的一个基轴,则是地主对农民的支配",中国也存在作为中世封建社会基础的农奴制。中国中世的农奴,就是唐代中期开始出现的"被束缚"在新型大地主阶层的庄田上没有移徙自由的所谓"随田佃客",他们和地主之间有"主仆之分"。中世后期亦即明清时代,佃户的社会地位有所提高,法律上二者间已"无主仆名分",近代中国农民革命运动就是在此基础上兴起的。以上仁井田氏所展现的由古代而中世而近代的中国历史不断发展的图景,被认为是对停滞论的一次重大反击。

以唐宋之际作为中国的"古代和中世的分界期",是前田直典在二战后提出来的。战争中日本的中国史研究被政治裹挟,出现了所谓中国社会停滞的理论,认为中日两国分别代表停滞与进步,旨在为日本侵华战争寻求理论根据和目的合理性。二战后日本学术界在反省过去重建学问的过程中,在新的理论指导下克服东方(中国)停滞论,便成为首要的课题。新的理论主要就是马克思主义的唯物史观。二战中受到严厉弹压、战后重新崛起并日益活跃的马克思主义以及自由主义的历史学家,在东京重新组建了"历史学研究会",亦称东京学派(与主张宋代进入近世论的内藤湖南为首的京都学派相对立),1949年英年早逝的前田直典即属该学派的中坚。他提出的宋代进入中世论,相继得到了西岛定生在理论上、周藤吉之在实证上的进一步论证和发展,从法制史角度在理论和实证上为之提供了重要支撑的则是仁井田陞。

自来被认为是东方社会停滞的另一个重要原因和表征,就是被视为专制主义基础的共同体。1956 年仁井田氏提出了著名的"同族共同体"理论,后来将其观点纳入到了《中国法制史》增订版中。仁井田氏以"地主－佃户"关系的建立作为中世封建社会开始的象征,而将以范仲淹所创义庄为代表、由地主(官僚层)重组再编而成的同族集团称之为"同族共同体"。这种"具有私的保障机构职责的历史性登场",取代了古代的、其结集力并不太强的血缘主义,它通过保障佃户以及其他下层农民的再生产,缓和了"地主－佃户"间的阶级矛盾,实现了"地主支配下的(中世)农村秩序的安定化"。另一方面,这种基于"伙伴平等原则"基础之上的共同体,包括城市里作为同业共同体的行会,其内部仍然严重地存在着"支配与被支配的关系",这种阶层、阶级的关系及矛盾,在其内部逐渐孕育壮大,最终迎来了革命时期。总之,"中世＝封建"社会的同族共同体,相对于"古代＝奴隶"社会的同族血缘集团,在机能、性质上有显著的变化,并基于内部阶级矛盾的发展,仍处在不断变化之中,与那种作为东方专制主义基础、氏族共同体遗制长期得以延存的村社共同体(汉译多作农村公社)停滞落后的形象完全不同,这是从分析社会结构内部入手对中国社会停滞论的有力批判。上述观点及其论证,作为全书的问题意识所在,除了上述第七、第八两章外,还体现、贯穿于第九章"城市及行会"、第十二章"宗族法和亲族法"、第十三章"家族法"特别是补章第一"村落法"中。

在仁井田氏的笔下,中国的"中世＝封建"社会尽管不无特色,却是"从克服奴隶制过程中逐渐形成的农奴制中产生出来的",并被成功地组合到整个世界历史发展的序列中,从而与魏特夫笔下专制主义的、停滞的、特殊的"东方社会"类型,划清了界限。战后日本的中国史学界,占居主流地位的是从唯物史观的阶级关系出发批判以前的共同体理论,如岸本美绪所说,仁井田氏堪称当时中国史学界主流派的代表。池田温则称许仁井田氏"挺身为对亚洲、中国的再评价",为"日本学问的再生而努力",是构筑新学风的"先导者"。值得指出的是,在战后对亚洲、中国的再评价中,日本的中国史研究者,特别是坚持马克思主义理论的学者,从中华人民共和国的建立中"看到了中国充满希望和光明的未来",认为这是中国"历史发展的必然之路,新中国就是战后日本应该学习的榜样"。1959 年曾作为日本法律代表团成员访华的仁井田氏,也可以说是当时对新中国满怀希望和情感的日本学者的代表,他还在研究中把这种情感投注到中国的历史和现实中。他自称对中国"中世 = 封建社会"的设定,"就是要对反封建斗争这个近代中国革命的前提作出科学的理解",并在"增订版序"中说:"历史不仅仅存在于过去的岁月里,现在和未来也都将融入历史的发展中。我对历史的观察,是与现在联系在一起的,毋宁说是以现在为出发点而面向未来";"实际上对中国的过去,是要联系新中国的变革也就是对过去的否定中,才能够理解的"。因此他在增订版中,增加了补章第三"土地改革法的成立和发展"、补章第四"新婚姻法的成立和发展",从法律角度,对土地改革法及合作社、人民公社的利弊作了客观中肯的述评,对革命政府自江西根据地以来直到新中国成立后所颁布的婚姻法在保障婚姻自由上的作用,给予了积极的评价。

仁井田氏不满意当时的中国法制史概说著作"以(法律)制度框架作为主要内容",认为讨论的都是没有时效、脱离现实、犹如"一具没有血肉的骨架"的法,而他则致力于活生生的"社会生活中现实规范的探求"。中国的法典虽然成立甚早,但主要是以国家权力为中心的所谓公法,诸如身份关系、交易关系等与私法领域相关的事项,在国家法律中都很少涉及,仁井田此书中占一半以上篇幅的"身份制度""城市与行会""宗族法和亲族法""家族法""交易法""村落法"诸章,均属私法范畴,原无系统的实定性规范,属于道德和社会习惯所支配的空间。仁井田氏从实定法的内部分辨出现实中活着的法,捕捉诸如生活习俗中所见的规范意识。他还通过实地社会调查掌握民情风俗、社会道德习惯,如对华北农村家族的调查,对城市行会的调查,以及将资料收集的范围从正史、官志、政书扩大到小说、戏剧等方面,为相关诸章的撰写提供了坚实鲜活的资料。此书作为一本法史著作,既以浓厚的法社会学色彩见长,同时又通过对近代法概念的利用和重组,形成了中国法制史的全新体系和范畴系统。他为之付出了艰苦的努力,也取得了巨大的成功。

基于大量专题研究成果的此书,前期成果中的优长和特色也被带入到此书。比如他凭借深厚的法律文献学功底,在资料收集上的全面丰富,考据上的细密扎实;又比如比较法的视角,包括中西法史比较,东亚内部诸国法史比较,以及中国古代、中世法史的比较等。总之,深厚全面的先行专题研究基础,自出机杼的全新体系构筑,取精用宏的系统整合,以现在为出发点回溯历史、面向未来的现实关怀,都使此书成为仁井田氏的重要代表作,并将在中国前近代史研究者的书架上,在国际汉学学术史上,永久据有一席之地。

时至今日,此书的很多问题已非学界关注的重点,在社会形态的划分及唯物史观、阶级分析方法的运用上,不无机械生硬之处。由于时代的局限,以及当时中国法制史研究的整体水准,仁井田在中国法制史的很多分野里都是筚路蓝缕单兵独进,因而从微观考证到宏观建构,都难免有烛照不周之处。然而尽管有不尽人意处,此书的法社会学视角、方法,研究中力图寻求法制史与经济史、社会史的关系,通过揭示中国传统社会的深层结构来把握法的特质的研究取径,强烈的现实关怀,不仅在当时就是富于原创、深得好评的名著,而且对于今天的法史研究者仍然具有重要的参考价值。如果对比今天坊间我国学者出版的多种中国法制史概说书,此书的体系、视野,也有值得借鉴之处。

三

自 2011 年仁井田此书中译本初版以来,译者发现其中的误译或迻译失当之处为数不少,常觉如鲠在喉。这次再版,得以对全书校核一过,多有改订,尽管错误仍在所难免,毕竟减少了许多。日语和汉语共同拥有不少词汇和术语,但它们字面相同,意义上却有习焉不察的差异,若不注意则极易出错。如日语的“家族”是照译为“家族”还是译为“家庭”,须细心体察上下文才能作出判断。如此书第三章第二节节题“家父长权威和家内奴隶的家族”,原来即照录日文,现改订为“家父长权威和带有家庭奴隶性质的家庭成员”,始与原题及节中所述原义相符。又如日语中的

"论理"，绝大多数情况下为西文"逻辑"（如英文 logic）的对译，今日汉译如照录日文，则不免与原义有隔。类似情况在此次校订中体会良深。

前年承友人赵晶教授（中国政法大学）示知，他在台北发现有仁井田《中国法制史》的中译本，并惠予复制、寄赠。收到该书后译者立即与拙译对读，发现该书系王学新先生"编译"。既称编译，故非原文照译，于是对原书结构有所改动，如将第一章第一部分"东方的课题"移于初版"序"中；原书中的内容常有或长或短的删节，如第二章第一节第一款"权威主义"中原文近 4 个页码的"对奴隶性的自觉——关于鲁迅的苦恼"部分，被悉数删去；原书各章节之后附有详细的"文献"目录、重要补注等，以交代持论根据、学术史来源，是该书不可或缺的组成部分，亦被删削；此书四个补章，被删去"土地改革法的成立和发展"、"新婚姻法的成立和发展"二章。该书"译者序"仍称此书作者为仁井田陞教授，版权页却称原著者为井上宗迪，仁井田氏原姓菅野，未闻有此名头，出版社如此处理，想必有不得已的原因。但译者最关注的是译文本身。王先生的编译也与拙译一样，存在不少错误，但有几处王先生不错而译者有误，如拙译本 103 页"……地主支配农民的成立时期到它的崩坏时期——大约 12 世纪时的中国社会"，王先生译为"……此种制度的形成，自成立期开始到崩坏期，约有十二世纪之久"，显然王译是正确的。总之，因为参读了王先生的译本，拙文改正了好几处不适当甚至有误之处，在此，要向赵晶教授和未曾谋面的王学新先生表示由衷的感谢！

此书翻译过程中，每遇山重水复、疑难杂症之处，都要驰函求救于远在武汉大学的老友李少军教授，他总是拨冗及时作答，个别地方甚至亲自捉刀示范，他的指教总是使译者疑虑顿消，有妙手回春、柳暗花明之慨。初版译稿交付出版社后，责编王珺女史在文字表述和行文规范方面，提出了许多好的建议，改正了原译中的不少失当甚至失误之处。仁井田此书所附文献，其中部分论著作者但称姓氏、职衔而无名讳，以示敬意。王编辑建议在姓氏之后括补其名字，以便读者，而且她还亲自查补了相当一部分作者的名字。在此谨向王女史深致谢忱。

由于"后记"体例及篇幅所限，上文引征前人论著均未出注，故列出主要参考文献于下,尽管或挂一而漏万。

仁井田陞:《中国法制史研究》《刑法》编(1959)、《土地法·取引(交易)法》编(1960)、《奴隶农奴法·家族村落法》编(1962)、《法与习惯·法和道德》编(1964),东京:东京大学出版会。

李庆:《日本汉学史(修订本)》第三部《转折和发展》第五编第五章"史学研究的主要学者·仁井田陞",上海:上海人民出版社,2016年。

滋贺秀三:《中国家族法原理》"序"、"序说",张建国、李力译,北京:法律出版社,2002年。同氏《日本对中国法制史研究的历史和现状》,《法律史论丛》第3辑,北京:法律出版社,1983年。

井上彻:《中国的宗族与国家礼制:从宗法主义角度所作的分析》"序章"、第一章"前言",钱杭译,上海:上海书店出版社,2008年。

内田智雄等:《仁井田陞著〈中国法制史〉(书评)》,《同志社法学》第17号,1953年。

寺田隆信:《中国法制史研究(书评)》,《东洋史研究》第23卷第4号,1965年。

岸本美绪:《"市民社会论"与中国》,王亚新、梁治平编:《明清时期的民事审判与民间契约》,北京:法律出版社,1998年。

谷川道雄:《战后日本中国史研究的动态与特点》,《江汉论坛》2009年第4期。

陈新宇:《以代际递进为特点的日本中法史研究》,《中国社会科学报》2010年5月25日第10版"法学"。

赵晶:《近代以来日本中国法制史研究的源流——以东京大学与京都大学为视点》,《比较法研究》2012年第2期。

陈新宇:《外在机缘与内在理路——当代日本的中国法制史研究》,《政法论丛》2013年第3期。

赵晶:《日本东、西两京东洋法制史学的"双子星座"》,《文汇报》专刊《文汇学人》第322期,2018年3月2日。

牟发松

2018 年 10 月 21 日

《海外汉学丛书》已出书目

(以出版时间为序)

中国文学中所表现的自然与自然观
    〔日〕小尾郊一著　邵毅平译

唐诗的魅力：诗语的结构主义批评
    〔美〕高友工、梅祖麟著　李世跃译　武菲校

通向禅学之路
    〔日〕铃木大拙著　葛兆光译

1368—1953 中国人口研究
    〔美〕何炳棣著　葛剑雄译

道教(第一卷)
    〔日〕福井康顺等监修　朱越利译

追忆：中国古典文学中的往事再现
    〔美〕斯蒂芬·欧文(宇文所安)著　郑学勤译

中国和基督教：中国和欧洲文化之比较
    〔法〕谢和耐著　耿昇译

中国小说世界
    〔日〕内田道夫编　李庆译

中国的宗族与戏剧
    〔日〕田仲一成著　钱杭、任余白译

南明史(1644—1662)
    〔美〕司徒琳著　李荣庆等译　严寿澂校

道教(第二卷)
    〔日〕福井康顺等监修　朱越利等译

道教(第三卷)
    〔日〕福井康顺等监修　朱越利等译

杜甫：中国最伟大的诗人

　　洪业著　曾祥波译

中国总论

　　［美］卫三畏著　陈俱译　陈绛校

宋至清代身分法研究

　　［日］高桥芳郎著　李冰逆译

才女之累：李清照及其接受史

　　［美］艾朗诺著　夏丽丽、赵惠俊译

中国史学史

　　［日］内藤湖南著　马彪译